锚定水利高质量发展目标路径
加快推进重点领域改革攻坚

2023
论文集

田野　主编

长江出版社
CHANGJIANG PRESS

图书在版编目（CIP）数据

锚定水利高质量发展目标路径　加快推进重点领域改革攻坚论文集．2023 /
田野主编．-- 武汉：长江出版社，2024.5
ISBN 978-7-5492-9464-0

Ⅰ．①锚… Ⅱ．①田… Ⅲ．①水利经济 - 中国 - 文集
Ⅳ．① F426.9-53

中国国家版本馆 CIP 数据核字（2024）第 104960 号

锚定水利高质量发展目标路径　加快推进重点领域改革攻坚论文集．2023
MAODINGSHUILIGAOZHILIANGFAZHANMUBIAOLUJING
JIAKUAITUIJINZHONGDIANLINGYUGAIGEGONGJIANLUNWENJI.2023
田野　主编

责任编辑：郭利娜
装帧设计：蔡丹
出版发行：长江出版社
地　　址：武汉市江岸区解放大道 1863 号
邮　　编：430010
网　　址：https://www.cjpress.cn
电　　话：027-82926557（总编室）
　　　　　027-82926806（市场营销部）
经　　销：各地新华书店
印　　刷：武汉市首壹印务有限公司
规　　格：787mm×1092mm
开　　本：16
印　　张：29
字　　数：700 千字
版　　次：2024 年 5 月第 1 版
印　　次：2024 年 5 月第 1 次
书　　号：ISBN 978-7-5492-9464-0
定　　价：158.00 元

编 委 会

前言
PREFACE

　　为全面贯彻党的二十大精神，深入践行习近平总书记关于治水重要论述精神，落实全国水利工作会议精神，充分发挥学会的交流平台作用，调动广大会员和水利经济研究工作者参与水利经济研究、交流、研讨的积极性，集成一批水利经济创新研究成果，为推动新阶段水利高质量发展提供智力支持，2023 年 5—7 月，中国水利经济研究会、水利部发展研究中心、河海大学联合组织开展了"锚定水利高质量发展目标路径 加快推进重点领域改革攻坚"主题征文活动。

　　征文在单位会员、高校及科研机构中共征集了 202 篇论文。经论文初审、专家评审等环节，其中 16 篇被评为优秀论文。由于篇幅所限，本书共收录了遴选出的具有代表性的 55 篇论文，主要涉及体制机制法治管理、水资源管理、水利投融资、水利工程建设与管理、复苏河湖生态环境、数字孪生水利建设、水文化建设等领域的相关内容。

　　经过三家单位的通力协作，在水利部有关司局、论文作者和审稿专家的关心支持及帮助下，本论文集得以顺利出版。在此，我们谨向为论文集出版给予指导、支持和帮助的单位、专家以及论文作者一并表示感谢！

编　著

2024 年 3 月

目 录
CONTENTS

世界主要国家节水比较的启发与思考 ………………………… 胡文俊 孙 岩 1

关于河湖长制实施成效评价指标的思考 ………………… 郎劢贤 李禾澍 14

水资源费改税制度分析及完善建议 ………… 周 飞 戚 波 戴向前 孙波扬 25

浅谈节水科技进步贡献率 ………………………………… 张 岚 郭 悦 34

取水口监测计量体系建设跟踪研究 ………… 王亚杰 张瑞美 李佳璐 乔根平 45

强化计划用水管理 助力水资源节约集约利用 …………………… 曹鹏飞 聂 思 52

水利设计院牵头工程总承包模式下设计与施工融合研究 ……… 张健梁 高 诚 61

水利投融资模式发展概述及新疆水利投融资模式探索实践 …… 姚 婷 程 杰 68

浅谈黄河文化的传承发展和实际应用 …………………… 刘亮亮 刘 敏 77

河湖生态环境复苏的途径与策略分析 …………………… 吴嫡捷 张世安 84

豫东地区引黄梯级水库群优化调度技术研究与应用 ……… 杨昆鹏 张 琦 94

关于开封黄河水文化建设的思考 ………………………… 孟雅雅 贾 凡 108

水利工程建设 EPC 模式下计价的实践及思考 ………… 吴 月 余智囊 王永雷 114

都江堰外江灌区水利工程管理范围划界确权冲突研究 …………………… 姜 松 122

陕西省"十三五"水利投资结构分析及"十四五"投资潜能研究 ………………
…………………………………… 陆倩蕾 王锦华 刘晓燕 134

黄土高原淤地坝建设及管理战略体系探讨 ……………………………………
…………………………………… 曹炜林 黎如雁 程 鲲 王红霞 144

水务专员进街道：党建引领下的首都基层水务治理的新探索 …………………………
………………………………………… 刘铧桐　侯俊洁　王羽佳　刘祎雯　153

以生态文明理念为指导的城乡供水一体化长效运行管护机制对策探讨 …………………
………………………………………………… 胡　伟　侯诗文　李　亮　160

加快水利投融资改革攻坚 助力水利建设高质量发展 ………………………………………
………………………………………………… 杨义忠　蒋　翼　双美林　167

水利工程建设对生态环境的影响 ………………………………………… 李卫华　175

关于南水北调水文化传承与发展的思考 ……………… 程林枫　鲁亚飞　赵慧芳　182

提升北京水务治理能力的思考 ………………………………………… 马东春　190

大型城市内湖面源削减路径探讨
　　——以汤逊湖流域为例 …… 丰　莉　韩振华　李　麟　邓柏松　刘清华　李　曼　203

浅析数字孪生黄河流域建设与发展 ………………………………………… 郭庆军　214

关于水文化与水利工程融合的思考与建议 ……………… 杜　娟　陈　彬　王　鹏　222

引黄涵闸工程现场管理路径探究 ………………………………………… 曹学白　230

黄河文化传承视角下水利风景区规划与建设
　　——以山东菏泽黄河水利风景区牡丹段建设与提升为例 …………………………
………………………………………………… 孙亚男　朱俊杰　孙　灿　238

浅谈黄河防汛应急物资保障存在的问题与建议 ……………… 吕端洋　武茂府　245

三门峡水利枢纽水利遗产保护利用与传承发展研究 ……………… 刘佳琪　252

数字孪生黄河建设对水利科技创新人才的需求 ……………… 张继英　窦　逗　259

完善新时期水资源管理指标的方法研究 ……………… 张彦甫　许腾飞　266

生态保护和文化传承赋能濮阳黄河保护治理高质量发展 ……… 闫　璞　王月芳　273

郑州黄河联防联控探索与实践 ……………… 吕绪明　刘　沅　吴一凡　李森　278

目录
CONTENTS

信息化业务应用体系的实践和探索 …………………… 李 堃 朱艳艳 王卫军 285

浅析水利工程建设与维修养护工作的有效衔接 …………… 李明金 张鸿春 293

论黄河下游宽滩区河段治理 ………………………… 赵 真 艾文凯 李 燕 298

浅议如何加强新时期 新乡黄河工程与生态建设 ……………… 赵 真 李留刚 304

数字孪生在水利建设领域的应用研究 ……… 张武欣 王 佳 石迎梅 张 洋 312

生态水利工程驱动水生态文明建设探讨 ………………… 刘瑞民 曹大城 320

浅议推进中小水利施工企业高质量发展 ………… 吴祖波 郭晓洁 王福彬 327

浅析水利投融资与水价改革领域的挑战与机遇 …………… 金伟伟 常家明 334

黄河下游滩区水资源管理 ……………………………… 杨铮垚 王利军 352

浅析以数字孪生流域建设为核心助力新阶段水利高质量发展 …………………

…………………………………………… 孟 建 王 静 郑艳娜 359

黄河文化融入水利院校学科体系建设的问题与对策 ………… 李佳恒 马文娟 366

智慧赋能防汛物资保障新模式研究 ……………………… 马文娟 李佳恒 373

浅析黄河文化中的廉洁基因 ……………………………… 焦趁趁 晏 洋 379

新时期水土保持示范园建设高质量发展探讨

　　——以辛店沟水土保持示范园为例 ……………………………………

………………………… 高健健 郭 星 高璐媛 张拜霞 尤雪静 386

新形势下黄河流域基层水资源管理工作探讨 ………………………………

………………………… 刘立峰 曹 勇 马 剑 马小真 393

基于水利高质量发展的黄河内蒙古段防洪工程建设实践 ……………………

………………………… 田海龙 刘晓旭 赵海洋 余 森 刘晓民 399

尼尔基水利枢纽工程资金状况预测及解决对策分析 …………………………

………………………………… 张海涛 周 辉 张久富 406

基于建设管理视角的水利投资企业典型问题研究

　　　　——以某省级水利投资集团为例 ……………………… 刘佳龄　李懿文　413

江汉平原河网区典型小流域综合治理模式探索 ………………………………………

　　　　李　杰　郑珉姣　徐　昕　杨　雪　高宝林　朱正武　郑文锦　丁　超　425

试论向家坝灌区工程高质量发展内涵实质和实施路径 ……………… 唐　军　435

绿色发展理念下长江流域水生态环境保护成效及挑战 ……………… 张曼雪　442

大中型水利水电工程建设征地移民专项验收工作的重难点解析与对策研究 …………

　　　　…………………………………………………………………… 姜　琼　450

世界主要国家节水比较的启发与思考

胡文俊　孙　岩

水利部国际经济技术合作交流中心

摘　要:通过对世界主要国家在节水领域进展情况的梳理,从政策法规、经济、技术、日常管理、宣传教育、非常规水源利用等 6 个方面进行了措施及成效比较,得出了有关经验和启示。对今后中国推进节水工作提出有关建议,包括站在水安全与绿色发展的高度重视节水工作,推进农业节水同时考虑生态环境的系统治理,不断改进和加强水价及水权等市场手段,积极推进非常规水的多用途使用、加强节水先进技术与设备的研发、推广以及国际交流合作等。

关键词:国外水资源高效利用;国外再生水利用;国外淡化水利用

1　全球水资源压力与节水发展概况

据世界资源研究所(WRI)的调查数据,全球 1/4 的人口面临水资源短缺问题,这一情况随着人口增长和气候变化而不断加剧。美国(西部)、墨西哥、智利、北非、南非、南欧、中东、西亚、中亚、中国(北方)、澳大利亚等国家及相邻地区,都面临着水资源紧张问题[1]。

全球取用水总量中约 70% 为灌溉用水,19% 为工业用水,居民生活等用水占 11%。在 20 世纪,灌溉用水量增加了约 1 倍(同期灌溉面积增长 1.1 倍以上),21 世纪以来基本持平;工业用水、居民生活用水等 21 世纪以来增长有所加快(图 1)。据联合国粮农组织(FAO)估计,当前,全球灌溉面积约占农田总面积的 20%,生产了全球 40% 的粮食;超过 60% 的灌溉农田高度缺水,41% 的灌溉以牺牲环境流量为代价;为实现到 2050 年粮食增产 50% 的目标,农业用水量可能将增加约 35%,这要求农业生产必须高效、可持续用水。

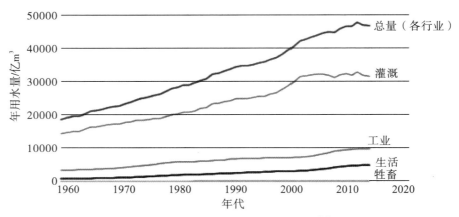

图1　全球各行业取用水量变化趋势[1]

世界大多数国家农业灌溉仍采用传统的漫灌、沟灌等方式。根据国际灌排委员会对47个国家/地区的统计[2]，采用喷灌和微灌的灌溉面积占总灌溉面积比例仅约25%（其中，发展中国家约为16%，发达国家约为59%）。发展中国家城市输水管网的漏损率高达35%（发达国家约15%）。另外，据估计，全球每年再生水利用量约407亿 m³，仅占全球每年产生废水总量的约11%[3]。

面对用水压力，许多国家都大力提倡和推进节水建设[4]，一些发达国家及部分中高收入国家取得了显著成效。

以色列和新加坡都是资源性缺水国，人均水资源量不足200m³。以色列凭借推广应用先进节水技术和非常规水，创造了现代节水农业的奇迹（农田灌溉面积从1948年到2016年增长了近7倍，但农业用水量基本维持不变），成为中东地区高附加值农产品出口大国，并从根本上解决了沙漠地区的供水瓶颈[5-6]。新加坡节水和开源并举，由新中国成立之初用水80%依赖进口水到如今基本可实现水资源的独立供给[7]。

澳大利亚墨累—达令河流域是世界上水资源开发程度最高的流域之一，20世纪90年代初由于灌溉等过度用水，河流入海水量不足历史多年平均径流量的20%，生态环境严重退化。通过实施节水、制定流域取水上限、发展水权交易等措施，2012年后，该流域用水增长势头得到扭转，河流环境流量得到根本保障。

美国是全球第二大粮食生产国，最大的农产品出口国，西部地区水资源紧张。美国尽管人口不断增长，1980年全国取水量达到峰值（约6066亿 m³）后开始下降，2005—2015年持续下降，幅度达20%（2015年取水量4449亿 m³），热电及工业供水、公共供水下降明显[8]。农业用水大州加利福尼亚州大力推进节水灌溉，1980—2015年，农业生产值增长了38%，但农业用水量减少了14%。

2 主要国家节水措施比较分析

2.1 政策与法规

通过制定实施用水总量控制、提高用水效率等相关政策法规来推进节水,是许多国家的普遍做法。澳大利亚通过制定国家水法案、国家水倡议、《墨累—达令河流域规划》,实施流域可持续取水限额制度,为彻底扭转流域用水增长提供了重要的制度保障。美国环保署及有关州政府分别出台节水规划指南,虽不具有法律效力,但将企业供水系统采取节水措施作为项目获取联邦及州政府资金支持的前提条件。在干旱期,澳大利亚、南非、美国加州的政府部门发布实施强制性限水令或干旱令制度,从严控制用水量,对违规行为处以高额罚款。澳大利亚、新加坡通过专门立法,强制性推行水效标识,提升用水效率和用水标准。新加坡于2018年修订的《公用事业(供水)条例》,要求用水大户按照《用水效率管理计划导则》,每年提交用水效率管理计划。美国环保署也实施类似的水效标签计划,但为鼓励性措施。

挖掘再生水、集蓄雨水、淡化水等非常规水源利用潜力,成为资源性缺水国家和地区节水开源的一个重要举措。新加坡提出"四大水喉"长期供水规划,积极推进雨水收集、废水再利用(新生水)和海水淡化产业,规划到2060年,新生水和淡化海水占供水总量的85%以上。以色列政府于1972年制定《国家污水再利用工程计划》,规定城市污水至少回收利用一次。《以色列水务发展规划》提出,到2050年,再生水占农业用水总量将升至67%。《日本水循环基本法案》(2016年)要求制定水循环基本计划,加强雨水和再生水利用;福冈市《节水推进条例》和《再生水利用下水道事业相关条例》对大型建筑物再生水回用作出具体规定[9]。面对西部地区连续多年干旱,美国环保署于2004年发布《再生水指南(2012年修订)》,2020年进一步发布《国家水再利用行动计划》,全面推进水的再利用,以保障安全可靠供水。美国加州、西班牙、葡萄牙都制定了有关再生水利用管理的法规,大力推进再生水利用。欧盟在实施绿色新政、发展循环经济的推动下,2016年发布《在水框架指令下将再生水纳入水规划和管理的指南》,2020年发布《再生水利用的最低水质要求条例》(2023年6月正式施行),为各成员国推进水资源循环利用提供指南和制度保障。

2.2 经济手段

2.2.1 水费与水税征收

大多数国家制定水价征收水费,通过回收供水成本及污水处理成本实现财务可持续,但也考虑用户的承受能力。针对工业、农业和生活用水等不同行业用水,许多国家都采取差异化水价,并根据用水量级别累进加价(阶梯水价)。城市生活用水水费一般都包含污水处理费。

以色列对不同水源制定差异化水价(再生水、微咸水水价一般低于定额内淡水水价),鼓励"优水优用",水务公司基本做到了财务上的"自负盈亏"。农业用水定额内淡水水价也采取阶梯制,超过定额用水的水价可高至配额水的3倍(图2)。水价会根据水资源评估情况,每半年或一年调整一次。新加坡生活用水也采取阶梯水价,将水价调节作为节水的一个关键举措,2017、2018年两次调价,共计提高了30%。日本东京生活用水水价精细化程度很高,除了不同管径采用不同基本水费外,月计量水费又分9个阶梯水价(尤其是11～20m³与6～10m³的阶梯价相差约5倍),价格杠杆作用非常明显。美国加州市政供水,除了设置阶梯水价外,还采取季节性水价,控制夏季用水量。英国水务公司采取季节性水价,部分地区夏季水价达到冬季水价的10倍左右,引导居民在夏季用水高峰期减少用水量,间接提高了用水效率,全年用水量降低约6%。

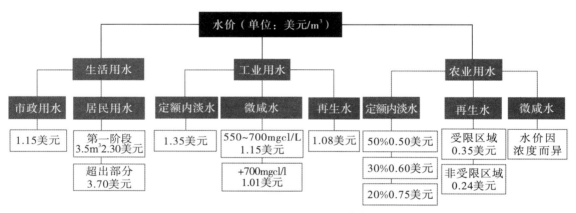

图 2　以色列各行业水价表[10]

一些国家通过额外加征水资源税、消费税、污水税、干旱税或节水税等,达到控制用水量的目的。新加坡1991年开征节水税,每4年调整1次,目前的节水税已占淡水供水基本水费的50%～65%,新生水也按其基本水费的10%收节水税。以色列针对连续干旱季节或年份收取干旱税,可省12%～19%的水量。东京用水户缴纳的用水消费税,一般为基本水费与计量水费之和的5%。丹麦于1975年开征水税,以抑制地下水开采,2021年9.85欧元/m³的水价中,自来水和污水处理相关的税费占近30%。德国水资源税根据不同地区、水源与用途,实行差别税率;污水税率根据有害物含量及浓度指标等来制定。德国黑森州采取较高的水税,有效降低了11%的用水量。

2.2.2　水权交易

水权交易在20世纪80年代兴起于澳大利亚、美国和智利,后来发展到日本、西班牙、墨西哥、南非等国家[11]，一般都是通过出售、租赁、置换等市场化手段，将农业用水权转给城市、工业用水，实现水资源的二次分配和高效利用。目前，澳大利亚、美国西部水权市场发展比较成熟和稳定。澳大利亚水权交易规模远超过美国，其90%以上交易发生在墨累—达令河流域。该流域年度最大永久水权交易量近20亿 m³，最大临时交易水量50多亿 m³（不包括环境用水），占用水总量的比例较高；州际年度最大临时水量交易超过10亿 m³，水权（水量）交易成为干旱期水量调配的一个主要手段。

2.3 技术手段

2.3.1 农业节水

喷、滴灌高效节水技术是显著提高灌溉水利用率的有效手段，但由于技术要求及投入较高，一般在中、高收入国家应用较多。据国际灌排委员会统计，以色列、西班牙、意大利、法国、美国、巴西、南非等国喷、微灌面积占灌溉面积的比例都在50%以上，尤其以色列、西班牙的微灌面积占比远高于其他国家[2]。结合微灌和滴灌技术，以色列、澳大利亚、美国加州等都在推进水肥一体化，作物耗需水立体监测以及灌溉自动化技术也在不断发展应用中。

以色列超过80%的灌溉面积采用滴灌技术（包括地下滴灌技术）。目前，世界上最先进的成套节水灌溉设备，包括大型喷灌机、微喷（滴）头、管道过滤器和施肥装置、自动控制阀等都产自以色列。以色列几乎所有农场灌溉都采用自动化灌溉技术，将计算机控制与智能计量、自清洗过滤、防漏监测等技术有机结合，建立智能节水灌溉系统，实现智能监测与远程控制和节水农业的自动化与精准化。农场大多配备了家庭灌溉系统（FDS），采用了作物管理技术（CMT），能够帮助农民及时、准确地了解天气和土壤条件，便捷、高效地监控灌溉用水和作物生长状况。美国将原本用于军事的时域反射测量技术（TDR）应用于墒情测报，效果非常好，农场主通过微机中心就可操作几百英亩的农场灌溉。以色列、美国的农场化规模经营为其高效节水技术的推广应用提供了有利条件。

除了应用节水技术外，以色列还大力优化种植结构，培育适应沙漠地区微咸水种植的高品质品种和抗旱作物新品种，如西红柿、樱桃、Barnea橄榄树等不同品种，从需求端适应当地水量及水质条件。西班牙在缺水的瓦伦西亚地区，通过调整农业种植结构，在山地梯田种植柑橘等果树，实现节水增效。

2.3.2 管网渗漏控制

日本、新加坡、丹麦、以色列等国公共供水管网采用定期检查和管道水压力自动监测及修复技术，渗漏率可控制在5%左右。丹麦供水公司研发的根据实际用水量自动调节水管压力以减少漏损率的新技术，使供水漏损率从2011年的9.48%降到目前的6%

（有些城市低至 5%），达到世界先进水平。以色列 Mekorot 公司漏损率控制目前已达到创纪录的 3%。

2.3.3 水循环利用

新加坡、以色列、美国加州等在水循环利用中采取先进的膜处理等技术进行污水处理。新加坡将工业废水、生活污水经过二级处理，用先进的反渗透膜与紫外线消毒技术进一步净化后生产出再生水，可作为安全的饮用水。超高通量反渗透膜、仿生膜、压力延滞渗透膜等水处理技术已成为新加坡经济增长的引擎。以色列还充分利用沙漠地区的独特条件，通过自然过程进行中水过滤和蓄存。沙夫丹废水处理设施将特拉维夫地区城市污水经过一级和二级处理后，输送到附近沙漠地区地下水补给区通过下渗 15～30m 沙土层实现三级处理，然后通过地下井抽取后输往内盖夫用于农业灌溉。美国加州、澳大利亚通过再生水回补地下水，实现饮用水循环利用。

2.4 日常用水管理

（1）用水定额管理

以色列建立了各行业全面用水定额，严格依据用水定额进行水量分配和水费征收。遇干旱年份，农业用水根据不同作物用水定额来削减灌溉用水配额。当灌溉用水量达到用水定额核算量的 80% 后，剩余 20% 的定额内用水量要用高阶价位计费。当发生超配额用水时，除按规定的价位计收差别水费外，还要增加 2～3 倍的罚款，而且其超用的部分，将计入下一年度的用水配额。如果连续超量使用，将取消用水许可，责令整改后重新申请。生活用水方面，规定人均用水标准为 3.5m³/月，超过标准定额，将采取大幅加价等惩罚性措施。

（2）用水审计及漏损监管

以色列 20 世纪 90 年代采用用水审计制度，用水审计一年至少要进行一次。通过用水审计并采取适当措施节省的水量可达总用水量的 5% 左右。西班牙、澳大利亚利用管道取代渠道输水，降低沿途蒸发及渗漏损失。以色列、丹麦对供水公司管网渗透率超过10% 采取罚款甚至强制关停等惩罚（丹麦输水管网漏损率低于 10% 的水量可免税）。新加坡公用事业局定期检修和更换供水管道，鼓励民众举报偷水现象，输水损耗率仅 5%。美国加州洛杉矶供水部门安排 10% 的从业人员专门从事管道检修工作，该地区漏损率低于 6%。

（3）家庭节水管理

新加坡通过实施马桶更换计划、智能花洒计划，为低收入家庭免费提供节水器具，每月节省 10% 以上的家庭用水量。另外，通过手机应用程序及时提供居民用水量信息，促进节水习惯形成,每月能节省 5% 的用水量。澳大利亚、美国加州等根据干旱情况对城市草坪浇水、洗车用水等实行限制,并接受社会监督,对违反规定的采取高额罚款。

（4）节水补助及奖励

新加坡设立用水效率基金、工业用水示范基金和水效率奖等,推动企业和社会节水。以色列政府对农场节水设施建设提供部分资金补助,建立完善的科研投入和政府补贴机制,助力节水技术研发机构、科技推广企业和前沿创新孵化器的发展[12]。澳大利亚政府部门对农场农业节水改造项目和居民生活节水器具购置提供补助,并对居民修建集雨装置储存水浇灌花草树木给予资助。日本对灌溉工程改造提供资金补贴。德国水利部门用水费建立节水基金,补助节水工程及节水措施研究。

2.5　宣传教育

宣传教育是许多国家用来鼓励节约用水的一个重要手段。以色列、日本、澳大利亚、新加坡、美国、德国、丹麦等都很重视节水宣传和教育。这些国家针对家庭、单位、社会、学校等不同对象,都有各具特色的宣传教育方式,大力提高全社会节水意识和知识水平。

2.6　推广非常规水源利用

2.6.1　再生水利用

联合国提出 2030 年可持续发展议程水目标,以大幅提高全球水的循环与安全再利用。全球 2022 年再生水利用量估计超过 500 亿 m^3/a。尽管许多国家政府鼓励再生水利用,但仅有少数中、高收入水平国家实施严格的水质标准,以保证人身健康和环境安全。新加坡、以色列、西班牙再生水利用率位于世界前列。

新加坡 2020 年新生水（再生水）占供水总量的 40%（2060 年目标为 55%）,再生水大部分用于半导体等工业及建筑物制冷系统,小部分用于饮用水（2002 年开始作为饮用水的新供水水源）。如果使用再生水,政府将给予用水量及收费方面的优惠。

以色列 1985 年开始将再生水用于农业灌溉,并在全国普及再生水和自来水的双管供水系统,以推动再生水的利用。再生水大部分经过 3 级处理,超过 87% 被用于农业灌溉,占灌溉用水总量的 50%。根据不同的农场需求,进行不同水质处理,再生水平均成本仅是远距离淡水供水成本的 1/3 左右。农民若自愿将淡水水权变更为再生水水权,可以额外多获得 20% 的用水配额。以色列还建立和推行循环水洗车的"专业电脑自动汽车行",要求使用再生水洗车。2015 年,以色列污水处理率就已达 90% 左右,再利用率约达 80%（图 3）,目前再利用率已达到 90% 左右,2020 年再生水生产量达到 5 亿 m^3 左右。

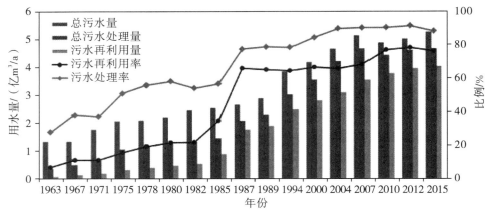

图 3   以色列污水处理与再利用发展变化（1963—2015 年）

美国再生水利用总量约为 66 亿 m³（目前利用率约 6%），主要用途包括农业灌溉、城市杂用、工业利用等。南加州再生水的成本远低于长距离输水，因而具有一定吸引力。加州 2001 年制定了关于再生水利用的严格标准，遵循"优质优用"原则，规定了再生水水源和不同水质处理标准的允许用途以及 43 项处理标准要求。加州 2015 年再生水利用量达到 8.25 亿 m³，其中农业灌溉占 30%，地下水回补占 18%，景观及娱乐用水占 17%。2018 年，加州制定了《地表水增加条例》，为将再生水注入水库作为新增水源确定了最低的统一标准，新政策明确 2020 年加州再生水利用量达到 18.5 亿 m³，2030 年达到 30.8 亿 m³，占新增水源的 40% 左右。洛杉矶计划到 2035 年，再生水达到其饮用水的 70%。美国环保署《国家水再利用行动计划》（2020 年）提出 11 项战略主题、37 项行动举措，号召联邦、州、地方部门和私营部门等建立伙伴关系，协作解决关键技术、政策及计划实施等问题，全面推进水的再利用。

欧洲水资源条件总体较好，再生水利用缺乏经济吸引力。当前，欧盟再生水利用总量约为 11 亿 m³（其中 32% 用于农业灌溉，20% 用于景观灌溉），预计 2025 年将达到 66 亿 m³。西班牙干旱缺水，是欧盟再生水利用最多的国家（利用率达到 17%，在水资源紧张的地中海 Júcar 流域则达到 24%），其 64% 的再生水用于农业灌溉，其次是娱乐（如高尔夫）及环境。在西班牙穆尔西亚地区，每年有超过 1 亿 m³ 的再生水用于农业灌溉。为解除公众对再生水水质安全的顾虑，欧盟《再生水利用的最低水质要求条例》提出城市废水处理后用于农业灌溉的最低要求，重点关注再生水利用过程中的健康风险和环境风险，尤其是药品污染；要求按照灌溉作物种类和灌溉方式确定使用不同水质标准的再生水，并规定各类不同用途再生水的监测参数和最低监测频率，强调公众知情和参与的必要性。

2.6.2   淡化水利用

据统计，全球淡化水厂的水源构成中，海水占 60%，微咸水占 21.5%，其他为咸河（湖）水及废水等[13]。全球淡化水生产能力 2020 年超过 1 亿 m³/d。90% 以上产能集中在高收入及中高收入国家。淡化水的利用已涵盖市政（62%）、工业（30%）、电力（5%）及农业（2%）等行业[14]。全球3亿多人口淡水供应来自淡化水。新加坡到2021年,4家海水淡化厂总年产水量达2.6亿m^3,占供水总量的30%以上。新加坡仍在探索减少能耗的方法,目标是将海水淡化的耗电量从目前的3.5kW·h/m^3,降低到未来1kW·h/m^3[15]。以色列于2005年将淡化水纳入国家供水管网,目前40%的饮用水来自淡化水。淡化水成本价已降至0.53美元/m^3,虽高于全国平均淡水成本（0.4美元/m^3）,但低于高扬程提水和远距离输水的淡水成本。2020年,以色列全国淡化水供水量已达5亿m^3,预计到2050年淡化水将占全国饮用水供水总量的60%。为进一步降低成本和环境影响,以色列、日本还从海水淡化中提取食用盐等副产品。

美国加州南部和澳大利亚沿海一些城市,为加强早期供水保障能力,2000年以来建设了多座大型海水淡化厂,但大部分在严重干旱缺水时运行,平时仅维持最低生产水平。如澳大利亚全国海水淡化产能约8.8亿m^3/a,其中西部干旱城市帕斯两个大型海水淡化厂总产能约1.45亿m^3/a,2019—2020年接近满负荷运行,淡化海水占城市供水总量的47%;同年度,阿德莱德市的淡化水产量仅占产能的不足50%（2018—2019年则仅为5%）,黄金海岸则不足1/3（2018—2019年仅为1/7）。美国、澳大利亚海水淡化厂多通过碳排放交易及利用风能、太阳能发电来降低运行成本及环境影响。

3 启发与思考

3.1 站在水安全与绿色发展的高度重视节水工作

经合组织（OECD）《2050年环境展望》预测,21世纪中期全球超过4成的人口可能生活在面临严重水资源压力的流域。一方面,水资源的高效利用直接关系到国家水资源安全、粮食安全、能源安全和生态安全,关系到经济社会的稳定和可持续发展,要在国家战略上给予重视。另一方面,供水与污水处理也需要消耗大量能源（如美国13%的电力消耗用于水的输送及处理系统,加州更是消耗19%的电力）,而化石能源是当前的主要组成部分。因此,节水→减污→低碳,是贯彻绿色发展理念、实现碳中和目标的重要路径之一。欧盟近年来将加强水资源的循环（高效）利用作为倡导绿色新政、大力推进循环经济的重要措施之一。

我国将"节水优先"作为水资源开发利用的前提,实行水资源总量和强度双控制度,并制定专门的节水规划与行动计划。尽管用水总量近年来得到有效控制,但预测需求在一段时期内仍将增长（《"十四五"节水型社会建设规划》提出,到2035年,用水总量控制在7000亿m^3以内）。我国经济、技术及社会发展已达到一定水平,有条件、有能力全面推进节水工作（包括高效用水及扩大非常规水源用水规模等）。节水立法是规范节水行为最具权威的手段,许多国家都通过立法增强节水管理的权威性和严肃性,要加快国家节水条例和相关法规制度及标准建设,强化奖惩制度,为节水规划及相关行动计划实施提供有力的制度保障。同时,需要在全社会加强宣传教育,使节水成为全社会的自觉行为。

3.2 推进农业节水同时考虑生态环境的系统治理

联合国粮农组织(FAO)在《2020 年粮食安全与农业状况》中提出,未来应提高灌溉用水效率,种植耐旱、需水少的作物,实现农业高效用水。即使在水土资源条件允许的地区,也要谨慎扩大灌溉面积。

我国农业用水占用水总量的约 60%,用水效率较发达国家仍有较大差距。2020 年,我国滴灌、喷灌面积共约 1.8 亿亩(1 亩＝0.067hm²),虽然总规模占世界第一,但仅占全国有效灌溉面积的 20%左右。农业节水有很大潜力可挖,是控制我国用水总量增长的关键。当然,在大规模推广应用先进节水技术,提高灌溉用水效率和生产力的同时,要维护生态环境的稳定与可持续发展。如在宁夏、内蒙古河套灌区,要充分考虑大规模节水改造对当地湿地补水和区域土壤水盐平衡的影响[16]。澳大利亚在墨累—达令河流域采取地表水、地下水利用统筹管理,控制土壤盐碱化的经验值得借鉴。要加强灌区土壤墒情、盐碱化及地下水动态监测,根据当地的水土条件选择和培育低耗水作物,大力调整农业种植结构和模式。我国科学家已经在培育旱作水稻、咸水水稻、沙漠土壤化种植等方面取得重大突破,这为进一步推进农业节水和改善生态环境提供了重要支撑。

3.3 不断改进和加强水价及水权等市场手段

国外工业用水水价,一般都是按照市场运作(包括考虑税收及水务公司利润)[17]。城市居民用水水价,涵盖成本价和公司适当的利润。农业用水水价,各国政府一般都给予倾斜政策,如澳大利亚、以色列供水工程成本费用基本都由用水户承担,日本则财政补助约 13%的工程运行成本,西班牙政府补贴 20%～80%的工程运行费。对于再生水利用,不同水质标准一般采用不同水价。

我国对生活用水及工业用水除了采取分类别阶梯水价外,大力推进水资源费改税,对超定额用水一般加倍征收水资源费(税),这在经济方面促进了节约用水。城市家庭用水定额标准设置较粗放,水价也较低(新加坡、以色列的水价是北京的 4～5 倍,丹麦哥本哈根则是北京的 10 倍多),有较大调整空间。我国农业水价较低,基本上只收取工程运行成本费的 1/3～2/3,国家正在大力推进农业水价综合改革,分级分类制定差别化水价,充分利用灌溉定额内外价差及奖罚机制推进节水。提高工业用水超定额水价,倒逼高耗水项目和产业有序退出。随着再生水、淡化水等其他水源供水量的增加,分类水价＋阶梯水价精细化发展是今后水价发展的主要趋势(包括对再生水等在税费及财政支持方面给予优惠），以色列、新加坡等国水务公司的经验值得借鉴。

水权交易是解决缺水地区新增水需求及提高水资源使用效益的一个重要手段。我国实行严格的取水许可制度，政府对取水许可有较大的调配权，用户大多通过取水许可获得用水权。水权交易可作为我国优化水资源配置的辅助性工具，在水资源供需矛盾突出的缺水地区进行推广应用。目前，黄河流域暂停水资源超载地区新增取水许可，地方政府推行水权交易是解决新增供水需求的重要选项之一，墨累—达令河流域临时水量交易及地区间水权交易值得借鉴。

3.4 积极推进非常规水的多用途使用

我国再生水利用总量虽然位于世界前列（2020 年达到 109 亿 m^3），但再生水的水质标准及监测要求较发达国家要低些，管网铺设总体水平也较低，缺水城市再生水利用较多，但利用率仅达 20% 左右，再生水利用还有很大的挖掘潜力。

国家《"十四五"节水规划》提出积极推动再生水等非常规水利用，并将其纳入水资源配置总体规划中。国家发改委、水利部等发布的《关于推进污水资源化利用的指导意见》（2021 年）和《关于加强非常规水源配置利用的指导意见》（2023 年）均明确再生水用于工业生产、市政杂用、居民生活、生态补水、农业灌溉、回灌地下水等；到 2025 年，全国非常规水源利用量要超过 170 亿 m^3，地级及以上缺水城市再生水利用率达到 25% 以上，黄河流域中下游力争达到 30%，京津冀地区达到 35% 以上。当前，全国再生水利用量最高的北京市再生水利用率达到 60%[18]，2020 年 12.01 亿 m^3 再生水中用于河湖生态补水就达 11.07 亿 m^3（占比 92%），在市政、工业及农业等其他用途的规模则很小。

公众担心污水处理不达标，可能引发农作物和水源污染及健康风险等，是扩大再生水使用的主要障碍之一。我国针对不同用途的再生水的特定水质标准尚不健全，需要抓紧制定或修订再生水不同用途的技术规范和管控要求，形成分类、分级、分质的系列标准和类似以色列、加州的"优质优价""优质优用"，以不同的水质标准和经济成本满足各种不同的需求。政府要加强常态化的水质监测及安全评价，提高公众认知与知识普及，让社会民众用得安心和放心。另外，还需要在再生水设施投资及价格、配送水管网建设等方面给予政策及财政扶持。

海水淡化是沿海地区解决水资源短缺的一条有效途径，其推广主要制约因素是运行成本与环境影响（如高能耗和形成的浓盐水排放）。我国海水淡化工程 2021 年总产能约 186 万 m^3/d（约 6.8 亿 m^3/a），淡化海水利用量约 2 亿 m^3，产能规模及实际利用量相对都较小。海水淡化纳入区域水资源统一配置工作及配套管网建设滞后[19]。海水淡化在多数情况下发挥的是对淡水水源供水不足的补充，需要科学合理确定产能规模及与淡水供水的优化配置。另外，我国苦咸水（微咸水）资源总量达 2600 多亿 m^3，多分布在缺水地区,可根据不同需求,采取不同标准的淡化处理,提高利用率。

3.5 加强节水先进技术与设备的研发推广

当前节水技术发展呈现精细化、集成化、智能化、生态化发展态势,以色列、澳大利亚、美国等在大力发展农场土壤墒情及作物耗需供水动态监测和智慧灌溉。以色列、美国有关部门还合作研发高能效水资源供应、再生水利用和资源回收、水资源和能源耦合系统等创新型技术。

我国在地下滴灌及微喷灌、污水处理、海水淡化等关键核心装备技术水平上,与国际先进水平还有一定的差距。水肥一体化技术依然薄弱,一些高端产品和材料还依赖进口。需要大力提升高效用水装备和材料、再生水产业中污水深度处理研发水平,向精细化、智能化、生态化发展。要在灌溉系统(灌溉自动化、抽水泵站等电力供给)、污水处理、海水淡化等领域推广应用新能源,促进绿色发展。北方干旱地区通过铺设渠面、库面光伏发电,既可减少水量蒸发损失,又可充分利用系统内潜在能源;沿海地区通过丰富的风能、太阳能发电,保障海水淡化的低成本、低碳运行。另外,在节水产业扶持、节水技术推广等制度建设上也需要进一步探索。

3.6 推动节水国际交流与合作

20世纪80年代,我国就与以色列、美国等在节水灌溉领域开展交流合作,积极引进国外先进理念与技术,对促进我国节水技术快速发展发挥了重要作用。目前,我国在节水领域已积累了大量的成熟技术和经验,一些装备、技术已处于国际水平,且具有满足不同地理条件及经济条件的优势。我国一些企业和技术机构已走出国门,帮助塔吉克斯坦、哈萨克斯坦、巴基斯坦、津巴布韦等发展中国家开展高效节水技术示范应用,通过节水技术输出,带动相关设备器材的出口。国内相关部门也积极开展国内外节水政策、技术交流与人才培训工作,取得好的成效。

今后需要不断加强国际交流和科研合作,通过建设国际科技合作基地、人才培训交流网络、节水先进技术与产品示范区以及实施联合科研项目等多种方式,推进节水及污水处理、海水淡化等关键技术创新与集成。积极参与节水国际议程和标准制定,同时也将我国优势技术与装备输出到广大发展中国家,为实现全球水安全和碳中和目标做出积极贡献。

参考文献

［1］ WRI. Water stress by region［M］. Washington D. C.：World Resources Institute,2015.

［2］ The International Commission on Irrigation and Drainage（ICID）. Annual Report 2020-21：Agricultural Water Management for Sustainable Rural Development［Z］. 2020.

［3］ Jones E R，van Vliet M T，et al. Country-level and gridded estimates of wastewater production，collection，treatment and reuse［J］，Earth System Science Data，2021（13）.

［4］ 全国节约用水办公室，水利部国际经济技术合作交流中心. 国外节水实践［M］，郑州：黄河水利出版社，2022.

［5］ ［美］赛斯·西格尔. 创水记——以色列的治水之道［M］. 上海：上海译文出版社，2018.

［6］ Philippe Marin，Shimon Tal，et al. Water Management in Israel：Key Innovations and Lessons Learned for Water-Scarce Countries［M］. World Bank Group，2017.

［7］ 朱菲菲，詹歆晔. 新加坡水环境治理的经验借鉴［J］. 上海节能，2018（4）.

［8］ Matt Jenkins. A Brief History of Water Conservation in America［Z］. 2019.

［9］ 陈茂山，夏朋，王建平. 典型国家节水管理经验与启示［J］. 水利发展研究，2018（11）.

［10］ Fanack. Water tariffs for domestic，industrial and agricultural use including variation in tariff based on quality［Z］. 2012.

［11］ 金海，伊璇，朱绛，等. 从水权交易国际经验看我国水权市场未来发展［J］. 中国水利，2021（07）.

［12］ IdoAvgar. Israeli Water Sector-Key Issues［M］. The Knesset Research and Information Center，2018.

［13］ Gude vg. Desalination and sustainability-an appraisal and current perspectives［J］. Water Resources，2015（11）.

［14］ Edward Jones，ManzoorQadir，Michelle T H，et al. The state of desalination and brine production：A global outlook［J］. Science of the Total Environment，2018，657.

［15］ Wong W C，Ng H T，Chan R，et al. Going real time in water conservation-the Singapore experience［J］. Water Practice and Technology，2019（14）.

［16］ 康绍忠. 加快灌区现代化改造与节水技术应用，促进黄河流域生态保护和高质量发展［J］. 中国水利，2021（9）.

［17］ 董石桃，蒋鸽. 发达国家水价管理制度对我国的启示［J］. 政府与经济，2017（6）.

［18］ 刘璐. 北京再生水利用现状、问题及建议［J］. 水利发展研究，2022（5）.

［19］ 杨旋. 海水淡化规模化利用亟待补齐政策短板［N］. 中国自然资源报，2023-03-06.

关于河湖长制实施成效评价指标的思考

郎劢贤　李禾澍

水利部发展研究中心

摘　要：河湖长制实施成效评价是检验河湖长制决策执行效果的有效手段，需要构建科学的评价指标体系。在科学的指标体系下系统开展成效评价，能够为发现河湖长制政策实施薄弱环节，精准制定后续政策提供技术支撑。以公共政策生命周期理论与政策实施过程控制原理为理论依据，明确河湖长制成效评价的基本特征和要求，分析指标体系构建的总体思路；按照全面与典型、定性与定量、共性与个性相结合的原则，综合运用频度统计法、相关性分析法等进行指标设计和筛选，建立了由目标层、准则层和指标层构成的指标初集。

关键词：河湖长制；公共政策评估；指标体系；生态环境

2016 年 10 月、2017 年 11 月，习近平总书记先后两次召开中央全面深化改革小组会议，审议通过《关于全面推行河长制的意见》《关于在湖泊实施湖长制的指导意见》，部署在全国 31 个省（自治区、直辖市）的所有河流、湖泊全面推行河湖长制。全面推行河湖长制是总书记亲自谋划、亲自部署、亲自推动的改革决策。总书记多次强调，"一分部署，九分落实""如果不沉下心来抓落实，再好的目标、再好的蓝图，也只是镜中花、水中月"。河湖长制实施成效评价（以下简称"成效评价"）是检验河湖长制决策执行效果的有效手段。科学构建评价指标是开展成效评价的基础和前提[1-2]。

1　河湖长制评价进展

为掌握河湖长制决策部署在 31 个省（自治区、直辖市）的贯彻落实情况，水利部组织开展了全面建立河长制中期评估和全面推行河湖长制总结评估。

1.1　全面建立河长制中期评估

2017 年底，水利部组织开展的全面建立河长制中期评估（以下简称"中期评估"）是对河湖长制的政策实施初期状况的执行评估，回答"河湖长制政策的规定和要求是否得到不折不扣落实"的重大现实问题。中期评估围绕工作方案到位、组织体系和责任落实到位、相关制度和政策措施到位、监督检查和考核评估到位(以下简称"四个到位")、开展的基础性工作及河湖管理保护成效等6个方面设定27项评估指标。其中,设置5项约束性指标(一票否决项):省、市、县、乡四级河长制工作方案印发情况,总河长设立及公告情况,分级分段河长设立及公告情况,河长制办公室设置情况,省级六项制度建立。中期评估首次建立了覆盖省、市、县、乡级320672名党政河长组织体系的数据库,摸清了31个省(自治区、直辖市)制度建设和工作推进情况,形成"河长组织基本全面建立,制度体系基本完善,保障措施有效落实,河湖治理成效显现"的评估结论报送党中央、国务院,提炼总结的典型经验和发现的问题反馈各省(自治区、直辖市),为地方各级党委政府推进河湖长制工作提供决策支撑。

1.2 全面推行河湖长制总结评估

2018年,水利部组织开展的全面推行河湖长制总结评估(以下简称"总结评估")是对河湖长制政策实施第二阶段的执行评估,回答"河湖长制各项任务是否落实、河湖突出问题是否解决"的重大问题。总结评估围绕河湖长组织体系建设、河湖长制制度及机制建设情况(以上简称"有名")、河湖长履职情况、工作组织推进情况及河湖治理成效(以上简称"有实")等5个方面设置17项评估指标,重点评估"有实"(指标权重占60%)。通过总结评估,发现"有实"类别的评估指标得分率较低,其中,河湖水域岸线保护情况(得分率72%,下同)、公众满意度(78%)、河湖管护责任主体落实情况(85%)、重大问题处理(86%)、宣传与培训情况(86%)、河湖生态综合治理情况(87%)、河湖水质及城市集中式饮用水水源水质达标情况(89%)、督察与考核结果运用情况(89%)等8项评估指标得分率<90%,为有的放矢、精准施策推进河湖长制落实落地提供了决策支撑[3]。

2 成效评价的理论框架

成效评价是对河湖长制政策执行效果的评估,属于公共政策评估范畴。学界有关公共政策评估的公共政策生命周期理论与政策实施过程控制原理是指导成效评价的理论基础。

2.1 公共政策生命周期与实施过程控制理论

根据公共政策生命周期理论,一项政策从"孕育"到"出生"再到"死亡"的不同阶段,都可以开展政策评估,甚至政策终结后,还可以继续开展政策影响评估(图1)。相对于制定阶段的前评估和政策终止的后评估,政策实施阶段是公共政策评估的关键。政策实施阶段的评估,可以在执行点P_I和终结点P_E之间选取任一时间节点对政策实施情况进行评估,如选取政策实施中期 P_{IM} 为时间点,即开展政策实施中期评估[4]。

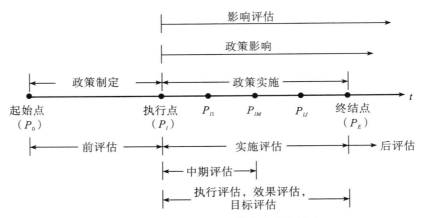

图 1　公共政策评估与政策生命周期关系

从政策生命周期看,一项公共政策的实施效果(我们将其定义为政策响应)是时间的函数,可表示为:$Y(t)=\Psi[X(t),K(t)]$。其中:$Y(t)$ 表示政策响应,$X(t)$ 为政策执行函数,$K(t)$ 为执行控制函数。理想状态下,公共政策执行到某一个时间节点,其对应的政策响应会达到预期目标(图 2)。由于公共政策的复杂性,执行函数、控制函数和政策响应之间是复杂的动态非线性关系。目前还没有研究模拟政策这一变化过程,现有研究通常做法是选取某一评估节点,设定指标和预期进行比较,是一种黑箱模型(图 3)。在政策评估中通过关键节点设计评估技术体系,实现动态评估,是解决政策实施过程"黑箱"问题的办法。理论上,对政策实施评估节点划分越细,评估结果越能准确真实地反映政策实施的效果。政策实施过程控制原理见图 4。

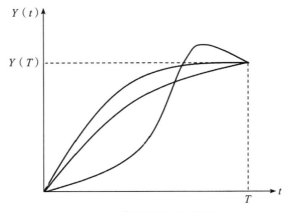

图 2　政策响应随时间变化

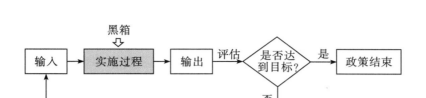

图 3　政策评估的"黑箱"模型原理

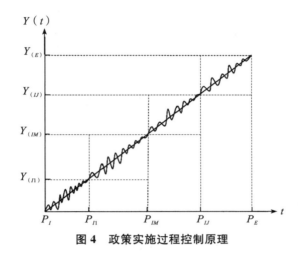

图 4　政策实施过程控制原理

2.2　河湖长制政策实施过程控制原理

河湖长制政策实施具有显著的阶段性特征。按照中央要求,到 2018 年底全面建立河湖长制,这是全面推行河湖长制的第一阶段。第二阶段工作要求是有效落实河湖长制各项任务,解决河湖突出问题,确保河湖长制从"有名"到"有实"。第三阶段工作要求是建立河湖长效管护机制,维护河湖健康生命,实现河湖功能永续利用,推动河湖长制从"有名有责"到"有能有效"。每个阶段既相互独立又相互联系,前一阶段政策执行到位是后一阶段政策目标能否实现的必要条件(图 5)。例如,必须建立河长组织体系,才能组织编制"一河一策",只有编制"一河一策"才能落实河湖长制各项任务,只有落实各项任务才能改善河湖面貌、维护河湖健康生命。因此,从河湖长制政策实施整个周期而言,必须将政策实施过程离散成多个相互联系的具有时间先后顺序的节点,设计阶段性政策评估,对政策实施过程进行控制,保证每一个关键节点工作都落实到位,强化政策实施过程中的正效应,从而确保政策整体实施成效。

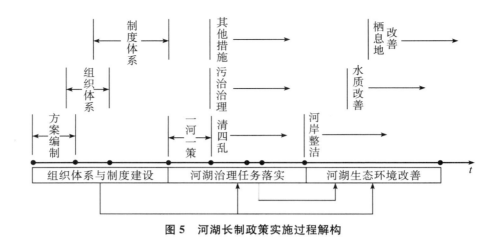

图 5　河湖长制政策实施过程解构

3　成效评价的总体考虑

3.1　特征分析

（1）聚焦河湖长制实施第三阶段的政策目标（效果）评估

河湖长制政策实施的第一阶段要求 2018 年底前全面建立省、市、县、乡河湖长组织体系及相应的工作制度，中期评估就是对应第一阶段特点的政策执行评估。第二阶段要求河湖长制从"有名"转向"有实"，落实河湖长制各项任务，解决河湖突出问题。总结评估就是对应第二阶段特点，从政策执行评估转向政策目标（效果）评估。第三阶段要求河湖长制从"有名有责"到"有能有效"，成效评价就是对应第三阶段性特点的政策目标（效果）评估。

（2）基于社会经济—生态环境复合系统的政策综合评估

河湖长制政策综合评估涉及社会经济—生态环境复合系统。从河湖长制政策架构上看，通过构建和我国社会治理结构相平行的河湖长体系，明确河湖长在河湖治理保护中的个人责任，切实发挥党政负责同志在工作统筹、关键问题协调与河湖治理各项任务协同推进方面的优势，形成河湖治理保护合力，有效解决河湖资源开发与保护的"公地悲剧"问题，保护和改善河湖生态环境。社会经济和生态环境系统之间通过治理行为相连接，通过对社会经济系统行为调控实现生态环境系统改善。

基于以上特征分析，在河湖长制政策实施的不同阶段，政策评估面向社会经济—生态环境复合系统的侧重点是不同的。第一阶段中期评估重点是社会经济系统，即河湖长制组织体系、制度体系、保障体系是否建立。第二阶段总结评估重点从社会经济系统过渡到生态环境系统，即在全面建立河湖长制的基础上各项任务是否落实和河湖突出

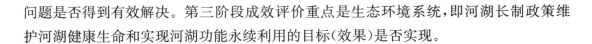

问题是否得到有效解决。第三阶段成效评价重点是生态环境系统,即河湖长制政策维护河湖健康生命和实现河湖功能永续利用的目标(效果)是否实现。

3.2　基本要求

(1)满足河湖长制实施第三阶段政策评估需求

《关于全面推行河长制的意见》要求"在全国江河湖泊全面推行河长制,构建责任明确、协调有序、监管严格、保护有力的河湖管理保护机制,为维护河湖健康生命、实现河湖功能永续利用提供制度保障"。河湖长制实施进入第三阶段,总书记强调要完善河湖长制组织体系,发出"建设造福人民的幸福河"伟大号召;党中央、国务院部署落实"强化河湖长制";全面推行河湖长制工作部际联席会议,要求不折不扣落实好全面推行河湖长制各项任务;水利部明确推动河湖长制从"有名有责"到"有能有效"。成效评价应立足于当前政策评估需求,重点围绕河湖长制"有实有能有效",开展河湖长制政策目标评估和效果评估,合理分配生态环境属性指标和社会经济属性指标,构建科学的评价指标体系,系统全面地反映河湖长制政策实施成效和预期,从而使评估结果能够为河湖长制后续决策提供支撑。

(2)保持与中期评估和总结评估的动态衔接

河湖长制实施的 3 个阶段(节点)是相互关联的。如果河湖长制组织体系、责任体系和制度体系不建立,就很难落实河湖长制任务,解决河湖突出问题;如果不落实河湖长制任务,解决河湖突出问题,河湖健康生命就无从谈起。成效评价指标也应适度保留河湖长制组织体系建立和任务落实的关键性评价指标,保持与中期评估、总结评估的动态关联。

(3)实现政策评估的科学性和精准性

首先,成效评价指标要能全面体现河湖长制政策实施效果,既要体现省级行政区河湖长制实施的总体成效,又要聚焦个体河湖体现政策实施的微观成效。其次,评价指标既要体现公平公正,对全国 31 个省(自治区、直辖市)适用同一尺度,又要体现地区的差异化,反映不同地区的实际成效。

4　成效评价指标体系构建的总体思路

应用公共政策生命周期理论与政策实施过程控制原理,对成效评价指标构建的基本原则、技术方法、指标体系等进行分析。

4.1 基本原则

（1）全面与典型相结合

一方面,成效评价指标设计要能系统全面地反映第三阶段政策实施状况,避免指标的重叠和缺漏。另一方面,选取的指标也要具有典型性和代表性,满足评估需求。

（2）定性与定量相结合

一般而言,评估社会经济系统的指标多为定性指标,评估生态环境系统的指标多为定量指标。因此,成效评价应设计定性与定量相结合的指标体系。从评价的科学性和可操作性角度出发,采用定性指标,也应当尽可能明确指标概念,量化评价标准,选取可以通过统计、监测等手段获取数据的指标。

（3）共性与个性相结合

从全国范围看,河湖长制的进展存在明显的差异性,因此,选取成效评价指标既要有普适性指标,体现河湖长制政策实施的一般性要求和总体性效果,又要有差异性指标,因地制宜,分区分类适用不同评价标准,反映不同地区河湖长制推进的真实效果。

4.2 技术方法

考虑到成效评价是面向社会经济—生态环境复合系统的综合评估,评估较为复杂,故综合运用以下方法进行指标设计、筛选。

（1）频度统计法

对河湖长制督查考核、河湖健康评价、幸福河湖建设成效评价等河湖长制相关评价（评估）指标进行统计,初步确定出一些使用频度较高的指标,并通过初步的合并运算,建立指标原始数据库。

（2）相关性分析法

对原始指标库中指标之间的关联程度进行分析,结合一定的取舍标准进行筛选、整合,既要避免指标的缺漏,也要避免指标的重叠。

（3）专家咨询—迭代回归法

在建立指标体系的过程中要多次征询专家意见,通过多次迭代对指标进行调整,得到由内涵丰富又相对独立的指标所构成的评价指标体系。此方法的核心是以专家集体的认识对指标的重要性和差异性作出判断,用统计学的方法处理判断结果。

4.3 指标体系

指标体系设计需经历初选—优化—确立的闭环过程。本文重点分析构建成效评价指标初集,将成效评价指标体系划分为目标层、准则层和指标层。

4.3.1 目标层

目标层为最高层指标,表示评估目标(或评估对象),本文是指河湖长制实施成效。

4.3.2 准则层

准则层为中间层指标,衡量的是目标层指标的直接体现。河湖长制政策是有清晰目标的公共政策。基于河湖长制政策要求和阶段性特征,成效评价的准则层包括"建立河湖管理保护长效机制"和"实现河湖健康和功能永续利用"。前者体现了对社会经济系统的评价,后者体现了对生态环境系统的评价。

4.3.3 指标层

指标层为最底层指标,是准则层的具体细化指标。

(1)建立河湖管理保护长效机制准则层评价指标

河湖长制政策实施的功能(效果)是促进形成流域统筹、区域协同、部门联动、公众参与的治水合力,这是评价建立河湖管理保护长效机制的关键性标志。根据对河湖长制相关评价(评估)中涉及高效(科学)管护指标的使用频度统计,吸收使用频度≥60%的指标纳入成效评价指标体系;同时,将得分率<80%总结评估中体制机制建立相关指标也吸纳入成效评价指标体系,形成本准则层下的评价指标初集(表1)。

表1　　　　　　　　　　　建立河湖管理保护长效机制准则层评价指标

一级指标	二级指标	指标释义
形成河湖管理保护合力	流域统筹机制建立落实情况	跨省界河湖省级河湖长联席会议、省级河长办联席会议制度建立和执行情况
	区域协同机制建立落实情况	省级行政区内跨市、县、乡界河湖联防联控联治机制建立和执行情况
	党政负责机制建立落实情况	省、市、县、乡级河湖长动态调整,河湖长责任递补,河湖长考核问责与激励机制建立和执行情况;河湖长履职情况(包括巡河、会议等日常工作开展,重大问题整改落实等)
	部门联动机制建立落实情况	省、市、县级河长+警长、河长+检察长、部门联合执法机制建立和执行情况
	公众参与机制建立落实情况	省级行政区内村(社)级巡护河员、民间河长、社会监督员等公众参与机制建立和执行情况

一级指标	二级指标	指标释义
实现河湖管理保护法治化、规范化、智慧化	河湖管理保护法规建设	河湖长制及河湖管理地方性法规、地方政府规章制定出台情况
	河湖管理保护标准规范建设	河湖管理范围划定、岸线管理保护、生态环境修复等标准、规划编制、制定情况
	智慧河湖建设	数字孪生河湖、河湖智慧感知设施、河湖管理及河湖长制信息系统建设运行情况
	河湖管护责任主体落实情况	省、市、县级主要河湖落实管护责任单位的情况

（2）实现河湖健康和功能永续利用准则层评价指标

反映河湖健康生命和功能永续利用是成效评价的重点。为体现成效评价的科学性和精准性，采用宏观评价与微观评价相结合的评价方法。宏观评价是对各省级行政区河湖生态环境复苏和功能恢复程度总体成效进行评价，微观评价是通过随机选取河流或湖泊，对个体河湖生态环境复苏和功能恢复程度进行量化评价。

宏观指标与微观指标之间尽量避免重复，评价指标总体数量尽量精简。宏观指标根据河湖长制主要任务，运用频度统计法和相关性分析法，分类筛选可量化的指标。微观指标吸收河湖健康评价的关键性指标，区分必选指标（统一性指标）和备选指标（差异性指标），真实反映不同地区不同河湖管理保护成效的实际状况。本准则层下评价指标初集见表2。

表 2   本准则层下评价指标初集

指标特征	一级指标	二级指标	指标释义
宏观性指标	1. 水资源保护	1. 万元国内生产总值用水情况	统计省、市、县、乡级万元国内生产总值用水量的平均值
	2. 水域岸线管理保护	2. 河湖"清四乱"情况	省、市、县、乡级推动"清四乱"常态化规范化工作进展成效情况
	3. 水污染防治	3. 河湖水质及城市集中式饮用水水源水质达标情况	省级行政区内国控、省控断面地表水水质达到或优于Ⅲ类的比例情况；地级及以上城市集中式饮用水水源水质达到或优于Ⅲ类的比例情况
	4. 水环境治理	4. 地级及以上城市建成区黑臭水体整治情况	省级行政区内城市建成区黑臭水体消除比例情况
	5. 水生态修复	5. 河湖生态综合治理情况	省级行政区内健康河湖、美丽河湖、幸福河湖等建设推进情况

指标特征	一级指标	二级指标	指标释义
宏观性指标	6. 公众满意度	6. 公众满意度	通过调查方法评价公众对省级行政区内河湖长制工作、河湖水生态水环境的满意程度
微观性指标	1. 河安湖晏	7. 河道(湖泊)通畅性	河流(湖泊)淤积、存在阻碍行洪或影响畅通的情况
		8. 岸线自然状况	包括河流(湖泊)岸坡稳定性和岸线植被覆盖度两项评价内容
		9. 湖泊面积萎缩比例※	评价年湖泊水面萎缩面积与历史参考年湖泊水面面积的比例
		10. 防洪达标率★	河湖堤防及沿河(环湖)口门建筑物防洪达标情况
		11. 排涝达标率★	河湖排涝达标情况
	2. 水清岸绿	12. 水质优劣程度	河湖水质优劣状况
		13. 水体自净能力	水中溶解氧浓度状况
		14. 主要入湖河流水质达标情况※	主要入湖河流水质及湖泊水质是否达到年度确定水质目标
		15. 湖泊富营养化程度※	评估湖泊富营养化指数,确定湖泊富营养化状态
		16. 生态岸线比例(生态堤岸保有率)	生态岸线(未经开发利用或采用人工生态修复构筑的具有良好生态环境功能的岸线)占岸线总长度的比例
	3. 鱼翔浅底	17. 生态流量(最低生态水位)满足程度	生态流量(最低生态水位)满足程度。季节性河流用径流长度保有率替代生态流量满足程度
		18. 鱼类保有指数	评价现状鱼类种数与历史参考点鱼类种数的差异状况
		19. 浮游植物密度※	调查评价浮游植物群落结构组成和多样性特征
		20. 水鸟栖息状况★	调查评价河湖内鸟类的种类、数量情况
		21. 水生植物群落状况★	调查评价挺水植物、沉水植物、浮叶植物、漂浮植物、湿生植物等水生植物种类、数量情况
	4. 人水和谐	22. 城乡居民亲水指数	评价是否具有居民亲水戏水设施,亲水设施的数量是否能够满足居民需求,亲水设施的状况及其质量

续表

指标特征	一级指标	二级指标	指标释义
微观性指标	4. 人水和谐	23. 通航保证率★	河流的正常通航日数占全年总日数的比例
		24. 供水水量保证程度★	一年内河湖逐日水位或流量达到供水保证水位或流量的天数占年内总天数的百分比
		25. 水美乡镇覆盖率★	省级行政区内水美乡镇（街道）数量与乡镇（街道）总数量的比值

注：标★为备选指标，由评价单位（部门）根据河湖实际情况选用，其中，有防洪、排涝、通航、供水功能的河湖，防洪达标率、排涝达标率、通航保证率、供水水量保障程度为必选指标。标※为湖泊专属评价指标。

5 结论与展望

习近平总书记强调，党中央出台的一系列惠及民生的重大改革举措，关键是抓好落地见效。继全面建立河长制中期评估、全面推行河湖长制总结评估之后，开展河湖长制实施成效评价是对河湖长制政策执行效果的又一次重要评估，为发现河湖长制政策实施薄弱环节、精准制定后续强化落实政策提供了重要支撑。

本文以公共政策生命周期与实施过程控制评估理论为基础，结合河湖长制政策评价需求、目标要求及实施阶段性特征，运用频度统计法、相关性分析法，构建了河湖长制实施成效评价指标体系初集，以期能够全面系统地评价河湖长制政策实施效果。本文仅是河湖长制成效评价指标研究的初步成果，在指标赋分权重及评价标准上还需进一步深入研究论证。下一步，将运用专家咨询—迭代回归法、层次分析法等修正优化成效评价指标体系，确定各项指标权重及赋分标准[5]。

参考文献

[1] 王冠军，刘卓，郎劢贤，等. 河长制湖长制成效评价及思考[J]. 中国水利，2021（2）：15-18.

[2] 刘小勇，傅渝亮，李晓晓，等. 河湖长制工作综合评估指标与方法研究[J]. 人民长江，2020，51（10）：42-46＋104.

[3] 王冠军，刘小勇，郎劢贤，等. 全面推行河长制湖长制总结评估成果分析与工作建议[J]. 水利发展研究，2020，20（10）：32-35.

[4] 张海涛. 关于制定水利重大政策事前评估和事后评价制度的思考[J]. 水利发展研究，2022，22（4）：48-52.

[5] 仇启强，王立权，崔越，等. 基于层次分析法的五大连池市全面推行河（湖）长制总结评估研究[J]. 水利科技与经济，2019，25（6）：49-54.

水资源费改税制度分析及完善建议

周　飞[1]　戚　波[1]　戴向前[2]　孙波扬[2]

1. 嫩江尼尔基水利水电有限责任公司

2. 水利部发展研究中心

摘　要：推进水资源税改革试点工作是落实资源税改革要求、促进水资源集约节约利用的重要举措。从水资源费改税制度沿革出发，讨论了水资源费和水资源税制度内涵和特点变化，分析了水资源费改税实践中存在的农业生产取用水、城镇公共供水、征管模式、经费保障等若干问题，提出了全面推开水资源税改革试点政策制定和若干问题完善的建议。

关键词：水资源费；水资源税；改革试点；制度设计

推进水资源税改革试点工作是落实全面推进资源税改革要求、促进水资源集约节约利用的重要举措。习近平总书记在"3·14"重要讲话中指出，发挥政府作用要善用税，学会用税收杠杆调节水需求。按照党中央、国务院决策部署要求，2016年以来，河北、北京等10个试点省（直辖市）积极推进水资源税改革工作，取得积极成效。水资源由"费"改"税"虽一字之差，但因性质改变，在征收主体、使用安排、管理方式上具有很大差别[1]。目前，水资源税面临全面推开形势，需要进一步完善税制设计，做好从水资源费改为水资源税的政策制度衔接，确保改革平稳有序。

1　水资源费改税制度沿革

1978年之前，我国基本处于无偿用水阶段，虽然在法律上承认国家对水资源的所有权，但这种所有权益没有得到充分体现，取用水几乎无收费可言。1978年之后，我国逐步推进水资源有偿使用制度，从水资源费到水资源税改革大致经历4个阶段。

1.1　探索阶段（1979—1987年）

此阶段，国家层面尚未出台水资源费征收管理相关政策，以典型省份探索出台的地方性法规为主。1979年12月，上海市公用事业局发布了我国首个水资源有偿使用地方政策文件《上海市深井管理办法》，规定凡在上海市自来水公司管网到达范围内使用深井以及郊县的各工业生产单位使用深井，其采用量全部按上海市自来水公司规定的工业用自来水价格收费，对超计划的用水 10 倍收费。随后北京、山西、辽宁等北方地区陆续开征水资源费，出台相关政策。

1.2　初级阶段（1988—2001 年）

此阶段，国家层面开始正式实施水资源费征管制度。1988 年，我国正式颁布并实施《中华人民共和国水法》，明确将征收水资源费纳入法律条款，规定"对城市中直接从地下取水的单位，征收水资源费；其他直接从地下或者江河、湖泊取水的，可以由省、自治区、直辖市人民政府决定征收水资源费。水费和水资源费的征收办法，由国务院规定。"1993 年 6 月，国务院发布了《取水许可制度实施办法》（中华人民共和国国务院令第 119 号），确立了取水许可制度，进一步推动了水资源费征管；随着国家层面政策法规出台，南方省份也开始相继征收水资源费，如安徽（1992 年）、浙江（1992 年）、河南（1992 年）、四川（1993 年）、江苏（1993 年）、广东（1995 年）、湖北（1997 年）等。

1.3　规范阶段（2002—2011 年）

此阶段，水资源费征收和使用得到规范，地方相继出台配套制度，不断加强水资源费征收队伍和机构建设，强化了水资源费专项资金使用和管理，保证了水资源费更好地服务于水资源节约、保护和管理，促进了水资源可持续利用。

2002 年，修订后的《中华人民共和国水法》进一步明确了水资源费的征收范围、征收对象等，增加了不按照国家有关规定征收水资源费的法律责任规定，强化水资源费依法征管力度。2006 年，国务院发布实施《取水许可和水资源费征收管理条例》（国务院令第 460 号），第四章为专章（第二十八条至第三十七条），明确了水资源费征收对象、征收主体、征收标准制定原则、农业水资源费征收要求、计费依据、征收流程、水资源费使用等水资源费征管要求。2008 年，财政部、国家发改委、水利部联合发布《水资源费征收使用管理办法》（财综〔2008〕79 号），对水资源费征收、使用和管理进一步作出规定。2009 年，以西藏自治区 1 月 1 日开征水资源费为标志，全国 31 个省（自治区、直辖市）全部征收水资源费，并制定出台了地方配套水资源费征收管理制度。2011 年 3 月财政部、水利部联合印发了《中央水资源费使用管理暂行办法》（财农〔2011〕24 号），规范了中央层面水资源费的使用管理。

1.4　深化阶段（2012 年至今）

此阶段，党中央、国务院全面部署推进资源税改革，水资源作为基础性自然资源和战略性经济资源,纳入资源税改革范畴。

2012 年,党的十八大报告明确提出"加强生态文明制度建设,要深化资源性产品价格和税费改革,建立反映市场供求和资源稀缺程度、体现生态价值和代际补偿的资源有偿使用制度和生态补偿制度"。

2013 年,国家发改委、财政部、水利部联合印发了《关于水资源费征收标准有关问题的通知》(发改价格〔2013〕29 号),进一步规范了水资源费标准分类、征收标准,严格控制地下水过量开采,并明确提出"十二五"末各地区水资源费最低征收标准。

2016 年,财政部、国家税务总局、水利部联合发布《水资源税改革试点暂行办法》(财税〔2016〕55 号),明确在河北省开展水资源税改革试点,提出了水资源税的征收范围、征收标准、税额计算、征收主体和工作机制。2017 年 11 月 24 日,财政部、国家税务总局、水利部联合印发《扩大水资源税改革试点实施办法》(财税〔2017〕80 号),明确"自 2017 年 12 月 1 日起,在北京、天津、山西、内蒙古、山东、河南、四川、陕西、宁夏等 9 个省(自治区、直辖市)扩大水资源税改革试点",并对 9 个试点省份水资源税的征收范围、税额标准、征管机制等作出明确规定,给出了扩大试点省份地表水、地下水最低税额标准。

2019 年 8 月 26 日《中华人民共和国资源税法》通过人大会议审议并公布,已于 2020 年 9 月 1 日实施。其中第十四条规定:"国务院根据国民经济和社会发展需要,依照本法的原则,对取用地表水或者地下水的单位和个人试点征收水资源税。征收水资源税的,停止征收水资源费。水资源税根据当地水资源状况、取用水类型和经济发展等情况实行差别税率。水资源税试点实施办法由国务院制定,报全国人民代表大会常务委员会备案。国务院自本法施行之日起五年内,就征收水资源税试点情况向全国人民代表大会常务委员会报告,并及时提出修改法律的建议。"

2　水资源费制度内涵

2.1　费的制度与内涵

费的汉字概念较广,主要分为两种:一是耗费,指生产经营等过程中发生的各项损耗;二是收费,指政府及其职能部门依据提供的公共服务向使用者收取的一种费用,主要是行政事业性收费。本文所论费的内容指第二种情况。

《行政事业性收费标准管理暂行办法》第十七条明确,资源补偿类收费,即根据法律法规规定向开采、利用自然和社会公共资源者收取的费用。主要包括水资源费、无线电频率占用费等资源类收费。根据《全国性及中央部门和单位涉企行政事业性收费目录清单》,截至 2020 年底,水利部门收取的两项费用分别是水资源费和水土保持补偿费。资源补偿类收费属于政府非税收入,全额纳入财政预算管理,由财政部门按照批准的部门预算统筹安排。

2.2 水资源费制度与内涵

《中国水利百科全书(第二版)》中对水资源费的定义为:"直接从江河、湖泊或者地下取用水资源的单位和个人按照国家取水许可制度和水资源有偿使用制度的规定,向水行政主管部门缴纳的费用。"[2]《中华人民共和国水法》规定,水资源属于国家所有。国家对水资源依法实行取水许可制度和有偿使用制度(农村集体经济组织及其成员使用本集体经济组织的水塘、水库中的水除外)。直接从江河、湖泊或者地下取用水资源的单位和个人,应当按照国家取水许可制度和水资源有偿使用制度的规定,向水行政主管部门或者流域管理机构申请领取取水许可证,并缴纳水资源费,取得取水权。但是,家庭生活和零星散养、圈养畜禽饮用等少量取水的除外。

水资源费属于资源补偿类收费,是对于开发、利用水资源而收取的资源类费用,继承了资源补偿类收费的内涵和基本特征:

(1)具有补偿性

水资源费是对水资源宏观管理费用的补偿,是对水资源开发利用的长期基础费用(也称用前费用)和用后费用(如地下水资源超采而引起的不良后果的补偿费用)的等价补偿。

(2)权属明确

水资源费是由水资源的稀缺性和法律规定的水资源属于国家的所有权形成的。

(3)作为经济杠杆

水资源费起到调节水资源合理开发利用和优化配置的作用。

(4)具有价格特征

水资源费是国家管理型的水资源价格,反映水资源耗费和补偿及其直接经济联系的经济形式。

3 水资源费改税制度政策变化

3.1 税收制度

税的汉字概念较为明确,是指国家向企业或集体、个人征收的货币或实物,对应税收的含义为国家为满足社会公共需要,凭借公共权力,按照法律所规定的标准和程序,参与国民收入分配,强制地、无偿地取得财政收入的一种方式。

我国现行税收制度基本上是改革开放后30年内,特别是1994年税制改革后逐步建立起来的。主要税种包括对商品及劳务征收的流转税和对企业及个人所得征收的所得税两大类。另外,还有属于地方政府收入的一些财产行为类、资源类税种等。几经变革,目前我国共有增值税、消费税、营业税、企业所得税、个人所得税、资源税、城镇土地使用税、房产税、城市维护建设税、耕地占用税、土地增值税、车辆购置税、车船税、印花税、契税、烟叶税、关税、船舶吨税等 18 个税种。

3.2 水资源税的内涵特征

《水资源税改革试点暂行办法》(财税〔2016〕55 号)进一步明确,水资源税纳税人为利用取水工程或者设施直接从江河、湖泊(含水库)和地下取用地表水、地下水的单位和个人。纳税人应按《中华人民共和国水法》《取水许可和水资源费征收管理条例》等规定申领取水许可证。

水资源税为资源税的一种,属于政府税收,其征收、使用和管理按照我国现行税收征管办法实行,完全继承了税收制度的内涵和特征。

(1)具有强制性

水资源税是按照《中华人民共和国宪法》及国家税收有关规定,以实现国家公共财政职能为目的,凭借公共权力,由政府专门机构向纳税人实施强制、非罚与不直接偿还的金钱课征。

(2)权属明确

水资源为国家所有,水资源税是对水资源的稀缺性和由法律规定的水资源属于国家的所有权形成的。

(3)作为经济杠杆

水资源税作为经济杠杆,起到调节水资源合理开发利用和优化配置的作用。

(4)价格特征

水资源税是反映水资源耗费和补偿及其直接经济联系的经济形式,具有价格特征。

3.3 水资源费改税制度变化

在法律依据方面,水资源费是以全国人民代表大会通过的《中华人民共和国水法》和水利部门、地方规章为依据,水资源税是按照税收制度执行,是以宪法和全国人民代表大会出台的其他法律条文为依据,在法律层级上两者一致。

在内涵和特征方面,水资源费与税均权属明确,水资源由国家所有,通过有偿使用,可作为经济杠杆,起约束和调节作用,具有价格特征(表 1)。水资源费与税均具有强制性,但水资源费改税后,税收刚性约束更强。征收主体从水行政主管部门变为税务主管部门。支出方面,水资源费具有补偿性,用作水资源宏观管理补偿费用,但水资源费改税后,水资源税全额纳入政府财政预算,不作为专项资金使用。

表1　　　　　　　　　　　　　　　水资源费与税比较分析

内容	水资源费	水资源税
法律依据	水法及部门规章和地方性法规规章	资源税法等法律条文
惩罚力度	处以罚款	处以罚款并量刑
内涵和特征	强制性低	强制性高
	权属明确,水资源为国家所有	权属明确,水资源为国家所有
	可作为经济杠杆,起约束和调节作用	可作为经济杠杆,起约束和调节作用
	具有价格特征	具有价格特征
征收主体	水行政主管部门	税务机关
支出使用	水资源节约、管理与保护专项资金	纳入财政统筹无法区分支出方向

4 水资源费改税制度完善若干问题分析

如前所述,水资源费改税虽一字之差,但在内涵特征、税费性质、征收管理、支出使用等多方面存在较大差异,制度实际执行中也面临若干问题有待解决和完善。

4.1 农业生产取用水水资源税征管

《扩大水资源税改革试点实施办法》明确,对超过规定限额的农业生产取用水从低确定税额。《取水许可和水资源费征收管理条例》明确,对超过省(自治区、直辖市)规定的农业生产用水限额部分的水资源,由取水单位或者个人根据取水口所在地水资源费征收标准和实际取水量缴纳水资源费。

实际执行中,地方普遍反映农业超限额取用水征税难度大、征收条件不成熟[3]。

1)限额标准尚不明确和规范,实际执行中限额标准大多是综合用水定额或直接按定额执行,且大部分省份从高确定,用水基本低于限额标准,偏离制度设计初衷,不利于促进农业节水。

2)对"规定限额"用水无法准确认定。特别是南方省份灌溉渠道与河网相连,渠首计量水量包含多种用水,无法作为农业取水计量的依据。

3)农业取用水税源分散、认定难度大,即使能完成超限额水量核定,实际也难以征收,超限额水资源税收入远低于其征税成本。

4)南方省份普遍实行免征水资源费政策,水资源费改税后,存在制度衔接问题。

4.2　城镇公共供水征税环节

主要是城镇公共供水征税环节不统一，存在一定争议。《扩大水资源税改革试点实施办法》明确，水资源税实行从量计征，城镇公共供水企业实际取用水量应当考虑合理的损耗因素。水资源费改税前，各地城镇公共供水水资源费的征收环节存在前端取水环节对供水企业征收和后端售水环节向用水户征收的两种情况。水资源费改税后，为确保改革平稳有序，目前10个试点省份基本延续原有水资源费征收环节，河北、天津、山东、四川等在取水环节征税，北京、山西、内蒙古、河南、陕西、宁夏等在售水环节征税。21个未试点省份大部分在取水环节征收，也有部分省份内部两种情况并存。从税制设计、税收征管、水价调整、促进节水等方面分析，两种环节各有特点，各有利弊，需要在全面推开水资源税改革试点制度中综合考虑，完善相关税制设计。

4.3　水资源税征管模式

主要聚焦在水利、税务两部门开展水资源税征管的工作次序上，总体涉及两种征管模式：一是"水利核量、税务征管"模式，即水利部门先行核定水量，纳税人、税务部门以此纳税、征税。此模式执行中，纳税人依据水利部门核定水量纳税，存在个别纳税人少报瞒报、偷税漏税，水利部门为此承担行政风险等问题；二是"税务征管、水利复核"模式，即水利部门水量核定职责后置，纳税人先行申报纳税，事后通过与税务部门信息共享、比对数据，核定纳税人是否如实纳税。此模式存在部分用水户实际用水量无法准确获取，如计量设施损坏、河网地区多种用水混合等情况，申报纳税需要依靠水利部门监测数据支撑。

两种模式各有特点，表象上是征税模式不同以及取用水量核定工作前置和后置问题，实际是纳税人—水利部门—税务部门三方在水资源税征管中的义务和职责以及关系协调问题，需要从有利于强化纳税人义务、有利于部门尽责履职、避免行政风险、有利于平稳有序推进税收征管等方面，因地制宜地确定合理可行的模式。

4.4　水资源管理经费保障

《扩大水资源税改革试点实施办法》明确规定："水资源税改革试点期间，水行政主管部门相关经费支出由同级财政预算统筹安排和保障。对原有水资源费征管人员，由地方人民政府统筹做好安排。"实际执行过程中，存在保障不到位的情况，如天津、山西、山东3个省份。据不完全统计，改革后资金保障相比改革前从7.88亿元减少至7.33亿元，减少0.55亿元；经费需求从7.30亿元增至7.59亿元，增加0.29亿元，水资源保护业务经费、办公经费及自收自支编制人员工资存在一定缺口。

主要原因为：一是地方财政部门对"相关经费支出"认识上有不同看法[3]，有的认为保障的是水利部门基本运行经费或公用经费，是将拨付部分水利建设资金等视同保障相关经费支出。二是优先保障其他领域。水资源税收入纳入地方财政统筹后，财政优先向部分领域倾斜，在水利行业中也优先支持了农村供水工程建设、贫困地区水利基础设施建设等。三是改革后各级水资源管理部门承担水量核定等水资源税征收基础工作，从上至下，工作量逐渐递增，经费需求逐渐加大。四是按规定水资源费主要用于水资源节约、保护和管理以及合理开发利用，但部分试点省份原水资源费支出超出使用范围，导致"相关经费支出"规模比实际水资源管理经费需求偏大。经费保障问题事关水利部门尽职履责和水资源税征管工作顺利进行，需要采取多种措施，细化完善相关制度，确保水资源费改税后水资源管理工作不受影响。

5 政策建议

5.1 全面推开水资源税改革试点政策制定建议

（1）做好水资源费改税效果评估

从制度配套、政策执行、预期目标实现等方面综合评估水资源费改税的改革效果，总结可复制、可推广、操作性强的改革经验和完善配套政策体系。深入了解未试点地区改革的意愿、条件基础和可行性等，研究提出推进水资源费改税的可行路径、方法、步骤，为全面扩大水资源税改革试点做好准备。

（2）做好与现行政策衔接

制定面向全国推开的水资源税改革试点政策，要与现行两个试点办法相衔接，有关制度和标准，在10个试点地区经验证效果好、取得明显成效的，建议沿用已有规定。部分规定实际落实难度大的，建议逐个研究解决。

（3）因地制宜差别化管理

建议考虑全国各省份东中西、南北方水资源条件差异、社会经济发展差异、城乡差异、行业间差异、用水户生产生活模式差异等，根据地方实际情况，实行南北方、东西部、工业、城市、农业等差别化管理。在设计全国水资源税改革试点政策时不宜做过于具体的规定，避免一刀切，将有关规定权限放给地方。

5.2 水资源费改税制度若干问题完善建议

（1）农业生产取用水水资源税征管

建议各地统筹考虑水资源条件、农业产业结构、农民承受能力以及促进农业节约用水需要等因素,制定差别化征税政策,根据实际情况确定用水限额、具体征税方式和步骤。有条件的地区,可对粮食作物暂缓征收水资源税;探索对农村集体经济组织、农民用水合作组织、家庭农场、新型农业经营主体等集约化生产经营主体超限额取用水从低征收水资源税。对个体农户暂缓征收水资源税。

(2)城镇公共供水征税

建议试点省份因地制宜,考虑不增加居民生活用水和城镇公共供水企业负担,平稳推进水资源费改税工作。具体征税环节由各省根据本地实际情况决定,对有条件的地区,建议对城镇公共供水企业在取水环节征收资源税。同时建议进一步优化城镇公共供水水资源税率,在后端改前端征收时,维持居民生活用水等价格不变,不进行价格听证。

(3)水资源税征管模式

建议按照因地制宜、平稳有序的原则,从有利于强化纳税人义务、有利于部门尽责履职、有利于产生行政风险、有利于平稳有序推进税收征管等方面确定合理可行模式。推荐"税务征管、水利复核"模式,水利部门不再承担所有水资源税纳税人的水量核定工作,改为对纳税人申报的异常数据、没有按规定计量或无法准确计量的取用水数据进行复核,进一步履行取用水的监督管理职能,同税务部门做好沟通和信息共享。

(4)水资源管理经费保障

建议做好人员经费、公用经费、项目经费等各类经费保障情况摸底核查,合理测算支出需求,真实反映经费缺口和存在问题,积极沟通财政部门,争取理解和支持。建议非试点地区未雨绸缪,合理安排水资源费支出范围,进一步明确水资源管理经费需求,做好水资源税在全国推开的经费保障预案。水行政主管部门相关经费支出建议由同级财政预算统筹安排和保障,不应低于各地改革前水资源费的支出规模。

参考文献

[1] 王冠军,戴向前,王志强. 水资源税改革是一项重要制度创新——析《水资源税改革试点暂行办法》[J]. 中国水利,2016(19):45-46.

[2]《中国水利百科全书》第二版编辑委员会. 中国水利百科全书第二版:(第二卷)[M]. 北京:中国水利水电出版社,2006.

[3] 戴向前,周飞,廖四辉. 扩大水资源税改革试点进展情况分析[J]. 水利发展研究,2019,19(3):3-4+40.

[4] 王冠军,戴向前,周飞. 对水资源税改革中保障水资源管理经费的思考[J]. 人民黄河,2021,43(S1):44-45+47.

浅谈节水科技进步贡献率

张　岚　郭　悦

水利部发展研究中心

摘　要："科技创新引领"是重要的节水行动之一，节水科技的快速发展推动重点行业的节水工作取得了显著成效。节水科技进步贡献率是反映科技进步推进节水的重要指标之一，初步界定涉及的相关概念与内涵，以及科技贡献率的研究现状。提出了节水科技进步贡献率的测算思路和方法，以及近十年节水量、节水率等的测算结果。探讨了节水科技进步贡献率的可行性，为进一步开展相关分析提供参考。

关键词：水利；节水；科技进步贡献率

2022 年是实施国家节水行动的关键节点。《国家节水行动方案》明确要求，"到 2022 年，节水型生产和生活方式初步建立，节水产业初具规模，非常规水利用占比进一步增大，用水效率和效益显著提高，全社会节水意识明显增强。万元国内生产总值用水量、万元工业增加值用水量较 2015 年分别降低 30％和 28％，农田灌溉水有效利用系数提高到 0.56 以上。"科学技术作为第一生产力"，已成为经济社会发展中最活跃的因素和最主要的推动力。《国家节水行动方案》提出"科技创新引领"节水重点行动，主要包括"加快关键技术装备研发""促进节水技术转化推广""推动技术成果产业化"等 3 项节水行动，其中科技进步贡献率是科技进步评价的一个重要指标。

1　科技进步在节水中的体现

对节水的影响因素可以分 4 类，即自然、技术、管理和社会。4 类因素均影响着节水的效率和效益。技术因素主要指科技含量较高的新技术、新设备、新材料、新工艺等在节水中的应用。如农业节水灌溉中的水肥一体化滴灌技术；工业节水中采用的节能与循环经济技术、无污染或少污染技术、新的节水器、海水直接利用技术等；生活节水的中水回用、雨水利用、节水器具普及应用、智能水表等技术。此外，大数据、人工智能、区块链等新一代信息技术与节水技术的融合也在不断推动节水进步。

我国目前的用水主要是农业、工业、生活和生态环境用水，其中农业用水近十年占比均超过 60%；工业用水 10 年平均占比 21.5%，呈轻微递减的趋势；生活用水 10 年平均占比 13.4%，呈小幅上升趋势；人工生态环境补水 10 年平均占比 2.7%，逐年增加。这些变化的趋势都不是很明显。

科技进步在节水中的应用是为了增加节水效率和效益而应用在节水诸要素中各种知识和技能的总和。在节水过程中，依靠科技进步，不断促进节水产品的开发，改善节水设备、工艺和技术，可提高节水的社会、生态、经济效益。

2 科技进步贡献率的研究现状

科技进步贡献率中的科技进步指的是广义科技进步对经济增长的贡献份额，是综合要素的代称，即扣除了资本和劳动之外的其他因素对经济增长的贡献。最新统计数据显示，2020 年我国全社会研发投入预计 2.4 万亿元左右，科技进步在经济增长中贡献率超过 60%。2018 年 10 月，在中国水利水电科学研究院组建 60 周年之际，时任水利部部长鄂竟平在现代治水与科技创新高端论坛上表示，科技创新为水利事业发展提供了重要引擎和关键动力，我国在泥沙研究、水资源配置、水文预报等诸多领域取得重大成果，科技进步对水利发展贡献率已达到 53.5%。农业农村部印发《"十四五"全国农业农村科技发展规划》明确，到 2025 年农业科技进步贡献率达到 64%。2019 年全国林业和草原科技工作会议上，国家林业和草原局表示，"当前我国林业科技进步贡献率为 53%，力争到 2025 年，科技进步贡献率达到 60%，2035 年达到 65%。"

科技进步贡献率研究一直比较活跃，很多行业都对科技进步贡献率有过测算，也将它作为"十四五"发展目标之一，但也有些观点认为，由于科技进步贡献率牵涉的因素太多，有很多人为估算的价值，因此意义不是很大。国内仍将它作为衡量科技进步推动行业发展的一个重要指标。

关于水利科技进步率，2006 年王博等发表"科技进步对水利经济增长速度贡献率的测算"，利用道柯布—道格拉斯生产函数（C—D 生产函数）对湖北省科技进步对水利经济增长速度贡献率进行了测算，结果表明在水利行业的发展中，科技的作用在不断增强[1]。黄辉研究构建了水利科技进步评价 DEA 模型，即采用数据包络分析（DEA）方法进行水利科技贡献率的测算，将基本建设投资作为输入指标，以防洪、灌溉、除涝、治碱、水土保持、城市供水、水电、人畜饮水等作为输出指标[2]。王静对水利灌溉与农业、林业贡献率计算方法进行比较，认为 C—D 生产函数法适用性较高，适合水利方面贡献率计算[3]。江苏省与河南省分别测算过水利科技进步贡献率，袁汝华等发表《水利科技进步投入产出作用机理及贡献率测算——来自江苏省的实证分析》中的研究结论是"技术进步的贡献份额变化趋势表现比较稳定并逐步增长，到 2010 年，江苏省的水利科技贡献率已达到 55.36%"。主要计算方法采用柯布—道格拉斯（Cobb-Douglas）生产函数法[4]。

顾金霞等采用索洛余值模型对江苏省 2000—2010 年度水利行业科技进步贡献率进行测算[5]，王思哲等对河南省水利科技进步贡献率的测算时，以 C—D 生产函数法和索洛余值法为基础，构建了基于系列年法、分摊系数法的水利产出效益计算模型，得出水利科技进步贡献率由 2007 年的 38.2% 增长至 2018 年的 58.55%[6]。王冠军等（2016 年）对水利科技贡献率的测算和相关指标体系进行了研究[7]。

关于节水科技进步贡献率，仅发现杨旭等的一篇文章，采用增长速度方程（索洛余值法）作为节水农业技术进步贡献率测算模型，1999—2002 年科技进步贡献率的测算结果为 10.34%[8]。

就水利科技进步率来说，尽管采取的测算模型不同，但都显示出科技与经济增长的正相关关系。节水科技进步率的计算与分析是否有一定必要性与可行性是值得探讨与进一步研究的。

3 节水科技贡献率测算思路

3.1 测算方法的选取

科技贡献率的测算方法主要有两大类：一类是主观评价法，如层次分析法、德尔菲法等；另一个是生产函数法，用得较多的是柯布—道格拉斯生产函数法和索洛余值法。

3.1.1 柯布—道格拉斯生产函数法

此方法由英国经济学家道格拉斯和数学家柯布于 20 世纪 20 年代后期提出，在诸生产要素中，劳动、资本是最主要的生产要素，其形式为：

$$Y = AK^\alpha L^\beta \tag{1}$$

式中，Y 为产出；K 为资本投入量；L 为劳动投入量；A 为一定的技术状况水平；α、β 分别表示投入要素 K 和 L 的产出弹性。运用一定的方法确定 α 和 β 的值后，在时间序列的数据基础上，可以计算出科技水平及科技进步水平。

由于式（1）仅能描述在某一不变的技术水平下投入量与产出量的关系，无法定量分析技术进步的作用，使其作用受到限制。1942 年，丁柏根对柯布—道格拉斯生产函数模型作了重大改进，其函数模型为：

$$Y = A_t K^\alpha L^\beta \tag{2}$$

A_t 还可以写成指数形式：

$$A_t = A_0 e^{rt} \tag{3}$$

式中，A_0 为常数，表明基期的科技水平；r 为科技进步系数，也是常数，当 A_t 和 A_0 已知时，可以求出相应的 t 时期科技进步系数 r。式（2）因此也可以写成：

$$Y = A_0 \mathrm{e}^{rt} K^\alpha L^\beta \tag{4}$$

这是较常用的柯布—道格拉斯生产函数。

3.1.2　索洛余值法

索洛余值法是基于柯布—道格拉斯生产函数得到的,以规模效益不变和希克斯中性为基本假设前提。

20 世纪 50 年代中期,美国麻省理工学院的经济学教授索洛提出了总量生产函数:

$$Y = f(K, L, T) \tag{5}$$

式中,Y 为产出,以 GDP 表示;K 为资本投入,以资本存量表示;L 为劳动投入,以社会就业人员表示;T 表示科技进步。

索洛在总量生产函数的基础上,建立了索洛增长方程,在方程中做出以下假设:

1)生产者均衡,即投入等于产出,使等式成立。

2)规模报酬不变,即不同年份、不同规模、不同产业的资本投入、劳动投入的报酬一样。实际上不同年份、不同规模、不同产业的资本投入、劳动投入的报酬是变化的,这些变化来自科技进步,因为假设了报酬不变,实际规模报酬是变的,都反映到产出增长中。

在产业层次,譬如农业或各类工业,生产函数为:

$$Y = f(K, L, M, E, W, T) \tag{6}$$

式中,Y 为产出;K 为资本投入;L 为劳动力投入;M 为原材料投入;E 为能源投入;W 为水资源投入;T 为时间(一般反映技术的变化)。

K, L, M, E, W, T 都是生产要素投入,在投入产出过程中,每一个要素都有一个产出投入比,称为生产率。如 Y/K 称为资本生产率,Y/L 称为劳动生产率,Y/W 可称为用水生产率,$Y/F(K, L, M, E, W, T)$ 称为全要素生产率。

3.1.3　两种测算方法的比较

柯布—道格拉斯生产函数法和索洛余值法都有一些共同的假定条件:经济发展处于完全竞争条件下;生产要素均已得到充分的利用;投入要素的弹性之和为一,即将规模效益的变化纳入科技进步当中。相比较来看,索洛余值法从产出增长中扣除资本、劳动等投入要素带来的产出增长,余值作为科技进步的作用有一定的科学性。一方面把复杂的经济问题高度概括并做简化处理,使经济关系更加简单明了,另一方面余值法的科技进步符合广义上的含义,能为提高现代化管理水平提供有用的依据。另外,索洛余值法计算比较简便,实用性强,既可以用于测算,也可以用来预测与决策。因此采用索洛余值法分析科技进步对节水的贡献率更为合理。

3.2　主要测算思路

采用索洛余值法,结合近年来的实际数据对节水科技进步率进行初步测算并分析,有利于了解技术进步对节水的贡献程度,进而为提高科技进步贡献率提供依据。

所谓节水科技进步贡献率,是指科技进步率占节水率增长率的百分比。思路是先把节水率和经济增长联系起来,找出不同年份经济增长一个百分点的节水率的边际值,然后把科技进步对经济增长拉动的百分点与边际值相乘,算出科技进步对节水率拉动的百分比,再与节水率相除就得到科技进步对节水贡献率。

3.3 数据来源

本文使用的数据来自历年《中国统计年鉴》《中国水利统计年鉴》《水资源公报》。经济数据根据《中国统计年鉴》当年价格数据计算成(2010 年为 1.0)可比价数据。

4 近 10 年节水科技进步贡献率初步测算

采用定性与定量相结合的方法,测度 2010—2020 年近 10 年节水和科技进步以及它们之间的联系,初步探讨节水的效果,如节水量、节水率、节水效益等。

4.1 行业节水量和节水率

行业用水主要分为农业、工业、生活和生态用水。生态用水是近几年增加的,占比较少。

$$节水量 = W_n[(Y_n/W_n) \div (Y_0/W_0)] - W_n = Y_n \div (Y_0/W_0) - W_n \qquad (7)$$

式中,W_n 为计算年的用水量;Y_n/W_n 为计算年用水生产率;Y_0/W_0 为基年用水生产率。

以 2010 年为基年,用式(7)计算:

2011 年的节水量 $= 451480.1/(412119.3/6022) - 6107.2 = 490.0$ 亿 m^3

节水率 $=$(节水量/用水量)$\times 100\% = (490.0/6107.2) \times 100\% = 8.02\%$

按此方法,测算结果见表 1。

表 1 分年度、分行业总节水量和节水率

年份	总节水量（以总用水生产率计算）		农业节水量（以农业用水生产率计算）		工业节水量（以工业用水生产率计算）	
	节水量/亿 m^3	节水率/%	节水量/亿 m^3	节水率/%	节水量/亿 m^3	节水率/%
2011	489.95	8.0	102.33	2.7	143.88	2.4
2012	456.25	7.4	11.29	0.3	199.85	3.3
2013	423.96	6.9	135.56	3.5	81.12	1.3
2014	547.67	9.0	216.95	5.6	145.07	2.4
2015	420.86	6.9	173.45	4.5	98.38	1.6

年份	总节水量 （以总用水生产率计算）		农业节水量 （以农业用水生产率计算）		工业节水量 （以工业用水生产率计算）	
	节水量/亿 m³	节水率/%	节水量/亿 m³	节水率/%	节水量/亿 m³	节水率/%
2016	480.86	8.0	219.03	5.8	102.68	1.7
2017	416.36	6.9	156.09	4.1	112.46	1.9
2018	435.93	7.2	208.89	5.7	93.20	1.5
2019	355.23	5.9	128.98	3.5	104.62	1.7
2020	346.79	6.0	184.05	5.1	216.37	3.7

4.2 节水效益

对节水量进行度量后，在此基础上可进行效益分析。节水是有经济价值的，反映了节水的效益。节水效益一般可分为直接效益和间接效益。直接效益来自节水量，表现为节水量本身的价值以及农业节水用于扩大灌溉面积而增加的粮食产量的价值。据此，可得到某一年节水的直接经济效益为节约了多少用水费用，即

$$节水经济效益 = 农业节水量 \times 用水单价 + 工业节水量 \times 用水单价 +$$
$$第三产业节水量 \times 用水单价 \qquad (8)$$

节约的水可成为经济增长的潜力。经济增长受各种要素的约束，某一年份节水量对经济增长的影响，可以根据节水量、用水生产率和当年 GDP（可比价）测算：

$$经济潜力 = 节水量 \times 用水生产率 / GDP \times 100\% \qquad (9)$$

其中，总用水生产率＝GDP/总用水量；农业用水生产率＝农业增加值/农业用水量；工业用水生产率＝工业增加值/工业用水量；近似第三产业用水生产率＝第三产业增加值/生活用水量。具体用水量和用水率主要指标见表2。

经济增长潜力的意思是：当其他要素对经济增长不构成约束时，水资源的约束就是经济增长的潜力。

节水除了直接经济效益外，还具有间接经济效益，如社会效益、环境效益等。除部分经济效益可以定量计算外，社会效益和环境效益一般不能以货币量化的形式表现。

表2　我国各年用水量与人口、经济指标

指标	2010年	2011年	2012年	2013年	2014年	2015年	2016年	2017年	2018年	2019年	2020年
总用水量 $W_总$/亿m³	6022.0	6107.2	6131.2	6183.4	6094.9	6103.2	6040.2	6043.4	6015.5	6021.2	5812.9
农业用水量 $W_农$/亿m³	3689.1	3743.6	3902.5	3912.5	3869.0	3852.2	3768.0	3766.4	3693.1	3682.3	3612.4
工业用水量 $W_工$/亿m³	1447.3	1461.8	1380.7	1406.4	1356.1	1334.8	1308.0	1277.0	1261.6	1217.6	1030.4
生活用水量 $W_生$/亿m³	765.8	789.9	739.7	750.1	766.6	793.5	821.6	838.1	859.9	871.7	863.1
生态用水量 $W_{生态}$/亿m³	119.8	111.9	108.3	105.4	103.2	122.7	142.6	161.9	200.9	249.6	307.0
GDP G(亿元,可比价,2010为1.0)	412119.3	451480.1	486983.3	524803.1	563773.8	603470.9	644787.5	689575.7	736133.1	780301.2	798248.1
农业增加值 $I_农$(亿元,可比价,2010为1.0)	39619.0	41303.3	43181.0	44891.2	46773.7	48667.5	50370.9	52436.1	54323.8	56062.1	57800.1
工业增加值 $I_工$(亿元,可比价,2010为1.0)	165123.1	183193.8	198078.1	213397.7	227776.8	240736.1	254410.1	270253.4	286717.4	300493.1	307691.4
第三产业增加值 $I_三$(亿元,可比价,2010为1.0)	182061.9	199336.2	215311.2	233180.2	252631.7	274804.4	297063.6	321719.8	347457.4	372474.4	380296.3

指标	2010 年	2011 年	2012 年	2013 年	2014 年	2015 年	2016 年	2017 年	2018 年	2019 年	2020 年
总人口 $T_人$/万人	134091	134916	135922	136726	137646	138326	139232	140011	140541	141008	141212
总用水生产率 $R_总$/(元/m³)	68.4	73.9	79.4	84.9	92.5	98.9	106.7	114.1	122.4	129.6	137.3
农业用水生产率 $R_农$/(元/m³)	10.7	11.0	11.1	11.5	12.1	12.6	13.4	13.9	14.7	15.2	16.0
工业用水生产率 $R_工$/(元/m³)	114.1	125.3	143.5	151.7	168.0	180.4	194.5	211.6	227.3	246.8	298.6
第三产业用水生产率 $R_三$/(元/m³)	237.7	252.4	291.1	310.9	329.5	346.3	361.6	383.9	404.1	427.3	440.6
人均用水量 $W_均$/(m³/人)	449.1	452.7	451.1	452.2	442.8	441.2	433.8	431.6	428.0	427.0	411.6

4.3 经济增长与用水量、节水量关系分析

2010—2020 年，我国的 GDP 增长了一倍多，年均增长率 9.4%，而我国的总用水量，没有增加反而减少了。经济增长与用水量的关系曲线见图 1。

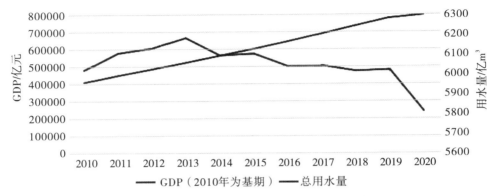

图 1　2010—2020 年 GDP 增长与总用水量变化

从图 1 中可以看到，我国总用水量 2010—2013 年缓慢增长，自 2014 年开始实施最严格水资源管理制度考核以来，全国总用水量逐年减少，2020 年回落到 2007 年的水平。这 10 年我国用水的特点是农业用水居首位，占比超过 60%；工业用水占比逐年减少，由 2010 年的 24.0% 下降到 17.7%；生态用水占比增加，由 2.0% 增加到 5.3%。从最近 10 年的统计数据来分析，虽然找不到经济增长与总用水量的关系，但从用水生产率的变化，测算出这一期间年均节水率为 7.2%。根据图 1 的趋势线，得出一个印象，即经济增长会带来节水量的扩大。

4.4 科技进步对节水率贡献率的测算思路

为讨论科技进步对节水率的贡献，需要得到分年的 GDP 增长率、资本投入增长率、劳动投入增长率、科技进步增长率、节水率、边际节水率，进而算得科技进步对节水拉动百分点以及科技进步对节水率的贡献率。

根据《中国统计年鉴》，可以获得 GDP 增长率和科技贡献率（表 3）。节水率前文已计算，可使用科技进步拉动 GDP 增长的百分点作为边际节水率权数来计算出科技进步对节水拉动百分点。但从目前公布的数据很难简单拆分分年度投入产出表来计算资本投入增长率和劳动投入增长率，同时，相关系数的确定也需要大量的实际调查数据，并进行统计分析。出于研究时间和工作量考虑，本文暂时无法简单计算得出科技进步对节水率的贡献率，只能明确测算思路，见表 3。

表3				科技进步贡献率		
年份	2010—2015	2011—2016	2012—2017	2013—2018	2014—2019	2015—2020
科技进步增长率/%	55.3	56.4	57.8	58.7	59.5	60.5

5　建议

为落实全面节水战略、促进节水产业发展、大力推广合同节水,水利部等九部委联合印发《关于推广合同节水管理的若干措施》,明确从计量措施、技术标准、科技推广等方面强化基础能力建设,支持节水技术研发推广使用是一项重要的措施。

(1)加强节水科技进步贡献率的深入研究

科技进步对增加节水效率和效益的作用很大,但到底有多大,还有多大的增长空间,目前受计算方法和研究工作量的影响没有一个准确的概念,建议进一步加大这方面的研究力度,通过定量和定性相结合的方法,逐步形成客观全面的测算评价体系,为优化水利投入结构,增加水利科技投入比重,提升水利节水科技能力提供重要的数据支撑。贡献率计算依据的是生产函数,体现的是投入和产出的关系,如果要测算科技对节水的贡献,就必须要明确投入、产出都涉及哪些内容,具体是哪些指标,才能谈到节水科技贡献率的计算。

(2)完善相关配套措施

随着社会的发展、科技的进步,节水事业也在不断向前,但将来到了一定程度后,节水的边际投入产出比可能会呈现出下降趋势,因此就需要完善节水的各项相关配套措施,提高节水事业的投入效率。完善节水科技进步的相关配套措施主要包括人才培养、完善资金使用机制、促进与保障科技发展等方面。

(3)做好节水科技的研发推广

实施"科技兴水",增强水利行业的科技能力,加大水利科技创新力度,推动智慧水利建设,进一步发挥科技在节水灌溉、工业节水、生活节水等方面的作用,全面支撑建立节水型社会。

参考文献

[1] 王博,严冬,吴宏伟,等. 科技进步对水利经济增长速度贡献率的测算[J]. 中国农村水利水电,2006(7):44-46.

[2] 黄辉,水利科技进步评价的 DEA-模型[J]. 南水北调与水利科技,2007,5(4):

43-45＋49.

[3] 王静,刘群昌.水利灌溉与农业、林业贡献率计算方法比较[J].南水北调与水利科技,2009,7(4):106-108.

[4] 袁汝华,孔德财,吴凤平,等.水利科技进步投入产出作用机理及贡献率测算——来自江苏省的实证分析[J].河海大学学报(哲学社会科学版),2013,15(4):51-53＋68.

[5] 顾金霞,袁汝华.江苏省水利科技进步贡献率定量分析[J].水利经济,2014,32(5):26-30.

[6] 王思哲,丁伟强,杨亮.河南省水利科技进步贡献率测算[J].中国农村水利水电,2021(11):161-164＋170.

[7] 王冠军,柳长顺,王志强,等.水利科技贡献率测算及科研成果评价体系研究[M].北京:中国水利水电出版社,2016

[8] 杨旭,曾赛星,张金萍,等.我国农业节水技术进步贡献率的测算[J].农业系统科学与综合研究,2006,22(1):9-11＋13.

取水口监测计量体系建设跟踪研究

王亚杰[1]　张瑞美[1]　李佳璐[2]　乔根平[1,2]
1. 水利部发展研究中心　2. 中国水利经济研究会

摘　要:加强取用水管理是严格水资源源头管控、强化水资源刚性约束的重要内容,取水监测计量是取用水管理不可或缺的手段。系统梳理了典型地区推进监测计量体系建设进展及主要做法,在总结经验的基础上,分析取水口取水监测计量体系建设工作中存在的主要问题,研究提出相关建议,为进一步推进取水口管理工作、全面提升水资源管理水平提供支撑。

关键词:取水口监测计量;体系建设;研究

1　典型地区推进监测计量体系建设进展及主要做法

1.1　加强顶层设计,有序推进监测计量体系建设

按照《关于强化取水口取水监测计量的意见》(水资管〔2021〕188 号)有关部署,各流域机构和省级水行政主管部门结合取用水管理专项整治行动,均组织编制了《取水口监测计量体系建设实施方案(2021—2023 年)》,并报水利部备案。在方案中提出了提升取水量计量率、在线计量率的具体目标和任务,制定了提高数据质量、强化数据应用、完善相关信息平台的工作计划,明确了分工安排和保障措施,为推进监测计量体系建设提供了依据。同时,部分地区结合实际编制了分年度实施计划。例如,内蒙古自治区、山东省、湖北省制定了 2022 年度、2023 年度取水口监测计量体系建设项目实施计划,按步骤有序开展非农取水口及大中型灌区、小型灌区、农业灌溉机电井等取水口监测计量设施建设。

1.2　完善体系建设,逐步提高监测计量覆盖面

根据建设目标,到 2023 年,要基本建成较为系统、完整的取水监测计量体系,要求非农业取水口和大中型灌区渠首取水口计量全覆盖。据此,流域机构及地方层面针对非农业取水口全面配备计量设施,并分类推进灌区取水口监测计量建设。截至 2022 年底,

全部实现了 5 万亩以上的大中型灌区渠首取水口在线计量,其余中型灌区通过渠首安装计量设施或折算也实现了计量。例如,长江流域水资源监控平台年度累计监测取用水量近 1600 亿 m³,取用水在线监测率由 2021 年的 60% 增加到 80% 以上。河北省纳入水资源税管理的 1.9 万户非农取水户的 2.4 万余处计量点已实现计量全覆盖,其中年许可量 1 万 m³ 以上取用水户实现了在线计量全覆盖;186 处灌区渠首已全部实现在线计量。山东省 1.9 万户 2.8 万余处非农取水口在线计量设施全部实现上线运行,161 个 5 万亩以上大型及重点中型灌区渠首实现在线计量全覆盖。

1.3 强化示范引领,积极探索农用灌溉机井"以电折水"

目前,部分地区农业取水主要通过农用灌溉机井,大量小型灌溉机井点多、面广,暂不具备计量设施安装条件。《关于强化取水口取水监测计量的意见》(以下简称《意见》)提出可采用以电折水等方法计量水量。部分地区积极探索,在加快摸清区域机井底数的基础上,选取"以电折水"典型试验示范区开展研究,形成了一批技术规范成果。例如,河北省在全省范围内选取 15 个试点县开展"水量计量""以电控水"两种计量方式的探索,选取 3 个试点县开展"水电联计"模式探索。编制完成了《农灌机井取水计量技术规范(征求意见稿)》,将为全国农灌机井取水计量体系建设工作提供支撑。山东省选取鲁中山丘区岩溶水、鲁西北平原区孔隙水和胶东半岛裂隙水"以电折水"典型试验示范区,先行开展试点示范建设,编制了《山东省"以电折水"技术规程》。内蒙古自治区印发了《内蒙古自治区以电折水试点工作指导方案》《内蒙古自治区"以电折水"技术要求》,全区各盟(市)2021 年底已完成 64 万眼机电井"一井一系数"的初步系数,2022 年底,已基本实现所有农灌机电井"以电折水"计量。

1.4 对标规范要求,加快提升监测数据质量

地方各级水行政主管部门落实取水计量监督管理职责,要求取用水户按照有关计量监测技术规范和标准要求安装使用计量设施、准确采集与传输监测数据;同时创新管理和技术手段,对取水计量设施使用情况、计量数据质量进行抽查,监测数据质量进一步提升。例如,长江水利委员会同各省共同开展长江流域水资源监控平台数据治理,建立月度对账制,通过交叉比对复核,及时发现并解决可能存在的基础数据和监测数据不一致问题。每月向各省发送问题清单,督促提高取水监测数据质量。河北省强化计量器具在线检定管理,实现检定档案的在线管理,并对逾期未检定或经检定不合格的取水计量器具进行实时预警。山东省在全国率先制定《山东省用水统计调查制定实施细则(试行)》,加强数据质量抽查、复核与用水总量核算。在取水许可审批阶段严格把关,要求年取地表水 50 万 m³ 或地下水 10 万 m³ 以上的单位和个人必须建设远程在线计量监测设

施,并与国家水资源管理信息系统联网。

1.5 推进信息共享,系统强化数据整合应用

各地落实《意见》要求时,以国家水资源管理系统为基础,不断完善取用水监测计量信息承接管理平台,逐步实现不同层级和部门间信息共享。目前,长江水利委员会通过省级监测数据直联、水情系统数据汇集、每日邮件定时发送等多形式多渠道整合取水数据。截至 2022 年底,已实现 10 省水资源监控平台数据与流域平台"直连",涉及 1.6 万余个监测点取水信息。河北、内蒙古、山东、湖北等已实现国家水资源管理系统与取水许可电子证照、取水计划管理、用水统计直报、水资源税(费)征收、基层水资源在线监控等信息资源整合。此外,取水监测计量数据作为疑似超许可问题的认定、整改和预警的依据,为进一步强化取用水监管,规范取用水行为发挥了重要作用,也为用水资源调查评价、用水统计数据质量把控、用水总量核算提供了参考,为地表水、地下水开发利用节约保护提供了数据支撑。

2 监测计量体系建设存在的问题

2.1 监测计量管理规定及标准体系不完善

(1)监测计量设施建设和运行维护相关规定有待完善

《中华人民共和国水法》明确用水应当计量,并按照批准的用水计划用水。《取水许可和水资源费征收管理条例》第四十三条明确,取水单位或者个人应当依照国家技术标准安装计量设施,保证计量设施正常运行。《中华人民共和国黄河保护法》对在线计量设施等也作了明确要求。但是,就计量设施如何建设、建设标准、运行维护资金保障、责任落实等方面,没有明确作出规定。

(2)地方配套制度不健全

地方层面取水计量设施建设及运行维护配套制度也不细化,对于如何监督取用水户按照技术标准安装使用计量设施、如何落实维护责任,如何督促其按要求进行检定或校准,相关制度规范要求还不明确、不具体,可能造成取用水户管护责任落实不到位。

(3)农业取水量折算和推算管理有待强化

农业用水计量设施安装率比较低,设备安装、运维和管理难度大,灌区大部分只能计量到渠首,大量因客观条件限制无法安装取水计量设施的农业灌溉取水口,按方计量、按亩收费的"大锅水"现象还仍然普遍存在,部分地区对折算方法尚无规范要求。

2.2　监测计量设施运行维护责任落实不到位

（1）监测计量设施维护检修不及时、不到位

部分在用的取水计量设施使用年限过久,受水力冲击、泥沙磨损等的影响老化破损严重,导致其精度和稳定性下降。大量农业取水口受自然、人为多种因素影响无法满足监测需求。取用水户未及时落实设施运行维护责任,造成维修不及时、不到位。

（2）部分设施未进行定期校准

据调研,一套国产监测计量设备检定校准一次,平均需要5000元左右,进口设备则成本更高,需1万～3万元不等。由于技术限制、资金不足、重视程度不够等多种因素,造成设施未进行定期检定校准。

（3）基层管理部门缺乏资金和有效的监管手段

部分取用水户,特别是企业取用水户的运行维护主体责任意识不强,定期监测积极性不高,而基层管理部门监管手段不足、资金缺乏,很多需要基层管理人员通过现场人工抄表等基础手段获取监测数据,取水口量大、面广,监管人员严重不足,难以满足工作需要。

2.3　监测计量设施数据准确度有待提高

（1）部分站点建设质量较差

部分取水单位安装取水计量设施仅仅是为应付水行政主管部门的检查,为节约成本,部分站点计量设施安装不规范、设施精度不够,无法精准计量并按相关技术要求传输数据,个别取用水户还出现估算数据、数据造假等行为。

（2）部分站点监测数据不稳定、不连续

目前市场上计量监测设备型号、设备厂家较多,技术安装要求不统一。部分取水计量设备没有达到国家标准。部分取水户自建计量设施校准率定不及时、设施出现故障时修复不及时等,导致监测数据不准确、不稳定、不连续。

（3）多头监测,"一站多源"

部分监测点存在同一监测点多个管理单位设立监测设施的情况,不同单位监测的时间、标准、方法不一致,监测数据间存在一定差异,需要进行筛选核实后才能使用。

2.4　监测设施建设和运行维护资金保障不足

（1）建设和运行维护资金不足,难以保证设备建设及维修养护

《意见》明确由取用水户依法依规落实取水计量设施安装、使用、维护责任,依法申请

检定或校准,保证计量设施正常运行。调研中,地方层面普遍反映监测计量设施建设资金不足,特别是部分企业用水户由于主体意识不强、经营困难等,运行维护资金严重不足,无法保障设施后续的正常运行。

(2)尚未形成多元化资金来源渠道

地方各级水行政主管部门及有关部门尚未建立监测设施长效资金投入保障机制,对灌区渠首、农灌机井、农村供水工程等涉农取水口计量设施建设,以及在线传输计量设施配备、计量设施检定或校准、信息平台建设及运维等,支持力度还不够。

(3)"先建后补"方式,难以"补"到位

经调研了解,目前仅个别省市落实了先建后补政策,其余地市以中央资金进行招标,许多取水户受到资金、人员、技术条件等限制,无法安装符合技术标准的计量设施。

3 进一步加强监测计量体系建设的相关对策建议

3.1 强化制度建设和责任落实

(1)完善取水监测计量设施建设及运行维护管理制度体系

建议在《中华人民共和国水法》《取水许可和水资源费征收管理条例》等法律法规修订时,进一步就取水计量设施如何建设、建设标准、运行维护资金保障、责任落实等进行明确。

(2)加强地方层面相关配套制度建设

对于取用水户,通过制定相关制度,督促其落实维护责任,对按要求进行检定、校准、维修等作出明确的规定,保障各项工作有据可依。

(3)加快制(修)订取水监测计量技术规范和标准

针对农业取水量折算和推算技术规范,要在充分分析水电折算系数各种影响因素的前提下,研究建立单位用水量和取水量的关系,科学合理确定水电折算系数。省级水行政主管部门应根据实际情况加强折算、推算及大数据分析方法的准确度与规范性的研究。

3.2 加强监测计量设施的运行维护

(1)落实好监测计量设施维修养护责任

压实取水户管理责任,对于取用水户自建的设施,应要求其依法依规落实取水计量设施安装、使用、维护责任,保证计量设施正常运行;由水资源监控项目移交其使用的,应在设施正式交付使用前与用水户签订相关协议，明确设施的使用、维护、故障处理的具体权责。

（2）加强对设施的维修和保养

根据设施使用情况，督促、监督取用水户严格按照要求定期进行维护和保养，确保设施正常运行。

（3）定期对监测计量设施进行检查

对取水计量设施使用情况、计量数据质量进行抽查，强化现场检查，加大检查频次，确保运维期间"监控设备可用、监控数据可信、监控水量可依"。

3.3 提高监测计量设施数据准确度

（1）强化系统衔接，实现数据互联互通

各地区应将取水许可管理系统与水资源税征收管理系统实现互联互通，进一步形成自动化和常态化的水资源管理关键数据信息采集和收集机制，完成各系统间架构、数据、功能的全面整合和互联互通。

（2）加强对监测计量设施的及时校准

督促取用水户依法申请检定或校准，避免检测误差，确保数据的准确性和精度。对于一个监测点多套设备的，应确认一套运行良好的监测设备，实现"一站一源"。

（3）加强监测计量数据间的对比分析

通过开展数据对比分析，及时发现差异原因，并开展二次复核，从而提高数据的准确性。

3.4 加大监测计量体系建设和维护资金保障力度

（1）拓宽资金来源渠道

水利部门应加强与财政、技术监督等部门的沟通协调，在中央及地方财政资金支持的基础上，积极拓宽资金渠道，保证监测计量设施的正常运行和维修养护。针对农业取用水或经济效益差的取用水户，可采取以奖代补的形式推进取用水计量监控设施建设。

（2）吸引社会资本参与

可以通过项目整合打包的方式，委托社会力量参与计量监测设施建设及后续维护服务。

（3）提高设施建设定额标准

建议研究将取水计量监测设施建设及运维资金纳入水利工程建设及维修养护定额

标准,从而进一步提高资金保障力度。

3.5 加大政策宣贯与督促落实

(1)加大取水监测计量政策宣传

各级水利部门应通过政府网站、广播、电视、报刊、网络等多种媒介,加强取水监测计量工作及有关政策的宣传贯彻,引导广大取用水户落实好监测设施建设维护责任。

(2)加强对水资源节约集约安全利用的宣传

通过加强基本水情、节水意识、节水方法、节水措施的宣传教育引导,切实提高公众的节水意识,为推动各地区取水口监测计量体系建设营造良好的社会氛围。

(3)加强督查考核

水利部应把取水口取水监测计量工作纳入最严格水资源管理制度考核,进一步加强监督检查。对工作组织不力、进度滞后、监管不到位、数据质量问题多的地区,以通报、会商、约谈等方式督促整改,保障《意见》明确的各项任务如期完成。

参考文献

[1] 陈干琴,庄会波,孙宁海.山东省水资源监测评价存在问题与建议[J].山东水利,2020.

[2] 郭孟卓.对建立水资源刚性约束制度的思考[J].中国水利,2021.

[3] 朱乾德,孙金华,王国新,等.我国取水许可制度实施现状与完善建议[J].人民长江,2015.

[4] 河海大学学报(自然科学版)编辑部.水利部部署取用水管理专项整治行动[J].河海大学学报(自然科学版),2020.

强化计划用水管理 助力水资源节约集约利用

曹鹏飞　聂　思

水利部节约用水促进中心

摘　要：计划用水是水资源管理的一项基本制度，通过强化用水需求和过程管理，可实现控制用水总量和提高用水效率的目的。近年来，各地积极开展计划用水管理实践，管理范围从取水许可用水单位逐步扩大到公共供水管网内的非居民用水大户，黄河流域、长江经济带、京津冀地区等地区计划用水管理实现了全覆盖。分析了计划用水管理在控增量、调结构中的重要作用，存在的一些新问题，以"十六字"治水思路为指导，按照"建立健全节水制度政策"路径要求，提出了强化计划用水管理的思路和对策建议，以期以计划用水为抓手推动水资源节约集约利用。

关键词：计划用水管理；水资源节约集约利用；存在问题；对策建议

计划用水是我国水资源管理的一项基本制度，其目的是强化用水需求和过程管理，控制用水总量，提高用水效率。1988年，《中华人民共和国水法》第七条规定"国家实行计划用水，厉行节约用水"，首次提出"计划用水"制度；2006年2月，国务院令第460号发布《取水许可和水资源费征收管理条例》，第二十八条规定"取水单位或者个人应当按照经批准的年度取水计划取水。超计划或者超定额取水的，对超计划或者超定额部分累进收取水资源费"；2014年11月，水利部印发《计划用水管理办法》规定了计划用水的管理体制和建议、核定、下达、调整过程，并明确了计划用水制度实施情况纳入国家实行最严格水资源管理制度考核；2019年，《国家节水行动方案》提出"到2020年，水资源超载地区年用水量1万立方米及以上的工业企业用水计划管理实现全覆盖"；2021年10月，国务院令第748号发布《地下水管理条例》第二十条规定"县级以上地方人民政府水行政主管部门应当根据本行政区域内地下水取水总量控制指标、地下水水位控制指标以及科学分析测算的地下水需求量和用水结构，制定地下水年度取水计划，对本行政区域内的年度取用地下水实行总量控制"；2023年，《水利部关于全面加强水资源节约高效

基金项目：水利部财政项目"水资源节约"（1262162430001900001）

利用工作的意见》提出"全面落实《计划用水管理办法》,科学核定计划用水指标,规范和加强计划用水管理,加快推动年用水量1万立方米及以上的工业服务业单位计划用水管理全覆盖"。近年来,各地积极开展计划用水管理实践,充分发挥了计划用水管理对控增量、调结构的重要作用[1-2],但也存在一些新问题,制约着计划用水工作向更广领域、更深层次发展。为此,按照"十六字"治水思路要求,对新阶段计划用水管理进行深入分析,提出强化计划用水管理的思路和对策措施,推动我国水资源节约集约利用。

1 计划用水管理实践

按照《计划用水管理办法》第二条"计划用水管理范围为纳入取水许可管理的单位和其他用水大户",其他用水大户的类别和规模由省级人民政府水行政主管部门确定,在各地实践中规定的其他用水大户主要是公共供水管网内的非居民用水大户。

1.1 取水许可范围

2022年,全国纳入计划用水管理的河道外用水户42.48万户,用水计划下达总量为4008.65亿 m³,实际用水总量为3397.8亿 m³。从各省级行政区看,内蒙古的实际用水总量超计划下达总量。2022年河道外实施计划用水管理的用水户计划用水量与实际用水量对比情况见图1。

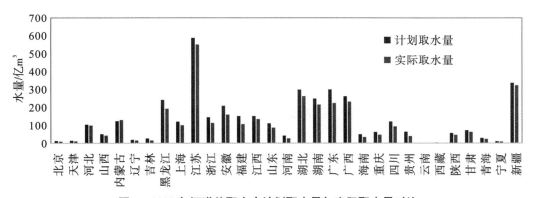

图1 2022年河道外取水户计划取水量与实际取水量对比

1.2 公共供水范围

2022年,全国公共供水管网内实行计划用水管理的用水户81.14万户(不含居民生活用水),用水计划下达总量342.93亿 m³,实际用水总量259.39亿 m³。各省级行政区公共供水管网内用水户计划用水量与实际用水量对比情况见图2。

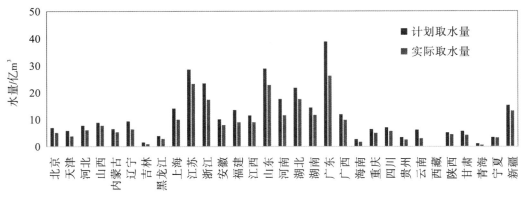

图2　2022年各省级行政区公共供水管网内用水大户计划用水量与实际用水量对比

1.3 重点流域和区域管理"全覆盖"情况

2022年全国节约用水办公室《关于加快推动黄河流域和京津冀地区计划用水管理覆盖工作的函》要求实现黄河流域、京津冀地区1万 m^3 及以上工业和服务业用水单位计划用水管理全覆盖。截至2022年底，黄河流域、京津冀地区1万 m^3 及以上工业和服务业用水单位数量分别2.4万、1.8万家，均已实现计划用水管理覆盖。

2 计划用水发挥的作用

《计划用水管理办法》发布至今已近20年时间，作为我国水资源管理的一项基本制度和取水许可制度的有效补充，在用水总量和强度、用水需求和过程管理中发挥了重要作用，同时也建立起管理机关与用水单位、政府与市场的沟通桥梁。

2.1 计划用水发挥了控增量、调结构功能

流域、区域的年度用水总量控制指标是制定用水计划的重要依据，分层次的管理体系和管理队伍是计划用水实施的保障。每年水利部门自上而下将用水计划层层分解到每个用水户，一个个用水计划汇聚成流，保证了我国用水总量控制在6100亿 m^3 以内，以稳定的用水总量支撑了国民经济年均约6%的增长，倒逼了经济结构、产业规模和产业布局调整，使全国用水效率总体与世界平均水平相当，北京、天津等地已达到国际先进水平。

2.2 计划用水起到了抓手、桥梁和杠杆作用

计划用水是水资源管理的重要一环，也是控制用水总量、用水强度的重要抓手，对于微观层面用水需求、用水过程管理起到关键性作用。其次，计划用水架起了管理部门、

用水户之间的桥梁,实现了双向互动,用水户每年自下而上申报用水计划,管理部门自上而下核定用水计划,在实施中双方不断对用水计划进行优化调整。最后,超计划用水累进加价制度起到杠杆作用,抑制了不合理用水需求,倒逼用水户改变用水习惯、采取节水措施。

2.3 有效补充了取水许可年度管理的不足

取水许可是各级水行政主管部门对用水户取水管理的第一步,取水许可证每5～10年复核1次,而计划用水至少每年核定1次、每季度考核1次,并根据实际需求随时调整。计划用水把管理工作融入年度中、用水过程中,有效补充了取水许可年度管理的不足。国家将省级行政区计划用水实施情况纳入最严格水资源管理制度考核打分,许多地区将计划用水工作摆在水资源管理的突出位置,部分缺水地区还把计划用水实施情况作为地方政府政绩考核的重要参考依据。

3 计划用水存在的问题

计划用水管理虽然发挥了重要作用,但也存在诸如法律法规不健全、技术支撑不足、管理机制不畅、缺乏有效约束和激励手段等问题,制约着计划用水管理的深入发展。

3.1 计划用水法律法规与新时代治水管水要求还不适应

近年来,我国制定了一系列法律法规,就计划用水管理工作提出了要求,但计划用水法律法规现状与新时代治水管水要求还有一些不适应的方面。一是法律地位和责任不够明确,当前计划用水在水资源管理中的法律地位不够清晰,对流域、区域计划用水职责不够明确,超计划用水累进加价的法律依据也不够充分;二是管理规范和标准不够清晰,现有计划用水相关管理规定和程序尚不十分明晰,计划用水指标的核定方式与超计划累进加价幅度各地差异较大;三是刚性约束作用不够有力,计划用水的约束力度不足,只有很小部分地区将计划用水纳入了政府考核指标,大部分还是作为日常管理工作,重视程度不够,部分地方超计划累进加价制度难以落实,更难以核减超计划用水户的用水指标;四是与水资源税改革新形势衔接不够。目前,我国已在10个省(自治区、直辖市)推进水资源税改革试点,如河北水资源税分水源、分行业、分超采区、分管网内外等共5级52个税额标准,按现行计划用水管理办法难以对接水资源税的计征要求。

3.2 计划用水管理技术支撑不足

《计划用水管理办法》第九条规定"管理机关根据本行政区域年度用水总量控制指标、用水定额和用水单位的用水记录,按照统筹协调、综合平衡、留有余地的原则,核定用水单位的用水计划"。用水计划指标核定工作是计划用水管理的关键技术环节[3-4]。目前各地主要有 3 种方式：一是按取水许可量"顶格"下达年度用水计划，二是按近 3 年最大实际用水量下达年度用水计划，三是综合历史用水情况、用水定额和生产需求下达年度用水计划。各地用水计划的核定方法不同，造成计划用水管理的松紧度不同，有些地方计划用水难以形成约束。

3.3 计划用水管理体制不畅

计划用水管理对象包括纳入取水许可的用水单位和其他用水大户，其他用水大户一般是指公共供水管网内的用水大户。公共管网供水占城镇供水总量的 80％以上，在公共供水管网内实施计划用水本应具有统一管理、分户计量、统一缴费等诸多有利条件，但一些地方由于部门之间管理权限问题，缺乏有效的沟通协调，目前实施计划用水管理的水量仅占公共管网内用水量的 40％。

3.4 计划用水管理在流域和区域之间协调不畅

《计划用水管理办法》第五条规定"流域机构其直接发放取水许可证的用水单位计划用水相关管理工作，应委托用水单位所在地省级人民政府水行政主管部门承担"。在实际中，一是部分流域管理机构未按要求将其发放取水许可证的用水单位委托属地管理；二是部分流域管理机构未实际履行计划用水管理职责，对其自管的用水单位用水计划编制、核定、下达、实施、调整、考核全过程疏于管理；三是部分流域管理机构对委托属地管理的用水单位缺乏有效监督，对情况不清楚、不掌握，部分省（自治区）又二次委托给市（县），造成计划用水疏于管理。

3.5 计划用水约束和激励机制有待健全

《计划用水管理办法》第二十条规定"用水单位超计划用水的，对超用部分按季度实行加价收费；有条件的地区，可以按月或者双月实行加价收费"。在实践中，存在超计划累进加价（税）、超定额累进加价（税）两套体制，加价的主体和标准不统一。在措施方面，只能靠超计划（定额）累进加价（税）这一手段，无法核减其用水指标或采取断供措施，难以形成真正约束。在激励方面，规定对省级节水型企业、节水型单位称号的单位改核准制为报备制，没有实在的经济效益，导致激励作用不大。

4 强化计划用水的管理思路

强化计划用水管理，要以"十六字"治水思路为指导，按照"建立健全节水制度政策"路径要求，站在国家治水体系和治水能力现代化战略高度，用新理念引领新思路，树立全要素、全过程、全方位的"大节水"理念,形成"点"(用水户)、"片"(区域)、"线"(流域)三位一体和协调联动的计划用水管理工作新思路。

4.1 依法治水,明确计划用水的法律地位和责任

强化依法治水管水,明确计划用水的法律地位。①明确计划用水法律地位和法律责任。明确计划用水在水资源管理中的法律地位,厘清各相关部门的职责,明确流域和区域间的责任,完善超计划累进加价的法律依据等。②明确计划用水管理标准规范。规范计划用水相关的定义、内容、程序等,如用水和取水、超计划和超定额、超计划累进加价幅度、收支用途等。③强化计划用水刚性约束。推动将计划用水纳入地方政府政绩考核约束性指标,继续推动计划用水对接水资源税改革新形势要求,严格超计划累进加价制度落实等。

4.2 重点引领,强化流域在计划用水管理中的主导作用

以流域为单元是水资源管理的重要特征。习近平总书记在视察黄河流域时指出"要推进水资源节约集约利用。黄河水资源量就这么多,搞生态建设要用水,发展经济、吃饭过日子也离不开水,不能把水当作无限供给的资源"。要牵住流域管理这个"牛鼻子",从流域的计划用水抓起。黄河流域在水严重短缺的条件下,能保证不断流,合理分水、计划用水起到了至关重要的作用。应认真总结推广黄河流域计划用水管理的经验和做法,强化流域在计划用水工作中的主导作用。

4.3 压实责任,突出区域在计划用水管理中的主体责任

在各地的实践中,计划用水工作成效与各级政府的重视程度密不可分。因此,要把计划用水的主体责任逐级落实到地方各级政府,纳入对地方政府考核的指标体系,真正通过落实计划用水、完善节水机制,实现"以水定需"的要求。

4.4 两手发力,激发用水户在计划用水管理中的内生动力

用水户是计划用水工作的实施主体。①科学合理核定用水计划指标。认真总结各地在实践中创造的经验和做法,使制定的计划与用水户实际用水需求基本相符,从而使计划具有刚性约束效应。②完善科学用水计量设施。按照《国家节水行动方案》要求,实现水资源超采地区年用水量 1 万 m^3 及以上的工业企业用水计划管理全覆盖。有条件的地区和流域,要率先利用大数据、云平台、远程水表等现代技术提升计划用水管理水平。③要落实超计划累进加价制度。计划用水能不能真正落到实处,超计划累进加价既是一个重要的市场手段,又是一项具体的功效体现。计划用水工作做得比较扎实的省

份,大多是超计划累进加价制度制定得比较明确、执行得比较坚决的省份。

5 强化计划用水的对策建议

面对计划用水管理工作新形势和新挑战[5-9],用新举措应对新情况,针对当前计划用水管理中存在的主要问题,提出改进和强化计划用水管理的对策建议,推动水资源节约集约利用。

5.1 强化计划用水法制机制体系建设

计划用水管理要深入,法律建设要先行,体制机制是保障。建议:①在适当的时机对计划用水相关法律进行修改。在工作层面,以部门规章或规范性文件形式进一步对计划用水管理工作进行规范。②建立责、权、利相统一的计划用水管理机制,明确计划用水管理的责任主体。完善计划用水管理的工作机制,建立一套行之有效的工作流程、工作方法和保障措施。③规范计划用水的标准体系,加紧建立健全用水定额标准,推进节水型社会标准化体系建设。

5.2 加强计划用水关键技术支撑

针对用水计划指标核定方法问题,通过对各地核定方法分析,建议按照"五条线＋四个步骤"方法核定用水计划指标。

"五条线"包括:取水许可线、用水定额线、历史用水总量线、历史用水效率线、水效领跑线。

"四个步骤"包括:①参考用水定额线、历史用水效率线、水效领跑线等设定用水效率目标;②根据用水效率目标、预计产能、增减调节系数,预估下一年度用水计划指标;③根据取水许可线、历史用水总量线,核定下一年度用水计划指标;④最后按照区域平衡和留有余地的原则,调整并下达下一年度用水计划指标。

5.3 理顺流域和区域计划用水管理体系

在流域机构委托管理方面,建议按照流域管理机构的管理权限,明确除涉及流域防洪安全、跨流域调水、省际边界敏感区域、水电站和引调水控制工程的取水户外,流域管理机构应将其他直接审批取水的终端用水户计划用水管理工作委托属地省级水行政主管部门管理。同时,加强流域委托监管,要求省级水行政主管部门每年向流域机构报送计划用水委托管理情况。

公共供水管网内管理方面,已实行水务一体化地区建议应由水行政主管部门统一实施计划用水管理,管理范围应包括纳入许可管理的取水户和公共供水管网内规模以上的用水户。未实行水务一体化地区,考虑到节约用水的重要性,建议加强部门协调和对供水企业的管理,各地应明确公共供水管网内计划用水管理的规模。对于黄河流域、京津冀地区、长江经济带等重点流域和区域应加强 1 万 m^3 工业服务业计划用水管理"全覆盖"管理。

5.4 强化计划用水管理约束与激励措施

加强部门沟通协调,理顺超计划累进加价(税)、超定额累进加价(税)的体制机制,统一对象和标准。完善计划用水的约束措施,对超计划(定额)用水[10-12]、未按要求利用非常规水等情况核减计划用水指标,对情节特别严重的采取断供措施,加强计划用水约束。探索计划内节余水量的交易机制,让节水真正产生经济效益,增强用水户节水的内生动力。

5.5 推动计划用水管理信息化平台建设

考虑到计划用水涉及申报、核定、下达、调整等过程,涉及用水户数量多、因素多、流程长、关联强、责任大,涉及业务链、信息链、数据链等,应加强计划用水信息化监管平台建设[13],强化计划用水信息化管理能力建设[14-16],形成分层次、分角色的工作体系和保障机制,同时注意与水资源税系统的数据和信息对接。

6 结语

作为水资源管理的一项基本制度,计划用水管理联系着政府管理者与用水户,管理着用水需求和全过程,发挥着控增量、调结构的关键性作用。目前,计划用水管理仍存在法律法规不健全、技术支撑不足、管理机制不畅、缺乏有效的约束激励手段等问题,要用新理念引领新思路,用新举措应对新情况,持续不断加强和改进计划用水管理,为新阶段水利高质量发展和水资源节约集约利用提供有力支撑。

参考文献

[1] 罗陶露,张树军,郭秀红,等.浅析计划用水管理[J].水利经济,2011,29(3):57-59+78.

[2] 高云亮.全面实行计划用水管理的意义分析[J].中国水利,2013(17):38-39.

[3] 刘曦,来海亮,王秀茹,等.北京市计划用水方案编制研究[J].给水排水,2010,46(S1):42-45.

[4] 汪家权,王维平,钱家忠,等.计划用水动态管理模型及其应用[J].水利水电技术,2002(5):1-4+62.

［5］ 于伟东,吴晓楷,谭林山.计划用水管理制度及落实保障措施探讨［J］.中国水利,2016(17):10-11＋9.

［6］ 曹鹏飞,陈梅,王若男.落实计划用水制度　加强水资源刚性约束［J］.水利发展研究,2021,21(5):71-75.

［7］ 冯利海,王新波.加强水资源管理实行计划用水、节约用水［J］.华北水利水电学院学报,2001(3):99-101.

［8］ 焦慧琴.落实用水计划指标　严格水资源管理［J］.北京水务,2015(5):46-48.

［9］ 张敏奇.狠抓计划管理　促进节约用水［J］.河北水利,2005(6):23.

［10］ 王一文,钟玉秀,刘洪先,等.加快完善并推进非居民用水超计划(定额)累进加价制度［J］.中国水利,2016(6):50-53.

［11］ 钟鸣.超定额超计划加价水费问题浅析［J］.人民珠江,2007(3):6-7＋19.

［12］ 谢庆裕,粤水轩.南方日报:超定额超计划用水将累进加价［J］.广东水利水电,2016(2):60.

［13］ 邱艳霞,陈青.信息化建设在计划用水管理中的应用［J］.水利信息化,2013(5):26-28.

［14］ 涂晶晶,赖本忠,肖怡璇.计划用水管理及信息化系统平台应用案例分析［J］.广东水利水电,2022(2):90-94＋105.

［15］ 宋云飞.唐山市计划用水管理软件介绍和改进建议［J］.河北水利,2018(3):37.

［16］ 曾庆彬.深圳市计划用水管理系统的设计与实现［J］.人民珠江,2011,32(1):58-63.

水利设计院牵头工程总承包模式下设计与施工融合研究

张健梁　高　诚

中水北方勘测设计研究有限责任公司

摘　要：目前以水利设计院牵头的工程总承包项目越来越多，政府也不断推出关于总承包的政策文件。以问题为导向系统分析中水北方勘测设计研究有限责任公司承担设计的总承包项目，总结以往设计与施工协同的管理经验，从工作机制、制度建设和利益共享等方面探索建立总承包模式下设计与施工融合机制，提出适合设计单位牵头的总承包模式下设计与施工深度融合的管理制度体系和工作机制，为后续其他设计院在承接总承包业务过程中促进设计与施工融合提供借鉴。

关键词：工程总承包；设计与施工融合；管理制度体系

2016年，在建《关于进一步推进工程总承包发展的若干意见》中明确提出建设单位在选择建设项目组织实施方式时，优先选择工程总承包模式。《总承包办法》第十条规定，总承包单位必须具备与工程规模相适应的工程设计资质和施工资质，或者组成联合体的模式。传统水利设计院往往占据雄厚的设计资源，拥有各个层次的勘察设计大师和一大批不同专业领域的技术专家，专业化水平和能力能满足差异化服务要求。但同时设计院依旧拥有技术上的优越感，短时间内较难转变与施工融合观念，往往需要较长的阵痛磨合期，才能从管理理念、项目组织模式及考核激励等方面形成成熟的设计与施工协调机制。设计院要从施工视角去审视设计，从可施工性、经济性、可靠性、安全性等方面促进工程设计更趋于合理和完善，最大化挖掘设计的技术优势，发挥设计的引领性作用。

总承包项目管理具有层次分明、责任明晰、灵活多变、管理规范等特点，因而在我国水利水电工程项目中被广泛应用，总承包项目设计与施工技术管理的充分融合，可以有效提高项目设计和施工技术管理的质量和效率，促进水利水电项目工程保质保量地完成，为后期水利水电工程安全顺利地投入使用，提供了有效的保障。工程总承包方要对工程建设全过程、全要素进行综合考虑，设计既要满足功能审美要求，又要满足施工要求和经济效益要求。

1 设计牵头的总承包模式下设计与施工融合问题类型总结

以问题为导向，在中水北方勘测设计研究有限责任公司（以下简称"本公司"）设计的总承包项目基础上选取典型工程案例，针对项目实施管理过程中在工程安全、质量、工期、投资等方面存在的设计与施工融合难点、重点和关键点进行统计、分析和整理。通过邀请设计项目经理和项目管理部项目经理填写总承包模式下设计与施工融合调查表来收集相关问题，同时与参与国际项目总承包项目建设的人员共同交流，整理出的问题主要有 4 种类型[1]。

1）总承包部门与设计部门无合同关系，现场定位和职责划分不明确，缺少一个统一协调的制度和机构，无产值分配、考核和激励办法。

2）设计优化推动困难，缺少奖励机制。设计不能充分考虑施工现场的实际情况，设计优化会减小安全系数富裕度，同时设计终身负责制等原因，设计方没有优化动力。

3）设计与施工分属不同体系，双方关系界定模糊，责任不明确。设计按照传统设计模式实施现场服务和管理，被动或不愿结合现场情况做设计调整。

4）设计供图不能按现场需要及时调整。当施工计划调整需要增加供图时，无法根据供图计划时间按时提供施工图纸，影响工程进度。

2 设计牵头的总承包模式下设计与施工融合应对措施

针对以往总承包项目设计与施工融合案例和结果的分析，采取措施如下：

（1）第一类案例：总承包模式下，设计部门和总承包部门对其理解不一致

目前，设计部门和总承包部门对总承包模式只是设计施工机械组合，并没有有机融合，达成共识，为统一的目标而努力。反映到项目上突出矛盾就是设计部门往往更强调安全性，设计偏重保守。如此开展工程总承包，很可能造成项目周期延长，尤其是项目成本高；另一个矛盾是局部和整体之间的矛盾。设计部门只注重为客户解决项目设计方面的局部问题，而工程总承包部门需要对工程整体的造价、进度和质量进行全面把控。

解决措施为：设计人员和总承包人员观念融合，设计人员真正认识 EPC 中的"E"不仅仅是 Design，而是站位工程全局，整体策划，应对总承包项目起主导作用。如果没有设计部门的技术支持，总承包部门对工程整体的成本、进度和质量的把控难度会更大。

研究组织适合工程公司目前情况的总承包项目部组织形式和管理机制，从产值分配和人员奖励等方面入手促进设计部门和总承包部门的融合，以便更快地解决现场问题。

（2）第二类案例：需图计划不详，图纸供应不及时等问题，总承包部门协调设计与施工及早沟通提前谋划

在工程建设中，工程设计是为实现目标而制定方案的过程，施工是为实现目标而进行具体实施的过程，二者的好坏直接影响着项目的施工质量、功能、安全性等。但是在项目实施过程中，二者经常出现这样那样的矛盾，对项目的实施造成影响。

现在工程项目中出现的关于设计与施工的矛盾，可以归结为 3 种：①设计滞后，赶不上施工进度要求；②设计中有时出现互相冲突的地方，或与实际施工现场情况不符，导致施工无法实施；③设计与施工方就某些问题相互扯皮，延误工期。

解决措施为：总承包项目中标后，总承包部门必须充分理解、掌握设计意图和设计要求，立即组织设计与施工部门相关工程技术人员认真学习、研读前期设计资料。设计部门负责解释工程重点和实施难点，说明设计意图和设计要求。施工部门应从施工专业角度，将施工专业工作前瞻反馈给设计，如哪个工程部位图纸最早开始实施，需先出图等较详细的供图计划；哪个部位从施工角度考虑设计可优化等。设计与施工及早沟通提前谋划，以便图纸会审、设计交底等起到实质性作用，使工程顺利开展。

（3）第三类案例：实施过程中的设计优化及变更存在分歧，变更程序不流畅，相互推诿，造成工期延误[2]

总承包模式的最大优势就是有利于进度控制，缩短工期。施工图阶段，可以对已完成的部分施工图审核后付诸实施，而不需要等设计工作全部完成后再施工，有利于缩短工期。但存在以下问题：①设计中有时出现互相冲突的地方，或与实际施工现场情况不符，导致施工无法实施；②施工人员素质不高，发现不了设计图纸中的问题，按错误设计进行施工，最后不得不变更设计和返工，即使图纸没有问题，施工水平不高也会造成设计变更，设计方又不愿承担，导致工期延误。

解决措施为：建立一套相对完善的项目管理体系，促进设计和施工的有效协调和配合。出现问题，按照管理体系和程序性文件，积极开展工作，解决现场问题。注重人员素质培养提升，建立相对完善的沟通机制，消除设计人员和施工管理人员之间的隔阂，增加相互理解，通过日常的交流沟通增进融合，另外，成功项目的经验交流与总结及新老之间的传帮带也尤为重要。

3 设计牵头的总承包模式下设计与施工融合经验总结

通过文献收集和查阅、电话访谈、会议讲座等方式，对水利水电行业内总承包业务经验丰富的设计单位和典型工程进行调研[3-4]，同时结合本公司总承包项目总结可吸纳和借鉴的经验。

（1）设计方参与项目全过程的管理，观念革新

设计和施工深度融合模式是基于现代工程施工理念而形成的新的建设模式。在工程建设过程中，设计和施工作为两个最重要的环节，任何一方的决策都会直接影响到最终目标的实现。设计方参与工程全过程管理，提供工程全周期的技术服务与支持，是工程质量、进度、安全和利润目标能够正常实现的重要抓手。设计资源丰富雄厚，能够充分动员设计部门，是设计院转型总承包公司的明显优势。设计人员能够及时完成思路和观念的转变，提升站位，对整体项目的工期、质量、利润等多方面提供技术支撑的同时，也应该获得一定比例的产值奖励，提高全方位参与工程建设管理的积极性。

（2）设计与施工进度交叉推进，按施工节点提供阶段性设计成果

加强设计单位与施工单位的技术沟通，在工程筹划期，根据施工进度计划，制定初步供图计划。在施工过程中，根据施工工艺和时间进度节点，设计单位需要及时调整适用于现场实际情况的设计方案和技术要求，必要时采取特殊处理措施，需要设计单位及时进行技术交底，对现场施工进行技术支撑。

（3）发挥施工专业的前瞻性，强化施工方在施工过程中对设计的反馈

提高施工单位技术人员的专业素质，在设计过程中参与图纸审查与信息反馈，确保施工方案的可行性和经济性，对设计单位的设计水平也是一种推进和提升。在正式施工之前，管理单位应召集施工单位和设计单位，结合图纸和现场实际情况进行推演，确保图纸的正确性，避免错漏碰的情况遗留到施工阶段，提早发现问题，共同商定处理方案，提前消除返工风险。施工过程中，施工人员应严格遵守图纸要求，规范施工，保证工艺质量。

4　建立设计牵头总承包模式下设计与施工融合机制

（1）设计团队引领模式

有效利用设计咨询资质的优秀专业管理团队，在总承包项目中应发挥设计的引领性作用，设计从源头开始管控。建立一支能深入各项目的设计团队，利用设计经验，在整体方案的优化、施工的便利性、投资风险的控制上，针对具体建筑物给设计院提供优化建议，达到实现项目总承包效益的目的。

（2）联合体模式

设计与总承包采用联合体模式，打破传统的管理机制，建立竞争合同机制。根据总承包项目构架组织新的一体的设计总承包团队，由项目经理统一管理，总承包公司后方监督。

（3）利益共同体

提倡限额设计,明晰设计优化产值分配,激励设计合理优化,建立利益共享和风险共担的联合体制度,把效益作为目的,共赢作为纽带。各个总承包项目管理部根据项目特点,建立设计与施工的优化比例进行利益与风险的分配制度,充分发挥双方的主观能动性,实现合作共赢,促进设计与施工融合。

5 建立总承包模式下设计与施工融合管理制度体系

1)项目中标后,项目管理部认真研究和熟悉合同文件中与设计工作有关的内容,明确设计工作范围,召开总承包内部项目设计合同交底会,细化总承包与设计内部合同,界定双方责权利、明确设计策划、限额设计、优化设计、奖罚机制等相关内容和要求。建立以合同为纽带形成的合力竞争制度,与设计团队直接签署合同,在合同条款中更好地把控设计,使项目设计与施工融合达到最佳效果。

2)签订设计优化协议,明晰设计优化产值分配,激励设计合理优化工作,进一步完善设计优化奖励机制。根据总承包合同及项目特点,切实制定供需图计划、限额设计和优化设计等制度及工作流程,提升设计管理水平[5-6]。优化分成工作流程见图1。

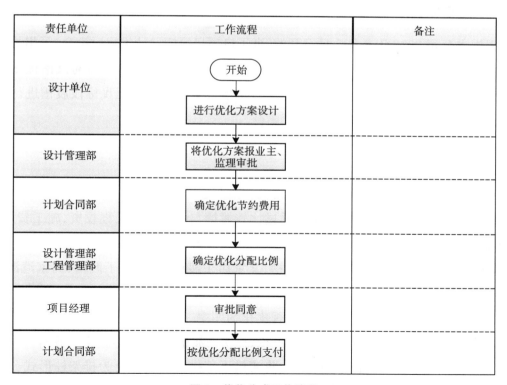

图1 优化分成工作流程

注:设计管理部、计划合同部和工程管理部均为总承包项目管理部部门。

6 设计与施工融合案例

亭子口灌区一期工程Ⅳ标段项目共有渡槽 35 座,渡槽工程总投资 10660 万元。为降低渡槽工程投资、加快施工进度、降低施工难度,设计方听取施工方提出的渡槽优化诉求和建议并结合初步设计资料及工程现场特点,对亭子口灌区一期工程Ⅳ标段渡槽进行了优化设计。

6.1 工程概况

亭子口灌区一期工程Ⅳ标段 35 座渡槽设计流量为 $2.20\sim20.40\mathrm{m}^3/\mathrm{s}$。东干渠 6 座渡槽,共长 1101m,工程投资 2199 万元,分 4 个流量段,其中拖木沟渡槽流量最大,设计流量为 $20.40\mathrm{m}^3/\mathrm{s}$;西干渠 8 座渡槽,共长 1782m,工程投资 5274 万元,分 4 个流量段,其中唐家沟渡槽最长,单个渡槽长度达 700m;文昌寨分干渠 3 座渡槽,共长 416m,工程投资 430 万元;新市支渠 16 座渡槽,共长 2985m,工程投资 2402 万元;响水滩充水渠 2 座渡槽,共长 180m,工程投资 355 万元。

6.2 优化目的

根据本公司 2022 年 8 月 5 日召开的《亭子口项目渡槽设计优化讨论会》等相关会议要求,为降低渡槽工程投资、加快施工进度、降低施工难度,结合施工方对渡槽优化的诉求和建议、初步设计资料及工程现场特点,对亭子口灌区一期工程Ⅳ标段渡槽进行优化设计,最终形成渡槽设计变更报告。

6.3 优化思路

通过总结前期工作,确定了渡槽优化设计基本思路。

1)研究渡槽能否优化为倒虹吸。通过比较渡槽与倒虹吸的工程投资、施工费用、施工难度等确定渡槽是否优化为倒虹吸。此类渡槽有断颈岩渡槽、拖木沟渡槽、王家桥渡槽、蒋家坝渡槽、高山沟渡槽、王家湾渡槽、文家店子渡槽、吴家院子渡槽、周家湾渡槽 9 个渡槽。

2)研究渡槽长度能否减小,两端能否优化为明渠。此类渡槽有拖木沟渡槽、蒋家坝渡槽、高山沟渡槽、伍家沟渡槽、肥子沟渡槽、作坊沟渡槽、李家湾渡槽 7 个渡槽。

3)为降低施工难度,加快施工工期,将渡槽下部拱式结构优化为排架柱形式。此类渡槽有张家沟渡槽、石朝门渡槽、王家桥渡槽 3 个渡槽。

4)为加快施工速度、减少模板用量,进行渡槽拆模时间研究。

6.4　设计与施工融合效果

原设计方案偏向于常规设计,安全余度过大,出现设计方案不易施工或不经济情况,另外施工方根据施工现场实际情况,为加快施工速度和节约投资,对一些设计方案提出优化变更的诉求和建议,设计单位分析、研究讨论,及时组织设计组进行优化设计,并通过监理和业主审查批准,使设计与施工得到融合,从而降低了部分建筑物工程投资、加快了施工进度、降低了工程的施工难度,为工程顺利实施提供了良好的保障。

7　结语

1)设计院应出台设计合同的移交,设计考核、分配及奖励等政策,进一步完善设计优化奖励机制,一方面鼓励开展设计优化工作,根据设计优化所创造的经济效益以一定比例作为奖励;另一方面按照设计优化的贡献程度与职业发展通道挂钩,员工岗级晋升时在原项目业绩积分的基础上给予一定的扩大系数。

2)对设计院承担设计的总承包项目,探索在院里公开对设计进行招标采购,鼓励专业院(所)通过公开投标的方式,承接设计项目,提升设计人员参与总承包项目的积极性。

3)探索选取设计牵头的重要的 EPC 项目,吸纳设计入股成立项目管理公司,与设计部门利益共享,风险均担,提高设计人员优化变更的原动力。

4)EPC 项目建议由项目设计经理兼任总承包项目经理,充分发挥设计龙头作用,设计作为项目牵头方要更加重视设计的重要性和前端性,最大化地挖掘设计的技术优势,让参建方保持对技术的敬畏心,力争在设计阶段使产品的功能、成本、质量、安全等诸多因素做到最优。

5)下一步继续探索新的技术服务模式,考虑成立以院领导、技术总监牵头,吸纳公司各专业总工程师、项目经理的总承包技术专家委员会,在项目前期策划阶段介入总承包项目,提供从项目前期策划—项目开工建设—项目验收—质保期内全过程技术服务,充分体现设计院专家技术团队的技术优势,做大做强工程总承包业务。

参考文献

[1] 席燕林,刘春冬,等. 中水北方公司创新团队课题"总承包模式下设计与施工深度融合"成果报告[R]. 天津:中水北方勘测设计研究有限责任公司,2021.

[2] 程晓勇. EPC 工程总承包项目中的优化设计分析[J]. 工程技术研究,2021(7).

[3] 张云龙. EPC 总承包项目设计管理[J]. 住宅与房地产,2019(3).

[4] 汪凯. 设计牵头的工程总承包模式中的设计管理研究[J]. 建筑经济,2018(9).

[5] 左雷高. EPC 总承包项目的设计管理与激励机制研究[J]. 水电站设计,2020(3).

[6] 石志勇. 推进 EPC 总承包项目的工程设计优化探讨[J]. 水利水电技术,2013(8).

水利投融资模式发展概述及新疆水利投融资模式探索实践

姚 婷 程 杰

长江生态环保集团有限公司

摘 要：梳理了我国"十一五"以来水利投融资整体情况,分析了水利投融资发展现状及改革面临的困难和问题。介绍了我国水利投融资发展情况,以新疆水利投融资探索实践情况,总结经验及启示,提出深化水利投融资机制的对策建议,为推动新阶段水利高质量发展和相关研究提供借鉴。

关键词：水利投融资；新疆水利建设；供水价格机制

进一步贯彻落实党的二十大精神和习近平总书记提出的"节水优先、空间均衡、系统治理、两手发力"治水思路,深入推动新阶段水利高质量发展,对深化水利基础设施投融资体制机制改革提出了更高的要求。水利作为国家基础设施补短板的重点领域,当前和未来一段时期的建设任务依然繁重,资金来源单一、投融资模式创新有待突破、水利工程供水等价格形成机制不完善等诸多问题,严重制约了我国水利基础设施建设和运营的长效发展。面对中央、地方两级财政资金投入有限的实际情况,全面深化水利投融资改革,多方筹措建设资金,已成为亟待破解的重要课题。

1 我国水利投融资整体情况

1.1 水利投融资体制发展与现状

1980 年以来,我国的水利投融资改革经历了初步创新、逐步规范、结构优化、深化改革等几个发展阶段,特别是改革开放以来,为不断适应国家经济体制改革和投资体制改革的发展要求,我国水利投融资体制逐步建立多元化、多层次、多渠道的投融资机制。2011 年"中央 1 号文件"《中共中央 国务院关于加快水利改革发展的决定》提出全面加快水利基础设施建设,建立水利投入稳定增长机制,加大公共财政对水利的投入,加强对水利建设的金融支持,广泛吸引社会资金投资水利等主要的决策部署。2016 年水利建设基金暂停征收,通过吸引社会资本、争取金融信贷以及政府专项债券等筹资手段,水利建设投入由相对单一的财政投入,逐步转变成以财政投入为主,市场融资相结合的多元投入格局[1],我国水利投融资初步形成了以公共财政投入为主,由政府、银行、企业、外资和国内融资构成的多渠道水利投入机制。

1.2 水利建设投资规模快速增长

"十一五"时期,全国共完成水利建设投资超过7000亿元,与"十五"相比翻了近一番。"十二五"首年,全国水利建设总投资完成3452亿元[2],达到"十一五"时期的50%,"十二五"时期共完成水利建设投资超过2万亿元,是"十一五"时期的3倍。"十三五"时期,水利投融资机制改革取得积极进展,投融资规模再创新高,仅前3年投资额就超过了"十二五"时期的总投资额[3],"十三五"时期全国水利建设完成总投资达到3.47万亿元,年均投资6945.6亿元,是"十二五"年均投资的1.7倍[4]。

从年度完成投资额来看,2006—2007年水利年均完成投资870亿元,2008年积极落实国家扩大内需决策,水利完成投资首次突破1000亿元,之后我国水利投资规模快速增长,由2008年的1000多亿元攀升至近几年的6000亿~7000亿元,2016年后水利建设完成投资稳定在6000亿元规模,其中2022年是有史以来年度完成投资额最高的年份,首次突破万亿大关,达到10893亿元[5]。

1.3 水利建设投资财政依赖度高

水利建设长期以来主要以财政资金投入为主,利用金融和社会资本不足,2005—2019年,财政投入平均占水利投资完成额的82.1%,"十二五"期间更是高达86%以上[6]。近几年,对水利投融资机制创新,国务院提出要更好发挥政府投资的引导和带动作用、市场在资源配置中的决定性作用等改革要求,强调要更多运用改革的办法解决建设资金问题,以市场化改革推动加快水利工程建设,多渠道规范筹措资金。"十三五"期间,随着金融贷款的扩大、PPP模式的推进、水利债券的使用等,水利市场化融资取得一定进展,政府投入占比有所下降,水利建设投资完成3.47万亿,其中政府投资2.68万亿元,占比77.2%;金融贷款0.50万亿元,占比14.4%;社会资本0.29万亿元,占比8.4%。

整体来看,水利投融资中,金融贷款和社会资本的投入在资金渠道、投资方式以及资金规模等方面仍不足,需进一步创新和拓展,目前以政府投资为主的水利投融资模式,不能满足新阶段水利高质量发展的要求,保障水利建设资金的难度很大。

2　水利投融资改革的困难和问题

2.1　继续依靠财政投入难以为继

尽管对水利领域多元化、多渠道的投融资机制进行了积极探索，但由于大型水利工程多为公益属性，政府财政投入始终占据主导地位。受当前财政收支情况、国家投资政策等内部因素，国际经济形势、国际贸易摩擦等外部因素影响，以及投资回落、消费乏力等不利因素冲击，我国财政投资存在下滑风险。在防范和化解政府隐性债务的背景下，地方政府筹措水利建设资金的难度增大，依靠财政完成水利建设投资难以为继。

2.2　盈利性不足，影响项目融资

水利项目具有显著的公益属性，是具有一定供水和发电收益的准公益性项目，但项目盈利能力有所不足。我国尽管承认供水具有商品属性，但并没有按照等价交换原则制定供水价格。我国水利工程和城市供水价格、水电上网电价受政府管制，执行政府指导价和政府定价，导致我国供水水价偏低，仅达到平均供水成本的一半左右，水价、电价对比其他发电方式的上网电价为最低水平，大大降低了水利项目的经营性收入和盈利能力，因此水利项目市场化融资不被看好。

2.3　水利工程水价改革滞后

水利工程供水价格是综合水价的重要构成部分，是众多水利工程建设运营的资金来源。我国供水价格偏低，没有发挥价格水平在资源配置中的决定性作用。主要表现为：一是供水价格与成本长期倒挂，大部分水利工程水费收入无法弥补供水成本[7]，二是供水价格调价机制形同虚设，尽管相关规定明确有调价机制，但审批程序复杂，执行过程中严重失灵；三是供水价格调整制约因素多，特别是用户和社会敏感度高，供水价格无法有效传导至终端用户。

3　新疆水利投融资探索实践

新疆水利建设起步晚，但发展速度快，"十一五"至"十三五"期间投资成倍增长，分别完成投资 374 亿元、737 亿元、1400 亿元，2021 年至 2023 年 6 月已累计完成投资 640 亿元，其中中央投资 238 亿元，占比 37%；地方政府投资（含一般债券）126 亿元，占比 20%；专项债券 85 亿元，占比 13%；银行贷款（含政策性开发性金融工具）185 亿元，占比 29%；企业及其他社会资本 6 亿元，占比 1%。资金投入是发展水利的根本，新疆在政府

引导深化投融资体制机制改革,推动水利工程市场化,吸引社会资本和金融机构加大投入等方面进行了有益探索。

3.1 广泛采用特许经营和PPP模式

新疆大型水利工程建设主要采用特许经营及PPP模式实施,项目投资体量大,中央财政补助金额高,兼具一定的经营属性。具体包括两种类型。

(1)财政投入主导,市场化回报辅助

实施水利项目时,统筹项目公益性和经营性实施内容,考虑项目经营收入与投资规模的投入产出,公益性资产以中央和地方两级政府投资为主导,经营性资产鼓励社会资本通过自有资金及融资方式参与,缺口部分由地方财政提供补助。如新疆玉龙喀什水利枢纽工程,是国家172项节水供水重大水利工程之一,由和田地区采用特许经营模式实施,特许经营期48年,建设期8年,运营期40年。项目总投资78.79亿元,其中中央预算内投资定额补助52.38亿元,占比66.5%,社会资本方出资15.92亿元,占比20.2%,其余10.49亿元通过融资解决,占比13.3%,。财政资金发挥主导作用且投入不计回报,其他部分通过发电和灌溉供水形成的市场化收入回收投资并获得合理回报,不足部分由财政缺口进行补贴。

(2)财政投入牵引,完全市场化价格回报

实施水利项目时,充分发挥中央财政资金的引导作用,新疆配套匹配一定资金,投资缺口的部分依靠完全市场化价格机制吸收社会资本和金融机构参与,通过售电、售水获取回报和收益。如新疆大石峡水利枢纽工程,是国家172项节水供水重大水利工程之一,由塔里木河流域管理局采用PPP模式实施,特许经营期48.5年,建设期8.5年,运营期40年。项目总投资89.88亿元,其中中央预算内投资定额补助30.37亿元,占比33.8%;自治区政府出资0.95亿元,占比1.0%;社会资本方出资19.29亿元,占比21.5%;其余39.27亿元通过银行贷款筹集,占比43.7%。中央及地方出资合计占比34.85%,发挥引导作用,入股不计回报、不参与分红,投资方通过项目公司水力发电上网售电收入获取回报,项目产出的农业灌溉用水收入由政府方享有,可用于本项目未来或有的上网电量和上网电价风险补贴。该项目设计收益率较低,鉴于水利工程水电的价格机制已相对成熟,投资方决策时,充分考虑项目建设期工程利润收入和运营期新疆维吾尔自治区电价上涨,最终顺利通过决策并执行良好。

3.2 创新采用预缴水费模式

"十一五"时期新疆哈密市在吸引社会资本投资水利工程方面进行了创新,主要通过用水单位预缴水费开展工程建设，建成后由水利部门成立管理机构负责管理并配水，常见于中小型水利工程项目。具体包括两种类型。

（1）用水单位预缴水费全覆盖

水利部门通过让以后需要用水的单位提前缴纳水费的方式，筹集水利工程全部建设资金。如哈密市射月沟水库，其水库及供水主管道总投资 1.2 亿元，建设资金全部来自 8 家工业企业的预缴水费。项目建成后，每年向工业企业供水 1425 万 m^3，向农业供水 132 万 m^3，提供生态用水 319 万 m^3，工业供水收入能支撑项目运营成本，并有回报。

（2）财政投资、预缴水费、水管单位多方筹资

水利部门通过企业、国家地方两级政府、水管单位和援疆资金等多方共同筹集水库建设资金。如哈密四道沟水库，其工程总投资 8746 万元，包括广东援疆资金 1000 万元，申请国家资金 1680 万元，哈密地区财政投资 1000 万元，哈密市财政投资 2000 万元，企业预交水费投资 1000 万元，贷款 1727 万元，建成后每年向工业企业供水 730 万 m^3，向牧业灌溉及人畜饮水供水 400 万 m^3，向生态供水 506 万 m^3，供水收入能满足项目还本付息要求。

3.3 工业供水自平衡模式

近年来，哈密市围绕保障三塘湖、淖毛湖煤炭资源综合开发和大南湖疆电东送电源项目的用水需求，建成沙尔湖及大南湖地表水、大南湖再生水供水工程及水利工程，项目均采用全市场化回报机制。哈密地区矿产、煤炭等自然资源丰富，但水资源缺乏，水的商品化属性较强，工业企业供水价格较高，市场化程度高，一般项目可通过供水收入回收投资成本及合理盈利，实现自平衡。如哈密市伊州区城镇自来水工业用水价格 6 元/m^3，在石榆流域、沙尔湖矿区、淖毛湖区域等地区，水利工程供水价格在 6.35～15.35 元/m^3 范围内，由水库、管网公司、水资源费等组成。

3.4 投资人＋施工总承包模式

哈密市按照坚持地方政府主导、坚持兵地融合共建、坚持市场化融资的总体要求，丰富供水工程资金来源，创新采用"投资人—施工总承包模式"开展项目投融资，预缴水费、工业供水自平衡等多种模式组合使用。哈密山北供水工程供水管线总长 288km，工程批复总投资 136.86 亿元。按照工程供水量、贷款利率及年限、水价等测算，项目可承受贷款 70 亿元，其余资金需自筹。哈密市成立新疆浩源供水有限公司（以下简称"浩源公司"）作为项目法人，负责项目投融资、建设、运营等工作。一方面，市政府通过矿产出让收入等支持 15.5 亿元，另一方面引入用水企业国家能源集团出资 14 亿元、十三师水

务公司出资 5.5 亿元,同时引入施工企业出资 20 亿元,共同对浩源公司协议增资进行股权投资,筹措项目资本金 55 亿元。其他部分,拟通过园区用水大户企业预缴水费和政策性金融工具支持等方式筹集。项目划分为 2 个标段,每个标段工程费用约 50 亿元,承担施工任务的工程总承包企业各出资 10 亿元参与增资,已在 2023 年 6 月完成"投资人+施工总承包"招标工作,已签订增资协议。该模式将工程建设、用水需求、供水服务等利益相关方深度绑定,实现各环节价值充分挖掘和利益共享。

4 经验与启示

4.1 新疆水利投融资经验做法

(1)优化政府投资引导

2021 年至 2023 年 6 月,新疆水利建设完成投资 640 亿元,其中中央和地方政府投资达 364 亿元,占比 57%,有力推进了"十四五"重大水利工程建设。新疆积极用好水利作为地方政府专项债券的重点支持领域的政策,把争取地方政府专项债券作为加快补齐水利基础设施短板、扩大水利投资规模的重要举措,2021 年至 2023 年 6 月累计落实专项债券 85 亿元,有效保证工程建设的资金需求。

(2)加快水利投融资体制机制改革

新疆维吾尔自治区党委支持成立新疆水利发展投资集团公司,做大做强省级水利投融资平台,整合水利国有资产,集中水利优质资产资源,发挥政府投资撬动作用,吸引社会资本,加快推进水利基础设施建设;积极成立地(州、市)级水投公司平台。目前已经成立阿勒泰地区银水水务、巴州水利发展投资、喀什水务建设投资等 8 个地(州、市)级水投公司平台;建立县(区)级水投公司平台,目前自治区已成立县(区)级水投公司 27 个。

(3)用好金融支持水利优惠政策

抓住加强水利工程建设,扩大有效投资的有利时机,支持水利企业利用开发性、政策性金融机构贷款,以收费权、特许经营权等进行质押担保融资,充分发挥政府投资撬动作用,主动加强项目前期谋划,2021 年至 2023 年 6 月共落实政策性、开发性金融工具 50 亿元。

(4)深化政银合作

截至 2022 年底,新疆维吾尔自治区水利厅与农发行、农行新疆分行、交行新疆分行、工商银行、招商银行等 5 家银行签订了战略合作协议,明确了金融支持水利重点领域、优惠政策和保障机制等。2023 年 5 月、6 月,新疆维吾尔自治区水利厅分别与工商银行新疆分行和建设银行新疆分行联合发布文件,就推动新阶段新疆水利高质量发展,提出相关指导意见。

4.2 相关启示和借鉴意义

（1）中央财政补助规律性递减，市场化资源配置成为趋势

以新疆为例，早期新疆水利工程中央预算内投资全额补助，2007年起补助比例下降至90%，2016年起最低补助比例进一步降低至60%。2021年起，水利工程中央预算内投资补助调整为国家水网骨干工程和水安全保障工程中央预算内投资补助，针对不同类型项目补贴比例有所不同，如重大引调水工程按照项目资本金的50%予以支持，中型水库工程按照总投资的50%予以支持。中央资金支持方式在直接投资和投资补助基础上，增加了资本金注入和贷款贴息等方式，从资金支持转向资本支持，特别是对经营性项目原则上要求以资本金注入方式为主，在强调政府投资主导作用的同时，要求引导各类社会资本参与，充分发挥市场在资源配置中的决定性作用。

（2）资金来源呈现三均等分结构，信贷资金渠道日渐成熟

2021年至2023年6月，新疆水利建设完成投资640亿元，其中中央投资238亿元，占比37%；地方政府投资（含一般债券）及专项债券，合计211亿元，占比33%；银行贷款（含政策性开发性金融工具）及企业与社会资本出资，合计191亿元，占比30%。总体来看，中央、地方、社会各1/3。近年来，新疆维吾尔自治区创新多元化融资手段，用好金融支持水利优惠政策，通过收费权、特许经营权开展质押担保融资，发挥政府投资撬动作用；同时深化政银合作，与工商银行、建设银行等达成金融支持水利投资的优惠政策，水利项目贷款期限拉长到45年，融资利率大幅度降低，从平均4.6%降低至3.7%。2023年，进一步将未来3～5年内将要到期的存量中期贷款进行置换，融资成本由平均4%降低至3%以下。

（3）市场化价格机制初具雏形，成本监审定价体系逐步完善

水利工程供水价格机制是走向市场化和获取信贷资金的最重要支撑。新疆出台《水利工程供水价格管理办法》《水利工程供水定价成本监审办法》《关于农业水价综合改革实施方案的通知》，全区各县（市）以2015年为成本年开展农业水价监审，批复农业水价平均为0.1787元/m³，最低值0.074元/m³，最高值0.47元/m³。2019—2021年，全区三年平均收取农业水费54.67亿元。2022年，新疆再次开展全区23个区直属水利工程的水价监审，目前正依程序推动水价调整。同时，出台《塔里木河流域水量统一调度管理办法》，对流域各地州及兵团超出年度水量分配方案和水量调度计划的用水，实行超额累进加价计收收费、水资源费。发布《关于调整我区水资源费征收标准有关问题的通知》，调整水利工程非农业供水的水资源费标准，地下水取水为0.5元/m³，地表水取水为0.25元/m³。综合来看，水利工程供水一次分配收取水资源费和农业水费等，二次分配收取城镇自来水费和工业水费，水库建设成本、调水输水成本、厂网成本等均纳入定价成本，建立相应的价格机制，并有完整的政策体系作为支持。

（4）依托产业支撑和科技集成，实现成本向终端价格全传导

新疆沙雅县开展50万亩农业高效节水增收试点项目，投资12.9亿元，建设高效节水工程，开展农业水价综合改革，同时引入沙雅利华棉业有限公司进行土地流转，开展土地规模化、集约化经营。一方面建立和执行终端水价机制，按照成本核定终端水价为0.131元/m³，收取运行维护费0.094元/m³，实行超额定额累进加价和粮经作物差异化水价；另一方面通过棉业、纺织等产业发展，增加农田经济产出，增强水费支付能力，同时将节水滴灌技术、信息化控制技术等引入农业生产，降低用水量。由于新疆蒸发量大，每亩地用水超过600m³，引入滴灌等技术后用水量降低至500m³，每亩水费支出在100元左右，受益于棉业等产业支撑，实现了节水工程成本和收益通过终端价格全覆盖。

5　相关对策建议

（1）处理好政府和市场"两手发力"的关系

充分发挥政府投资撬动和引导作用，建立合理回报机制，吸引社会资本，扩大股权和债券融资规模，提高项目管理效率，以市场化改革推动加快水利工程建设。理顺水利建设项目的政府和市场关系，促进投资主体多元化，发挥政府和社会资本各自的优势，合理把握水利项目投资的市场逻辑，明确不同类型项目的回报机制，探索适合不同项目特点的投融资模式。

（2）提高水利项目市场化融资能力

1）完善水利工程供水价格机制，建立健全补偿成本、合理盈利、激励提升供水质量、促进节约用水的价格形成和动态调整机制。鼓励探索由市场决定价格的机制，如实行由项目投资经营主体与用户协商定价[8]。

2）进一步推动水电价格市场化进程，逐步放开作为清洁能源的水电上网电价，实现水电火电"同网同质同价"。执行政府定价和政府指导价导致无法回收成本的，要根据实际情况给予合理补偿。切实提高项目市场化融资能力。

（3）深化水利供水价格机制改革

2022年5月，国家发改委发布《水利工程供水价格成本监审办法（征求意见稿）》《水利工程供水定价成本监审办法（征求意见稿）》，明确水利工程供水价格原则上以准许收入为基础核定，根据工程情况和供水对象分类确定，差别化确定农业、非农业水价；根据供水经营者属性，进一步强化供水成本约束，形成"财政补助不计成本，企业投入合理成本"；根据政府资本金和社会资本投入分别确定权益资本收益率，允许社会资本收益率高于政府资本金注入部分；根据不同情境条件多样化创新完善水利工程供水价格形成机制，如明确监管周期、校核机制和补偿机制等[9]。

（4）充分挖掘水利项目综合效益

水利项目投融资改革的核心在于多元化筹资并改善项目现金流，坚持系统观念，坚持融合发展，加强水利项目融入区块整体开发、统筹实施。水利建设项目既有环境效益和生态效益，又有社会效益和经济效益，可以通过综合开发利用实现水利建设工程的社会、生态环境、经济效益的最大化，如通过水价改革、水权交易等方式提升供水发电盈利能力，加强对水域岸线砂石料等优质资源利用，探索通过水系连通及土地综合整治带来的耕地占补平衡指标交易，以及水利项目与市政交通、生态环保、文旅康养等融合带来的水生态产品价值实现。

（5）水利工程市场化方向明确，任重道远

水利项目特别是重大水利项目具有公益性强、投资规模大、建设运营周期长、盈利能力差等特点，长期依靠政府投入。当前市政基础设施领域投融资逻辑正发生深刻变革，政府投资从主导转向带动引导，资源配置从政府转向市场，已逐步形成有效的市场化价格机制，在资金倾斜、成本监审、定价调整等方面的政策也日趋完善，市场化道路尽管漫长但是方向明确。

参考文献

［1］王挺，陈玮，仇群伊，等.浙江省深化水利投融资改革的探索与实践［J］.水利发展研究，2022，22（8）：55-60.

［2］李洁.深化水利投融资体制改革对策探讨［J］.中国水利，2012（16）：55-58.

［3］庞靖鹏.用市场化的途径解决水利项目投融资问题［J］.水利发展研究，2021，21（2）：36-39.

［4］陈茂山，庞靖鹏，严婷婷，等.完善水利投融资机制 助推水利高质量发展［J］.水利发展研究，2021，21（9）：37-40.

［5］梁城城.2022年水利投资形势分析及展望［J］.中国国情国力，2023（3）：48-52.

［6］李香云，庞靖鹏，樊霖，等.拓展水利市场化投融资的框架与实现路径研究［J］.中国水利，2022（3）：29-33.

［7］庞靖鹏，郭姝姝.推进水利工程供水价格改革探索［J］.水利发展研究，2020，20（10）：51-53.

［8］庞靖鹏.重大水利项目PPP试点经验总结与形势研判［J］.水利发展研究，2017，17（11）：12-17.

［9］周飞，戴向前，刘啸，等.关于深化水价形成机制改革的思考——以四川省为例［J］.水利发展研究，2023，23（2）：27-30.

浅谈黄河文化的传承发展和实际应用

刘亮亮　刘　敏

黄河河口管理局垦利黄河河务局

摘　要:从黄河入海口地区黄河系统各单位在黄河文化保护与传承方面的现状入手,分析存在的问题,探讨黄河文化传承与发展理论体系的建设、黄河文化遗产利用与传承发展、黄河文化与黄河水利工程深度融合、黄河文化传播等方面的实际应用,推动打造保护传承弘扬黄河文化的理论体系,实现治黄工程与黄河文化融合发展,充分展现防洪价值和人文内涵相得益彰、交相辉映的独特魅力,服务黄河流域生态保护和高质量发展。

关键词:黄河文化;现状;实际应用;传承发展

1　开展黄河文化研究的重要意义

黄河是中华民族的母亲河,是中华民族文化自信最为深厚的思想根基和精神源泉,为世界文明的可持续发展提供了独特借鉴。习近平总书记在黄河流域生态保护和高质量发展座谈会上指出,黄河文化是中华文明的重要组成部分,是中华民族的根和魂,要推进黄河文化遗产的系统保护,守好老祖宗留给我们的宝贵遗产。深入挖掘黄河文化蕴含的时代价值,讲好"黄河故事",延续历史文脉,坚定文化自信,为实现中华民族伟大复兴的中国梦凝聚精神力量。

黄河文化在整个中华文明体系中具有母体和发端的地位与意义。传承、弘扬、发展黄河文化,可以为文化认同、文化发展、文化创新提供坚实的基础,为国家治理现代化提供智慧启迪,为中华民族文化建设提供精神力量。黄河文化不仅凝聚着独特的时代价值,也印刻着以人为本、自强不息等中华优秀传统文化基因,是民族情感的重要载体和民族亲和力与凝聚力的核心,也是对流域人民对先进水文化现实期盼的具体回应。

2　黄河文化保护与传承的现状

历史的长河延绵不断,只有深刻地认识了解昨天,才能正确地认识今天,更好地开创明天。近年来,入海口地区黄河水利委员会各基层单位积极响应习近平总书记号召,深入梳理和挖掘黄河文化发生发展的历史脉络与当代价值,归纳整编黄河文明起源、流域故事、古今治河方略、黄河文化诗词、黄河民俗风情、黄河流域非物质文化遗产等各类具有鲜明黄河流域特色的文化。

（1）黄河文化阵地建设成效明显

近年来,黄河入海口地区的有关单位先后成立了文化办公室、文化创新工作室、文创产品研究室等,旨在统筹推动黄河文化研究、文化产业多业态发展,这为黄河文化的传承发展提供了重要的组织保障。

（2）文化阵地建设卓有成效

无论是办公楼走廊、基层段所庭院,还是沿黄生态廊道、重要水利工程节点、水利风景区,不少单位都结合黄河文化进行了深入改造,涉及的黄河文化内容包罗万象、主题鲜明、层次清晰,打造了独特的黄河文化阵地,形成了独特的黄河文化品牌,为黄河文化的传承发展奠定了坚实基础。

（3）文化宣传力度空前

在媒体宣介方面,不少单位利用公众号、内部网站、报纸网络等媒介,深入开展黄河文化专题宣传,组织走黄河系列专题直播,介绍黄河文化研究的重要意义,以及黄河文化的最新研究成果,营造了"人人爱黄河,人人懂黄河"的浓厚氛围。在黄河文化研究方面,聚焦老一辈治黄人艰苦奋斗的故事、新一代黄河人敬业奉献的故事,出版了《黄河记忆》《大河万古流》等一系列黄河故事类书籍,编演了《战洪图》等一系列文化戏剧,拍摄了黄河水利风景区建设管理、走黄河看发展等类型的系列宣传视频,点赞一线治黄工作者,为治黄事业凝聚正能量,进一步提升了黄河文化的软实力。

（4）黄河传承与保护成效显著

各基层单位深入挖掘、搜集、整理治黄历史资料,包括河道整治工程,堤防、险工、控导、水闸、淤背区、工程器械,以及黄河文化故事、文化脉络等。开展老物件、老故事、老照片征集活动,丰富了黄河文化遗产陈列内容。不少单位结合各自阵地建设,不断开展黄河文化理论学习,大力提高讲解员接待水平和综合素养,培养了一支业务精湛的讲解队伍。

3 黄河文化保护与传承工作中存在的问题

从总体情况来看,各单位立足黄河入海口地区的历史沿革、文化亲缘和地理空间要素等,形成了文化特色突出、多元素融合发展、流域系统统筹发展的文化产业带。当然,在开展黄河文化研究和应用中,也存在不少的问题和困难值得深入研究和探讨。

3.1 思想上还不够重视

黄河历史文化整理保护是一项系统工程,大多涉及各单位、部门之间的协调配合,但在区域和流域之间、流域各单位之间、单位内部各部门之间对黄河文化研究的重视程度还远远不够,存在各自为战、沟通不畅的现象,尚未形成集群效应,造成黄河文化研究还不够深入、彻底。比如:黄河南展区上起东营区老于家村,下至垦利区西冯村,包括了83个展区村,若开展南展区历史变革文化研究,就需要流域和区域之间的协同配合。

区域和流域内文化产业的发展规划尚需优化理顺,从入海口地区各县(区)的规划情况来看,对黄河文化保护传承、黄河文化公园建设等相关规划工作准备得比较充分,但各县(区)部门之间缺乏整体的思考和清晰的勾画,不少文化产业规划,存在失之粗疏的问题。

个别单位对开展黄河文化研究的重大意义认识不够到位,不少职工对黄河文化的认识仍然停留在走形式上,对于如何有效开展黄河文化研究的办法不多、措施不强、力度不大,对如何弘扬、传承黄河文化的具体形式和实际措施了解不够、办法不多、思考不多。不少干部职工简单认为开展黄河文化研究是文化部门的工作,与自己无关,对于如何参与黄河文化研究并不了解,参与的积极性也不高,对文化工作的支持力度很小,造成不少黄河文化的研究工作处于停滞状态,总体成果与预期的目标存在较大的差距。

3.2 黄河文化和文化遗产保护力度还需加强

笔者在开展黄河文化研究过程中发现,有些黄河文化的文物古迹、工器具、非物质文化遗产等已经面临毁坏和消失,比如各类堤防打夯的工器具,曾在黄河三角洲地区大修堤时期发挥了巨大作用,但因年代久远,个别砬具已经面临消失。同时,在资料搜集和整理过程中,个别数据因为年代久远,在各区域或流域的黄河志和地方志中存在一定的差异,个别数据统计杂乱。再者,如黄河号子等非物质文化遗产,虽然不少单位开展了专题研究,拍摄了系列专题片,但因老一辈治黄工作者退休,年轻一代如不及时学习传承,将面临遗产失传的尴尬局面。

在文艺作品创作方面,蕴含黄河文化、黄河精神的展演类作品明显较少。黄河文化资源独特的市场价值和产业价值也没有得到充分的挖掘,受限于财政或创新创意开发能力等方面的限制,不少的历史文化资源优势没有转变成独特的市场价值和产业价值,不少文创产品缺乏创意性,趋于形式化,既没有深入体现地域特色,也没有深入阐述黄河文化价值,导致文化产品的价值较低。不少地区虽然开展了一定程度的文化产业价值研究,但是相对热衷于模仿,热衷于投资小、见效快的黄河生态旅游项目,比如黄河农家乐等。

个别基层单位也存在缺乏长远规划,没有具体的黄河文化研究方案,存在"不推不动"的现象,这也导致不少单位尚未形成黄河文化资源类的数据库,不少基层单位《黄河志》等一些基础文化资料20余年都未更新。

3.3 黄河文化应用成果还不丰富

独特的黄河文脉资源效益不够凸显,黄河文化研究成果在黄河水利工程规划、设计、建设、管理之中应用率不高,应积极推动黄河河道工程的理念创新,积极发挥黄河水利风景区等重要工程节点作用,传承发展黄河文化,积极开发黄河文化景观,展示黄河文化、沿黄人民的精神风貌,树立黄河新形象,提高黄河生态游的品质。

沿黄各市(县)之间缺乏沟通,存在各自为战的现象,难以形成跨区域的文化消费场景,文化集群效益尚未显现,黄河独有的文脉体系挖掘不够深入、不够彰显。自主创新能力不足,主要体现在黄河文化在信息化、科技化等方面的应用明显不足,不能满足人民群众对黄河文化了解的急切需求。

3.4 人才力量和研究力度还不够

缺乏黄河文化研究的专门人才,文化研究和建设的力量薄弱,对传统黄河水文化遗产整理、挖掘、保护、宣传、开发利用的深度还远远不够。文化建设的深度与广度略显不足,各类黄河文化作品明显不足。主动参与黄河文化研究的部门不多、人员不足,个别研究人员缺乏对黄河文化研究的必备知识。黄河文化类的专题研讨会、知识培训不多,参与面相对较窄。这类问题也造成了在各类文化资源的整合梳理、保护研究等方面存在一些问题,比如黄河文化遗产名录建立方面存在片面性,不够系统深入。

缺乏黄河文化创新奖励、激励工作机制,黄河文化研究、应用等方面的资金明显不足,与高校之间的合作交流明显较少,尚未形成互通互联工作机制,文化发展的后劲不足。

3.5 地方与流域之间沟通不足

黄河文化博大精深,源远流长,汇集了中华优秀传统文化的精髓,是发展社会主义先进文化、涵养社会主义核心价值观的重要源泉。沿黄各县(区)之间都有其特色的黄河故事、文化产品、史志资料。但不少单位积极性没有得到充分调动,不少文物研究单位、文化产业公司、文创工作室的积极性没有得到充分调动,严重制约着文化资源的保护与开发。不少基层单位虽然开展了不少黄河文化专题宣传活动,但在参与地方文化活动方面的积极性不高、主动性不足,致使群众参与度、认知度较低,对黄河文化保护、传承、弘扬产生较大影响。

4 黄河文化传承发展和实际应用方面的几点建议

《中共中央关于制定国民经济和社会发展第十四个五年规划和 2035 年远景目标的建议》中提出"建设区域文化产业带",中办、国办《"十四五"文化发展规划》,以及文化和旅游部《"十四五"文化产业发展规划》均提出推进黄河文化产业带建设的重要理念。

黄河作为中华民族和华夏文明的重要发祥地,文化积淀十分深厚,既有中华地理的自然标识,更有民族传统的精神标识,是治黄事业发展中更基本、更持久的力量。着力把文化建设纳入黄河治理开发的总体规划和具体实施中,投入足够的人力、物力,不断丰富文化内涵,创新工作思路,为治黄事业和经济社会高质量发展提供强有力的文化支撑。

4.1 推动黄河文化与黄河水利工程深度融合

要在深入汇总黄河文化元素的基础上,大力倡导将其融入黄河水利工程规划、设计、建设、管理之中,推动黄河河道工程建设的理念创新。应用过程中,应坚持生态保护第一,坚持黄河工程保护和景区建设协调发展基调;坚持近期发展和远期规划相结合、不断加以完善的路线;坚持以文化的相通性、包容性、相互关联性、彼此辉映特质为底色;坚持以传统文化与现代文化相互交融、互为传承,多方位、多视角展示为灵魂,以雕塑、绘画、诗词歌赋、顺口溜背后的历史等为表现形式,进行综合展现。

4.1.1 依托黄河工程,整合黄河文化资源

建议由上级单位统一拟订整体策划方案,以此指导基层单位文化建设的规划和实施,使黄河文化建设更有系统性和整体性。成立黄河文化传承发展促进机构,形成联合研究开发机制,抢救保护黄河文化遗产,发展、繁荣黄河文化。各基层单位根据各自实际,科学定位,统筹布局,因地制宜,量力而行,重点发挥好已有景区、重点工程、文化阵地的作用,发展建设具有显著地域特色、流域特色的黄河文化载体,积极吸收黄河水利委员会系统内部治黄工程和黄河文化成功融合的案例经验,持续打造具有特色的文化品牌,充分展现黄河文化的魅力和核心影响力。

4.1.2 依托黄河工程,打造特色文化标识

坚持高起点、高标准、高层次建设黄河文化标志性场所,使人们感悟到黄河文化的博大与厚重,使其成为黄河文化研究基地,爱国主义教育基地,炎黄子孙寻根问祖基地,人们认识黄河、感受黄河、亲近黄河、体验黄河的基地。在黄河工程打造过程中,应体现人类与母亲河和谐共处的哲学意义,赋予其文化熏陶、教育启发、思想催化、生态保护、旅游观光功能,实现黄河工程功能的多元化。比如:在垦利黄河口水利风景区内打造文化标识高地时,应依托工程地形特色,打造"几"字形流路文化,可按照"几"字形流路特点,

全程用花砖铺地,打造出穿梭于林木之间、贯穿景区始终的"几"字形特色景观,源头处铺设各色花砖组成的"黄河水利委员会标志图",体现"全河一张图"的战略思维和发展方向;尾部处铺设黄、蓝底色花砖,寓意为河海交汇、黄蓝底色,并利用尾部区域的地貌特色,深度还原入海口地貌、入海口流路特色;"几"字形流路沿线打造各类微观雕塑,展示黄河流域特色民俗风情,如宁夏—塞上江南、四川—天府之国、内蒙古—草原部落等,集中展示黄河各大枢纽工程、景点的特色文化,深度还原黄河流域的特色景观、人文风情;雕塑底座区域可采取展板形式,详细介绍相应地域的特色黄河故事等。同时,可根据"几"字形特点,将"几"字形源头处建设为黄河文化广场,系统展示各阶段治黄工作思路、理念的变化情况,采取多种形式展示人民治黄以来所使用过的防汛技术、防汛工具、服装和文献等。"几"字形尾部处建设为黄蓝交汇广场,详细介绍黄河三角洲和入海流路变迁史、现行流路和备用流路相关知识、黄河入海口特色文化等,"几"字形沿线设置红色广场,集中展示中国共产党领导下的人民治黄故事,以及诞生于黄河流域的、丰富灿烂的优秀传统文化、入海口地域文化、民俗文化等。

4.2 推动黄河文化传承与发展理论体系的建设

亘古以来,自然嵌河而秀、人类傍河而居、文明因河而兴,以自然为本底的人、河流、文化构成了一种互相制约、互相支撑、互相依存的关系。古往今来,治理黄河都是兴国安邦、经世济民的千秋大计。浩如烟海的治河著述、文学名篇和工程遗存,凝聚着治河先贤探索实践、创新开拓的经验智慧,期冀着劳动人民对于安居乐业、物阜民康的长久夙愿。因此,开展黄河文化理论体系研究具有深刻的时代价值,要深入挖掘黄河文化蕴含的民族认同感、凝聚感召力、拳拳为民心等化育因子。

应继续深入开展黄河文化普查,立足入海流路变迁、防洪工程技术史、科技创新产品、河道工程变迁、治黄工器具历史沿革、治河方略演进、黄河水旱灾害历史、黄河流域文明发展、黄河治水传说、黄河故事、黄河历史治黄人物、古代治河专著论述研究、黄河历史走廊、黄河浮桥历史沿革、黄河技术沿革发展等重点研究领域,以及防汛屋、黄河号子、故道故堤、治河图档、传统治河技术等历史文化遗产,挖掘历史文化、民俗风情,讴歌人民治黄伟大成就,收集整理具有鲜明时代特色、历史韵味浓厚、意义特别重大的黄河文化产品,丰富黄河文化内涵,建立和完善黄河文化名录,出版相关书籍。积极鼓励职工群众开展黄河文化发展研究,努力形成具有参考价值的黄河文化成果。

4.3 黄河文化利用传承与文化传播

在黄河文化资源的整合方面,要充分利用现代化、信息化产业资源,以上述重点研究领域和历史文化遗产推动建立黄河文化传承与发展理论体系数据库,出版黄河文化研究系列图书、系列文化剧、系列文创产品等。黄河流域非物质文化遗产资源丰富,应加强对黄河流域非物质文化遗产资源文化内涵、文化基因的提炼和传承,促进非遗融入现代文化产业体系。要持续加大黄河文化与旅游产业发展之间的融合发展,充分展示黄河文化独特魅力的标志性文化遗产,创作一批高品质的黄河文化旅游演艺产品。充分利用信息化、高科技产品,打造一批能够充分凸显黄河文化的艺术作品,比如可以打造以黄河工器具、黄河历史人物等为主题的 VR 课堂,促进黄河文化产品提档升级。

坚持流域与区域协调发展,组织跨行业、跨部门的黄河文化研究经验交流,逐步建立高效联动的交流平台,为治黄事业发展寻求更广泛的社会认同。开展多种形式、多种渠道的文学作品创新研究、涉河文化创作活动,提高治黄文学艺术创作能力和水平。利用好水利风景区、法治文化基地、普法基地等载体和各类宣传平台,讲好黄河故事、树好黄河形象、绽放黄河风采,让公众感知黄河治理成效,增强沿黄群众关心黄河、保护黄河的意识。

4.4 黄河文化研究人才队伍建设与资金投入

要建立完善的黄河文化建设资金投入机制,完善预算体系,切实为黄河文化产业的可持续发展提供经济支撑,保证黄河文化建设有正常的经费支付渠道和必要的经费来源。协同区域力量,培养文化人才,整合文化建设队伍,建立或完善文化建设人才库,从不同领域、多角度研究、挖掘黄河文化内涵,促进黄河文化内涵不断丰富和发展。采取理论培训、现场教学、业余自学等多种形式,增强文化工作者专业知识的深度与广度。完善黄河文化研究体制机制,着力解决黄河文化建设的队伍建设、机构编制、阵地建设等方面的突出问题。在黄河文化建设的长期规划中,要逐步形成由政府、行业机构、高校、企业以及各界有志人士组成的黄河文化研究"大人才库",为各阶段的文化建设储备人才。

河湖生态环境复苏的途径与策略分析

吴嫡捷[1]　张世安[2]

1. 黄河水利委员会河南黄河河务局

2. 黄河水利委员会黄河水利科学研究院

摘　要：河湖生态环境复苏是保护地球水资源和生态系统的重要任务。通过对河湖生态环境复苏的途径与策略进行分析，总结了生态系统恢复理论和科学依据，展示了在水质改善、湿地保护、生物多样性保护、水资源管理以及城市化进程中的河湖生态保护方面的关键途径与策略，探讨了先进技术在水质改善、湿地保护、生态修复以及智能监测与数据分析中的应用。介绍了国内外在河湖生态环境复苏方面的典型案例，如黄河、太湖、美国芝加哥河等，提供了宝贵经验。指出绿色科技应用、区域协同治理、生态修复与自然恢复、全民参与等是未来河湖生态环境复苏的发展趋势。为了提高河湖生态环境复苏效率，提出了制定综合性规划、加大投入力度、推动产业结构优化等建议，以推动复苏工作取得更好的效果。

关键词：河湖生态环境；复苏；水质改善；生物多样性保护

河湖资源作为人类生存和发展的重要资源，对于维持生态平衡和经济社会可持续发展具有不可替代的作用。由于人类活动长期以来的不当干预、水污染、湿地开发等原因，全球范围内的许多河湖生态环境都面临着严峻的挑战，处于退化状态。在许多地区，河湖生态系统的破坏导致了水质恶化、生物多样性丧失、洪涝灾害频发等问题，直接影响人们的健康和生活质量。

面对这一严峻的形势，河湖生态环境复苏成为当今社会亟待解决的重要问题。通过科学合理的策略和措施，恢复和保护河湖生态环境，不仅可以改善水质、提高生态系统的健康状况，还能够为经济社会发展提供更可持续的资源支持，对于河湖生态环境复苏的研究具有重要的现实意义和深远的战略意义。

1　研究目的

本文以科学的参考依据系统地分析河湖生态环境复苏的途径与策略，以期推动河湖生态环境的有效保护与修复工作,为促进河湖生态环境的恢复与保护提供理论指导和实践支撑,为实现人与自然和谐共生、推动可持续发展贡献力量[1]。

(1)河湖生态环境复苏的现状与挑战

通过梳理和分析当前全球范围内河湖生态环境的现状,深入探讨导致河湖生态系统退化的主要因素和面临的挑战,为制定有效的复苏策略提供依据[2]。

(2)河湖生态环境复苏的基本原理与理论框架

综述生态系统恢复理论,并阐明其在河湖生态环境复苏中的应用,构建科学的复苏理论框架[3]。

(3)河湖生态环境复苏的关键途径与策略

探讨水质改善与污染治理策略、湿地保护与恢复策略、生物多样性保护与栖息地重建策略、水资源管理与节水策略以及在城市化进程中的河湖生态保护策略,分析各项策略的优缺点和实施难点[4]。

(4)河湖生态环境复苏的技术创新与应用

重点分析先进技术在水质改善与污染治理、湿地保护与生态修复、生物多样性保护等方面的应用,并评估其在复苏过程中的效果[5]。

2　河湖生态环境复苏的现状与挑战

2.1　现状分析

当前许多河湖生态系统面临着严重的退化和破坏。主要表现在以下几个方面。

(1)水质恶化

工业污水、农业农药、城市生活污水等直接排放和非点源污染导致河湖水质恶化。水体富营养化问题愈发突出,水体富含营养物质,引发藻类过度繁殖,形成赤潮和蓝藻水华等现象,严重影响水生态系统的平衡。

(2)生物多样性丧失

水生生物栖息地受到破坏,面积缩减,许多特有鱼类、鸟类和植物物种面临灭绝的危险。湿地的开发和填埋也导致了众多湿地动植物的栖息地丧失,加速了生物多样性的下降。

(3)洪涝灾害频发

河湖的水生态系统遭到破坏,河道淤积、湖泊过浅等问题导致水的滞留和排泄不畅,进而导致洪涝灾害的发生频率和程度增加。

（4）河湖水量不足

由于长期以来的过度取水和水资源浪费,许多河湖水量不足,湖泊干涸,河流断流,严重影响了生态系统的平衡和维持。

2.2 河湖生态环境复苏面临的主要挑战

（1）复杂性和多样性

不同地区的河湖生态系统受到不同程度的破坏,复苏策略和措施需要因地制宜。河湖复苏涉及多个学科领域,需要跨学科的综合研究和合作。

（2）资金和技术限制

河湖生态环境复苏需要大量的投入,涉及技术创新、工程建设和管理等多个方面。缺乏足够的资金和先进的技术是制约复苏工作的重要因素。

（3）生态修复周期长

河湖生态系统的修复需要较长的时间,特别是在恢复生物多样性和生态平衡方面,需要耐心和持久的努力才能取得显著的成果。

（4）全球气候变化

气候变化对河湖生态环境产生直接和间接影响,可能加剧一些问题,如干旱、洪涝等,增加了复苏工作的复杂性。

3 河湖生态环境复苏的基本原理与理论框架

3.1 生态系统恢复理论概述

生态系统恢复是指通过一系列策略和措施,重建、修复或改善受到干扰或破坏的生态系统,使其重新恢复其功能和结构的过程。生态系统恢复理论依据生态学原理,认为生态系统是一个复杂的互动网络,各种生物和非生物要素相互作用、相互依赖,形成一个自给自足的生态平衡系统。生态系统恢复的关键原理如下：

（1）自然过程

依靠自然过程是生态系统恢复的核心原则。通过模拟和促进自然过程,让生态系统自然地恢复和重建,从而保证生态系统的稳定和持久性。

（2）多样性

生物多样性是生态系统的重要特征,具有保持生态系统稳定性和适应性的作用。在生态系统恢复中,多样性的存在和发展有助于增加生态系统的抗干扰能力。

（3）原生态环境重建

在生态系统恢复中,应尽量还原和重建原生态环境,包括恢复湿地、还原河流河道、修复岸线等,以恢复生态系统的自然功能。

3.2 河湖生态环境复苏的基本原理与科学依据

河湖生态环境复苏的基本原理与科学依据建立在生态系统恢复理论的基础上,针对河湖生态系统的特点具体分析如下:

（1）生物多样性恢复

河湖生态系统的稳定性和健康状况与其生物多样性密切相关,复苏河湖生态环境的基本原理之一是恢复和保护水生生物的多样性[6]。通过保护和重建湿地、栖息地,加强对特有物种的保护,促进濒危物种的繁育和放流,以及限制外来物种的侵入,有助于提高生物多样性水平。

（2）水质改善与污染治理

河湖水质的改善是生态环境复苏的重要基础[7]。科学的水质改善策略和污染治理措施包括建设污水处理厂、推广农业面源污染防控技术、减少工业排放等,有助于恢复水体的自净能力,促进水质的逐渐提高。

（3）湿地保护与恢复

湿地是河湖生态系统的重要组成部分,对于水质净化、生物栖息地提供和洪水调蓄有着重要的功能,湿地的保护和恢复是复苏河湖生态环境的关键措施之一[8]。通过湿地保护区的建设、湿地的修复与重建,能够有效提升湿地的生态功能。

（4）水资源管理与节水策略

科学合理的水资源管理和节水策略对于保障河湖生态系统的水量和水质至关重要[9]。合理规划水资源的利用和分配,制定水资源保护措施,实施节水措施,有助于保持水体的流动和供水能力。

4 河湖生态环境复苏的关键途径与策略

4.1 水质改善与污染治理策略

（1）建设污水处理设施

加大对城市和工业排污口的监管力度,推动建设现代化污水处理设施,确保废水经过处理后达标排放,减少对河湖水质的直接影响。

（2）农业面源污染防控

推广农田、养殖业等农业面源污染的防控技术，如农田防渗、农药、化肥的合理使用，减少农业对水体的污染。

（3）工业减排与清洁生产

鼓励企业采用清洁生产技术，减少工业废水和废气的产生，推动工业减排，降低对水环境的影响。

（4）水体治理与生态修复

通过河湖水体的治理和生态修复，恢复水体的自净能力，提高水体水质，如利用湿地过滤和植物净化等生态修复方法。

4.2 湿地保护与恢复策略

（1）设立湿地保护区

划定湿地保护区，严格控制湿地的开发和利用，保护湿地的原生态状态，确保湿地生态系统的完整性。

（2）湿地修复与重建

对已经退化的湿地进行修复和重建，通过采用人工修复和自然恢复相结合的方式，提升湿地的生态功能。

（3）生态修复措施

采取湿地生态修复措施，如植被恢复、引水补湿、物种保护等，增加湿地的生态稳定性和生物多样性。

4.3 生物多样性保护与栖息地重建策略

（1）物种保护与引种

加强对濒危物种的保护工作，采取必要的引种措施，帮助恢复和增加生物多样性。

（2）栖息地保护与改善

保护重要的生物栖息地，重建和改善栖息地条件，为野生动植物提供适宜的生存环境。

（3）生物监测与研究

建立完善的生物监测体系，对河湖生态系统中的动植物进行持续的监测和研究，掌握物种分布和数量变化情况，为保护措施的制定和调整提供科学依据。

4.4　水资源管理与节水策略

（1）合理规划和分配水资源

制定科学合理的水资源规划和分配方案,确保水资源的可持续利用。

（2）推广节水技术和意识

加强节水技术的推广应用,提高公众节水意识,减少不必要的水浪费。

（3）水体水质保护

加强对水体的保护,防止污染和过度开采,保持水体的生态完整性。

4.5　城市化进程中的河湖生态保护策略

（1）合理规划城市发展

在城市化规划中充分考虑河湖生态保护,确保城市发展与生态保护的协调发展。

（2）河湖岸线绿化

加强河湖岸线的绿化和景观规划,提高岸线生态功能,保护河湖的生态环境。

（3）城市雨水管理

推广城市雨水收集与利用技术,减轻城市排水压力,改善河湖水质。

通过综合运用上述关键途径与策略,可以有效推动河湖生态环境复苏工作,实现河湖生态系统的健康恢复与保护,为可持续发展创造更好的生态环境。

5　河湖生态环境复苏的技术创新与应用

5.1　先进技术在水质改善与污染治理中的应用

（1）高级氧化技术

如臭氧氧化、紫外光解、高级氧化过程等,可有效降解有机物和重金属等污染物,提高废水处理效率和水质改善效果。

（2）纳米技术

纳米颗粒的特殊性质使其在水污染治理中有广泛应用,包括纳米吸附剂、纳米催化剂等,可高效去除水体中的污染物。

（3）生物技术

利用特定的微生物和酶类来降解有机物和去除污染物,如生物滤池、生物膜反应器等,为生态友好型的水污染治理提供了一种新途径。

5.2 新技术在湿地保护与生态修复中的应用

（1）人工湿地技术

通过人工构建湿地来模拟天然湿地的功能，对水质进行净化和生物栖息地的恢复，使其成为一个重要的生态系统。

（2）湿地植被修复

采用湿地植被修复技术，选择适宜的湿地植物，促进湿地植被的恢复和重建，提高湿地的生态功能。

（3）湿地水位调控

合理调控湿地水位，使湿地保持适宜的湿润状态，维持湿地生态系统的平衡和稳定。

5.3 生态修复中的生物技术与植被恢复应用

（1）生物修复技术

利用植物和微生物等生物修复剂来修复污染土壤和水体，加速污染物的降解和转化，促进生态系统的修复。

（2）生态植被修复

选择适宜的植物物种，进行生态植被修复，提高植被覆盖率，防止土壤侵蚀和水体污染。

（3）植物搭建

通过人工搭建植物掩体，创造适宜的生境条件，为河湖中的鱼类和其他生物提供栖息场所。

5.4 智能监测与数据分析在生态环境保护中的作用

（1）智能监测技术

利用传感器、遥感技术和无人机等智能监测设备，实时监测河湖水质、水位、水流等参数，快速获取生态环境数据。

（2）大数据分析

利用大数据分析技术，对大量生态环境数据进行处理和分析，揭示生态系统的演变规律和生态问题，为决策提供科学依据。

（3）环境模拟与预测

通过环境模型和预测系统，模拟河湖生态系统的运行状态，预测可能的变化和影响,帮助做出合理的生态环境保护和复苏方案。

上述技术创新和应用途径能够显著提升河湖生态环境复苏工作的效率和效果。结合先进技术与科学的数据分析,对生态环境保护与修复工作具有指导作用,进而实现河湖生态环境的健康复苏。

6 案例分析

6.1 国内外河湖生态环境复苏的典型案例

（1）黄河生态治理

黄河作为我国最重要的河流之一,长期以来受到严重的生态环境问题困扰,如水量减少、水质恶化、湿地退化等。为了实现黄河生态环境的复苏和保护,相关部门采取了一系列措施,包括水资源调度和分配机制、水质改善、湿地保护与修复、生物多样性保护等。这些措施使黄河生态环境复苏工作取得了一些显著的成果,生态环境得到了一定程度的改善。

（2）太湖生态治理

太湖是我国东部地区最大的淡水湖泊之一,长期以来受到严重的富营养化和蓝藻水华问题困扰。为了实现太湖生态环境的复苏,相关部门采取了一系列措施,包括设立太湖保护区、严格控制农业和工业污染排放、推进污水处理厂的建设等。通过多年的努力,太湖水质得到了明显改善,蓝藻水华现象减少,湖泊生态逐渐恢复。

（3）美国芝加哥河流生态修复

芝加哥曾是美国污染最严重的城市之一,芝加哥河流遭受了严重的污染和破坏。随着环保意识的增强,相关部门和社会组织共同推动了芝加哥河流生态修复工程。该工程包括修复河道,清理污染物,恢复湿地和植被等,使得芝加哥河逐渐恢复了生态平衡,水质明显改善,吸引了大量的野生动植物回归。

6.2 案例启示与借鉴

（1）科学决策与技术创新

科学决策和技术创新起到了关键作用。相关部门应制定科学合理的政策和措施,鼓励技术创新和应用,为生态环境复苏提供有力支持。

（2）生态系统恢复与自然过程模拟

生态系统的恢复应依靠自然过程,注重生态系统的自我修复能力。采取自然修复和生态恢复方法,比人工工程更有长远效益。

(3)经验借鉴与分享交流

国内外成功案例的经验值得借鉴和学习。应加强河湖生态环境保护经验的分享和交流,共同应对全球性的生态环境挑战。

(4)持续监测与管理

生态环境保护和复苏是一个长期的过程,需要持续不断地监测和管理。应建立完善的监测体系,及时掌握生态环境变化,调整策略和措施。

7 未来发展趋势与建议

7.1 未来河湖生态环境复苏的发展趋势

(1)绿色科技应用

绿色科技在河湖生态环境复苏中作用将越来越重要。先进的环保技术和智能监测设备将被广泛应用,为生态环境保护提供更准确、高效的解决方案。

(2)区域协同治理

河湖生态环境复苏需要区域协同治理,通过跨地区的合作与共享,推动更大范围的生态系统恢复与保护,形成区域协调发展格局。

(3)生态修复与自然恢复

未来的复苏工作将更加注重生态修复与自然恢复相结合。倡导采用自然手段修复河湖生态,尊重和模拟自然过程,增强生态系统的稳定性和抗干扰能力。

7.2 提高河湖生态环境复苏效率的建议

河湖生态环境复苏是一项长期而复杂的任务,以下措施能够提高河湖生态环境复苏的效率和质量,实现河湖生态系统的健康复苏和可持续发展。

(1)制定综合性规划

制定科学、合理的河湖生态环境复苏规划,明确工作目标和措施,确保各项工作协调有序进行。

(2)强化监测与评估

建立健全河湖生态环境监测体系,及时掌握生态环境状况,开展综合评估,为调整和优化工作提供科学依据。

(3)加大投入力度

增加对河湖生态环境复苏工程的投入,提供足够的资金和技术支持,确保复苏工作的持续推进和取得实效。

（4）推动产业结构优化

积极推动产业结构的优化升级，减少对河湖的污染和压力，实现生态环境保护与经济发展的良性循环。

8　结语

河湖生态环境复苏是一项复杂的工程，需要相关部门、企业、公众和科研机构等各方共同参与和合作，实现河湖生态环境的全面复苏。科学决策和技术创新是推动河湖生态环境复苏的关键，应制定科学合理的政策和措施，鼓励技术创新和应用，为生态环境保护提供有力支持。河湖生态环境复苏是一个长期的过程，需要持续监测和管理，应加强监测体系的建设，及时掌握生态环境变化，调整策略和措施，确保复苏工作的顺利进行。在未来的发展中，应不断总结经验，借鉴成功案例，加强国际合作，共同致力于保护和恢复河湖生态环境。

参考文献

［1］张芸.复苏河湖生态环境实施路径探讨——以白洋淀为例［J］.海河水利，2023（1）：17-19＋24.

［2］白露，杨恒.流域水生态环境保护现状及对策分析［J］.海河水利，2023（5）：19-21＋33.

［3］水利建设擘画国家"江河战略"科学治理赋能生态环境复苏——专访中国工程院院士、福建省人民政府顾问胡春宏［J］.发展研究，2022，39（9）：1-6.

［4］朱党生，张建永，王晓红，等.关于河湖生态环境复苏的思考和对策［J］.中国水利，2022（7）：32-35.

［5］潘安君.践行"十六字"治水思路 复苏北京河湖生态环境［J］.水利发展研究，2022，22（6）：6-8.

［6］牛铜钢，郝硕，闻丞.城市大型蓝绿空间生物多样性恢复——以北京南苑森林湿地公园为例［J］.中国城市林业，2022，20（3）：69-74.

［7］孟华.太湖流域水质改善的政策影响因素分析［J］.福建农林大学学报（哲学社会科学版），2019，22（2）：60-68.

［8］朱秀迪，成波，李红清，等.水利工程河湖湿地生态保护修复技术研究进展［J］.水利水电快报，2022，43（7）：8-14.

［9］吕彩霞，马超.从严从细管好水资源 推动新阶段水利高质量发展——访水利部水资源管理司司长杨得瑞［J］.中国水利，2022（24）：10-12.

豫东地区引黄梯级水库群优化调度技术研究与应用

杨昆鹏　张　琦

河南黄河河务局开封黄河河务局

摘　要： 选取豫东商丘地区等 7 级梯级水库群典型引水流量过程、典型用水过程，通过 SEGA 现代智能算法，构建了水库群运行关系和优化调度模型。针对有限来流条件下水库蓄水兴利功能仍存在较大提升空间的情况，构建了水库群运行关系和优化调度模型，最终得到不同来水、用水情景下的 7 种优化调度方案，提高了黄河有限水资源的利用效率。该方案还根据前 4 级阶梯水库多年来水库泥沙淤积情况，通过构建数据模型得出前四级阶梯水库最优清淤工程量，指导地方政府进行水库清淤，大大节省地方清淤投资。结果显示该方案可以有效提升水库群的水资源利用程度，并极大促进了水库群联合运行的智慧管理水平。

关键词： 渠首闸；供水保障技术；纵横协商机制；优化调度

1　三义寨灌区引水保障问题分析

1.1　三义寨引黄渠首闸引水现状分析

三义寨引黄渠首闸始建于 1958 年，位于兰考县三义寨乡夹河滩村东头，相应大堤桩号：130＋000。该闸为开敞式水闸。四孔卷扬式平板闸门，Ⅰ级水工建筑物。该闸于 1974 年和 1990 年两次进行改建，改建后设计流量为 141m³/s，设计防洪水位 77.70m。2012 年经国家发改委批复，在老闸后 300m 处重建新闸，新闸为七孔涵洞式水闸，Ⅰ级水工建筑物。单孔净宽 4.2m，闸室长 12m，涵洞长 80m，平板钢闸门，卷扬式启闭机启闭，闸顶高程 76.76m，闸底板高程 67.56m，设计引水水位 69.96m，最高引水水位 75.09m，最低引水水位 69.56m，设计流量 141m³/s，设计防洪水位 76.70m，校核防洪水位 77.70m，设计农业灌溉面积 326 万亩，主要为商丘、开封 2 市 3 区 8 县的工农业用水和城市生活用水提供供水服务，是豫东地区唯一的引黄口门。三义寨闸基本情况见表 1。

表 1		三义寨闸基本情况	
水闸所在地	兰考县三义寨乡夹河滩村	岸别/大堤公里桩号	右岸 130＋000
原闸竣工时间		改建时间	2012 年 10 月
原闸竣工决算		改建决算/万元	5489.5078
水闸孔数	7	孔口尺寸/(高×宽,m×m)	3.87×4.2
水闸类型	平面钢闸门	启闭方式	卷扬式
闸门类型	涵洞式	闸前引渠长度/m	1500
设计引水流量/(m³/s)	141	闸底板高程/m	67.56
设计引水水位/m	69.96	取水用途	农业、非农
取水许可证水量/万 m³	27429	实际灌溉面积/万亩	204
设计灌溉面积/万亩	326	测流方式	传统流速仪法

受黄河河道水位影响,三义寨渠首引水能力下降,根据 2020 年、2021 年渠首引水数据分析,年内主要取水时段集中在丰水期 6 月、7 月,随着黄河中游调水调沙和汛期到来,该时段日平均引水流量可以达到 20m³/s 以上。相应地在其他时段,由于引水闸前水位下落,灌区引水困难,两年间 1 月、2 月、11 月、12 月期间日引水流量仅为 5m³/s 左右,且引水时长不能得到保证。而在其他的月份中,引水能力不能得到保证,受到当年气候和上游来水影响,波动极大,在 10～20m³/s。

根据灌区资料统计,2020 年渠首总引水量为 2.92 亿 m³,2021 年渠首总引水量为 2.19 亿 m³。2020 年、2021 年三义寨渠首引水量见图 1。

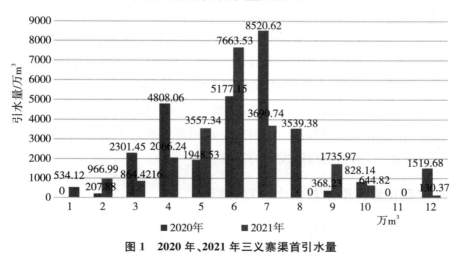

图 1　2020 年、2021 年三义寨渠首引水量

1.2　商丘灌区梯级水库运行现状

三义寨灌区是 1958 年兴建的大型灌区。1992 年 9 月,经河南省政府批准,重新规

划设计了新三义寨引黄灌区。灌区由兰考灌区和商丘灌区组成。商丘灌区包括6县2区,设计灌溉面积247.5万亩。灌区现有总干渠1条,下分供水中线干渠和供水南线干渠。灌区建有沉砂(渠)池2处,中型调蓄水库7座,分别为任庄、林七、吴屯、郑阁、马楼、石庄、王安庄水库,总库容3.34亿m³,设计库容1.68亿m³、兴利库容1.6亿m³。7座梯级水库的前4级由商丘市引黄灌区管理处管理,后3级由各县(区)进行属地管理。对水库进行经除险加固、整修、清淤等措施后,七级水库特性见表2。

表2 加固后梯级水库特性表

项目		任庄	林七	吴屯	郑阁	马楼	石庄	王安庄
特征水位	校核水位/m	65.69	65.51	62.93	60.98	56.79	55.74	52.81
	设计水位/m	65.31	65.00	62.58	60.48	56.20	55.11	52.16
	正常蓄水位/m	65.00	64.00	62.00	59.50	55.00	54.00	52.00
	死水位/m	61.50	61.70	60.20	56.85	51.50	51.00	48.00
	防洪限制水位/m	65.00	63.50	62.00	59.50	55.00	53.00	50.00
正常蓄水位水库面积/km²		24.40	17.70	12.80	10.00	12.00	34.50	21.90
水库容积	总库容/万 m³	5136.00	3038.00	2985.00	2955.00	2569.00	6348.00	5699.00
	兴利库容/万 m³	3400.00	1365.00	1850.00	1200.00	1100.00	1950.00	3770.00
	死库容/万 m³	40.00	221.00	310.00	10.00	30.00	10.00	17.00
校核洪水时下泄流量/(m³/s)		297.20	348.00	408.00	484.60	885.70	1256.00	865.20
设计洪水时控制流量/(m³/s)		258.10	296.00	348.00	398.70	740.60	1012.00	692.70

上述梯级水库建成后,起到了部分蓄水调节的作用,但是随着黄河来水变化,渠首引水能力降低,地区发展也带来区域生活、生产用水增加,引入商丘市的黄河水量减少,不能够满足灌区各县(区)用水需要,只能优先保障城市生活供水。水库群中后3级水库常年没有水源补充,加之沿线群众围垦侵占,水路不通。如何运行管理梯级水库以提高水资源利用率的问题日趋重要,目前以引多少水用多少水的调度方式管理,水库的调节潜力亟待进一步提升,以适应地区发展的需求。

1.3 三义寨商丘灌区引水与供水过程分析

商丘灌区包括中线干渠和南线干渠,中线干渠连接7座梯级水库,肩负着沿线农业生产和城区供用水的任务。

结合工程运行实际情况,任庄、林七水库主要进行农业生产供水,吴屯、郑阁水库担负着生产用水和城镇用水。由于无稳定水源,马楼、石庄、王安庄3级水库未实施蓄水运行。渠首引水和各级水库总供水情况见图2。从图2可知,灌区中干渠沿线供水量较大,年总引水量和年总用水量基本持平,水库蓄水量基本当年用完,水库运行不存在多年调节情况。从年内用水过程来看(图 3),水库供水与灌区引水趋势基本一致,水库供水集中在 4 月、6 月、8 月,相应月份灌区渠首引水增加,因此水库群未体现出明显的蓄水调节功能。同时,在黄河非丰水期引水难度增加条件下,1—5 月引水压力较大,与供水高峰形成矛盾,丰水期 7 月、8 月黄河水量没有得到较好利用。从这一角度来看,通过水库群联合调度优化提升水资源利用是有必要和潜力的。

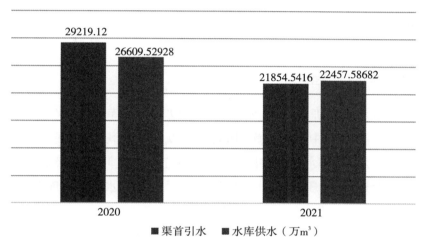

图 2　2020 年、2021 年商丘灌区年引水—供水对比

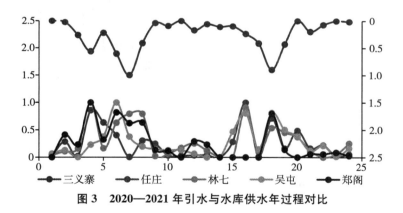

图 3　2020—2021 年引水与水库供水年过程对比

1.4　灌区淤积情况分析

从 2002 年 7 月开始对黄河进行调水调沙,至今已经 20 次。调水调沙使黄河下游主河槽全线冲刷,河道过流能力明显提高,保证了黄河安澜。但是,调水调沙使得黄河主河槽下切,同等流量下,水位下降,灌区引水能力下降,黄河小流量(小于 200m³/s)的情况下,灌区面临无水可引的境况;下游河道床沙粗化明显,D_{50}(泥沙中值粒径)已较过去增大 1 倍以上,水流挟沙能力明显降低,干渠极易淤积。

三义寨商丘灌区在多年运行中,一方面受到渠首引水下降的影响,另一方面水库自身运行管理中存在提升空间,目前各级水库均存在较大程度的淤积现象。根据记录数据,郑阁以上水库(含郑阁)当前常年蓄水库容为 5000 万 m³,远远低于设计的兴利库容。后续运行,水库淤积问题将带来更大的不利影响,因此在提高供水保障的同时,量化泥沙淤积,采取必要经济的清淤措施,并通过一定的运行调度减少泥沙的淤积是当前灌区亟待解决的问题。

2 梯级水库运行调度模型

2.1 构建水库群运行模型

因为水库供水为模型研究目标,所以模型中以构建水库流量、兴利库容关系为主,水库群水位关系见图 4,其中任庄水库、林七水库以农业灌溉为主,吴屯水库、郑阁水库兼具灌溉和城镇用水,马楼水库、石庄水库和王安庄水库实际蓄水极少,概化水库群模型为 4 个水库联合运行,任庄、林七水库虚拟为水库 1,吴屯水库为水库 2,郑阁水库为水库 3,马楼、石庄和王安庄水库为水库 4。水库群流量控制方程为:

$$V_i^t = V_i^{t-1} + Q_{i-1}^t - Q_i^t - S_i^t$$

$$H_i^t = H_i(V_i^t) \quad (H_{i死水位} \leqslant H_i^t \leqslant H_{i正常蓄水位})$$

$$Q_i^t \leqslant Q_i(H_i^t) \quad (i \in (1,2,3,4), t \in (1,2,3,4,5,6,7,8,9,10,11,12))$$

式中,V_i^t 依次为在 t 时刻水库 1、水库 2、水库 3、水库 4 的库容,t 时刻为 12 个月中指定月份;Q_i^t 为水库 i 在 t 时刻的下泄流量,Q_0^t 为 t 时刻的三义寨渠首引水流量;S_i^t 为水库 i 在 t 时刻的供水量;$H_i( )$ 为水库 i 的库容——水位关系;$Q_i( )$ 为水库 i 的设计下泄流量关系。

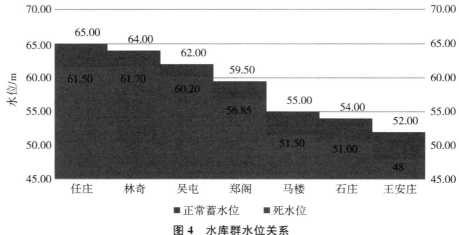

图 4 水库群水位关系

2.2 梯级水库群调度优化技术

水库是水资源系统中存储和重新分配自然水资源的重要工程措施,通常在经济、社会、生态和环境等方面产生多重好处,包括防洪、供水、航运、供水、缓解干旱和河道淤积等。目前,多目标调度运行是全世界许多大型水库运行的基本原则。然而这些目标通常是矛盾的,一个目标的实现通常以其他目标受损为代价。对梯级水库群,多目标权衡更为复杂,需从系统视角,统筹兼顾流域上下游,对水资源进行时间上重分配(蓄丰补枯),以追求流域调度综合效益最大化。梯级水库群优化调度可分为单目标优化调度和多目标优化调度,是多维度、多约束的复杂问题。其数学模型包含 3 部分:①目标函数。有引水目标(梯级引水量和引水保证率等)、安全运行目标、生态目标(生态缺水量、生态保证率等)等。②约束条件。有水量平衡约束、水位约束、下泄流量约束、淤积约束等。③模型求解算法。有 GA、PSO、NSGA-Ⅱ、MOGA 等。此外,水资源开发与生态环境的关系一直是社会各界的关注点,如何协调两者的关系是水库枢纽可持续发展的关键问题之一。本项目主要包括梯级水库群优化调度数学模型构建方法、模型求解方法、决策方法和河道河道淤积确定方法。

3 三义寨灌区梯级水库优化计算与分析

3.1 灌区引水保障运行配置原则

考虑引水运行调度和纽带关系影响下的水库间的制约性、协同性等特征的差异,流域水资源协调配置情景方案指导原则包含供水功能最大化、水资源刚性约束、河道淤积成本最小化等。

(1)供水功能最大化

供水功能最大化是灌区水库的基本目标,在考虑供水区域内不同的蓄水主体量化的基础上,寻求最大可能的水库群蓄水量和单位时段内供水保证率目标,以此为标准确定可行的运行方案模式。这种模式可以解决在时间、总量均有限的黄河引水条件下的供水问题,提升水资源利用效率,解决竞争性的水资源分配问题。

(2)水资源刚性约束

水资源刚性约束的配置模式,是以水资源供给可能性进行社会生产力的安排布局,强调水资源合理开发利用,以资源供应能力为背景布置产业结构。这种配置情景,有利于保护水资源,但是区域经济社会的发展与水资源供应密切相关,尤其是经济的发展必然反馈影响水资源开发利用水平。因此,这种情景模式在分析水资源供给能力时与区域经济社会发展相分离,无法实现资源高效开发利用与经济社会发展的动态协调,并会影响到区域经济的充分发展。

3.2 水资源协调配置情景

依据上述指导原则,梯级调度技术情景设置如下:

3.2.1 梯级调度技术情景设置

在梯级调度关键技术中,共设置3种调度方案,分别为现状优化调度方案、引水受限优化调度方案和供水需求发展优化调度方案。具体情景如下:

（1）现状优化调度方案

该调度方案设置现状功能最大化情景 E1（最大供水,最大供水效率）。

（2）引水受限优化调度方案

为进一步探究供水与引水能力的关系,本文基于不同等级的引水能力来设置多种黄河引流量情景。按照同比放大法对三义寨灌区流域年内月份进行划分,丰水期为6—10月,当由于水沙变化改变引水能力时,分别按＋10％、−10％引水条件设置情景 E2、3。

（3）供水需求发展优化调度方案

以现状优化调度作为参照情景,假定区域发展导致供水需求增加,对典型年供水量进行等比例放大,调整比例＋10％、＋20％设置优化情景 E4、E5、E6、E7。E7 为灌区运行最不利状态（表3）。

3.2.2 优化调度结果及分析

（1）优化调度情景解空间分析

基于梯级水库群调度模型,本文选取典型引水流量过程、典型用水过程,构建情景 E1,以月为时间步长,年为调度周期,通过 SEGA 现代智能算法,得到不同情景下的解空间情况（图5）。通过对空间的 Pareto 解分布可以看到,不同情景下,Pareto 解集的趋势具有一致性,说明目标函数之间的相互影响是具有竞争性的,随着边界约束的恶劣程度,最优解的位置有着较大起伏,尤其在 E7 情景下,最优解位置位于可能解的起始端,优化提升空间较少。在引水流量保证程度较高的情景,调度模型均能找到凸点区域附近的较好优化方案,如 E1、E2、E4 情景下。当用水量增加,目标函数竞争性增强,空间分布发生较为明显的变形,解的均匀性变差,相应的最优解位置离凸点区域较远,如情景 E5、E6、E7。综合来看,梯级水库群优化调度模型可以有效提升水库水资源利用水平,但提升程度依赖于引水量保障和区域用水量,当灌区引水和用水存在较大矛盾时,模型优化可行解将受到较大影响。

表3　优化情景设置

（万 m³）

情景	情景参数	设置/%	月份											
			11	12	1	2	3	4	5	6	7	8	9	10
E1	渠首引流量	100	0	195	2160	4513	1829	4860	7999	3323	346	777	0	1427
	典型用水量	100	445	837	1226	5424	1767	5596	2892	2936	1003	888	490	1043
E2	渠首引流量	110	0	215	2376	4965	2012	5346	8798	3655	380	855	0	1569
	典型用水量	100	445	837	1226	5424	1767	5596	2892	2936	1003	888	490	1043
E3	渠首引流量	90	0	176	1944	4062	1646	4374	7199	2990	311	700	0	1284
	典型用水量	100	445	837	1226	5424	1767	5596	2892	2936	1003	888	490	1043
E4	渠首引流量	110	0	215	2376	4965	2012	5346	8798	3655	380	855	0	1569
	典型用水量	110	489	921	1348	5966	1944	6156	3182	3229	1103	976	539	1147
E5	渠首引流量	90	0	176	1944	4062	1646	4374	7199	2990	311	700	0	1284
	典型用水量	110	489	921	1348	5966	1944	6156	3182	3229	1103	976	539	1147
E6	渠首引流量	110	0	215	2376	4965	2012	5346	8798	3655	380	855	0	1569
	典型用水量	120	534	1005	1471	6508	2120	6715	3471	3523	1203	1065	588	1251
E7	渠首引流量	90	0	176	1944	4062	1646	4374	7199	2990	311	700	0	1284
	典型用水量	120	534	1005	1471	6508	2120	6715	3471	3523	1203	1065	588	1251

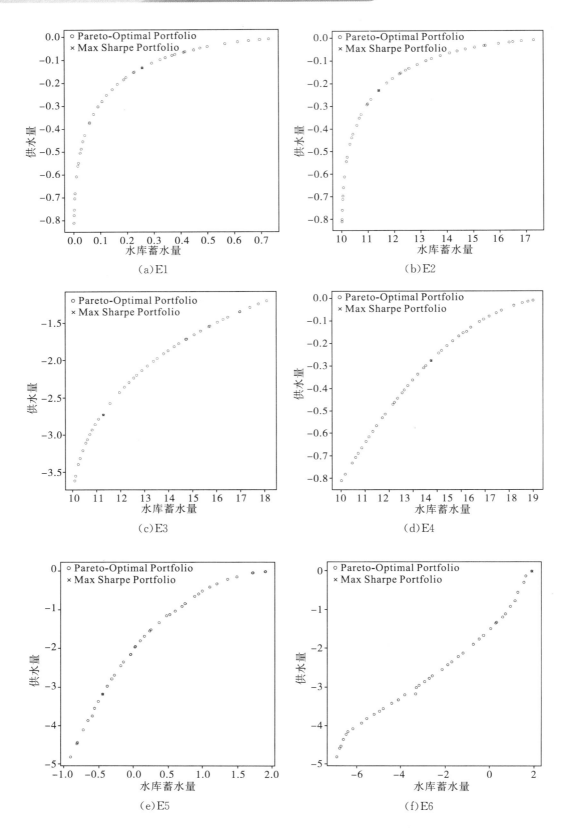

（a）E1

（b）E2

（c）E3

（d）E4

（e）E5

（f）E6

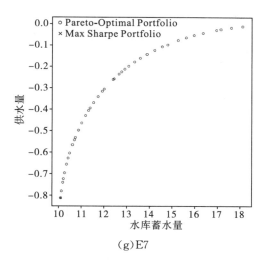

（g）E7

图 5　不同情景解空间分布

（2）不同情景下的优化调度结果

模型将各级水库不同时间的下泄流量作为优化变量，选取不同情境下解空间中最优解作为优化调度方案。结果见表 4 至表 10。

表 4　　　　　　　　　　　　　　　　情景 E1 优化调度结果

水库	1月	2月	3月	4月	5月	6月	7月	8月	9月	10月	11月	12月
水库 1	186	363	427	3324	839	2019	1169	1705	515	305	230	504
水库 2	87	175	628	1367	692	2390	1162	766	346	454	195	303
水库 3	174	304	174	736	238	1188	562	468	143	130	66	239
水库 4	1	1	1	1	1	1	1	1	1	1	1	1

表 5　　　　　　　　　　　　　　　　情景 E2 优化调度结果

水库	1月	2月	3月	4月	5月	6月	7月	8月	9月	10月	11月	12月
水库 1	185	365	430	3327	844	2021	1174	1706	514	304	238	504
水库 2	95	182	627	1372	698	2391	1165	774	352	454	202	312
水库 3	173	304	177	739	247	1198	567	470	151	136	67	243
水库 4	1	1	1	1	1	1	1	1	1	1	1	1

表 6　　　　　　　　　　　　　　　　情景 E3 优化调度结果

水库	1月	2月	3月	4月	5月	6月	7月	8月	9月	10月	11月	12月
水库 1	184	358	420	3315	834	2013	1164	1699	508	299	224	498
水库 2	81	164	626	1364	681	2379	1157	756	336	444	187	300

水库	1月	2月	3月	4月	5月	6月	7月	8月	9月	10月	11月	12月
水库3	168	295	164	730	237	1183	560	462	136	122	56	233
水库4	1	1	1	1	1	1	1	1	1	1	1	1

表 7　　　　　　　　　　　　　　　情景 E4 优化调度结果

水库	1月	2月	3月	4月	5月	6月	7月	8月	9月	10月	11月	12月
水库1	212	398	472	3658	926	2229	1292	1880	570	334	262	212
水库2	97	195	697	1505	761	2635	1280	846	384	510	214	97
水库3	199	339	194	809	271	1315	620	514	164	145	75	199
水库4	1	1	1	1	1	1	1	1	1	1	1	1

表 8　　　　　　　　　　　　　　　情景 E5 优化调度结果

水库	1月	2月	3月	4月	5月	6月	7月	8月	9月	10月	11月	12月
水库1	167	333	387	2997	757	1825	1057	1534	464	278	208	453
水库2	85	164	566	1238	623	2158	1055	689	319	416	175	280
水库3	157	281	162	667	222	1072	506	428	135	119	59	215
水库4	1	1	1	1	1	1	1	1	1	1	1	1

表 9　　　　　　　　　　　　　　　情景 E6 优化调度结果

水库	1月	2月	3月	4月	5月	6月	7月	8月	9月	10月	11月	12月
水库1	230	437	518	3990	1005	2430	1405	2047	620	370	283	607
水库2	112	218	758	1642	837	2871	1397	929	424	546	243	364
水库3	216	368	217	887	285	1429	681	569	175	164	87	294
水库4	1	1	1	1	1	1	1	1	1	1	1	1

表 10　　　　　　　　　　　　　　情景 E7 优化调度结果

水库	1月	2月	3月	4月	5月	6月	7月	8月	9月	10月	11月	12月
水库1	211	432	510	3982	999	2412	1398	2037	614	353	268	598
水库2	95	198	741	1634	821	2865	1386	914	409	534	230	352
水库3	203	358	204	875	275	1422	663	550	164	151	78	282
水库4	1	1	1	1	1	1	1	1	1	1	1	1

3.3　优化调度方案运行时水库群调度协调性分析

根据当前共识,水库群联合调度存在更大的调节空间和更灵活的运行方式,其运行提升效果往往高于单库优化,尤其是在平原水库群条件下。对前面模型优化后的运行调度方案进行相关性分析,以考察不同水库之间的互动程度,较高的协调性可以保证水库群整体功能的实现,同时也更具有多级操作运行的可行性。水库群调度协调性见图 6。

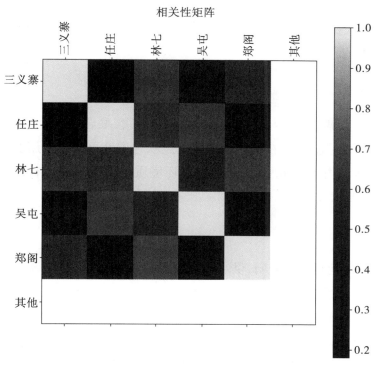

图 6   水库群调度协调性分析

经过优化提升后,不同水库运行协方差指标均达到 0.5 以上,上下游来流、泄流互动性强,上下多级水库输、蓄水量表现出明显呼应。但也可以发现,水库群运行与渠首运行控制仍然存在一定的不同步性。这与优化调度模型没有包含引水渠首调度内容有关,灌区渠首和水库群的联合调度可以作为下一步的优化研究方向。

4   成果效益

本项目通过对三义寨灌区引黄渠首闸及灌区内任庄、林七、吴屯、郑阁、马楼、石庄、王安庄等 7 座的水量调度模式进行研究,在枯水期通过建设闸前船式泵站进行引水;在丰水期通过旬协商机制和 7 级阶梯水库群水量调度,缓解了灌区水资源紧缺的状况,提高了灌区的灌溉保证率,为实现全省粮食增产目标、保障国家粮食安全提供了基本支撑,社会效益、生态效益和经济效益显著。

4.1 社会效益

本项目通过对引黄闸、7级阶梯水库进行调度模型研究，保障了商丘市居民生活和灌区农作物用水需求。通过对七级阶梯水库构建水量调度和水库沉沙淤积数据模型，得出了最优水库清淤工程量，可指导地方政府对水库进行清淤。商丘市有关领导及商丘市引黄处相关人员多次到三义寨闸管处驻地表示感谢和慰问，取得了很好的社会效益。

4.2 生态效益

移动泵站、三义寨引黄闸与7级阶梯水库联合调度、联合运用后，可以在枯水期为商丘市相关河道提供生态基流，在黄河丰水期通过联合调度可以多引用黄河水，对湿地动植物正常生长、区域内地下水平衡、周边空气环境质量提升起到了有益作用，对枯水期河流健康具有重要意义。

4.3 经济效益

2018—2023年运行情况表明，供水产业发展在满足沿黄用水需求、有力支持区域经济社会发展、赢得广泛社会赞誉的同时，水费收入增长有效地抵冲了内部工程不足对经济发展的影响，已经成为管理单位弥补事业经费不足的主要渠道，为保障开封治黄事业发展、维护职工权益、促进队伍和谐稳定发挥了强大的支撑作用。

在枯水期无法通过自流引水时，三义寨闸浮船式泵站从2020年2月至2023年6月投入使用以来，累计引水1.94亿 m^3，水费收入约2331.12万元；丰水期通过引黄闸、7级阶梯水库群联合调度，2020年2月至2023年6月比同期多引黄河水5253.58万 m^3，水费收入约630.42万元，保障了兰考县、商丘市两地的用水需求和供水安全，为两地的经济发展作出了贡献，取得了很好的社会效益和经济效益。

参考文献

[1] 李自明，曹惠提.黄河下游渠村引黄涵闸引水能力变化分析[J].水电能源科学，2019,37(12):62-65+44.

[2] 魏淑卿，邵艳枫，王海滨，等.建设三义寨抗旱应急泵站的必要性及可行性[J].河南水利与南水北调，2019,48(9):21-23.

[3] 刘社教，蔡捷，张宏图，等.多沙河流引水渠渠首闸引水能力改善方法初探[J].人民黄河，2019,41(9):168-172.

[4] 赵妍.基于历史视角下的新三义寨引黄灌溉供水工程[J].河南水利与南水北

调,2020,49(10):85-86.

[5] 蔡蓉蓉,张罗号,张红武.李保如泥沙起动流速公式修正研究[J].水利学报,2019,50(5):547-554.

[6] 李林林,张根广.弯道岸坡上粗细泥沙统一起动流速公式[J].水动力学研究与进展(A辑)[J].2017,32(3):380-388.

[7] 刘欣,刘远征.小浪底水库调水调沙以来黄河下游游荡河段河床演变研究[J].泥沙研究,2019,44(5):56-60.

[8] 郑钊.黄河下游河道水沙输移特性与冲淤规律研究[D].北京:中国水利水电科学研究院,2019.

[9] 于洋.明渠弯道水流泥沙运动的三维数值模拟研究[D].大连:大连理工大学,2018.

[10] 周建银.弯曲河道水流结构及河道演变模拟方法的改进和应用[D].北京:清华大学,2015.

[11] 李东阳,赵秀凤.河南黄河涵闸引水能力变化成因及对策分析[J].河南水利与南水北调,2015(16):75-76.

[12] 纪昌明,俞洪杰.考虑后效性影响的梯级水库短期优化调度耦合模型研究[J].水利学报,2018(11):1346-1356.

[13] 霍建伟,李永胜.数字孪生技术在引调水工程运行管理中的应用[J].小水电,2021(5):15-17.

[14] 李继伟.梯级水库群多目标优化调度与决策方法研究[D].北京:华北电力大学,2014.

[15] 张宝军,由国栋,王惠敏,等.小开河引黄灌区沉沙池生态修复的实践与评价[J].湖北农业科学,2021,60(S2):156-159＋317.

[16] 丁殿滨,庞启航,邱晨.滨州市小开河引黄灌区引水能力降低原因及对策探讨[J].海河水利,2021(6):13-16.

[17] 景明,樊玉苗,王军涛.黄河流域大型灌区"十四五"节水潜力分析[J].中国水利,2022(13):27-29.

[18] 周研来.梯级水库群联合优化调度运行方式研究[D].武汉:武汉大学,2014.

[19] 赵志华,吴文勇,王佳盛,等.引黄灌渠泥沙迁移特性[J].灌溉排水学报,2019,38(10):63-71.

关于开封黄河水文化建设的思考

孟雅雅　贾　凡

开封黄河河务局第一黄河河务局

摘　要：历史上开封是一座因水而兴、因河而衰的城市，开封黄河水文化底蕴深厚、资源丰富、遗产众多，做好开封黄河水文化建设意义重大，影响深远。通过阐述开封水文化的丰富内蕴及当前在水文化建设方面的有益探索，进而提出水文化建设的凡点思考，旨在进一步发挥开封的区位优势，更好地推动开封黄河水文化建设工作，让黄河水文化在新时代的开封熠熠生辉。

关键词：黄河文化；水文化建设；弘扬路径

2019 年 9 月 18 日，习近平总书记在黄河流域生态保护和高质量发展座谈会上发出"让黄河成为造福人民的幸福河"的伟大号召，黄河流域生态保护和高质量发展是习近平总书记亲自擘画的重大国家战略。党的二十大报告提出，"推动黄河流域生态保护和高质量发展""传承中华优秀传统文化，不断提升国家文化软实力和中华文化影响力"。2023 年 5 月 25 日，水利部召开水文化工作推进会，深入学习贯彻习近平总书记关于水文化的系列重要论述精神，将水文化建设摆上重要议事日程，要求高位推动、系统谋划，研究出台一系列制度文件，深化水文化研究，开展水利遗产调查、保护，大力宣传推广水文化，推进水文化建设不断取得新进展、新成效。开封素有"北方水城"之称，是首批国家历史文化名城，历史上开封是一座因水而兴、因河而衰的城市，因此我们要从国家高度、历史的深度阐释开封黄河水文化，积极推动黄河水文化的建设工作，深挖黄河水文化内涵，不断提升黄河工程文化品位，完善治黄文化与工程融合示范点等重点基础设施建设，讲好黄河故事，坚定文化自信，努力把黄河建设成为岸绿景美的生态河、岁岁安澜的平安河、传承历史的文脉河、造福人民的幸福河。

1　开封黄河文化的丰富内蕴

"开封城，城摞城，地下埋有几座城"，这句民间谚语道出了开封城下丰富的文化遗产，同时也凸显了开封城与黄河的关系。开封城市的兴衰与黄河的喜怒哀乐密不可分。

黄河对开封的气候调节、农业生产、经济文化发展、人口增长等,有着不可磨灭的贡献。黄河之水带来了如《清明上河图》中描绘的北宋盛世繁华。同时,黄河的历次水患也给开封带来了深重的灾难,从城内近年发掘的明代御龙湾建筑遗址、明代周藩永宁王府遗址等,均可以窥见当年战争与水患带来的悲惨景象。故而,深入研究黄河开封段的历史渊源、文化内涵及发展脉络,大力实施黄河水文化保护传承弘扬工程,对今天开封城市的腾飞和黄河流域高质量发展具有重大价值和影响。

1.1 得天独厚的黄河文化景观

开封段黄河大堤沿线分布着十多处与黄河历史有密切关系的文化景观。这里既有大禹治水遗迹"兰考簸箕营"、于谦治黄功绩的于谦亭、林则徐治黄功绩的林公堤,又有祭祀黄帝的大王庙遗址、仓颉墓、仓颉碑、造字台文化遗址、柳园古渡口、冯玉祥治黄工程纪念碑、镇河铁犀、铜瓦厢决口遗址、祭祀天皇伏羲的天爷庙、白云山赤松子、黄石公、张良墓等文化遗址。一处处散落的历史文化遗迹,无不彰显着开封独具特色的黄河水文化。

1.2 丰富多样的黄河治理文化

战国时期,魏惠王迁都大梁后,他引黄河水入圃田泽、开凿鸿沟、引圃田水入淮河,这就是历史上著名的沟通黄河和淮河两大河流的鸿沟水系。鸿沟水系极大地改善了农田灌溉和漕运交通条件。隋代开凿大运河以通漕运,唐代通济渠段称之为汴河。北宋时期,开封的水运能力达到了顶峰,汴河、惠民河、五丈河和金水河从城内穿过,沟渠、池沼密布,俨然一座北方水城。此时河患频发,这也使得政府在水利建设事业方面投入加大,呈现出工程多、规模大、技术提升、方案趋于完善等特点。明朝河南巡抚于谦铸造镇河铁犀,表达了沿黄人民想要根治水患、祈求黄河安澜的强烈愿望,也是开封人民不屈不挠与洪水抗争的历史见证。清朝,林则徐独创性地绘制全河形势图,并以此作为修筑堤防的依据。1928 年,驻防河南开封的国民革命军第二集团军总司令冯玉祥将军在柳园口创建吸水机站,此举是黄河机灌之始,开辟了引黄河水灌溉农田的先例。1946 年,周恩来总理到开封就"黄河归故道"问题进行谈判。新中国成立后的 1952 年 10 月,毛主席第一次出京视察就来到了黄河并亲临开封兰考东坝头发出"要把黄河的事情办好"的伟大号召。在中国共产党的领导下,黄河治理从被动转变为主动,先后建设了黑岗口引黄闸、柳园口引黄闸,采用"以黄治黄"的放淤固堤措施,增强了堤防抗洪能力。在一代代黄河人的接续努力下,黄河实现了从"三年两决口,百年一改道"到安澜的 70 余载,从曾经的贻害千里到造福八方的幸福河的华丽转变。历代治黄思想和实践也在不断更新、进步,形成了丰富多样的治河文化。

1.3 百折不挠的黄河精神品格

历次黄河水患使开封从战国时代到清代 2000 多年间的 6 座古城池深深淤埋于地面之下，形成了独具特色的"城摞城"奇观。开封"城摞城"奇观是中华儿女长期与黄河泛滥灾害作斗争的产物，是世界上独一无二的文化现象，它见证了中华民族非凡的创造力和顽强的生命力，象征着中华民族百折不挠的精神和生生不息的活力。开封城在屡建屡毁的过程中，在与黄河水的耳鬓厮磨中，成就了自己自强不息、百折不挠的精神品格。

2 开封黄河水文化保护传承弘扬方面的探索

近年来，开封深挖"八朝古都"的丰富历史文化资源，立足于开封宋都文化、焦裕禄精神发源地等文化资源优势和黑岗口、柳园口、东坝头的区位优势，推动打造开封黄河文化核心展示区、开封水生态文明建设先行区、开封黄河流域大都市区和文旅融合高质量发展示范区。全面启动引领性项目，高质量实施"一带、一馆、一城、一中心、一讲述地"项目载体，在建设好黄河生态廊道示范带、黄河悬河城摞城展示馆、宋都古城保护与修缮、国际黄河文化交流中心、中国共产党治黄故事讲述地的同时，高标准推进柳园口黄河水利风景区、国际研学基地等项目，探索出了一条融合历史文化的黄河流域生态保护和高质量发展新路径。

开封市根据自身文化资源，确定了"三区一基地"的定位，高起点规划了发展思路；开封市委、市政府确定突出"北美"生态功能的战略布局，高标准打造沿黄生态廊道示范带、黑岗口险工黄河工程与文化示范点、黄河颂文化广场、林则徐治河文化广场、镇河铁犀广场等一大批"文化＋生态＋旅游"项目建设，用绿廊串起一个个散落的历史文化遗迹珍珠，尽显"黄河明珠、八朝古都"开封的文化内蕴。

黄河文化建设是一项系统工程，非一朝一夕之事。开封黄河文化资源丰富，要推进黄河文化遗产的系统保护。守好老祖宗留给我们的宝贵遗产任重而道远，为此，我们必须探索出一条行之有效的开封黄河水文化保护、传承和弘扬的新路径，讲好"黄河故事"，延续历史文脉，坚定文化自信，为实现中华民族伟大复兴的中国梦凝聚精神力量。

3 开封黄河水文化建设的路径

开封黄河水文化资源丰厚独特，水利遗产保护扎实有效，文旅产业蓬勃发展，区位交通优势明显。开封在当前历史机遇下，必须紧紧抓住这次难得的历史机遇，充分发挥区位优势，高站位、高起点谋划，高标准、高质量推进，打造独特的黄河水文化地标，讲好黄河故事，让开封黄河水文化建设走在前、做表率。

3.1 做好顶层设计，完善黄河水文化保护体系

开封黄河水文化保护、传承和弘扬的首要任务就是做好顶层设计，完善开封黄河水文化保护体系。首先，要成立黄河水文化保护传承弘扬工作小组，统一负责全市的黄河水文化保护、传承和弘扬工作；其次认真梳理开封市黄河水文化的历史脉络和文化价值，开展深入细致的盘点工作，根据开封黄河水文化的具体特征、结合不同历史时期和发展阶段对黄河水文化资源进行全面盘点，及时对新挖掘的黄河水文化资源整理归档；最后，积极构建开封黄河水文化信息化平台，利用大数据、信息化手段对黄河水文化进行分类管理，并根据当前保护、传承和弘扬现状对黄河水文化资源进行分级，确定当前工作的重点。同时开通黄河水文化展示线上平台和黄河水文化保护传承弘扬建议信箱，在展示开封黄河水文化成就的同时征集各方建议，收集民间遗留的黄河水文化资源，真正实现黄河水文化"走出去与请进来"相结合，不断提升黄河水文化影响力。

3.2 提升工程品质，实现工程建设与黄河水文化有机融合

黄河流域地区的生态建设和经济发展都离不开黄河水文化的支撑，要充分利用好黄河水文化的积极内涵。同时，黄河流域生态建设和经济发展又为新时代黄河水文化内容的丰富、发展奠定了物质动力和实践基础。要将工程建设和文化元素有机融合，打造融合自然景观和文化内涵的黄河防洪工程，积极与地方有关单位做好对接沟通，谋划迎战 2021 年黄河秋汛抗洪抢险胜利纪念文化广场、开封黑岗口黄河决口遗址文化公园、柳园口水利风景区提升改造、开柳铁路文化广场、防灾减灾救灾宣传教育培训中心等系列黄河文化展示项目，进一步提高宣传弘扬黄河文化的覆盖面。确立以开封第一河务局传承黄河历史文化，开封第二河务局展示黄河滩区绿色发展文化，兰考河务局弘扬人民治黄红色文化，制定好引黄涵闸水文化整体差异化的发展路径，把柳园口国家级水利风景区纳入开封市沿黄生态廊道建设总体规划，高起点谋划，高标准推进，真正发挥黑岗口、柳园口、东坝头"三点一线"生态文化旅游线拉动作用，推动文化、旅游、生态、民生建设融合发展，把生态效益更好地转化为社会效益、经济效益，真正实现"让黄河成为造福人民的幸福河"的伟大目标。

3.3 紧密围绕"三结合"，打造"三线一体"黄河生态廊道

在沿黄生态廊道建设中融入新理念，与历史文化遗迹传承保护相结合，充分挖掘林公堤、于谦治河、仓颉造字、毛主席视察黄河纪念碑、镇河铁犀、黄河古渡口、老口门、三义寨老涵闸等沿黄各类历史文化遗迹，通过遗迹修复保护、打造景点（景区）、提升改造附近村庄配套等形式，为沿黄生态廊道建设注入新元素。与近堤村庄治理相结合，对接属地

政府,加大近堤村庄治理力度,通过滩区迁建、建筑立面整治、绿植遮挡、上堤路口绿化美化等措施,提升生态廊道整体性和协调性。与黄河防洪工程及管理设施相结合,防洪工程既是生态廊道建设的载体,又是生态廊道的安全屏障,努力打造集防洪保障线、生态景观线、文化展示线于一体的开封黄河生态廊道。

3.4 推进黄河水文化窗口建设,讲好新时代黄河故事

讲好黄河故事,仍需守正创新、深入挖掘,着力策划一大批"文化＋生态＋教育"培训基地,进一步拓宽水文化宣传教育渠道,丰富传播形式,传播中华治水智慧、治水经验,提升中国水文化的影响力,让黄河水文化"活"起来,全面展示开封沿黄区域独有的历史记忆与人文内涵,把沿黄地区打造成开封的城市后花园与精神栖息地;要进一步发掘历代治河名家和民众在同黄河水患抗争中所积累的成功经验,根据新时期文化建设要求,提炼黄河水文化精髓,进一步挖掘水利遗址的现代价值,通过讲好"黄河故事",凝聚人们敬畏黄河、建设幸福河的共识,提高人们爱护黄河、治理黄河的行动自觉;统筹利用好开封黑岗口党员教育基地、柳园口水利风景区、林则徐治河文化广场、焦裕禄纪念园、东坝头黄河湾等教育基地,开展形式多样、内容丰富的主题党日活动、黄河故事宣讲、中小学爱国主义教育、大学生德育教育等活动,讲好新时代黄河故事,传承黄河精神与历史文脉,凝聚社会能量,向社会大众展示黄河文化的丰富内蕴;将林则徐治河文化广场拓展为焦裕禄干部学院的现场教学点,谋划微党课。党课内容涵盖人民治黄以来取得的成就、堤防变迁、2021年迎战新中国成立以来最严重的黄河秋汛等内容,让黄河水文化的力量显现出来,黄河水文化故事走出去,进一步增强中华民族的文化自信;要以弘扬黄河文化为抓手,当好弘扬黄河文化使者,讲好黄河故事、擦亮黄河名片、坚定文化自信为目标,着力培养一批高素质青年黄河文化宣讲团,进一步凝聚青年的黄河文化共识,培养青年干部"团结、务实、开拓、拼搏、奉献"的黄河精神和品格,将黄河青年力量融入黄河流域生态保护和高质量发展事业蓝图。

3.5 加强沿黄城市协作,提升黄河水文化影响力

开封黄河黑岗口险工被河南河务局与省文化和旅游厅联合命名为首批"黄河文化千里研学之旅"实践基地。要以此为契机,联合黄河沿线省市和国内知名研学机构共同携手深入挖掘整合黄河文化研学旅行资源,加强黄河文化与研学旅行融合发展,统筹推介黄河文化和旅游资源,将黄河水文化和生态资源转化为社会公众喜闻乐见的文化产品,以首款文创产品《开封黄河堤防工程发展史展示图》为突破,精心打造更多兼具黄河水文化与开封宋文化特色的文创产品,携手共建"黄河文化千里研学之旅"精品路线,打造"行走河南·读懂中国"研学旅行黄河文化品牌;通过旅游合作、文化交流、市场管理、

客流互动等形式,共同推动黄河流域文化旅游产业向更宽领域、更深层次、更高水平发展,大力推动开封黄河文化走出去,向世界传播黄河故事,为新时代开封黄河水文化保护、传承和弘扬提供新平台、注入新动力、激发新作为。

4 结语

黄河流域生态保护和高质量发展是习近平总书记亲自擘画的重大国家战略,要进一步发挥开封的区位优势,以国家文化公园建设为契机,深入研究开封黄河水文化的历史渊源、文化内涵及发展脉络,大力实施黄河水文化保护传承弘扬工程,持续推进黄河文化遗产的系统保护,讲好黄河故事,为推动黄河流域生态保护和高质量发展聚智力、添助力、增合力,让黄河文化在新时代的开封熠熠生辉。

参考文献

[1] 习近平.共同抓好大保护 协同推进大治理 让黄河成为造福人民的幸福河[N].人民日报,2019-09-20(1).

[2] 段蕾.黄河文化旅游与开封"三区一基地"建设深度融合的打开方式[J].智库时代,2020(10):134-135.

[3] 夏远望.让黄河文化在新时代熠熠生辉[N].河南日报,2019-10.

[4] 蔡之兵.协同合作推动黄河流域高质量发展[N].河南日报,2019-09-25(34).

水利工程建设 EPC 模式下计价的实践及思考

吴　月　余智囊　王永雷

淮河水利委员会治淮工程建设管理局

摘　要：以工程总承包（EPC）模式在水利工程建设实践中存在的问题与争议为切入点，通过分析招标清单范围工作界面、设计优化、工程款结算等计价方面的实例，分别提出解决问题和争议的建议，为完善工程总承包模式计价机制提供帮助，以推动水利工程建设管理发展与进步。

关键词：水利工程；工程总承包；招标清单；设计优化

工程总承包模式于 20 世纪 60 年代起源于美国的石油化工行业，起初该模式仅在石油化工行业进行运用。与建筑行业的 DBB 传统模式（"设计—招标—施工"模式）相比，工程总承包模式有利于促进设计、采购、施工深度融合，具有有效降低工程成本、缩短工期、优化资源配置等优点，因此逐渐在各个国家、各个行业得到运用。目前，该模式已成为国际主流的项目组织实施模式。

在建筑领域，工程总承包的基本出发点就是借鉴工业生产组织的经验，实现建设生产过程的组织集成，以克服由于设计与施工分离致使投资增加，以及由于设计和施工的不协调而影响建设进度等弊病。但其主要意义并不在于总价包干和"交钥匙"，其核心是通过设计与施工过程的组织集成，促进设计与施工的精密结合，以达到为项目增值的目的。

近年来，工程总承包模式在水利行业不断试行，蓬勃发展，对推动水利工程建设发展起到了良好的促进作用，已成为水利工程建设项目实施模式之一。水利工程项目多为基础性项目，具有显著公益性。政府投资是水利建设项目的主要资金来源，然而当前水利行业的工程总承包规章制度较少，机制尚不完善，因此在试点、推行过程中也存在诸多问题，其中与工程投资、造价、结算相关的问题与矛盾最为突出，亟须解决。本文以某水利工程总承包项目实践为实例，针对实践中存在的问题，提出解决招标控制价设置、工程价款结算、设计优化、节约资金分配等问题的建议。

1 工程总承包模式政策背景分析

2003 年,建设部发布《关于培育发展工程总承包和工程项目管理企业的指导意见》(建市〔2003〕30 号),明确了推行工程总承包的重要性和必要性以及工程总承包的基本概念和主要方式。2014 年,住建部发布《关于推进建筑业发展和改革的若干意见》(建市〔2014〕92 号),提出"鼓励有实力的工程设计和施工企业开展工程总承包业务""推动建立适合工程总承包发展的招标投标和工程建设管理机制"[1]。

2016 年后,工程总承包进入了全面推行阶段,中共中央、国务院、国家发改委、住建部等不断出台文件,大力倡导推广工程总承包模式。2016 年,中共中央、国务院发布《关于进一步加强城市规划建设管理工作的若干意见》,指出"深化建设项目组织实施方式改革,推广工程总承包制"[2];住建部发布《关于进一步推进工程总承包发展的若干意见》(建市〔2016〕93 号),提出"大力推进工程总承包,完善工程总承包管理制度,提升企业工程总承包能力和水平,加强推进工程总承包发展的组织和实施"[3]等 4 个方面的 20 条意见。2017 年,国务院办公厅颁布《国务院办公厅关于促进建筑业持续健康发展的意见》(国办发〔2017〕19 号),提出"加快推行工程总承包",重点强调"装配式建筑原则上应采用工程总承包模式",要求"政府投资工程应完善建设管理模式,带头推行工程总承包"[4]。随后,《建设项目工程总承包管理规范》(GB/T 50358—2017)、《房屋建筑和市政基础设施项目工程总承包管理办法》(建市规〔2019〕12 号)、《建设项目工程总承包合同(示范文本)》(GF-2020-0216)相继出台,不断推进工程总承包模式在建筑领域的运用与发展。

在水利行业,工程总承包模式的起步与全面试点相对较晚。2014 年,水利部发布《水利部关于深化水利改革的指导意见》(水规计〔2014〕48 号)。2018 年,水利部制定的《2018 年水利建设与管理工作要点》,要求创新建设管理模式,因地制宜推行水利工程代建制、项目管理总承包、设计施工总承包等模式[5]。随后各省(自治区)水利主管部门在水利工程建设中不断进行工程总承包模式的试点。但目前全国层面的、专门的有关水利工程总承包的行业规定尚未出台,部分省级水行政主管部门(安徽、山东等)以指导意见等方式发布了相关政策文件,虽然具有很明显的探索性,但对工程总承包模式在实践中的推广,直接指导意义不够显著,诸多工程总承包模式探索实践中的问题日益显著,日益尖锐。

2 工程总承包实践中的问题分析与思考

2.1 如何选择工程总承包招标阶段？如何界定招标范围工作界面，是否提供详细招标清单？如何确定招标控制价？

水利行业工程总承包招标阶段可以从可行性研究、初步设计或初步设计审批后开始，当前一般从初步设计阶段或初步设计批复后开始。不同的招标阶段对如何界定招标范围工作界面，是否提供招标清单，如何确定招标控制价具有重大影响。本文仅对初步设计阶段和初步设计批复后阶段采用工程总承包模式的问题进行分析。

（1）在初步设计阶段实行总承包

水利工程项目已由发展改革部门审批或核准可行性研究报告和投资估算，但受设计深度影响，此时仅有对工程规模、标准等方面的方案性设计，投资估算所采用的估价指标或定额标准综合性较高。提供招标工作清单的目的就是为了较为准确界定招标范围工作界面，但在初步设计阶段进行工程总承包招标，是不满足编制相对详细的招标清单和准确的招标控制价的条件，因此招标控制价只能从投资估算的角度，采取下浮百分比的方式确定；招标范围工作界面的界定必定也是模糊的、粗糙的。这将对工程实施阶段的计量、价款结算造成极大的困扰。

在初步设计阶段实行总承包其优点是：总承包方在前期阶段已参与工作，参与度更深，有利于方案的优化设计，从源头上节约投资，并能加速设计和施工的融合，减少设计变更；其缺点是：政府财政投资风险大、项目法人投资控制难度大。因此，工程建设规模小、内容简单、技术成熟的项目，可在初步设计阶段实行工程总承包，同时要加深可行性研究设计深度，力求确定主要设计内容、设计参数，减少较大的设计方案变动，并采取模拟清单计价方式对确定的设计内容进行投资控制。对于工程建设规模大、内容复杂、技术难度大、投资控制困难的项目，建议减少在初步设计阶段实行总承包。若招标阶段采用费率计价，建议在合同中约定施工图设计完成后编制施工图预算，以审核通过的施工图预算乘以下浮费率作为合同金额。

（2）在初步设计审批后实行总承包

水利工程项目已由水行政主管部门审批初步设计报告、概算、图纸，已具备一定的设计深度，可实行总承包。水利工程设计概（估）算编制规定中，初步设计概算项目划分至第三级。水利行业传统的平行发包模式亦是在这一阶段编制招标清单、招标控制价，此时实行总承包模式具备编制招标清单和招标控制价的条件。

当前，尚未制定全国性的专门的工程总承包计价规则。现行《建设项目工程总承包合同（示范文本）》（GF-2020-0216）中（以下简称《合同示范文本》）通用合同条款 1.1.1.7

条"项目清单:是指发包人提供的载明工程总承包项目勘察费(如果有)、设计费、建筑安装工程费、设备购置费、暂估价、暂列金额和双方约定的其他费用的名称和相应数量等内容的项目明细"[6]。对于这一条款的理解主要存在两方面争议:一方认为初步设计已经批准,招标范围、工作界面清晰,即初步设计文件可以界定招标范围工作界面,无需编制详细招标清单。若采用初步设计文件编制的详细招标清单工程量与施工图工程量可能相差较大,将对工程结算造成困扰。因此该方支持不编制详细招标清单,招标控制价为建筑工程、安装工程、临时工程以及独立费用中应由总承包方计取施工图设计、管理费等费用之和或下浮一定比例。另一方认为初步设计文件设计深度仍然不够,初步设计阶段采用相关指标与施工图阶段仍存在较大出入,需编制详细的招标清单界定招标范围工作界面,并按详细招标清单编制招标控制价。

笔者认为,应编制详细招标清单界定招标范围工作界面,并按详细招标清单编制招标控制价。初步设计阶段设计深度以及采用相关指标与施工图阶段的确存在较大差距,导致初步工程量与施工图阶段工程量存在差异,这是无法回避的。通过编制详细招标清单,一方面校核概算,深化初步设计文件,界定了招标范围工作界面、确定了招标控制价,既有利于建设单位投资控制,也有利于总承包单位成本控制;另一方面,施工图设计完成后,暴露出来的招标阶段与施工图设计工程量差异,包含了设计优化、设计深度加深等多方面原因造成的量差,其中界定设计优化节约工程量、工程投资是工程总承包模式的一个关键,也是调动总承包方积极性的关键。通过界定设计优化,既有利于总承包方获得优化的利润,也便于投资方合规的支付价款,控制工程投资。

2.2 总承包模式下总价合同是否调价? 如何界定设计优化,其节约的投资如何分享?

1)《合同示范文本》合同协议书中"合同价格形式为总价合同,除根据合同约定的在工程实施过程中需进行增减的款项外,合同价格不予调整,但合同当事人另有约定的除外。"[6]采用总价合同并不意味着总价包死,而是一种可调总价合同,与传统平行发包模式下的总价合同相同,其中对发包人原因(如发包人提出的设计变更)、承包人的合理化建议、法律变化、市场价格波动、不可抗力、不可预见等原因造成的投资变化,可以按有关规定以及通用合同条款、专用条款的约定调整工程价款。

2)对于设计优化的界定当前尚无相关规定,其争议十分突出。总承包方认为设计优化内容融合在整个施工图设计过程中,施工图设计相对招标清单或初步设计所节约的工程投资均为设计优化所产生的成果。项目法人、投资方则认为不同设计阶段设计深度不同,所采用的设计指标也不同。例如,初步设计或招标设计阶段相较施工图阶段的工程量存在一定的放大系数,且勘测深度不同对设计文件的编制也存在较大影响,因此造成两阶段工程量差异、工程投资变化的原因较多,总承包方设计优化只是其中因素之一，设计阶段变化、设计深度加深等也是原因。

设计优化的界定争议越来越突出，已逐渐成为制约总承包模式在水利行业施行的因素之一，建议学界对此项内容做深入调查研究，制定界定依据、办法，有关主管部门要尽快出台配套政策。笔者认为，深化施工图审查，编制施工图预算，增设设计优化专题审查，是解决设计优化界定争议可行的途径和办法之一。

施工图设计文件满足规范规程标准要求，达到相应设计深度，保证与初设设计的一致性、各专业之间的匹配性、工程或建筑物的安全性，符合"发包人要求"等条件是总承包方"定性"履约的一个部分。在合同总价范围内，完成通过审查的设计文件对应的工作内容，是总承包方"定量"履约的一个部分。因此在合同总价的界限内编制、审查施工图预算成为总承包方控制投资、合同履约必不可少的工作环节。通过深化施工图设计，编制施工图预算进一步明晰招标清单工作界面，使得在工作内容、合同履约方面没有任何争议。在此基础上，重点复核对比招标（或初步设计）与施工图两阶段量价差异，深入分析对比各阶段设计文件，编制设计优化专章界定设计优化，并确定其节约的量与价。

3）对于设计优化节约的工程投资如何分配，争议更为突出。主要分为 3 种观点：其一为设计优化不调整合同总价，总承包方获得设计优化节约的全部投资；其二为设计优化调整合同总价，总承包方设计优化节约的投资缴回项目法人或投资方，项目法人或投资方按照有关约定或标准给予相应的奖励；其三为设计优化调整合同总价，总承包方与项目法人或投资方按合同事先约定的条款，共同分享设计优化节约的投资。

第一种观点的支持者多为总承包方，主要站在企业发展，计取利润的角度，对于总承包这一模式的核心意义存在重大误解或刻意回避。需要特别指出的是：总承包模式主要意义并不在于总价包干和"交钥匙"，核心是项目增值，而项目增值与否，是以投资方的角度进行衡量。因此，从总承包模式的核心意义出发，设计优化带来的投资节约首先应由投资方计取，以作为项目增值的一部分，其余部分由总承包方作为设计优化工作成果享有。

第二种观点的支持者多为政府主管部门或政府委托的项目法人或投资方，主要是依据《政府投资条例》规定中的"政府投资项目建成后，应当按照国家有关规定进行竣工验收，并在竣工验收合格后及时办理竣工财务决算。政府投资项目结余的财政资金，应当按照国家有关规定缴回国库"[7]。设计优化是工程总承包合同的重要内容，也是总承包模式的一个重要特征优势。第二种观点对设计优化的理解存在方向性错误，误将设计优化作为合同外内容，将设计优化投资节约视为工程结余。

笔者支持第三种观点，该观点简言之为"增值共享"，是一种多赢的方式，既可以促进项目法人或投资方积极主动推行工程总承包模式，也可以调动总承包方设计优化的积极性，以实现增值这一核心，与总承包模式的核心意义相符，也可以较好地适应当前相关政策,如《政府投资条例》的有关规定。

2.3 总承包模式结算价应包括哪些部分,如何进行支付? 完工结算、审计复核从哪个角度开展,如何衔接?

明晰总承包模式中的几个价款的关系是本节分析的关键之一。总承包模式中存在如下几个价款:初步设计概算价、中标价、施工图预算价、结算价。以本文2.1节和2.2节所分析的结论为依据,以上价款的主要关系为:初步设计概算价＝中标价＋招标结余/超支价;中标价＝施工图预算价＋设计优化差异价＋非设计优化差异价。根据2.2节关于界定设计优化的分析结果,总承包模式应予结算价为施工图预算价、设计优化差异价×优化分享系数、承担风险应计取的部分非设计优化差异价3个部分之和,而工程审计以应予结算价为基础,从该角度开展对比、审核工作。

当前,总包模式进度款支付方式主要有以下几种:按月计量付款、里程碑付款、竣工后一次性付款或双方约定的其他方式。竣工后一次性付款一般在投资规模小、施工周期在一年以内的项目中使用。本文主要对按月计量付款和里程碑付款进行讨论分析。

1)按月计量付款是以工程质量合格为前提,实际已完工程量为基础,合同约定为依据,按双方测量签认的工程量计算价款,按月支付。该模式对工程量的控制是准确的,是一种遵循公平原则的付款方式,付款与实际完成工作量相匹配,也是传统平行发包模式常采用的进度款支付方式,存在付款程序繁杂、工程量复核工作烦琐等缺点。在总承包模式下,按月计量付款方式主要适用于招标清单详细或编制施工图预算的项目。但在实践过程中存在两方面的争议:一方认为应采用实际完成量直接计价支付进度款;另一方认为,实际完成量仅是对施工图设计或合同某项内容完成情况的复核,而非计价支付的直接依据,进度款应支付该项内容全部的合同价款或施工图预算价款,当前两种观点在实践均在应用。

2)里程碑付款也称形象进度付款,在进度计划的关键路径上设一定数量的里程碑[8],进度付款以完成里程碑事件为依据。该付款方式排除了工程量实体计量所带来的较烦琐的工作,避开了工程量计量带来的争议,在总承包项目中得到广泛的应用。该付款方式的关键在于里程碑节点的设置与支付权重比例的分配。因此,在商洽里程碑节点设置和支付权重比例分配时,项目法人与总承包方对于支付权重比例分配争议较大,洽谈过程艰难。项目法人或投资方站在控制工程投资以及利用资金手段加快工程进度,保证工程质量的角度,希望某里程碑节点尽可能粗,节点内涵盖工作内容尽可能多,而分配的支付权重尽可能少[9];总承包方从回收资金的角度,希望靠前的里程碑节点尽可能细,节点内涵盖工作内容尽可能少,并把支付权重尽可能多地分配在前期里程碑节点内。

本文主张以施工图预算价、设计优化差异价×优化分享系数、承担风险应计取的部分非设计优化差异价为结算基数，建议把按月支付和里程碑支付两者相结合。支付周期为里程碑节点，支付价款为节点内各月实际完成的工作内容价款之和。具体程序为：总承包方按照上述结算基数对应的各级预算子目或工作内容，提交各月实际完成累计的工程量或工作内容，监理方复查工程量和工作内容的真实性，项目法人重点复核各级预算子目或工作内容有无和完整性，以结算基数包含的3个部分各级子目价款为限价进行结算，对于某项工作内容合格、完整，但存在量差，超出部分不调增价款，不足部分亦不调减价款。

3 结语

工程总承包模式在水利行业起步虽晚，存在"水土不服"，问题多，争议尖锐，但该模式"项目增值"的核心，"交钥匙"的特点，是传统DBB模式不可比拟的。随着国家政策的逐步出台，总承包机制和体系的不断健全，该模式的优势将不断展现。

本文所研究的计价方面的问题争议也是制约总承包在水利行业发展的重要因素，文中主要观点和建议如下：

1）根据工程规模、特点、投资可控性、技术复杂性等因素，建议合理、慎重地选择招标阶段，主张提供详细招标清单界定招标范围工作界面，并按招标清单编制招标控制价，不需回避初步设计、施工图阶段的量价差异。

2）主张总承包模式下总价合同为可调总价合同；建议深化施工图审查，编制施工图预算，着重复核对比招标（或初步设计）与施工图两个阶段量价差异，编制设计优化专章界定设计优化；支持设计优化"增值共享"观点。

3）提出以施工图预算价、设计优化差异价×优化分享系数、承担风险应计取的部分非设计优化差异价为结算基数；建议工程审计以应予结算价为基础，从该角度开展对比、审核工作；建议把按月支付和里程碑支付两种相结合，进行总承包价款支付；支付周期为里程碑节点，支付价款为节点内各月实际完成的工作内容价款之和。

参考文献

［1］ 住房和城乡建设部. 关于推进建筑业发展和改革的若干意见（建市〔2014〕92）［Z］. 北京：住房与城乡建设部，2014-07-01.

［2］ 中共中央、国务院. 关于进一步加强城市规划建设管理工作的若干意见［Z］. 北京：住房与城乡建设部，2016-02-06.

［3］ 住房和城乡建设部. 关于进一步推进工程总承包发展的若干意见（建市〔2016〕93 号）［Z］. 北京：住房与城乡建设部，2016-05-20.

［4］国务院办公厅.国务院办公厅关于促进建筑业持续健康发展的意见(国办发〔2017〕19 号)［Z］.北京:国务院办公厅,2017-02-21.

［5］水利部.水利部关于深化水利改革的指导意见(水规计〔2014〕48 号)［Z］.北京:水利部,2014-01.

［6］住房和城乡建设部.建设项目工程总承包合同(示范文本):GF-2020-0216［Z］.北京:住房与城乡建设部,2020.

［7］国务院.政府投资条例:中华人民共和国国务院令第 712 号［Z］.北京:国务院办公厅,2019.

［8］王姗姗,顾静.国际工程总包合同进度款支付方式对比及注意事项［J］.现代经济信息,2014(10):177.

［9］如何做好国际工程项目中的里程碑付款［J］.中国招标,2012(45):22-24.

都江堰外江灌区水利工程管理范围划界确权冲突研究

姜 松

四川省都江堰水利发展中心

摘 要：早在 20 世纪 80 年代，水利部就颁布《水利水电工程管理条例》，规定了各类水利、水电工程应根据管理的需要，结合具体情况划定保护范围，之后，又相继出台了多份文件推进水利工程管理与保护范围划定工作。但随着经济社会发展，土地本身价值及附属价值不断提高，水利工程管理范围划界确权工作甚至被群众认为是"与民争地"，损害农民利益的行为，引发了不同程度的土地冲突。以都江堰外江灌区为例，通过现场调研以及统计分析，研究划界确权冲突的原因，并提出对策建议，为解决大型灌区水利工程管理范围划定土地的冲突和水利工程管理单位推进划定工作提供借鉴，促进灌区经济良性发展。

关键词：外江灌区；水利工程；管理范围；划界确权

水利工程是我国国民经济和社会发展的重要物质基础，也是水利经济的重要载体。想要水利工程持续发挥效益，不仅前期的建设需要大量的资金投入，运行使用期间还要对工程进行良性的日常维护。依法划定水利工程管理范围、明确工程管护权属，是消除工程周边不利影响、保障水利工程运行安全、加强水利工程管理的一项重要基础性工作。但就目前来看，国有水利工程管理与保护范围划定工作依然存在重视程度不够、推动力度不足、工作进展不平衡、已划定比例偏低等问题。

1 基本概况

都江堰外江灌区（以下简称"外江灌区"）是都江堰灌区的重要组成部分，地处成都平原西部，广为平原，略呈三角形，以岷江分流后沙黑总河漏沙堰为渠首。灌区内干、支、斗渠总长 1864.3km，涉及成都市的都江堰市、崇州市、邛崃市、大邑县、新津县、双流区、温江区 7 个县（市）区的部分地区，面积 1316km²，主要以农田灌溉为主，有效灌溉面积 122.99 万亩，为大型灌区，惠及人口 260 余万。外江灌区由四川省都江堰水利发展中心外江管理处直接管理，是四川省首个通过标准化、规范化省级验收的管理示范灌区，工程运行管理等在大型灌区内具有一定的代表性。都江堰外江灌溉区域见图1。

　　由于灌区水利工程的公益性质,加上工程修建年代较为久远,外江灌区在水利工程的运行管理上普遍存在着管理范围不明、边界不清的通病。当地政府、村民集体或企业等,出于自身利益考虑,一些开发项目、经营活动等行为不断侵占水利工程管理范围。此类行为的发生,不仅威胁水利工程安全,也干扰了正常的水利管理秩序,导致涉水事件矛盾纠纷频发[1]。

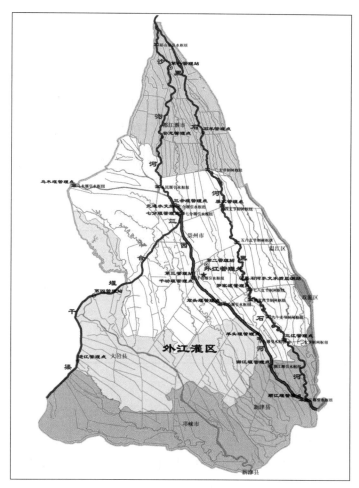

图1　都江堰外江灌溉区域

2　划定工作开展情况

　　外江灌区内需由水管单位划定管理与保护范围的水利工程有:沙沟河、黑石河、三合堰干渠、千功堰分干渠等151.917km渠(河)道;大中型枢纽15座,小型水闸工程67座,渡槽4座,分水洞165处,涉及水利工程划界确权点位众多、行政范围广、处理难度大。

2.1 1993 年确权划界

1993 年 1 月,外江管理处依据法律法规及上级工作部署,对管辖范围内水利工程的"四至边界"进行实地调查,对属于确权划界范围的 3 条干渠共长 148km(当年渠道测绘长度)、46 处水利工程及生产生活用地进行了现场勘测丈量,共涉及 3 市 2 县 39 个乡镇 694 个村民组。将所划定的工程管理和保护范围界限标注于渠道带状地形图上,按村组为单位填制地籍调查表,计算出面积,并由涉及村民组或单位核定、签字、盖章予以认可,汇总出各处工程管理范围的面积,报经工程所在地的市(县)土地管理局,审核后部分颁发了土地使用权证。

通过此次划界确权工作的集中推进,形成部分工作成果(表 1),解决了外江灌区水利工程管理范围无明显权属界线、无土地使用证的历史遗留问题。但受当时工作思路限制,对当时未能通过地方政府签字审核、双方存在争议的土地暂时搁置,致使剩余的土地确权工作错过了推进的"黄金时段",且受当时技术手段限制,未能形成相关电子资料,存在部分纸质孤本资料遗失情况。

表 1　　　　　　　　　　　1993 年确权划界工作推进情况汇总

工程名称	应划界面积/亩	划定面积/亩	划定比例/%	颁证面积/亩	颁证比例/%
三合堰干渠	2024.369 亩	2024.369 亩	100.00	2024.369 亩	100.00
沙沟河	5396.296 亩	4099.204 亩	75.96	718.596 亩	13.32
黑石河	10060.528 亩	7241.213 亩	71.98	3814.535 亩	37.92
西河各枢纽工程	882.43 亩	762.79 亩	86.44	630.462 亩	71.45
合计	18363.623 亩	14127.576 亩	76.93	7187.962 亩	39.14

2.2 2020 年管理范围划界

2020 年 10 月,依据《四川省水利工程管理条例》(2017 年修订),外江管理处以 1993 年管理范围划定结果为基础,对外江灌区内省管水利工程管理范围再次进行划定。

按照水利厅文件要求,考虑水利部门在行政区域土地权属确定方面的劣势,本次工作主要以"尊重历史、维持现状、不再新增"为原则,对水利工程管理范围界线进行划定,形成划界成果及电子桩位图纸,同时完善已确权工程管理范围电子数据,方便后期录入四川省"水利一张图"数据库,暂不进行范围内土地确权工作。在形成划界成果后,及时公示划界结果,在无争议、满足条件的地区埋设工程管理范围界桩,明确标示工程管理范围。

经过一年时间推进,最终完成了沙沟河、黑石河、三合堰干渠全线管理范围划定工作,形成划界工作电子资料,并分别在涉及的都江堰市、崇州市、大邑县、新津区人民政府网站完成了划界成果公示,完成沙沟河、黑石河、西河枢纽工程共92处实体界桩埋设(表2)。

表2 外江灌区河(渠)道管理范围界桩统计结果

河(渠)道	实体桩数量/根		电子桩数量/根	
	左岸	右岸	左岸	右岸
沙沟河	4	8	67	67
黑石河	26	24	105	105
西河枢纽工程	62	60	31	32
三合堰干渠	0	C	82	84
合计	92	92	285	288

3 冲突现状及总结

3.1 冲突现状

经过两次系统性工作推进,外江灌区水利工程管理范围界线已经全部完成划定,但范围内土地依然存在民房、工厂、田地、林地等多种类型的土地冲突。通过长达5个月的实地调查,对外江灌区151.917km河(渠)道目前存在的土地冲突类型及冲突长度进行了统计,统计结果见表3至表5。

表3 外江灌区河(渠)道管理范围侵占现状统计结果

侵占类型	沙沟河		黑石河		三合堰干渠	
	侵占长度/km	占河道总长/%	侵占长度/km	占河道总长/%	侵占长度/km	占河道总长/%
农田、林地	45.202	70.63	80.136	52.79	36.224	45.54
自建房屋	6.734	10.52	9.184	6.05	7.924	9.96
厂房	1.880	2.94	7.995	5.27	4.795	6.03
鱼塘	0.035	0.05	3.735	2.46	0.420	0.53
商业活动用地	0	0	4.660	3.07	0.530	0.67
电站及附属设施	2.673	4.18	3.650	2.40	0	0
合计	56.524	88.32	109.360	72.05	49.893	62.72

表 4　　　　　　　　外江灌区河(渠)道管理范围侵占现状分区域统计结果

侵占类型	沙沟河		黑石河		三合堰干渠	
	侵占长度/km	占河道总长/%	侵占长度/km	占河道总长/%	侵占长度/km	占河道总长/%
都江堰	45.298	86.01	39.835	74.32	/	/
崇州	11.226	99.08	56.775	72.42	20.120	63.05
新津	/	/	12.750	64.43	/	/
大邑	/	/	/	/	21.295	60.07
邛崃	/	/	/	/	8.478	69.56
合计	56.524	88.32	109.360	72.05	49.893	62.72

表 5　　　　　　　　西河引水枢纽管理范围侵占现状统计结果

工程名称	管理范围面积/m²	河道面积/m²	侵占面积/m²	占比/%
乌木堰	173223.46	113708.20	44282.17	74.40
人民堰	38261.94	22827.65	10863.07	70.38
三合堰	341835.82	221076.86	86274.41	71.44
七分堰	179415.94	135956.53	25931.64	59.67
千功堰	442789.00	365317.80	27877.94	35.98
石头堰	302037.91	223436.76	32817.93	41.75
羊头堰	380744.69	291177.45	46442.07	51.85
泗江堰	301452.32	252352.12	31937.74	65.05
顺江堰	296345.57	242738.00	7069.16	13.19

由以上统计表可知,①沙沟河都江堰及崇州市区域内侵占管理范围行为比例较高,都江堰市侵占长度最多。②黑石河各区市侵占行为占比均高于60%,崇州市侵占长度最多。③三合堰干渠各县市侵占行为占比均超过60%,处理难度较大。④根据西河各枢纽工程所在位置判断,相比于城镇区域,村组区域侵占行为更为普遍。

3.2 冲突现状总结

(1)土地冲突问题广泛

根据实地调研数据分析,沙沟河、黑石河、三合堰干渠左右岸土地冲突范围长度占比率都在60%以上,西河9座大中型枢纽工程,管理范围内土地冲突面积占可利用面积的53.75%,且其中5座大中型枢纽冲突面积占比在60%以上。可见冲突情况在都江堰市、崇州市、大邑县、邛崃市、新津区普遍存在,涉及行政区域多、范围大。

（2）冲突形式较为固定

沙沟河、黑石河、三合堰干渠最为突出的土地冲突形式为农田、林地侵占,其中沙沟河农田、林地侵占土地冲突矛盾比例高达88.32%。其次为居民自建房屋、企业厂房、商业用地及私人鱼塘侵占。虽涉及行政区域多,但冲突形式较为固定。

4 冲突原因分析

在5个月的实地调研中,研究人员对所涉及行政区域的部分水务局、社区、企业、村组及村民进行实地走访调查,根据各方对水利工程管理范围划界确权工作的意见反馈和利益诉求,结合外江灌区实际情况,分析灌区内土地冲突产生的原因。

4.1 水管单位水利工程管护水平不高

（1）水政执法力度弱

由于外江管理处为公益二类事业单位,没有独立的执法权,只能进行水政辅助执法,想要处理水事违法事件,必须与地方水务部门、综合执法部门、公安部门等进行联合执法。单独巡查时,通常对水事违法事件只能采用口头劝离、口头警告、现场录制影像资料、报警、上报上级单位等,所以在处理涉水事件时缺少执法威慑力,无法有效控制侵占管理范围行为发生,导致许多侵占行为前期无法约束,形成既定事实,给后期工程管理维护带来较多麻烦。

（2）水管单位管理人员不足,工程管护力不从心

灌区管理单位多数面临管理人员不足且职工老龄化严重等具体问题,如外江管理处某基层水利管理站,平均年龄已达48岁。在这种背景下,虽然制定有水利工程运行相关管理办法,规定了工程日常巡查频次,引进了工程巡查移动终端,但受制于人员不足、新事物接受能力不同等多方因素,制度执行效果依然不够理想。导致一些侵占行为在发生后数天才被巡查人员发现,水利工程维护也难以达到预期效果。

4.2 水管单位与驻地政府未形成沟通协作机制

省级直属水管单位根据职能职责分工,承担管辖范围内水利工程管理、水资源管理等任务,因与驻地地方政府没有行政隶属关系而没有形成良好的工作衔接。政府部门为了制定城市发展规划、推进建设项目落地、开发利用自然资源等召开的相关会议往往也不会征求水管单位意见,导致部分项目方案、土地规划范围、水土资源利用等决策与现行水法规存在部分冲突。

4.3　划界政策及水法规宣传力度不足

（1）划界确权工作政策推广不够

水利工程划界确权虽然提出较早，但水利工程管理相关宣传工作一直以来较为薄弱，导致群众对划界工作、管理范围、水管单位都不太了解，面对一项不了解的工作，而且该工作推进影响自身切实利益，很容易产生抵触情绪，给后期工作推进带来很多额外的成本。

（2）水法规宣讲工作力度不足

在日常工作中，水管单位往往较为重视节约用水、水资源管理相关宣传，而忽视法规政策宣传，较少深入基层开展水法规的宣讲，导致政策宣传工作不到位，群众普遍不了解水利工程相关法规、条例[2]。

4.4　部分土地重复发证

在1993年工程管理范围内土地确权后，受当时技术条件限制，未能形成地籍信息电子化资料，也未在多方认定管理范围界线时及时埋设界桩，水管单位也并未对土地进行规划利用，随着时间的推移，受周边村民搬迁、撤乡并镇、早期办理人员离世、文件丢失等因素影响，当地政府重新对部分土地进行了确权、颁证，部分土地存在"一地双证"的历史遗留问题[3]。

4.5　确权补偿政策未定

工程划界确权相关指导文件中，未对土地确权工作补偿政策进行明确的确定，在工作推进中，水管单位单纯地向群众解释法规和确权工作的合法性只会引发群众的反抗[4]，认为政府部门以法规条款胁迫民众放弃自己的利益，引发民众对政府及水管单位的不满，造成不良社会影响，引发更激烈的土地冲突。

4.6　各利益相关者尚未达成利益统一

水管单位希望在尽量少的开支下完成水利工程管理范围划界确权，完成工作任务，为更好地进行灌区服务打好基础。地方政府希望辖区内土地产生良好的经济价值或较高的政治成绩。用地企业希望在土地承租期内得到最大的利益。社区委员会希望在任期内给村组争取更多的利益，给自己积累一定的政治资本。村民希望土地产生支撑家庭的经济效益。在各方利益相关者只想达成自身利益，未能达到利益统一时，土地冲突问题难以解决。

5 对策建议

5.1 完善土地法律制度

完善相关法律法规,特别是涉及水利工程管理范围划定、土地确权、土地征收的相关法律法规,切实出台相应的操作细则,充分保障各方的合法权益[5],是消除矛盾冲突的根本所在。

因此,加快法律制度及完善与之相配套的管理工作体系是解决问题的关键,同时也要对历史遗留问题给出可供参考的、权威的司法解释,以作为土地确权的行为规范。

5.2 强化水利执法及技术队伍建设

(1)加强水政执法队伍建设

1)招收法律专业人才,充分调动法制宣传的专业力量,让专业人才充分发挥优势。

2)各级领导干部率先垂范,为广大干部职工做好学法的表率,积极投入水法规普法活动中去,建立良好的学法、用法、守法风气。

3)聘请专家担任普法教育的顾问,有计划、有组织地进行法律知识培训,深入学习领会水法规条款,进一步提升法制宣传工作人员的政治素质和业务水平,培养政治意识强、素质高、业务精的普法队伍。

(2)规范水政执法行为,加大执法力度

加强辅助执法队伍建设,与综合执法部门、公安部门保持联动,规范执法行为,加强水政执法行为过程监督,保障水利工程确权划界工作的顺利推进。

(3)培养划界工作业务骨干

举办不同层次的培训班,选定专人参加培训,统一确权划界人员对国家和地方法规政策的认识和理解,提高各级确权划界人员的专业素质。

5.3 建立健全沟通机制,加强合作共赢

水管单位与地方政府各有关部门虽然在管理范围上有差别,但是在工作内容上有很多类似情况,也存在很多工作交叉、合作的地方,应建立良好的沟通机制,互通有无、通力合作、相互支持,才能有效推进工作开展。

(1)建立专项工作联动机制

作为区域性水利工程管理单位,水管单位应根据自身工作职责积极参与到地方城市前期规划中,提出建议意见,助力地方发展。针对水利工程管理范围划界等区域性重

大工作建立工作联动机制,组建以工作责任主体单位负责人为组长,地方水务局、规划和自然资源局、司法局、涉及部门(乡镇)主要负责人为组员的专项工作组,为制定正确决策提供佐证信息。

(2)搭建基层参与平台

涉及基层群众利益的工作,坚持保护基层群众的知情权、监督权。维护群众利益,搭建基层参与平台,让土地确权工作在"阳光"下进行。这样既能更直接地收集群众利益诉求、争取群众支持,也能将工程管理范围划界确权工作相关知识宣传到群众中去,既提高了群众对水法的认识,又消除了认识误区,尽量在法规规定范围内谋求利益共识。

(3)争取地方主导,形成合力

水利工程管理范围划定涉及地籍测绘、土地确权工作,是涉及民生的重点工作,应争取地方主导,指定具有行政执法权的自然资源部门牵头、水管单位配合,形成行政与业务合力,共同完成灌区管理范围划定工作。

5.4 加大水法规宣传力度

深入开展内容丰富、形式多样的法制宣传教育活动,推广水法规相关知识教育,能够提高群众水资源保护和水工程意识,营造积极向上的舆论环境,降低水管单位工作开展难度。在如今"人人自媒体"的时代,宣传工作不能再一成不变地采用传单、横幅、授课等传统形式,应根据社会的需要,针对不同的受众群体,提供有创意的、有思想的、易于接受的新型宣传。比如经营单位官方抖音、微信公众号等目前日益成熟的网络媒体;与灌区各区、市、县、学校合作,长效推出"水法知识进校园"活动,简明扼要地宣传水法知识;依靠基层力量,借助"村民夜校""老年大学""社区书屋"等组织平台,扩大宣传面;根据水行政执法案件统计,分析各区域涉水事件频率及类型,针对城市、乡镇、厂区等不同区域偷挖盗采、侵占河道、私耕乱种等类型进行针对性的宣传教育内容。

5.5 选用专业测绘队伍,确保成果准确

为确保水利工程管理范围测绘数据正确,水管单位应在管理范围划界工作中委托专业测绘机构,直接负责灌区水利工程划界,绘制权属界线图,提升划定成果说服力,以过硬的专业性随时接受地方规划和自然资源局的监督,全力维护当地村民权益。

5.6 加大资金投入,保障落实到位

水利工程管理范围划定工作难点在于土地确权,资金重头戏同样也在于土地确权,若集中处理农田、林地、房屋、工厂、农家乐等土地问题,将涉及众多的土地补偿、青苗补

偿、临时安置、营运损失补偿、择地等费用,还有可能存在的失业救助,全部解决将面临巨大的资金缺口。因此,在土地确权工作开展过程中,建议采取"先易后难"的方式,将土地问题分批、分段地进行推进。这样,一方面可以为管理单位预留出资金筹措的时间,缓解了一次性投入的资金压力,另一方面也对解决重难点土地冲突留出时间。同时,积极争取省级及地方配套资金[6],建立完善的财务制度,确保资金专款专用。

5.7 创新思维,推进解决重难点冲突

管理范围土地侵占产生的土地冲突应以"尊重历史"为前提,"不再新增"为要求,"逐步退出"为目的的原则来解决。在划界工作进行时,管理范围内存在居民私人住宅时,应明确不予拆除清退,但"不得改建、不得扩建、不得原址拆除重建"。

为更好完成土地确权,避免引发土地冲突,可联合地方政府,利用行政职能,创新思维解决好重难点的土地冲突,形成共赢[7]。

(1)管理范围土地公益化

地方规划部门可会同水管单位,对水利工程管理范围土地的利用,做出适当的公益性规划,推动项目落地。通过宣传,让基层群众知晓工程划界从根本上就不是"与民争地",管理范围土地划定后依然服务于民众,这样既为推进划界工作减少了阻力,也在一定程度上保护了群众利益,提高了群众满意度。

(2)自愿迁出可享受商品房折扣

在私宅侵占管理范围所处的行政区域内,有土地开发项目时,与开发商合作,对愿意向自愿迁出管理范围的居民购房提供一定优惠折扣的开发商,给予更优待的土地政策。促使开发商承担部分社会责任,以企业利润"补助"政府土地补偿,达到政府解难题、企业得利润、居民得实惠的"三赢"局面。但实施过程中需加强监管,避免出现利益输送等腐败现象。

(3)结合都江堰千年水文化,以水利助力乡村振兴

都江堰水利工程,世界闻名,如何灵活利用好已有的"世界知名品牌",是每个在都江堰灌区内,受益于都江堰水利工程灌溉的行政单位应当要思考的。深入开发都江堰外江灌区水文化底蕴,充分利用水利工程管理范围内的土地,以水利工程的生态性、功能性、科普性以及水资源的灵性,规划出适应当地民俗的公益性项目,最大化地将水利工程管理范围内的土地功能用之于民。

(4)制定临河企业管理办法,支持小微企业发展

水利工程管理范围不是水管单位的"私人财产",对于有临河发展意愿的小微企业,应做好服务工作,积极制定临河企业管理办法,明确规章制度。例如:不得影响、改变水

利工程原有功能及行洪断面；严禁污水直排；河（渠）道边管理范围保留行车通道，严禁封闭；做好相关防汛物资储备，随时接受水管单位检查；严禁游客网鱼、钓鱼、游泳、下水嬉戏等。同时设置年终考核及一票否决机制，在可控范围内满足手续齐全的小微企业亲水发展需要。

（5）淘汰乡村落后产能

地方政府应加快推动区域产业转型升级，对于高污染、高耗能、低产出的企业加快淘汰，推进解决一批临河用地企业土地冲突问题，搭建重点工业项目落地平台，推进工业实体经济高质量发展，为先进优势产能腾挪发展空间，有效促进产业向高端化迈进。同时，针对先进产业技能需求搭建培训班，可以拓宽乡镇民众就业面，增加家庭收入渠道。

5.8 巩固水利工程划界确权成果

（1）建立健全水利工程划界确权档案

及时收集水利工程用地资料，更换相关证件，明确界限，确定权属。同时，在工作过程中，将相关文件依据、沟通函件资料、土地登记、地籍调查相关材料、土地使用证等基本资料按要求存档并电子化，以便查询使用。对土地权属的登记手续进行完善，领取土地使用证，并实施地籍数据信息化，巩固好之前水利工程确权成果。

（2）加强成果运用，避免出现后续问题

积极对接四川省"水利一张图"测绘单位，完成灌区工程划界数据审核、数据库录入，将入库成果报上级主管部门备案。进一步深化划界确权成果运用，严格工程管理范围内的建设项目审批，把水利工程划界成果函告相关地方政府，明确涉水项目建设申报、审批流程，对不符合法律法规规定、不符合管理范围管控要求的坚决不予许可。进一步明确管护责任边界，加强与地方河长办联合巡查长效管护工作机制，加强联合执法，杜绝出现未批先建等问题，严格落实水利工程运行管理各项工作制度，切实加强灌区工程管理保护范围管控，避免"死灰复燃"。

6 结语

根据现场实地调研成果，本文研究了都江堰外江灌区目前在水利工程管理范围划定工作推进过程中存在的困难，结合统计数据和实际情况进行分析。灌区水管单位在水法规宣传、人才队伍建设、地方联动机制、资金投入保障、土地冲突处理、划定成果运用等6个方面着力推进，将为合法合理地完成划定工作提供较好的助力。

参考文献

[1] 曾晓春,吴明艳.河湖及水利工程划界确权中存在的问题与对策[J].农业科技与信息,2019(17):91-92.

[2] 王茜.新时期基层水利人才队伍建设中存在的问题和对策——以凤翔县水利系统为例[J].城市建设理论研究,2014,4(28):1891-1892.

[3] 吴帆,张志芳,夏茂江.关于水利行业强监管在都江堰外江灌区的几点思考——以如何推进水利工程土地划界确权为例[J].四川水利,2019,40(6):143-146.

[4] 周德,徐建春,王莉.近15年来中国土地利用冲突研究进展与展望[J].中国土地科学,2015,29(2):21-29.

[5] 喻琳.城市化进程中农村土地冲突的类型及其治理[J].改革与开放,2014(6):13-14.

[6] 陈雪娇.长葫灌区水利工程划界确权工作探究[J].工程技术研究,2019,4(11):215-216.

[7] 孙婉晴.民族地区乡村旅游核心利益相关者博弈研究[D].塔里木:塔里木大学,2022.

陕西省"十三五"水利投资结构分析及"十四五"投资潜能研究

陆倩蕾　王锦华　刘晓燕

陕西省水利发展调查与引汉济渭工程协调中心

摘　要:陕西省对水利基础设施建设高度重视,坚持政府与市场两手发力,积极探索水利建设多元化投入的方式。分析了"十三五"期间陕西水利投资总量和结构变化,并从政府、市场和水利项目挖潜等多个角度提出了"十四五"水利投资增长的对策建议,为扎实推进水利高质量发展提供参考。

关键词:水利投资;投资结构;投资潜能

水利作为国家基础设施的重要领域,肩负着除害兴利的重大任务,同时承担着稳经济、保增长的重要使命,加快水利基础设施建设对应对经济下行压力、确保经济平稳健康运行具有重要作用[1]。"十三五"期间,陕西省以习近平新时代中国特色社会主义思想为指导,积极践行"节水优先、空间均衡、系统治理、两手发力"的治水新思路,水利投资保持持续增长态势,累计完成水利投资 1520 亿元,比"十二五"增长 44.7%。

1 "十三五"水利投资情况及结构分析

(1)水利投资规模逐年提升,增速回缓

陕西"十三五"水利年均完成投资 304 亿元,与"十二五"相比,年均投资 210 亿元的水平显著提升。"十二五"时期全省投资增速高点起步,2014 年回落,年均增长率为 16.2%;"十三五"时期年均增长率为 7.7%,较"十二五"降低 8.5%,增速趋于平缓(图 1)。

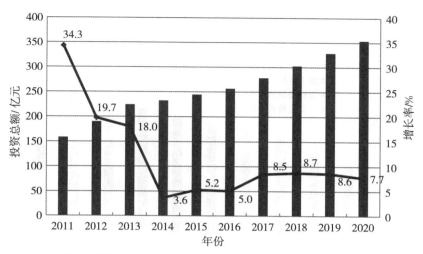

图1　2011—2020年陕西省水利年度完成投资额及增长率

（2）政府投资仍占主导，金融和社会投资比重提高

"十二五"陕西省水利投资中政府投资年均占比维持在70.3%的较高比例。"十三五"时期，陕西省积极拓宽水利投融资渠道，政府投资比重下降至60.8%，而信贷融资占比从18.1%提高至22.7%，社会投资占比从11.6%提高至16.5%；水利债券从无到有，2020年水利专项债券规模达到48.87亿元，是2019年的6.5倍。水利投资呈现渠道多元化、结构不断优化的趋势（图2）。

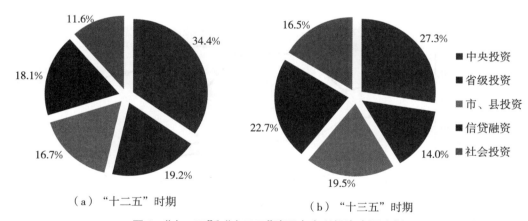

图2　"十二五"和"十三五"陕西省水利投资来源比例

（3）传统水利投资收缩，生态水利投资增速加快

农田灌溉及供水工程（包括水源工程、灌溉工程、城乡供水）历来是陕西省水利投资的重点。2011—2020年，防洪工程、水源工程、灌溉工程、城乡供水、水生态及水环境、水土保持及生态工程、水电工程、库区移民后期扶持、专项工程九大类项目投资完成比重中，灌溉及供水工程约占50%、防洪工程约占21%、水生态及水环境约占14%、水电工

程等专项约占 10%、水土保持及生态工程约占 5%（图 3）。

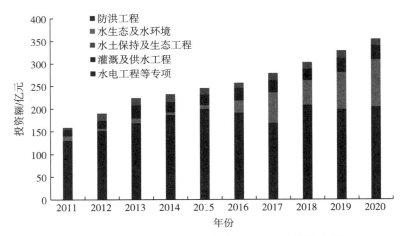

图 3　2011—2020 年陕西省各类水利项目完成投资额

"十三五"时期生态文明建设得以大力推进，生态水利建设步伐加快，项目投资比重发生了明显变化。防洪工程投资占比收缩，从 2015 年的 24.7% 持续下降到 2020 年的 11.5%。灌溉及供水工程、水电工程等专项、水土保持及生态工程"十三五"投资占比相比"十二五"均呈小幅下降。水生态及水环境建设投资完成额和投资占比呈快速增长趋势，投资完成额从 2014 年的 5.79 亿元增长至 2020 年的 103.97 亿元，年均增长率高达 61.8%，年均投资占比由"十二五"的 3.6% 增至"十三五"的 21.9%，提高 18.3%（图 4）。

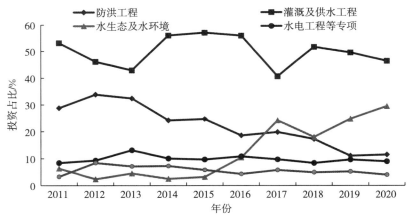

图 4　2011—2020 年陕西省各类水利项目完成投资额占比

（4）区域投资仍以关中主导，陕南投资活跃增幅最快

从地域看，关中、陕南、陕北水利建设投资占比由"十二五"末的 46.7∶19.5∶15.3 调整为"十三五"末的 45.5∶20.9∶16.0。关中地区 2016—2020 年投资持续提升，5 年累计完成投资 689 亿元，年均增长 8.8%，依然为全省投资增长发挥重要的支撑作用。陕北地区 5

年累计完成 288 亿元,年均增长 5.6%,增速低于全省 2.1%。陕南地区投资趋于活跃,5 年累计完成 317 亿元,年均增长 12.9%,增速为三大区域首位(图 5)。

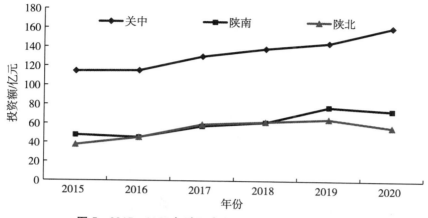

图 5　2015—2020 年陕西省不同区域水利投资完成额

西安、延安以及省属水利建设投资占比较大,分别为 18.4%、11% 和 14.9%。铜川、杨凌、韩城年均投资完成额较低,仅占全省的 1.8%,0.5%,1.3%。渭南、汉中、安康、榆林 4 市历年水利投资规模相近。西咸新区自 2017 年纳入陕西省水利建设投资计划单列后,2017—2020 年水利投资完成额和投资占比持续快速增长,累计完成投资额 60.62 亿元,年均增长达 33%,占全省投资的 4%(图 6)。

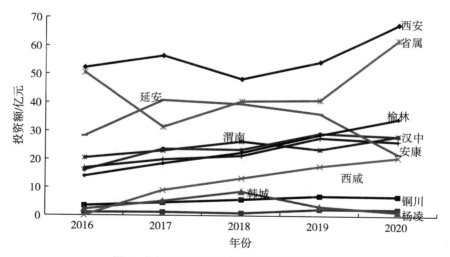

图 6　"十三五"陕西省各地市水利投资情况

2　陕西水利投资与全国、典型省份及本省基础设施行业对比分析

"十三五"时期陕西水利投资完成横向看再创历史新高,但纵向对比分析,与全国平

均水平和兄弟省份仍有相当差距。陕西选择了立足全国看陕西、对照兄弟省份比陕西、比对本省基础行业看水利 3 个层面，全方面查找不足与短板。

（1）从全国水利投资平均水平看

2011—2020 年，全国水利投资完成额稳步提升，年均增长率 14.3%，2020 年全国当年水利投资规模达 8182 亿元，是 2010 年的 3.5 倍，投资规模增长迅速[2]（图 7）。

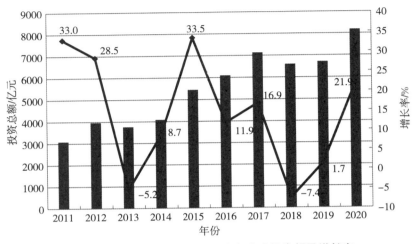

图 7 2011—2020 年全国水利当年完成投资额及增长率

"十三五"时期，全国各省平均水利累计完成投资 1120 亿元，年均增长率 9.0%。按水利部统计口径陕西省累计完成投资 1230 亿元，略高于全国平均水平，年均增长率比全国年均增长率低 1.3%（图 8）。

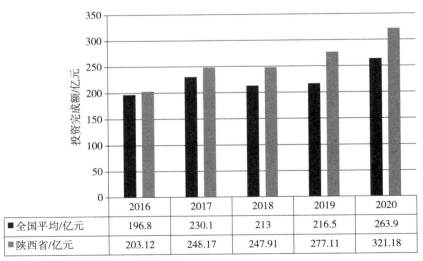

	2016	2017	2018	2019	2020
■ 全国平均/亿元	196.8	230.1	213	216.5	263.9
■ 陕西省/亿元	203.12	248.17	247.91	277.11	321.18

图 8 "十三五"全国平均各省和陕西省水利建设投资完成额

（2）从典型省份水利投资结构看

本次选择沿海发达省份浙江（2021 年全国 GDP 排名第 4 位）、增速较快的福建（排名第 9 位）、与陕西省同处全国中游的安徽（排名第 12 位）3 省进行多维度、全方位对比分析。4 省基本情况见表 1。

表 1　　　　　　　　　　　　浙江、安徽、福建、陕西社会经济基本情况

省份	国土面积/km²	人口/万	县区数/个	国民生产总值（GDP）	
				金额/万亿	全国排名
浙江	10.55	6540	90	73516	4
安徽	14.01	6113	104	42959	12
福建	12.40	4187	84	48810	9
陕西	20.56	3954	107	29800	15

从水利部统计口径来看，"十三五"期间浙江水利年均完成投资达 569.9 亿元，是陕西省的 2.2 倍；福建省完成投资年均增长率为 13.3%，比陕西省高 1.7%；安徽省投资大幅提升，2016 年完成额 168.8 亿元，还低于陕西，2017 年水利投资规模就远超陕西，扩大至 405.7 亿元，2020 年高达 498.9 亿元，年均增长率高达 35.1%（图 9）。

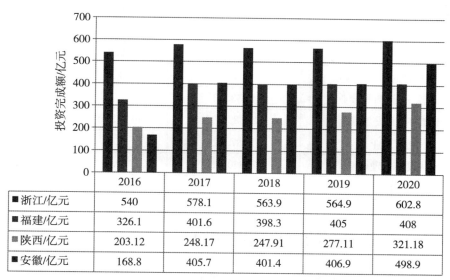

	2016	2017	2018	2019	2020
浙江/亿元	540	578.1	563.9	564.9	602.8
福建/亿元	326.1	401.6	398.3	405	408
陕西/亿元	203.12	248.17	247.91	277.11	321.18
安徽/亿元	168.8	405.7	401.4	406.9	498.9

图 9　"十三五"典型省份水利建设投资完成额

从资金来源分析，4 省水利建设投资虽仍以政府投资为主，但多元化趋势明显（表 2）。

表2 "十三五"典型省水利年均完成投资额来源构成 （单位：亿元）

地区	投资额	政府投资	中央	地方	企业和私人投资	信贷资金	其他	外资
浙江	569.9	348.6	14.9	333.6	48.3	120.8	50.6	1.4
福建	387.8	280.8	38.4	242.4	48.1	35.3	23.4	0.1
安徽	376.3	311.5	94.5	217.0	13.9	47.9	2.8	0.2
陕西	259.5	159.7	69.2	90.5	37.8	60.7	0.63	0

2.3 从陕西省基础设施行业投资规模看

"十三五"期间陕西省全社会水利、环境和公共设施管理业固定资产投资累计完成27322.11亿元，占全社会固定资产投资比例的22%[3]。其中，水利管理业固定资产投资规模2187.62亿元，2016年、2018年、2019年均出现负增长，"十三五"期间年均增长率-1.7%，比全社会固定资产投资年均增速低8.7%，低于农林牧渔业、电力、交通运输、公共设施管理业等其他基础设施部门（表3）。

表3 "十三五"陕西省部分基础行业固定资产投资情况

行业类别	投资规模/亿元	比重/%	年均增速/%
固定资产合计	124054	—	7.0
农林牧渔业	10907.41	8.8	18.3
电力、热力的生产和供应业	4000.11	3.2	9.8
交通运输、仓储和邮政业	9833.62	7.9	2.3
水利、环境和公共设施管理业	27322.11	22.0	15.2
水利管理业	2187.62	1.8	-1.7
公共设施管理业	23860.99	19.2	18.2
教育	2996.12	2.4	27.7

3 陕西水利投资存在的突出问题和短板

"十三五"期间陕西省水利投资持续保持增长态势，超过全国平均水平，但与实现高质量跨越式发展要求相比，与兄弟省区比，无论投资总量、投资来源结构都存在一些突出问题和短板，尚有巨大潜能，亟待提升与优化。

（1）投资总量严重不足、增速趋缓

加快水利发展步伐，做强水利支撑保障，关键在投入。《陕西省"十四五"水利发展规划》的重点项目98个，总投资3975.31亿元，"十四五"需投资1490亿元。由于历史欠账多,现有水利工程配套不全、老化失修更新改造量大面广,尤其是中国式社会主义现代化大力推进,水利工程急需完善与提升,建设任务更加紧迫繁重,资金供求缺口压力进一步加剧。与此相反,"十三五"时期陕西省水利投资年均增长率趋缓,从"十二五"的16.2%下降为7.7%,降低了8.5%,比全国平均水平低1.3%,比福建省低5.6%,总量也远低于浙江、安徽。

（2）地方政府财力拮据,水利投资偏低

2011年"中央一号文件"《关于加快水利改革发展决定》提出"力争今后10年全社会水利年平均投入比2010年高出一倍,发挥政府在水利建设中的主导作用,将水利作为公共财政投入的重点领域。各级财政对水利投入的总量和增幅要有明显提高。"[4]"十三五"省级财政水利投资213.74亿元,仅比"十二五"多12.36亿元。2011—2020年年平均投入41.51亿元,比2010年多55%。水利管理业固定资产投资规模2016年、2018年、2019年均呈负增长,"十三五"年均增长率−1.7%,均低于农林牧渔业、电力、交通、公共设施管理业等其他基础设施部门。陕西省大多数市（县）财政困难,过去尚可依靠群众投工投劳干成了许多水利工程,税费改革"两工"制度取消后,本已拮据的地方财政增加水利投资有心无力,从年度统计看虽有增长,仍远低于浙江、安徽,2020年分别为浙江的22%和安徽的24%。

（3）开拓创新意识不强,投融资力度不大

从融资渠道上看,陕西省水利投资多渠道、多层次投融资机制尚未形成,各地传统的等靠要思想严重,求稳怕创,开拓意识不强。目前,资金来源仍以政府投资为主,"十三五"期间信贷融资规模虽有所增加（比起浙江、江西、云南等省）,但国内贷款,多层次资本市场、债券等直接融资规模较小,产业基金、创投基金等创新性融资方式应用较少[5]。20世纪90年代曾轰动全国的陕西省民办水利热潮也已销声匿迹,无引进外资和个体投资。

（4）前期工作滞后,投资拉动支撑乏力

重大水利项目建设是拉动水利投资的助推器,前期工作严重滞后是影响工程立项开工的突出短板。由于体制机制诸多因素,存在对前期工作重视不够,投入技术力量、工作经费不足,前期基础工作不扎实、深度不够,立项开工门槛不够。尤其是对关乎区域长远高质量发展的重大项目缺乏统筹和谋划、前期不到位、项目断档,拉动效应难以彰显。

4 进一步提升陕西水利投资潜能的思考和建议

做大做强陕西水利投资这块蛋糕,必须立足省情,多措并举,多向发力,强化重点,补齐短板,加快形成保障新时代高质量跨越发展的多渠道、多层次投入机制,实现质和量的突破。

(1)紧贴国家水利发展战略,最大限度争取国家投资

陕西省是一个欠发达的西部省份,自身财力有限,争取国家加大支持是首要任务。要立足全国谋陕西,把握国家"十四五"水利发展规划和2035年远景目标,抓住黄河高质量发展战略、构建国家水网、推进水利现代化等重大机遇,把陕西水利发展与国家水利战略推进相结合,紧扣国家发展方向和投资重点,梳理发展思路,系统谋划、对接项目,集中资源加大与国家水利发展战略相匹配、关乎陕西省长远发展的重大水利工程的前期工作,力争进入国家大盘子,抢抓先机争取大投入,开工建设大项目。要树立和落实省级主体责任,把争资金、上项目、促建设作为干部绩效评价的重要指标,传导压力,增强动力,上下联动共谋发展;超前提速在建的东庄水库,引汉济渭一、二期,榆林黄河引水等重点工程建设进程;加快推进前期工作较成熟的引汉济渭三期、引嘉入汉、白龙江延安供水工程、汉中焦岩水库、宝鸡通关河水库等重大水利工程项目批复立项,力争早开工建设;建立前期工作基金,加强技术力量,抓紧谋划国家水网与陕西水网对接的骨干大型项目,积极对接沟通,提早开展前期工作,争取纳入国家建设盘子。与此同时要抓大不放小,在保持陕西省灌区建设、城乡供水等传统投资优势项目的基础上,结合国家投资重点,全方位最大限度争取国家支持。

(2)充分发挥地方财政杠杆作用,做大做强地方水利投资

一是切实贯彻《关于加快水利改革发展决定》(2011年"中央一号文件")要求,将水利作为公共财政投入的重点领域,确保相关规定落实到位,水利管理业固定资产投资规模与交通、公共设施管理业等其他基础设施部门同速增长。二是增大地方水利债发行力度。发行地方债是欠发达省份加快发展的有效途径,尤其是现阶段经济下行压力大、收入增长难、民众购买国债热情高涨的情况下,加大水利专项债发行规模是吸纳社会资金、扩大水利投资的难得机遇,财政、发改、水利等相关部门要通力协作,主动出击,精心选择前期工作成熟项目,做好专项债申报工作,列入专项债券项目库,尽早推向社会实施。三是加大外资引进。充分利用陕西省政治优势,最大限度发挥财政支撑保障作用,以合作共赢、加快发展为目的,地方财政要采取灵活多样的担保、偿还、补贴方式,积极接触,寻找接口,对接项目,加大引进外资,补齐短板,实现新突破。

(3)用好用足优惠政策,争取金融产品支持力度

2022年以来,水利部与中国人民银行召开联席会议,分别与国家开发银行、中国农业发展银行联合印发了指导意见。陕西省建立健全政银企合作机制,加大金融支持水利发展的力度,政策更加优惠,成为扩大水利投资新亮点。坚持两手发力,用好用足金融产品,必须解放思想,更新观念,立足发展,勇于担当。各级政府要大力支持,优化激励保障政策,做好坚实后盾。水利部门要吃透金融支持政策,熟悉运作程序,找准着力点,针

对性地选好项目,按规定完善相应基础工作,加强协商沟通,积极争取支持,解决资金困扰,加快发展。

(4)激活社会资本,激发全社会力量投身水利建设

充分发挥市场在资源配置中的决定性作用,进一步深化水利改革,全面放开建设管理市场,健全完善激励政策和机制,营造和保障良好市场氛围,激活社会资本投入水利建设。要优化全要素水利投资布局,改变财政包揽一切的模式,依据水利行业特点,理清财政支持与社会资本投入的重点和领域,明确事权,让利社会,共谋发展。强化财政对基础性、公益性较强领域的支持;完善水价形成机制,稳定市场主体的投资预期,发挥市场与资本作用,根据工程特点针对性优化激励政策,对投资小、受益快的工程建设鼓励社会资本投资兴建,产权和收益归己,行业监管指导;对基础性强、投资巨大、见效周期长的项目,可实行政府贴息、信托担保、股份合作、分期购买服务等措施,撬动社会资本积极参与、投资建设,保障收益。尝试通过REITs方式盘活市场,扩大水利有效投资,拓宽社会资本投资渠道,形成存量资产和新增投资的良性循环,激发水利发展活力。

参考文献

[1] 赵凌.水利投融资现状、问题及措施研究[J].河南水利与南水北调,2023(4).

[2] 中华人民共和国水利部.中国水利统计年鉴(2011—2020)[M].北京:中国水利水电出版社,2021.

[3] 国家统计局.中国统计年鉴(2011—2020)[M].北京:中国统计出版社,2021.

[4] 郭悦,王小娜.2005—2019年全国水利建设投资情况简要分析[J].水利发展研究,2021(6).

[5] 王挺,陈玮,仇群伊,等.浙江省深化水利投融资改革的探索与实践[J].水利发展研究,2022(8).

黄土高原淤地坝建设及管理战略体系探讨

曹炜林　黎如雁　程　鲲　王红霞

西安黄河规划设计有限公司

摘　要：淤地坝是黄土高原地区群众创造出的一种既能拦截泥沙、遏制沟道侵蚀，又能淤地造田、增加地下水资源的水土保持工程措施，在拦截泥沙、淤地造田、防洪减灾、以坝代路、集蓄径流等方面发挥了显著效益。从新建淤地坝、病险淤地坝除险加固和老旧淤地坝提升改造情况出发，介绍了淤地坝工程在防汛防洪、除险加固和信息化运管等方面的管理情况，总结了多年来建设和管理过程中出现的各类问题，从强化顶层设计、压实参建各方责任、推进建设管理进程、加强信息化手段、多渠道融资发展等方面入手，简要探讨了新时期、新形势下淤地坝建设及管理高质量发展举措。

关键词：淤地坝；建设管理；战略体系；高质量发展

我国水土流失面广量大，尤其是黄土高原地区，是我国水土流失最严重、生态环境最脆弱的地区之一，侵蚀沟道达 666719 条，其造成的土壤侵蚀和水土流失严重威胁我国生态安全、饮水安全、防洪安全和粮食安全，制约区域经济社会发展。长期以来，为抗衡严重的水土流失，黄土高原地区群众创造出一种行之有效的水土保持工程措施——淤地坝。淤地坝既能拦截泥沙、遏制沟道侵蚀，又能淤地造田、增加地下水资源，深受当地政府群众的欢迎。

淤地坝建设历史久远，首次建设最早可追溯到明代，至民国期间，陕甘宁边区开启淤地坝建设事业，到新中国成立后 1953 年黄河水利委员会在绥德建立韭园沟水土保持示范区，标志着坝系建设正式拉开序幕。多年来，从农民自发建设到政府有序组织，从"闷葫芦"坝到设施完善的"三大件"，从病险无人管护到统一监管维修，黄土高原地区淤地坝建设取得了长足发展。据统计，黄河流域累计初步治理水土流失面积 25.96 万 km²，黄土高原地区 2021 年水土保持率 63.89%，其中淤地坝建设在防治水土流失、保护黄河流域生态环境和促进农村经济发展方面起到了重要作用。

多年以来,西安黄河规划设计有限公司长期战斗在黄河流域黄土高原地区淤地坝调研、设计、建设、管理和防汛的最前线,积累了丰富的经验,取得了一系列成果。2019年9月,黄河流域生态保护和高质量发展座谈会召开,习近平总书记提出"有条件的地方要大力建设旱作梯田、淤地坝等"。水利部将黄河粗泥沙集中来源区拦沙工程一期项目列入2020—2022年重点推进的150项重大水利工程项目,淤地坝建设在黄河流域生态保护的新形势下进入了新的高峰期。面对新时代中国特色社会主义生态文明建设的新要求,面临水土保持发展与我国城镇化、信息化、绿色化和农业现代化等仍未能完全匹配的现状,需要从强化顶层设计、科学规划坝系布局、创新新材料应用、多渠道融合发展、加强信息化监管手段等多方面对淤地坝建设和管理全生命周期进行战略体系研究,建立起淤地坝发展长效机制,充分发挥淤地坝建设效益,为水利高质量发展、水土保持事业可持续发展提供可靠支撑。

1 淤地坝建设情况

1.1 新建淤地坝

淤地坝建设主要分布在陕西、山西、内蒙古、甘肃、宁夏、河南、青海7个省(自治区)。截至2019年11月统计,我国共有淤地坝58776座[1],其中大型5905座,中型12169座,小型40702座,淤地面积927.57km²。陕西、山西两省为淤地坝主要建设区域,其淤地坝数量占淤地坝总数的88.89%。

1.2 病险和老旧淤地坝

《黄河流域生态保护和高质量发展规划纲要》中明确提出,"排查现有淤地坝风险隐患,加强病险淤地坝除险加固和老旧淤地坝提升改造,提高管护能力"。2021年3月,水利部组织开展淤地坝风险隐患排查工作,发现一批病险淤地坝,要求加快推进除险加固,消除安全隐患。老旧淤地坝可通过提升改造,提高坝地利用率和生产率,实现粮食产量增加、减蚀作用加大、拦泥效果变好、防洪能力增强等综合效益。

1.2.1 病险淤地坝除险加固

依据2021年水利部办公厅印发的《关于开展黄土高原地区中型以上淤地坝风险隐患排查工作的通知》,淤地坝风险隐患排查工作启动,截至2020年底黄土高原地区共有中型以上病险淤地坝4599座,其中大型1505座,占比32.7%,中型3094座,占比67.3%。

陕西需除险加固的病险淤地坝3564座,占黄土高原地区需除险加固的病险淤地坝总数的 77.5％；山西 463 座，占需除险加固淤地坝总数的 10.1％；内蒙古 227 座，占需除险加固淤地坝总数的 4.9％；青海、甘肃、宁夏、河南中型以上病险淤地坝共 18 座，占需除险加固淤地坝总数的 7.5％（表 1）。

表 1　　　　　　　黄土高原地区中型以上需除险加固病险淤地坝规模

省区	大型/座	中型/座	合计/座	占比/％
青海	6	17	23	0.5
甘肃	43	66	109	2.4
宁夏	7	44	51	1.1
内蒙古	89	138	227	4.9
陕西	1031	2533	3564	77.5
山西	278	185	463	10.1
河南	51	111	162	3.5
合计	1505	3094	4599	100.0

1.2.2　老旧淤地坝提升改造

依据风险隐患排查工作，截至 2020 年底黄土高原地区共有中型以上老旧淤地坝 3805 座，需提升改造的老旧淤地坝共 2849 座，其中大型 543 座，占比 19.1％，中型 2306 座，占比 80.9％。

陕西需提升改造的老旧淤地坝 2767 座，占黄土高原地区需提升改造的老旧淤地坝总数的 97.12％；内蒙古 47 座，占需提升改造的老旧淤地坝总数的 1.65％；山西 17 座，占需提升改造的老旧淤地坝总数的 0.6％；青海、甘肃、宁夏中型以上老旧淤地坝共 18 座，占需提升改造的老旧淤地坝总数的 0.63％（表 2）。

表 2　　　　　　　黄土高原地区中型以上需提升改造老旧淤地坝规模表

省区	大型/座	中型/座	合计/座	占比/％
青海		1	1	0.04
甘肃	5	2	7	0.25
宁夏		10	10	0.35
内蒙古	20	27	47	1.65
陕西	513	2254	2767	97.12
山西	5	12	17	0.60
合计	543	2306	2849	100

1.3 淤地坝建设效益

1.3.1 拦截泥沙

黄河泥沙主要来源于黄土高原的千沟万壑,淤地坝可从源头上封堵向下游输送泥沙的通道,既能拦蓄坡面汇入沟道内的泥沙,又能固定沟床,抬高侵蚀基准面,稳定沟坡,制止沟岸扩张、沟底下切和沟头前进,减轻沟道侵蚀。据统计,现状水利水保措施年平均减沙量可达 4 亿 t 左右。

1.3.2 淤地造田

淤地坝形成的坝地具有地平、墒好、肥多、土松、易于耕作、抗旱能力强等优点,是水肥条件良好的高产稳产基本农田,为发展优质高效农业和农村产业结构调整奠定了基础,使过去单一的粮食生产经济结构,转变为农、林、牧、副、渔各业并举、多种经营,使得土地利用结构优化,农民收入增加,农村经济持续发展,助力乡村振兴战略实施。

1.3.3 防洪减灾

淤地坝坝系工程是以小流域为单元,骨干坝控制,中、小型淤地坝相结合,通过层层拦截洪水,具有较强的削峰、滞洪能力和上拦下保的作用,可发挥整体防护功能,能有效防止洪水泥沙对沟道下游群众及基础设施造成的危害。

1.3.4 以坝代路

黄土丘陵沟壑区地形破碎,沟壑纵横,交通不畅。淤地坝可使坝顶连接沟壑两岸,促进区域物资、文化交流和商品经济的发展,有效改善当地农民群众生产条件和生活环境,积极促进区域经济发展。据统计,陕西省靖边县、定边县和横山区 3 县(区)拦沙坝有70%以上发挥交通道路作用,实现了拦沙、淤地和通达三赢。

1.3.5 集蓄径流

淤地坝运行前期能够有效蓄积、利用地表径流,提高洪水径流利用效率,对改善水资源缺乏地区的农民生活和农业生产用水发挥着重要作用。另外,淤地坝建设可促进坡耕地退耕还林还草,推动大面积植被恢复,保护林草资源不受破坏,促进生态自然恢复,生物多样性明显增加,是黄土高原地区巩固退耕还林已有成效的战略性措施。

2 淤地坝新材料、新工艺研究

2.1 新材料柔性溢洪道

通过与陈祖煜院士团队合作,为解决中、低淤地坝防洪问题,采用新型材料替代原有浆砌石、混凝土溢洪道，开发了淤地坝柔性溢洪道技术，为淤地坝建设提供了新方法、新思路。

本研究聚焦开发安全、经济、可靠性高的泄水设施，降低淤地坝因超标洪水、卧管损坏等原因造成的风险，通过三连队柔性溢洪道泄流试验，提出了采用土工袋（内填压实黄土）及复合土工布组成柔性溢洪道新型泄水结构，并通过台阶柔性溢洪道长时间过水试验，研究柔性溢洪道的消能率、高流量泄水后的稳定性和抗冲刷性等特性，通过各个台阶处的负压值，判断柔性溢洪道是否出现空蚀现象，并通过实际工程判断新型材料用于溢洪道的稳定性、适应性等指标。

淤地坝柔性溢洪道技术已经从理论、材料、模型、工艺等角度进行验证，通过3座试验坝工程实施取得了良好效果，具备推广条件。柔性溢洪道主要技术包括以下几点。

（1）抗高速水流冲刷土工材料

弥补土体不耐水流冲刷的缺点，开发出的土工材料适用于高速水流冲刷，具有很好的抗破坏、保土能力。

（2）柔性台阶消能技术

通过柔性台阶等结构型式降低泄流流速，大幅降低水流能量，保证泄流安全。

（3）柔性溢洪道施工技术

适用于黄土高原地区地形、人员、机械条件。

（4）柔性溢洪道生态恢复技术

溢洪道表面的生态植被绿化恢复技术在减小溢洪道受到环境因素破坏的同时，增加溢洪道的环境友好性。

通过淤地坝柔性溢洪道技术的推广，可有效降低淤地坝漫顶溃决风险，减少淤地坝除险加固投资，加固淤地坝除险加固工作推进速度，保持淤地坝水土保持成果。

2.2 新工艺PCCP管道

为降低淤地坝因超标洪水和放水工程损坏导致淤地坝溃坝的风险，本研究提出了采用PCCP（预应力钢筒混凝土管）新型输水管道替换混凝土涵管的研究方案，为淤地坝施工提供快捷、易施工的方法。选择条子沟淤地坝作为新型材料试验工程，拟对其放水工程进行改造加固，结合本次试验目的，将原有已损坏的放水设施拆除后，新建混凝土卧管接新型的PCCP管作为排水涵管。PCCP管不仅具有常规混凝土管的泄水功能，还具有承受较大水压力，抗渗性、耐腐蚀性、抗震能力强，安装速度快，维护费用低等优点。

本研究聚焦开发安全、有效、可靠性高的泄放设施，总结PCCP管在淤地坝设计、施工过程中的基础开挖、夯实、管线安装（吊装）等施工工艺，研究管线回填厚度、压实参数等指标。通过研究 PCCP 管在淤地坝放水工程中的运用,在解决淤地坝工程病险问题的同时,可以将新型式、新材料、新工艺加以应用,为淤地坝建设持续发展提供技术支持,也为后续大面积除险加固方案的制定提供工程借鉴,以降低淤地坝因超标洪水和卧管损坏导致的风险。

3 淤地坝管理情况

水利部对水土保持工作提出了"把工作重心切实转变到监管上来,在监管上强手段,在治理上补短板"的水土保持工作总体要求,在新形势下对淤地坝管理和功能转变需要有新的认识。

3.1 落实防汛管理体系责任

淤地坝防汛向来是防汛工作的重点要点,面对中、特大暴雨可能造成的洪水险情,各级水行政主管部门通过提高政治站位,坚持底线思维、极限思维,依据《黄河防汛抗旱应急预案(试行)》和《黄委水旱灾害防御应急预案(试行)》,密切监视水雨情变化,严格落实防汛工作责任,细化实化具化各项防御措施,压紧压实防汛抢险救灾各项责任,汛期安排专人 24 小时轮流值守,做好淤地坝重点工程和部位防汛工作,保障当地人民群众财产安全。

3.2 除险加固消除安全隐患

黄土高原地区淤地坝工程数量大,多建于 20 世纪六七十年代,无防洪标准或标准较低,配套泄洪设施不完善,工程安全隐患日益凸显,抵御洪水能力较差,度汛风险较为严峻,工程下游居民点、学校、工矿、道路等重要基础设施存在很大的安全隐患。根据《中华人民共和国黄河保护法》提出的"应当因地制宜组织开展淤地坝建设,加快病险淤地坝除险加固",黄河水利委员会启动淤地坝风险隐患排查工作,各级水行政主管部门对病险淤地坝实施了增设溢洪道、放水建筑物、坝体整修等除险加固措施,病险淤地坝安全隐患基本消除。

3.3 探索"四预"功能运管机制

在淤地坝管理过程中,利用新技术、新方法、新手段加强淤地坝管理机制探索研究,通过信息化、智能化、数字化对淤地坝坝系进行数字孪生,对较大库容、下游有人及重要设施的重点淤地坝工程配备远程视频监控系统,接入淤地坝信息管理平台开展远程实时管理,并对淤地坝坝系进行"预警、预报、预演、预案"功能探索,逐步实现淤地坝工程的全方位信息化精细化管理。

4 淤地坝建设及管理中存在的问题

4.1 参建各方尽责不到位

根据对各地淤地坝工程建设质量进行检查的结果,发现在各地淤地坝建设管理过程中,项目法人、设计单位、施工单位、监理单位均不同程度存在履职尽责问题,比如对相关规范制度掌握执行不够全面,项目法人未按规定建立管理制度和实施监管职责,设计单位未严格按照技术规范进行设计,监理单位未严格按照有关规范、规程、管理办法等进行工程监理,施工单位未严格按规范要求进行施工等。同时设计、监理、施工单位存在技术薄弱或经验不足的问题,导致设计环节出现错误,或工程建设过程中无法按规范流程正确施工,在隐蔽工程、关键部位和关键工序无法把控施工质量。

4.2 气候变化带来新挑战

近年来,随着全球气候变暖,水旱灾害频发、重发,各地出现区域高强度暴雨洪水和极端暴雨洪水频次增多,给人民生命财产带来极大的威胁。在气候变化导致的严峻形势下,社会对防汛抗灾工作提出了更高的要求,淤地坝防汛工作的重要性和难度相比之前显著增加,对各级水行政主管部门带来了新的挑战。

4.3 基层管护人员较缺乏

经过长期对淤地坝工程现场调研检查发现,在各地县级水行政主管部门中,基层水保站的淤地坝管护人员相对于淤地坝实际需求数量较为缺乏,部分淤地坝出现"一人管多坝"现象,未能按照标准要求严格落实"三个责任人"制,使得出现汛情险情时淤地坝安全防护响应不能及时到位,对下游人民群众的生命财产安全造成了隐患。

4.4 投资额度及渠道欠缺

目前,淤地坝投资渠道主要是中央集中拨款,地方政府进行相应资金配套,尚未有其他资金渠道来源。随着经济社会发展,淤地坝建设用材用料价格上涨过快,中央投资未能完全覆盖淤地坝实际建设投资,同时各地地方政府财政水平相差较大,对于土地树木等补偿问题难以做到全部落实,对当地民众的补偿标准也缺乏相应依据,与当地群众产生多种纠纷,工程建设进度受阻,甚至给工程实体质量安全带来影响。

4.5 信息化手段较为滞后

自水利部提出数字孪生建设以来,各地重大水利工程的数字孪生建设进入了高峰期,而黄土高原地区的淤地坝工程的信息化进程相对来说较为滞后,尚处于尝试探索阶段,在淤地坝设计、施工、建设和管理方面,未能利用信息化手段实现全生命周期的交互运用和实时监管。

4.6 淤地坝建设管理转型

通过多年来在黄河流域上中游地区水土保持方面多措并举,黄土高原水土流失治理成效显著,黄河流域水沙关系迈入新阶段,黄河流域生态保护迎来新形势。当前阶段淤地坝工程建设与水土保持要求的相适宜性受到新的考验,关于是否还需要大批量建设、应建数量、已建淤地坝和病险老旧淤地坝的运行管护等问题都应从顶层设计、全局规划方面重新谋划布局,全方位推进淤地坝建设管理适应新时期的转型,以更好地达成黄河流域生态保护和高质量发展新要求。

5 新形势下淤地坝高质量发展建议

5.1 强化淤地坝顶层设计

按照黄河流域生态保护和高质量发展要求,结合习近平总书记有关讲话指示精神、国家政策方针和战略导向等,要从全球气候变化影响、生态环境保护战略、防汛度汛抢险救灾、乡村振兴战略实施、淤地坝发展实际需求等多方面进行淤地坝建设与管理的顶层设计,纵览全局统筹谋划,依托政策、法规等途径加强对淤地坝建设和管理进行全过程指导。

5.2 压实建设相关方责任

在淤地坝建设过程中出现的项目法人、设计、施工、监理等参建各方问题,对后期淤地坝工程安全运行造成隐患,各级水行政主管部门需切实负起监督监管责任,对参建各方加强贯彻履职尽责要求,压实工程建设相关方主体责任,建立责权统一的管理制度,确保项目法人按规定执行相关规范制度,工程设计按技术规范执行,施工质量按标准流程把控,监理按规程办法履职,保障淤地坝工程高质高效按期建设。

5.3 推进淤地坝建设管理

通过对淤地坝建设管理顶层设计和科学谋划,在新时期、新形势下对调节黄河流域水沙关系未雨绸缪、提前布局,根据实际需求情况继续稳步推进淤地坝工程建设,重点在多沙、粗沙区新建高标准控制性大型淤地坝。同时通过总结现有淤地坝运行管理经验和不足,细化分级管理制度,建立符合淤地坝管理实际、平衡各方权益、责权相适应的运行管理制度。

5.4 加强信息化管控手段

积极响应习近平总书记"提升流域设施数字化、网络化、智能化水平"明确要求,及李国英部长"大力推进数字孪生水利建设"重要指示,通过运用科技手段和加大资金投入,积极推进淤地坝工程数字化、信息化,提升淤地坝工程建设和管理水平,实现具有"四预"功能的数字孪生淤地坝工程体系,为淤地坝防汛救灾和人员调度等提供智能化数字模拟和精准化数字决策支撑。

5.5 多渠道融资融合发展

通过淤地坝工程与当地区域经济发展、乡村振兴战略相融合等途径,研究淤地坝使用权、经营权转让可能性,出台优惠政策以调动市场经济积极性,吸引社会金融资本注入,探索 PPP、PFI、BOT、有偿等多种模式,拓展多渠道融资以促进淤地坝建设及管理发展。并加大力度推进淤地坝耕地占补平衡实施,推动淤地坝坝地产生实际效益。

参考文献

[1] 水利部黄河水利委员会.黄河流域水土保持公报(2021 年)[Z].2022.

[2] 水利部黄河水利委员会.黄土高原地区中型以上老旧淤地坝提升改造和新一轮病险淤地坝除险加固实施方案[Z].2023.

[3] 水利部黄河水利委员会.黄河流域综合规划:2012—2030 年[M].北京:黄河水利出版社,2013.

水务专员进街道：党建引领下的首都基层水务治理的新探索

刘铧桐[1]　侯俊洁[2]　王羽佳[3,4]　刘祎雯[5]

1. 交通运输部规划研究院　2. 水利部监督司　3. 河海大学
4. 北京市清河管理处　5. 北京市节水用水管理事务中心

摘　要：介绍了北京市基层水务治理实践的新探索。北京市的水务专员进街道工作在党建引领下，充分发挥水务系统党员的先锋模范作用，与街道（乡镇）水务所等涉水管理部门对接，共同参与基层水务治理工作，通过主动问需于民、政策宣讲、技术指导等方式实现快速响应、高效办理和主动治理。水务专员进街道行动，使水务专员能充分发挥密切市、区水务部门与群众联系、推动问题解决的作用，探索出了"以人为本、党建引领、法治固化"的基层水务治理经验。

关键词：党建引领；未诉先办；水务专员进街道；北京市

党建引领下的基层水务治理机制是北京市水务局党组织对基层治理的领导作用的制度化实践。北京市水务局开展的水务专员进街道工作是首都水务系统党组织、党员践行初心使命的生动实践，是坚持党建引领超大型城市基层水务治理、服务人民群众的有效机制。自 2019 年 11 月，北京市水务局启动水务专员进街道（试点）工作以来，北京市水务局积极提升水务治理能力建设，推动主动向前一步发现问题，做到"接诉即办"与"未诉先办"相结合，进一步提升基层水务服务管理水平，努力践行"不用吹哨，主动报到"，及时掌握、反馈并推动解决市民身边水务问题，真正体现了"以人民为中心"的执政思想。

1　把党的领导优势转化为基层治水效能

1.1　由"接诉即办"向"未诉先办"转变

党的十九届六中全会明确提出：完善党领导基层群众性自治组织、社会组织等制度，健全党组织领导的自治、法治、德治相结合的城乡基层治理体系。这一重要论述深刻阐明了基层党组织对基层治理之间的领导作用。北京市是一座拥有 2100 万人口的超级大城市,如何满足人民对美好生活的迫切需求,推动基层治理提质增效,持续深化观念创新,是一项具有重要意义的任务。

"接诉即办"是一条以"问题导向"为重点突破的基层治理新路径,经历了3个发展阶段。第一阶段:2017年上半年,平谷区金海湖镇为根治金矿盗采多年屡禁不止难题,探索了乡镇发现线索及时上报,区里协调各相关部门30分钟内赶到现场综合执法的机制,效果很好。北京市委把这一探索总结提升为党建引领"街乡吹哨、部门报到"改革,在试点推广后向全市铺开。第二阶段:2019年1月,北京市创新了12345市长热线,通过重塑流程,建章立制,推动跨部门、跨层级的工作,构建了一种新型的超大型城市基层治理机制,接诉即办。第三阶段:2020年10月北京市委、市政府联合印发的《中共北京市委北京市人民政府关于进一步深化"接诉即办"改革工作的意见》提出"推动'接诉即办'从'有一办一、举一反三'向'主动治理、未诉先办'转化,通过一个诉求解决一类问题,通过一个案例带动一片治理"。

1.2 治水经验与"接诉即办"的全面深化

"治国必先治水",1949年以来,新中国开启了从传统水利到现代水利、可持续发展水利转型的新征程,经过70多年的建设取得了辉煌成就。习近平总书记的重要治水思想,深刻回答了我国水治理中的重大理论和现实问题,为我们做好水利工作提供了科学的思想武器和行动指南。

河长制,顾名思义就是由各级党政主要负责人担任"河长",对相应的河湖进行管理和保护。在太湖治污中,属地政府发挥主导作用,由更高一级的领导干部牵起头来的制度被视为河长制的起源。而河长制则是倒逼了国家治理现代化改革:在常规治理机制失灵的情况下,探索协同治理之路。如今,河长制的治理经验在各个领域都得以运用,平谷区金海湖镇为根治金矿盗采的经验与河长制的治理经验有异曲同工之妙,"接诉即办"亦是如此。2021年,北京市委全面深化改革委员会召开会议,明确要成立"接诉即办"改革专项小组,北京市各区各部门各单位党政主要负责人为"接诉即办"工作的第一责任人。"接诉即办"将党的领导贯穿于改革实践全过程,将党的政治优势、组织优势与密切联系群众优势转化为基层社会治理优势。

1.3 水务系统"未诉先办"走在首都主动治理的前列

2020年10月,北京市委、市政府提出要"推动'接诉即办'从'有一办一、举一反三'向'主动治理、未诉先办'转化"。早在2019年11月,北京市水务局就已经启动水务专员进街道工作。安排水务专员进入朝阳区的43个街道(乡镇)和丰台区的21个街道(乡镇),原则上每个街道(乡镇)配备市水务局党员干部1名,结合实际情况,以5人左右为一小组,加强沟通联动,率先实施水务专员服务基层试点工作。水务专员与所在街道(乡镇)、水务所等涉水管理部门对接,共同参与基层水务治理工作,从而不断满足人民高品质多样化水务新需求,着力提升依法管水治理体系现代化能力,开拓共治共享的社会治水新局面。

"水务专员进街道"是首都基层水务治理的工作机制创新,通过市水务局党组成立工作小组、选派水务系统在职党员进街道,发挥党建协调作用强化相关企业的协同配合,提升党建引领基层的治理能力,努力解决群众身边的操心事、烦心事、揪心事,在服务群众中践行初心使命,真正让"问题清单"变成"满意答卷"。

2 党建引领基层水务治理的探索与实践

2.1 健全组织架构

成立北京市水务专员进街道(试点)工作推进小组(以下简称"工作小组"),由市水务局党组书记、局长任组长,市水务局副局长,丰台、朝阳区(试点区)政府分管水务工作的副区长,市自来水集团、北京排水集团主管领导任副组长。工作小组负责牵头、指导水务专员进街道(试点)工作,负责协调解决重大问题,定期听取工作报告,研究水务政策。

工作小组办公室设在市水务局接诉即办部门,牵头负责水务专员进街道的具体工作:一是定期了解水务专员工作,负责建立统计报告制度;二是将问题进行登记分类梳理,按照管理职责转派有关单位,并督办处理情况;三是对问题反馈情况进行回访和考核。

按照分级解决的原则,局机关各处室、局属各单位、区政府、街道、两大集团按照各自职责进行业务办理,区政府、区水务局要协调区内水务问题解决;各街道(乡镇)要协调辖区内水务问题解决;市自来水集团、北京排水集团要负责各自业务内问题的分析、研究和解决。

2.2 水务专员工作职责与成效

(1)做好水务政策宣讲

宣讲水务领域规章制度、政策法规,定期向辖区内居民宣传供水、排水、节水等方面的法规和常识,介绍水务工作内容和管理职责,让基层单位和市民了解水务工作。

(2)收集基层水务需求

积极与街道、社区、物业和居民沟通交流,了解辖区内市民关于涉水方面的需求,及时收集派驻街道需要市、区水务部门解决的问题。

(3)协调解决基层水务问题

建立协调工作机制,搭建工作平台,与市、区、乡镇水务部门、工作机构、专业单位和物业公司建立联系,按照各自职责分工切实解决市民反映的问题。

(4)提供指导和咨询服务

对于辖区内出现的水务问题,能够回答的及时进行指导和解答。对于政策性、专业性较强的问题,可以提请有关方面专家或技术人员进行解答。

(5)学习基层社会治理工作方法

水务专员定期到所在街道(乡镇)开展工作,了解街道基本情况和社区设置情况,了解"接诉即办、未诉先办"工作机制,掌握水务基础设施情况和存在问题,学习基层社会治理工作方法。

目前,北京市 64 名水务专员(试点)分散到丰台区和朝阳区的 64 个街道,为市民解决涉水诉求,在供水、排水、节水宣传等领域成效显著。水务专员通过查问题、找需求、解难题、谋创新、做宣传等多种工作方式,切实解决了市民身边的很多涉水难题,同时初步形成了基层治水的联动沟通机制。

2.3　构建一心为民的服务体系

坚持人民至上是中国共产党带领人民进行百年奋斗积累的宝贵历史经验之一。习近平总书记多次强调:"必须牢记我们的共和国是人民共和国,始终把人民放在心中最高的位置。"2021 年 4 月,习近平总书记在广西考察时指出:"让人民生活幸福是'国之大者'。"水务专员进街道着重在创新治理手段和治理方式方法上下功夫,主动作为,干在实处。推动水务治理力量下沉、监管力量下沉,正是"国之大者"的生动实践。

水务专员进街道行动中的所有水务专员都是中共党员,并由处级单位所在的党组织推荐,由局机关党委进行政治把关。北京市水务局将水务专员进街道工作作为基层水务干部锻炼的重要渠道,并制定具体方案,在奖励和评优时予以考虑。对于履职不到位的水务专员将由工作推进小组办公室进行约谈,督促提升服务质量。对于确实不胜任水务专员岗位的干部,将视情况进行调整。

2021 年 5 月,北京市人民政府办公厅印发《北京市城市积水内涝防治及溢流污染控制实施方案(2021—2025 年)》。方案明确要"结合河长制工作,完善水务专员进街道、进社区行动"。北京市水务局在 2022 年折子工程中明确,研究全市水务专员进街道、水务联络员进社区工作方案,努力实现"接诉即办"向"未诉先办"的转变。

3　动员群众的朝外模式

3.1　基本情况

2023 年 3 月中旬,北京市水务局开展第二批水务专员轮换工作。青年党员李晓东成为第二任朝外街道水务专员,上任伊始就通过广泛动员群众组建节水护水志愿者服务队,开创了动员群众的朝外模式。

通过线上报到线下走访问需于民。3月13日任命当天,李晓东就主动联系朝外街道,编辑了一段信息,让朝外街道的工作人员发给各个社区负责人和辖区内各个单位联络员,完成线上报到。在3个月内,走遍了辖区内重点单位开展调研摸底工作。在朝阳门消防站,与站长徐帅、指导员刘武共同探讨辖区防汛工作,制定多套模拟预案。在北京"7·31"暴雨中,朝外街道辖区内无一积水点。在朝阳区属国企富朝阳公司,与公司党委委员、副总孙廷明一同研讨国企如何以党建"联学"联建设助力水务基层治理。李晓东还协调了辖区内多家单位前往南水北调团城湖管理处开展"饮水思源"党日活动,每走访一家单位就建议他们开展巡河或参观水利工程的党日活动,并积极协调团城湖和通惠河,为节水护水爱水汇聚起人民群众的力量……

在宣讲上把人民群众动员起来。在3月下旬的中国水周期间,通过街道地区党建联席机制动员街道内的司法部门等党政机关,发动南水北调东线公司等水利行业单位,组织起50余位志愿者于3月25日在日坛公园开展了水利普法宣讲活动,为该街道历年来规模最大的涉水宣传活动。在5月的全国城市节水宣传周期间,李晓东联合三里屯街道、东坝地区的水务专员,与首都师范大学政法学院在朝阳区白家庄小学开展第32届全国城市节约用水宣传周活动。白家庄小学是联合国教科文组织中国可持续发展教育项目示范学校,在朝阳区朝外街道、三里屯街道、东坝地区等地有13个校区。白家庄小学开展的节约用水宣传周活动是水务专员区域化联合开展水务政策宣讲的一次探索。为了破解白家庄小学小区多、每个街道只有一名水务专员的矛盾,此次活动邀请首都师范大学政法学院的青年学生来担任志愿者在各个教室线下发放宣传材料,还借助了新媒体手段对"节水知识小课堂"进行了直播。

3.2 基本经验

(1)动员工作急不得

水务工作是基础性的工作,水务工作的内在特点和规律,决定了这方面工作更多的是做铺垫的长期性工作,不可能立竿见影、马上见效。动员群众也是如此,只有长期心贴心、面对面做好基础性工作,才能再动员他们,通过主动服务,赢得信任后,才开始发动群众组建节水护水志愿服务队。

(2)要"忙到点子上"

问需于民解决老百姓身边涉水问题是好事,但是部分群众不积极主动。思想上,要知道群众要什么,行动上,要虚心向群众请教。总之,要以群众为主体。朝外模式中,朝外街道水务专员是主动贴近群众,主动服务。

（3）要竭尽全力发动全社会力量

前期刚刚到任,要依靠水利人当宣讲骨干来带队伍,后期就依靠街道地区党建联席机制发动辖区内党员、依靠共青团提供青年的志愿服务时常要求发动大学生来当志愿者。

4　进一步推广水务专员进街道工作的思路举措

4.1　完善水务专员进街道的运行机制

接诉即办为什么能得到首都各界群众的高度认可? 主要原因是其背后有一整套的闭环运行机制:市民投诉、全面接诉、精准派单、限时办理、上级回访、点评考核。水务专员进街道,是一种主动治理,属于北京市水务局的自我加压,整体而言缺乏动力机制与倒逼机制。例如,《北京市水务专员进街道(试点)工作方案》指出,要把水务专员进街道当成基层水务干部锻炼的重要渠道,制定具体方案,在奖励和评优时予以考虑。虽然三年多来,也有一些的水务专员因工作出色已经走上了副处级领导岗位,但整体而言缺乏奖励和评优的具体举措。

建立动力机制激发队伍活力和创造力,即建立考核评价制度和激励机制,激励水务系统各级组织和党员干部投身到未诉先办的工作当中去。同时,"满意不满意,群众说了算",要适时引进外部评价机制,把工作置于群众的视线中,接受社会的监督与评议。

4.2　处理好"前方"与"大后方"的关系

水务专员是"前方",全市水务系统是"大后方"。"大后方"需要对水务专员这个"前方"给予更强有力的支撑。

水务专员进街道工作虽然取得了显著成效,但水务专员是有"娘家"的,在担任水务专员之前所在的单位、处室就是其"后方""娘家"。一般来说,自己的"娘家"给予的支撑会多一些。例如,供水出身的水务专员解决居民家水压低、水量不足等问题,能协调自来水集团快速响应。排水出身的水务专员解决排水不畅、积水等情况,能协调排水集团快速响应。那供水出身的水务专员在遇到排水问题,能否协调排水集团快速响应呢? 排水出身的水务专员在遇到供水问题,能否协调自来水集团快速响应呢?

因此,要牢固树立全市水务系统"一盘棋"思想,全市水务系统都应该是水务专员的"后方"与"娘家",共建水务专员的"大后方"。共建"大后方"需要做到以下 3 点:①"大后方"要发挥统筹协调作用,保障"前方"工作经费充足等现实性问题;②需要对现行政策进行调整的,"大后方"要积极响应,并在事前充分听取人民群众的意见,避免政策调整带来新的问题;三是"大后方"要先手解决共性的潜在问题。

4.3 推动基层水务治理向精治法治共治迈进

立足职能职责,不断加强精细化管理,在精治、共治、法治上下功夫,才能增强北京市民的获得感、幸福感、安全感,提升基层水务治理能力。

在精治上发力,走出数字赋能之路。水利部党组将推进智慧水利建设作为推动新阶段水利高质量发展的6条实施路径之一。我们要发挥智慧水利的作用,建立数据共享机制,为水务专员开展主动治理提供数据支撑,让治理更加精准。

在法治上立标,运用法治思维和法治方式深化水管理体制改革。水务专业进街道是一场基层水务治理的创新,目前水务专员进街道已经写进北京市政府的规范性文件,属于用法治的方式固化改革方式,但要努力将水务专员进街道写进地方性法规、政府规章,用更高位阶的政策法规固定改革经验。

在共治上见效,构建基层水务治水共同体。水务专员进街道必须坚持党建引领、多元共治,用好党员"双报到"机制,进一步整合凝聚基层单位、社区居民和社会组织等多方资源和力量,在着力打造治水共同体上下真功、求突破、见成效;要突出问题导向,做实改革举措,针对群众的不同需求,深入调研摸排、认真思考谋划;要充分汲取人民群众的聪明才智,激发群众力量,积极参与基层水务治理。

在今后的工作中,水务专员将继续坚持党建引领,强化责任担当,推动水务事业高质量发展。在"接诉即办"上,努力实现有事随叫随到,小事不出社区,大事不出街道;在"未诉先办"上,努力实现问题早发现、早处置、早解决,积极探索基层治水共建共治共享的良性运行体制机制,让人民群众有更多的获得感。

参考文献

[1] 北京市党建引领"街乡吹哨、部门报到"改革情况的调查[J]. 党建研究,2019(2):46-49.

[2] 陈新忠,杨君伟,陈如仪,等. 绿色金融支持幸福河湖建设初探[J]. 水利经济,2020,38(6):15-19+81-82.

[3] 北京市人民政府办公厅关于印发《北京市城市积水内涝防治及溢流污染控制实施方案(2021—2025年)》的通知[J]. 北京市人民政府公报,2021(20):8-18.

以生态文明理念为指导的城乡供水一体化长效运行管护机制对策探讨

胡　伟[1,2]　侯诗文[1,2]　李　亮[1,2]

1. 中国水利水电科学研究院内蒙古阴山北麓荒漠草原生态水文野外科学观测研究站

2. 水利部牧区水利科学研究所

摘　要：随着我国城乡一体化进程的推进，城市水资源短缺问题日趋突出。从生态文明理念的角度出发，分析了我国城乡一体化的现状和发展趋势，探讨了城乡供水一体化长效运行管护机制的构建思路和框架体系，从加强政策引领和落实、统筹制定城乡供水规划以及健全技术标准与质量监控等方面提出了具体的对策措施，为城乡供水一体化的可持续发展提供参考。

关键词：生态文明；城乡供水一体化；长效运行；管护机制

随着城市化和乡村振兴战略的深入推进，城乡的联系和互动越来越紧密。供水系统作为城乡联系中不可或缺的部分，城乡供水一体化的需求和迫切性也越来越凸显。城乡供水一体化是指以城市供水设施为基础，将供水系统面向农村地区延伸，实现城乡统一规划、统一管理、统一服务[1]。与此同时，城乡供水一体化还是提高区域水资源利用率和水环境保护能力的重要手段。因此，研究城乡供水一体化长效运行管护机制，提高市场化运作水平和专业化服务水平，无疑是当前城乡发展的重要方向和目标。

目前，国内外学者从不同的视角研究城乡供水问题，提出了各种理论和解决方案。其中，城乡供水一体化机制的构建成为许多研究的重点。国内外学者通过案例调查、理论分析和政策研究等多种方法，对城乡供水一体化长效运行管护机制的构建进行了深入研究[2]。在政策法规建设方面，研究者提出了多种管控机制和政策建议，如加强政府监管、依法行政、社会力量参与等。在整体规划与组织协调方面，研究者探索了整合资源、优化网络、协同发展等不同类型的城乡供水一体化模式[3]。在技术手段和管理模式方面，研究者提出了智能化控制、高效能耗、数据分析等多项技术手段的使用，以及管理与运营机制的创新等理念[4]。此外，研究者还关注城乡供水一体化中涉及的专业人才和宣传等问题，建议要加强人才培训、宣传机制构建等方面的工作。

本文将从生态文明理念出发，分析我国城乡供水一体的现状和发展趋势，提出城乡供水一体化长效运行管护机制的构建思路、框架,以及对策建议和优化措施,为今后城乡供水一体化长效运营管理提供参考。

1 生态文明理念在城乡供水一体化管护中的应用

1.1 生态文明理念的概念和内涵

生态文明理念是中国特色社会主义建设的重要组成部分,是指在坚持以人为本、全面协调可持续发展的基础上,尊重自然、保护环境、实现人与自然和谐共生的文明理念,是中国特色社会主义新时代发展的理念和行动指南。从根本上说,它倡导人类与自然和谐共处的思想。生态文明理念主要涵盖两个方面内容:一是环境保护与修复,恢复被现代生活污染的土地、空气、河流等,维持全球温室气体水平稳定,减轻对气候变化的影响等。二是可持续性发展,在发展的同时需要兼顾社会和环境方面的需求,可持续性发展是更绿色、更环保的发展路线,其中资源利用、垃圾处理和节约能源都是重要组成部分。

1.2 生态文明理念与城乡供水一体化的关系

生态文明理念是指在发展过程中要实现人与自然和谐共生的目标,促进绿色发展、低碳环保和生态建设。城乡供水一体化则是指在城市和农村地区进行水资源整合和统一管理,实现水资源的高效利用和合理分配。二者的关系在于,生态文明理念的实现需要搭建高效的水资源管理体系,并实现城乡区域内水资源的统一管理。同时,城乡供水一体化的发展也需要符合生态文明理念,采取绿色、低碳、环保的方式来进行水资源的利用和管理。因此,生态文明理念和城乡供水一体化是相互关联的,是互为支撑、互相促进的关系。

1.3 生态文明理念在城乡供水一体化管护中的应用

生态文明理念在城乡供水一体化管护中的应用是在坚持以人为本、全面协调可持续发展的基础上,通过保护自然、优化管护方式、全面管理水资源等方式,实现城乡供水一体化管理的可持续发展。

1.3.1 加强水源地保护

生态文明理念强调要保护水资源,防止水源污染。因此,在城乡供水一体化管护中,必须加强对水源地的保护和监测,严格控制畜禽养殖等污染源的排放,加强水生态环境修复,提高城乡供水的水源保护能力。例如,可采取植被覆盖、建设湿地等方式,提高水源涵养能力,减轻水源地污染负荷,保证供水水源的安全。

1.3.2 推广节约用水理念

生态文明理念倡导节约用水,鼓励人们通过节水设施和节水习惯,减少用水量,减少浪费。在城乡供水一体化管护中,通过推广节水的理念和技术,开展节约用水的宣传活动等方式,引导居民和企事业单位降低用水单耗。例如,可在城市设施建设中加强节水设施的建设和使用,推广居民用水的规范行为,提高供水系统的水资源利用率和供水水平。

1.3.3 加强污水治理和再生利用

强化污水治理和再利用,提升水资源利用效率,将废水转换成再生水进行利用,可以缓解城乡供水系统压力,改善城市水环境并推进"节水型城市",同时,能够增强城乡供水一体化系统的韧性,以应对自然环境变化的挑战。此外,推进污水处理和再利用也能有效遏制污染源头,保护生态环境,促进可持续发展,是生态文明建设的重要内容,对于推进城乡供水一体化长效管护体系的建设亦有着重要推动作用。

1.3.4 提高水生态文明知识普及

生态文明理念强调水资源的生态价值,通过提高城乡供水系统的生态功能,实现人与自然的和谐共生。在城乡供水一体化管护中,要加强水生态文明教育和宣传,引导居民和企事业单位树立保护水资源的意识,提高水资源的可持续利用性。例如,通过开展水文化节活动,提高人们对水生态文明的关注和认识,才能实现城乡供水一体化的可持续发展。

2 城乡供水一体化长效运行管护机制构建思路

2.1 城乡供水一体化现状及趋势分析

2.1.1 城乡供水一体化现状

当前,我国城乡供水一体化取得了一些成绩,但仍然存在不少问题。一是城乡供水不平衡,在城市地区更注重供水质量和服务标准,而在农村地区则更关注基础设施的建设和完善,供水的质量和服务与城市有一定差距;二是管理机构不统一,城市和农村供水管理由不同的政府部门来管理,缺乏协调和统一的管理机构;三是基础设施建设不平衡,农村地区缺乏先进的供水设施。城市化进程加速,城市人口数量不断增加,对城市供水系统的压力日益增大,给城乡供水一体化带来了挑战。

2.1.2 城乡供水一体化趋势

面对这些瓶颈问题,我国城乡供水一体化建设正朝着城乡基础设施建设、建立统一的管理机构、推进技术创新以及专业化供水服务等方向发展。重点是加强供水设施的建设与升级，扩大水源区保护范围，降低污染物的排放量和提高水源利用效率，对城镇化进行均衡布局。表1中列举了我国典型地区近些年城乡供水一体的发展趋势。

表1   我国典型地区城乡供水一体化发展趋势

地区	发展趋势
辽宁	2023年施行《辽宁省农村供水管理办法》，明确提出农村供水工程是农村公益性基础设施，鼓励有条件的地区将城市供水管网向农村延伸，推进城乡供水一体化
河北	2022年提出在冀东平原地区，积极谋划农村规模化供水工程，通过实施配套水厂建设和供水管网延伸等工程措施，实现城乡供水一体化
陕西	"十四五"规划提出新建城乡一体化或规模化供水工程，通过城镇供水管网延伸扩大覆盖面、中小型集中供水联网并网等工程措施，着力推进城市、县城和农村地区供水协调联动，实现全省城乡供水融合高质量发展，解决农村群众供水质量不高和管理服务不到位等问题
安徽	2019年印发《关于加强农村饮水安全工程长效管理机制建设的指导意见》，明确提出建立城乡统筹、设施完备的供水工程体系。积极推进城乡供水一体化，依托大中型供水企业的技术、管理优势，实行统一管理、统一经营，建立一体化的城乡供水网络系统，实现城乡居民共享优质供水
江西	2020年印发《江西省人民政府关于全面推行城乡供水一体化的指导意见》，提出了2025年底前，各县(市、区)城乡供水一体化模式进一步优化，城乡供水一体化工程体系基本建成，良性运行管理目标基本达到，饮用水水质达到国家规定标准，农村居民喝上安全水、放心水、幸福水的愿望基本实现
福建	2022年制定《福建城乡供水一体化工程建设导则》，指出以区域为单元，统一规划、统筹建设，以城镇供水管网延伸和规模化供水为主、小型集中供水为辅的城乡供水体系，实现城乡同质同服务的供水保障模式
山东	以"十四五"规划提出的以城乡供水一体化为主攻方向，加快构建起水质合格、保障率高、保护到位的水源体系，规模大、标准高、质量好的供水工程体系，推动更多地区实现城乡供水"同源、同网、同质、同服务、同监管"目标，"十四五"时期，城乡供水一体化率将提高到70%以上

2.2 面向生态文明理念的供水一体化长效运行管护机制构建思路

城乡供水一体化长效运行管护机制的核心目标是建立一个可持续、高效、安全、公平、环保的供水体系，同时促进城乡经济一体化和生态文明建设。具体来说，要通过完善监测手段、加强执法力度、推进科技创新等方式，确保城乡供水所需的水资源得到合理利用和保护，要加强供水管网的管理和维护，预防管网泄漏、损坏、故障等问题，并加强应急响应能力,提高供水系统的抗灾能力,确保人民群众用水安全,要完善供水服务体系,提高供水服务效率,降低供水成本,为广大市民提供更加便捷和优质的供水服务,同时还要满足农村居民不同的生活和生产用水需求,要将城乡供水一体化作为促进城乡经济一体化和生态文明建设的重要举措,通过统一规划、整合资源、实施节水措施等方式,促进城乡共同发展和生态环境保护。总之,城乡供水一体化长效运行管护机制的核心目标是为人民提供安全、稳定、高效、便捷的水资源服务,同时促进城乡经济一体化和生态文明建设,推动可持续发展。面向生态文明理念的城乡供水一体化长效机制的总体思路见图1。

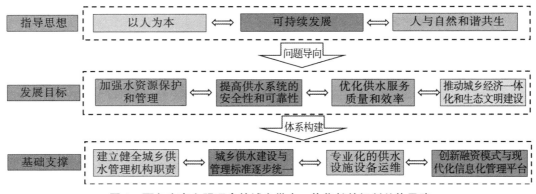

图1　面向生态文明理念的城乡供水一体化长效机制总体思路

3　对策措施与建议

城乡供水一体化是推动城乡经济协调发展和全面建设小康社会的一个重要举措。在实践中,长效运行管护机制是城乡供水一体化的保证,也是推进生态文明建设的必要手段。因此,结合生态文明理念提出城乡供水一体化长效运行管护机制的对策措施和优化建议。

（1）加强政策引导与政策落实

城乡供水一体化需要政策的支持和配套措施。当前,应加强地方政府的指导和规范,完善相关法律法规和政策文件,建立健全城乡供水一体化的管理体系和组织机构,确保政策落实到位,同时提高城乡居民参与度和意识,通过信用评价等方式激励和约束相关各方,推动可持续发展。

（2）统筹制定城乡供水规划

城乡供水规划是城乡供水一体化长效运行管护机制的首要目标,规划应该统筹考虑城乡的供水需求及水资源分布情况,并兼顾城乡供水的协调性与差异性,制定科学合理的城乡供水方案,以满足城乡供水的不同需求。

（3）健全技术标准与质量控制体系

城乡供水一体化需要保障水资源的可持续利用和保护,建立健全城乡供水技术标准和质量控制体系,促使城乡供水建设与管理标准逐步统一。同时,要推广新技术和新材料,提高供水设施的节能环保效率,并加强对供水水源、输配水管网的监测与管理,减少管网漏损和水源污染的风险,保障供水质量安全。

（4）加强运营管理与效益评价

城乡供水一体化需要实施专业化的经营管理模式,促进资源的协调开发和利用,这就需要建立一套完整的运营管理机制,包括管网维护、信息共享平台、专业技术服务、应急供水等方面的规范化和标准化要求,以及建立长期的效益评价机制,不断优化运营效果,提高供水服务的质量和水平。

（5）建立跨区域合作机制

城乡供水一体化建设应当坚持"两手发力",要发挥好市场配置资源的作用,更好发挥政府作用,通过实施区域供水一体化、供水产业一体化、建设管理一体化,逐步实现城乡供水"同网、同质、同价、同服务"。推进政府、企业以及公众的多方参与,探索各方面共同合作的新模式,建立跨区域合作机制可最大化利用城乡资源,减少浪费和效率低下的情况。

（6）注重技术创新

利用现代传感器技术、信息技术以及人工智能等高新技术手段,加强水资源的评估与监测,提高水资源利用率,减少水环境污染,优化用水结构,降低能耗成本。对于传统城乡分离的供水模式进行深度优化,推动智慧供水系统建设,开展供水全面感知、实时传输、数据分析和智慧应用系统建设,提高预报、预警、预演、预案能力,使之适应城乡一体化新型模式的需求。同时,需要充分考虑环境保护,在城乡供水一体化工程设计、施工以及运行期间等方面注意环境容量和环境承载力,采取有效技术手段,打造绿色型、低碳型城乡供水一体化模式。

（7）加强宣传引导

政府和媒体应积极推动关于城乡供水一体化的信息宣传教育活动,采用多种形式普及科普知识,以便于广大群众了解并支持城乡供水一体化工程的建设与运行,有利于促进市民参与城乡供水一体化公共事务。针对不同的地域特点,开展农村居民的农业节水技能培训,以及城市居民的家庭用水节水等宣传活动,倡导绿色生活方式,鼓励城乡居民自觉进行节约和保护水资源,确保城乡一体化供水系统的长期健康发展。

4 结论

城乡供水一体化是当前和未来一个重要的社会问题和发展课题,落实好长效运行管护机制是城乡供水一体化有效运转的基础和核心内容。本文通过对城乡供水一体化的实践和发展状况进行深入的研究和综合分析,提出了一些具体的优化措施和建议,为城乡供水一体化长期稳定发展提供了有力的支撑。

参考文献

[1] 魏后凯.新常态下中国城乡一体化格局及推进战略[J].中国农村经济,2016(1):2-6.

[2] 吴鹏.推进城乡供水一体化建设的若干思考[J].财经界,2015(5):132-132.

[3] 张晓飞,王豪,高常玲,等.环保企业的协同战略模式——基于扎根理论的探索性研究[J].管理案例研究与评论,2021,14(6):573-587.

[4] 郭岚.上海城乡一体化发展研究[M].上海:上海社会科学院出版社,2016.

加快水利投融资改革攻坚 助力水利建设高质量发展

杨义忠　蒋　翼　双美林

中水珠江规划勘测设计有限公司

摘　要：党的二十大报告指出，完善支持绿色发展的财税、金融、投资、价格政策和标准体系，为深化水价改革、发挥市场配置水资源的作用指明了方向。创新水利投融资体制机制，是扩大水利有效投资规模、拓宽水利投融资渠道、增强水利发展质量和动力的重要举措。分析了我国水利投融资现状和水利项目融资难等痛点，提出未来发展建议，助力水利建设高质量发展。

关键词：水利投融资；改革；水权水价；社会资本

《习近平关于治水的重要论述》以"节水优先、空间均衡、系统治理、两手发力"治水思路为核心。水利部党组书记、部长李国英在该书的序言指出，更加自觉地走好水安全有力保障、水资源高效利用、水生态明显改善、水环境有效治理的高质量发展之路。本文在深入学习坚持政府作用和市场机制"两只手"协同发力的基础上，结合实际工作情况，就加快水利投融资改革，助力水利建设高质量发展进行论述和提出建议。近年来，国家和地方政府相关行政主管部门出台了一系列政策法规和相关意见。2020年7月，国务院政策例行吹风会上强调，要按照市场化、法治化原则，深化投融资体制机制改革，落实水价标准和收费制度，建立合理回报机制，扩大股权和债权融资规模，以市场化改革推动、加快水利工程建设。2021年6月，国家发展改革委印发《国家发展改革委关于进一步做好基础设施领域不动产投资信托基金（REITs）试点工作的通知》（发改投资〔2021〕958号），大幅扩容试点领域，明确将具有供水、发电功能的水利设施纳入试点范围。2022年5月，水利部印发《关于推进水利基础设施投资信托基金（REITs）试点工作的指导意见》（水规计〔2022〕230号），为各地开展试点工作提供具体指导，盘活存量资产，扩大水利有效投资，为加快水利基础设施建设提供资金支持。同年8月，水利部、国家发展改革委、财政部联合印发了《关于推进用水权改革的指导意见》（水资管〔2022〕333号），提出到2025年，用水权初始分配制度基本建立，区域水权、取用水户取水权基本明晰，用水权交易机制进一步完善，全国统一的用水权交易市场初步建立。

1 当前水利投融资面临的困难

近年来,我国水利建设投资规模总体呈现上升态势,水利部召开的 2022 年水利基础设施建设成效新闻发布会披露,2022 年全国完成水利建设投资 10893 亿元,比 2021 年增长 44%,水利建设投资规模首次突破 1 万亿元;"十四五"期间,全国计划完成投资额 5.2 万亿元,较"十三五"实际投资额增长 57%。然而,我国目前水利投资依然以政府投资为主,利用金融和社会资本不足,深化投融资改革面临诸多问题与困难。

1.1 政府投入为主,财政支出不稳

一直以来,水利项目具有公益性较强、投资规模较大、建设周期长、投资回报率较低的特点。根据历年水利发展统计公报,水利建设投资来源以政府为主导,近年占比在 75%～80%。中央政府投资趋于稳定,地方政府投资占比逐年提升;国内贷款规模自 2017 年达到峰值后下降,近年趋于稳定;企业和私人投资规模逐年上升,投资占比稳定在 9% 左右。然而,现在和未来一段时期,受中美对抗、海外新兴市场震荡和国际贸易冲突加剧等影响,叠加国内消费增速疲软因素,我国财政收入与支出压力骤增,中央水利投资规模预计放缓;而由于地方城投债务隐患导致的金融监管缩紧与风险防控,地方政府筹措资金的难度增大。

1.2 水利项目收益较差,公益性水利市场化融资难

1.2.1 投资收益机制不合理

大多数水利基础设施项目,收入来源主要为供水与发电,这是维持运转的重要收入来源。长期以来,国家和地方更看重水利基础设施的社会效益而非经济效益。例如,为了保障农民权益和促进农村发展,农田基础设施的农业水价通常低于取水成本[1]。同时,现行的水价标准与供水成本长期背离,一定程度上忽视了水产品的商品属性,没有按照商品等价交换的原则制定水价。全国目前平均现行供水水价仅达到平均供水成本的一半,甚至经常出现无法覆盖水利基础设施的运营管护成本的情况。除了水价外,水力发电的上网电价水平在煤电、核电、风电、光伏等发电方式中也处于最低的位置。这些情况都极大地削弱了水利项目的盈利能力,打击了社会资本进入水利领域的热情,出现供给端资金不足的问题。

1.2.2 投资与运营效率低下

由于政府长期以来在水利投资中占据主导地位,而用水组织大多属于政府或集体的附属组织,水利基础设施在建设完成后的运营管护中凸显出许多问题,呈现"重管理、

轻建设"的特点,严重阻碍了水利基础设施的快速发展和改革的步伐。

一是我国20世纪兴建的大量设施缺少维护经费与建设质量低等,导致我国部分存量水利基础设施的老化程度较高。二是水量监测计量等现代化设备配备不足,经常采用人头或亩数等方式计费,未做到科学计量的水利服务要求。同时,因为产权不明晰、经营管理较为粗放,运营管护者存在缺位现象,管理体制僵化,缺乏提高资产运营效率和改进组织经营水平的动力,导致资产结构不合理、资产管理水平低等问题。

1.3 水利投融资平台发展遭遇瓶颈

1.3.1 融资能力受限,风险管控能力遇到挑战

水利投融资平台曾是吸引社会资本投入水利建设的有效手段,近年来,由于存在的各种不足,水利投融资平台存在的融资难、还款难、效益差等风险日益凸显。水利投融资渠道较为单一,大部分省份水投平台对于银行贷款的依赖程度达90%以上。同时,由于2010年《关于加强地方政府融资平台公司管理有关问题的通知》(国发〔2010〕19号)明确了地方政府不得以任何形式为融资平台融资提供担保,水利投融资平台担保和信用能力受到限制。

1.3.2 类省级水利投融资平台受到制约

有的地区虽然没有成立水利投资主体,但有相关企业一定程度上承担了水利投资平台的功能。以某省某集团公司为例,该集团公司考虑到承担公益性水利项目,无法为企业带来直接经济效益,财务并表会大幅拉低企业资产收益率,对集团公司未来融资能力和可持续发展造成较大影响。目前该集团公司业务只涉及具备市场化条件的水资源配置、城乡供水一体化、水力发电等项目,不愿意承接防洪、治涝、灌溉等公益性水利项目。对照省级水利投融资主体统筹实施公益性和准公益性水利项目建设运营的定位,该集团公司的功能作用难以全面有效发挥。

2 当前水利投融资改革重点

要解决目前水利投融资改革工作中存在的困难和问题,需要坚持政府和市场两手发力,努力在建立事权清晰、权责统一的分级投入体系基础上,加快推进水价、水权改革,构建多元化、多层次、多渠道投融资格局,保障水利高质量发展。

2.1 深化水利领域省级以下事权和支出责任改革

水利财政事权是指政府运用财政资金提供水利基本公共服务的任务和职责,以现行水利财政事权划分为基础,明确水利领域中的水利基础设施项目建设、工程维修养

护、水资源管理、水土保持等涉水公共事务的支出责任。根据水利工程建设与管理性质、规模和受益范围、构成要素、实施环节以及复杂程度等，按照"谁受益、谁建设、谁负担"的原则，适度加强省级事权和支出责任，合理界定省级及地市、县市区的事权和支出责任，有利于缓解中央财政压力过大的现状。

以湖南省为例，将水利财政事权划分为省级事权、省市县共同事权、市县事权 3 类。省级事权主要包括国家级蓄洪工程建设，大江大河水文监测建设，省本级承担的涉水事务管理，如水文水资源与水土保持监测监管，省本级承担的其他水利投入，如重大项目前期工作、水利改革、水利科教等；省市县共同事权包括重大水利工程如大型灌区续建配套与三级及以上非城市堤防加固、面上水利项目如大中型病险水库水闸除险加固与重点地区排涝能力建设、其他项目如洞庭湖治理与跨市县的上述项目大型工程维护；市县事权包括中央水利项目如农村安全饮水巩固提升与水系连通及农村水系综合整治、省级主导项目如农村河道整治沟渠疏浚与水生态建设、市县水利项目如本行政区域内的防洪排涝灌溉等水利基本公共服务。

同时，湖南省在划分水利财政事权的基础上，按照"谁的财政事权谁承担支出责任"的原则，配套实施水利支出责任的划分。省级事权支出责任在除中央投资外，省财政承担 100%；省市县共同事权支出责任除中央投资外，省财政原则上承担 40%，并根据地区经济发展情况进行上浮或下调；市县事权支出责任除中央投入以外的支出，原则上由市县通过自有财力安排，省财政给予适当奖补。对本级政府履行水利财政事权、落实支出责任存在的缺口，除部分资本性支出通过地方政府债券、市场融资等方式筹措外，上级政府可给予一般性转移支付支持。

深化水利领域省级以下事权和支出责任改革，有利于兼顾政府职能和行政效率，实现权、责、利的统一，更好地发挥财政统筹调节的功效。

2.2 加快推进水价水权改革，激发水利发展内生动力

2.2.1 深化水价改革

价格机制是有效调节水资源供求关系和促进水资源优化配置的关键核心。一是科学完善水价定价原理。统筹考虑供用水各方利益关系，按照"准许成本加合理收益"的原则，建立和完善反映水资源费、原水价格、运营成本等情况变化的供水水价形成机制和动态调整机制[2]。同时，优化调整水资源费征收标准。建议采取"一次调整，分步到位"的方式，适当提高并优化水资源费征收标准，增收的水资源费，全部返还用于水利建设。适时研究恢复堤围防护费和水土保持补偿费征收。赋予水土保持、江海堤防建设等公益性项目一定的"收益"来增强项目自身融资能力，减轻公共财政压力。二是深入推进农业水价综合改革。核算大中型灌区成本，按照补偿运行维护成本的原则核定农业用水

价格,针对水资源短缺、用户承受能力强的地区,将农业水价提高至完全成本水平。建立农村供水工程管护经费补贴机制,在水费收入不能覆盖供水成本及运营企业合理利润时,给予管护主体适当财政补贴。

2.2.2 完善水权市场建设

水权市场是实现水资源价值的平台和场所,加快建设全国统一的用水权交易市场,从而使水利基础设施提供的供水和节约用水量能够在水权市场上实现收益,让社会资本看到水利基础设施价值实现的通道,从而激励社会资本参与水利基础设施投资。

1)深化用水权市场化交易制度改革,完善水资源资产收益制度。积极开展水资源使用权确权登记,优化用水权分配和交易、用水总量控制、用水定额核定等管理办法,积极培育、规范、开展用水权交易,按照"谁投资、谁收益"的原则,将用水权交易收益作为水利基础设施运行资金的重要来源。正确处理政府和市场的关系,充分发挥政府和市场的协同作用,建立市场主导、政府调控的节水用水体制机制,探索创新"合同节水+用水权交易"等模式,以优先获得结余水量鼓励吸引社会资本参与节水工程建设及运行管护。同时,规范明晰区域、取用水户的初始水权,鼓励开展流域间、地区间、用水户间等多种形式的用水权交易,积极探索用水权等绿色权益担保与交易试点,推进水权方、用水方通过用水权抵押转让等方式,提升水权市场化水平和水利工程融资能力。

2)强化水资源刚性约束,严格落实用水定额标准和计划用水管理,规范取用水行为,抑制不合理用水需求,强化关键用水指标管控,完善节水制度体系。同时,强化科学计量,建立健全水资源监测监管体系。全面提升水量水质精准计量和动态监控能力,做好用水计量监督管理,充分发挥水量监测的基础性作用。加大水政执法力度,提高违法取用水行为惩治力度。强化水利法治管理,加强水资源监控、监管执法力度,及时发现和处置非法取水、超许可、超计划取水等行为,保障完善供水格局。

2.3 盘活存量资产,以 REITs 为主拓宽融资渠道

截至 2021 年,全国现有水库约 9.8 万座,总库容 8983 亿 m³,资产价值超万亿元,具备调动金融资本和社会资金投入水利项目建设的坚实基础。在明晰水利存量资产产权、实现水利工程投融资与建设运行管理相衔接的管理体制下,对具有一定经营收入的存量水利资产,在确保防洪、排涝、调度和灌溉等社会公益职能的前提下,可以采取灵活转让项目经营权、政府与社会资本合作(PPP)模式、发行不动产投资信托基金(REITs)、开展资产证券化(ABS)和谋求上市(IPO)等多种方式进行盘活融资[3]。其中,REITs 作为推进"两手发力"的方法,值得深入研究和积极探索推进。

2.3.1 REITs 的优势

(1)充分利用市场机制,为水利资产科学定价

长期以来,大量效益较好的水利设施,因为公益性单位管理和不科学的成本计价原因,资产价值被严重低估,不利于再融资。而基础设施 REITs 作为高度市场化的公募产品,面向社会公开发售,通过资产评估和市场询价等环节,在沪深交易所市场公开上市交易,相比于股权转让、TOT 等模式而言,有利于充分体现优质水利资产的真实价值,为水利建设的多元化融资创造条件,放大存量资产规模。

(2)提高监管与监督效力,推动项目管理提质增效

基础设施 REITs 作为公募基金产品,需要公开发布定期报告,接受证券市场和相关管理机构的严格监管与社会投资者的外部监督,这有利于项目管理者提高管理质量。

(3)缓解社会资本进入水利领域难的问题

由于水利工程具有投资规模大、资金回收周期长、流动性差等特征,一定程度上影响了社会资本投资进入的积极性。通过基础设施 REITs 为社会资本提供规范、有效、畅通的退出渠道,增强流动性和二级市场活跃度,有利于更广泛地吸引社会资本投资水利建设。

2.3.2 推进 REITs 的具体实践

水利 REITs 试点项目资产为具有供水、灌溉、水力发电等功能,且具备一定收益能力的水利基础设施。不同规模、不同功能的基础资产采用不同的包装方法,大体可以归结为两种模式[4]。

(1)针对大型水利基础设施,大多采用优质资产剥离模式

大型水利基础设施涉及水库、供水、综合水利枢纽等工程类型,具有防洪、灌溉、供水及水力发电等多种功能,兼具公益性和经营性。面对大型水利基础设施(如宁夏银川都市圈城乡西线供水工程和浙江汤浦水库),通常需要剥离具有供水和发电等直接收益的相关资产进行单独核算,避免被公益性项目的部分拉低整体账面价值。

(2)针对中小型水利基础设施,大多采用资产重组整合模式

一些中小型水利基础设施虽然盈利情况较好,但工程规模相对较小,单个工程无法满足 REITs 发行规模要求,通常需要进行多个项目的资产重组整合,具体方式包括以同类资产整合(如云南元谋灌区)、具有关联性的类似资产整合(如湖南湘水集团的风电站和水电站)和产业链上下游资产整合(如贵州遵义的原水、供水和污水处理)。

3 未来发展建议

基于当前的改革现状,需要政府和市场两手发力,共同推进水利投融资体制转变与

发展。从投融资主体角度,要探索基于水利设施的多种收入途径,提升水利资产的收益率;从政府角度,要做好配套制度设计,发挥统筹协调监督的作用。

中水珠江规划勘测设计有限公司作为珠江水利委员会的技术支撑单位,已受委托开展咨询并编制海南省牛路岭灌区工程施工及运营分析、湛江市中心城区水系综合治理第二阶段(雨污分流)项目运行期成本分析等报告。今后,将摸索大藤峡水利枢纽、百色水利枢纽等工程 REITs 工作。

3.1 积极探索建立健全水生态产品价值实现机制

统筹涉水产业开发收益与水利工程建设投融资,大力推进水利与旅游、健康疗养、土地、生态产业、新能源等其他产业融合发展,以新的产业形态来提升水利项目融资能力。鼓励将堤防建设、河流综合治理等项目覆盖范围内的土地增值收益和其他可开发经营资源作为政府投入。鼓励财力受限但有资源禀赋的地方,以具备开发价值的矿产、旅游等资源特许经营权益作为水利项目投资对价。除了传统水利项目的供水和发电收入外,市面上还有 3 类可以落地推广的新型收入模式,分别是经营性挖掘、经营性捆绑和特许经营许可。①经营性挖掘。挖掘相关经营性活动,创造依托于水利工程实施建设或建成后可能产生的附加收益。如河道整治或水库建成后,水面租赁收入以及因综合治理带来的土地增值出让收入,灌区节水改造后用水指标结余出售带来的水权交易收入等。②经营性捆绑。将非涉水的经营性项目打包捆绑在水利项目中,达到项目收益自平衡,如工程周边餐饮、民宿、旅游、停车场、充电桩、商铺、码头租赁、物业管理等收入。③特许经营许可。将砂石、土石方等水利工程建设实施过程中产生的资源特许经营权和污水处理厂等具有特殊经营性质的项目交给社会运营主体。

3.2 加强全过程服务,完善配套制度建设

(1)加强全过程服务

针对各地水利工程项目特点和试点推进实际,主动加强项目前期规划和推进有关信息公开,研究出台相应投融资实施办法的操作指南,完善涉及工程股权、经营权和财产收益等操作细则,切实解决部分项目在合规手续方面的困难,从试点项目的谋划申报到发行、运营实施全过程服务,促进水利基础设施高质量发展。

(2)健全试点工作协调机制

建议各地水利部门加强与发展改革、证券监管等部门的合作,定期调度会商,增强工作统筹协调,优化工作流程,提高办事效率。

(3)加强宣传推广

采取多种方式开展政策解读、宣传培训和工作交流,用好用足推进试点方面的权

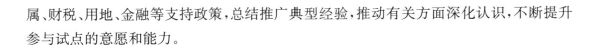

属、财税、用地、金融等支持政策,总结推广典型经验,推动有关方面深化认识,不断提升参与试点的意愿和能力。

4 结语

《习近平关于治水的重要论述》提出,当前和今后一个时期,水利基础设施建设的任务仍然艰巨,要按照政府主导、市场运作、社会参与的方向,着力解决水利投融资难点问题,进一步深化水利投融资机制改革。本文在分析我国水利投融资难点的基础上,提出水利投融资相关建议,助力水利投融资体制改革与水利建设高质量发展。

参考文献

[1] 庞靖鹏.用市场化的途径解决水利项目投融资问题[J].水利发展研究,2021,21(2):36-39.

[2] 田贵良,景晓栋.基于水权水价改革的水利基础设施投融资长效机制研究[J].水利发展研究,2023,23(5):12-17.

[3] 陈茂山,吴浓娣,庞靖鹏,等.推进水利基础设施REITs试点情况的调研报告[J].水利发展研究,2023,23(2):1-5.

[4] 严婷婷,庞靖鹏,罗琳,等.水利基础设施投资信托基金(REITs)试点进展与推进思路[J].中国水利,2023(13):69-72.

水利工程建设对生态环境的影响

李卫华

中国南水北调集团中线有限公司河北分公司

摘　要: 近些年来,随着我国经济社会的高速发展,水利水电工程逐渐成为我国重点工程项目之一。水利水电工程能够满足民众日常生活需求,为当地农业生产经营提供保障。但水利水电工程本身施工周期较长、影响因素众多。倘若不做好前期规划设计,将会对周边生态环境造成严重影响。为落实绿色可持续发展理念,首先分析了我国水资源生态环境现状,水利工程建设对生态环境的影响,然后针对性地提出了具体的生态环境保护措施,以供参考。

关键词: 水利工程;环境影响;保护措施

1　我国水资源生态环境现状分析

我国水资源始终处于相对稀缺的状态,水资源是人们生产生活不可或缺的重要资源,对于社会发展有着不可替代的作用。水生态则是近些年来提出的概念,其意义是以天然水资源作为核心,通过人们的具体操作来实现人和自然的相对和谐统一,使生态环境得到更加和谐的发展,同时提供更加丰富的水资源、土地资源和生物资源,促进人类社会更加和谐发展。当前环境下,我国日益重视水利工程项目建设,同时有关水生态建设的研究内容也在不断拓展深化。在这一过程中,人们对于水利工程建设对生态环境产生的影响认识愈发直观,新的水生环境模型在水利工程建设过程中逐渐成型,新模型和传统水生态模型之间存在巨大差异,其中存在的矛盾也更加激烈。基于此,水利工程施工开始之前,设计人员应当做好选址和勘察工作,并在设计之初考虑到当地生态因素,确保工程建设对环境的负面影响能够尽量降低,为水生态建设工作提供基础[1]。

2 水利工程建设对生态环境的影响

2.1 对水环境的影响

首先,在水利工程施工期间,会采用施工截流的方法,使附近的水流流速变得很快,对水生生物的生存与发展有一定的影响。其次,有关部门环保意识不强,随意倾倒建筑、生活废弃物,导致各类废弃物进入江河,从而改变了水资源的 pH 值,对水体造成了严重的污染,对水生生物的健康发展产生了不利影响,同时也导致了农业用水量的短缺。第三,水库作为水利建设的重点,对地区的发展起着举足轻重的作用,是国家的基础设施,具有防洪、蓄水的功能。但是,在水库的运行中,会给河道带来一些负面的影响,比如使河道水面变宽、流速变慢,在实际的使用中也会对水质造成很大的影响。比如,水库的运行,会引起河道流速的改变,而在丰水期,河水流量、流速也会降低,导致了更多的污染物质的沉积。同时,在水利建设中,土壤的性质也会发生变化,特别是下游的泥沙含量持续上升,对下游水质造成了不利的影响。

2.2 对生物多样性的影响

在水利工程建设中,水库建设、道路建设等都会影响水体的水质、温度,从而改变现有的水生动物的生活环境,造成了一些水生植物和动物的迁徙,对水利设施建设区的生物多样性造成一定的影响,导致生物种群的持续下降。比如,在水利设施建设中,截流会影响鱼类的正常迁徙,致使鱼类无法正常繁衍,鱼种大量减少,引起水利建设地区生物群落的明显改变。水利工程的建设也在一定程度上促进了生物多样性。比如,在水库的实际使用中,水体面积和湿地面积都会在一定程度的增加;在缓慢的水流中,海藻类的数目会增多。藻类和浮游植物是鱼类、鸟类等水生生物的主要营养物质,能促进生物的繁殖与生长。

2.3 对地质环境的影响

在水利工程建设中,需要一定的土地面积,从而使水库周边的土地、植被受到损害,使原来的耕地变成水利设施,从而导致植被失去了维持地表生态功能的能力,土壤侵蚀加剧,对生态环境的稳定产生不利的影响。同时,由于水利工程的建设会对原有的地质层、表层造成严重的破坏,使地面开裂,从而影响到整个地质结构的完整性,加大了地震的危险性。特别是在大型水库蓄水以后,由于水体压力的增大,地壳的应力增大,很可能引发地震。在一些水利工程施工中,一些岩体也会发生岩爆,对当地的地质环境造成很大的影响[2]。

2.4　对气候条件产生影响

水库的形成将对施工地区及周围地区的气候变化产生一定的作用,使冬季温度显著上升,而夏天则显著降低;施工场地地形开阔,缺乏树木等天然阻碍,使风力增大;水库的储水变化也会使日间的水面蒸发增大,增加降雨。

2.5　区域性影响

现阶段跨流域调水工程的开展有效解决了调水地区时常面临洪水威胁的问题,缓解了区域性的生态危机问题。苏联曾采取北水南调工程来获取工业用水,项目的运行同时也避免了海水水位下降导致的一系列生态环境问题。我国南水北调工程的开展也有效解决了我国南涝北旱导致的生态环境恶化问题,同时水利工程的建设也帮助周边地区提升了空气湿度,改善了绿色植被生长环境,同时起到防沙除涝的作用。但与此同时,水库建设也会影响当地地壳结构的地应力,进而导致地震发生概率进一步增大。同时,输水渠道的两岸也会出现渗漏问题,导致地下水位进一步提升,进而可能会导致周围土壤存在沼泽化和盐碱化等问题,如果边坡较高,还可能会引发泥石流或山体滑坡。除此之外,水利工程建设对于调出水的地区也会产生一定影响。例如,苏联开展北水南调工程,这就导致本应流入喀拉海的水量减少,流入热量降低,流入淡水量减少,进而导致西伯利亚平原出现森林大规模破坏问题,当地风速进一步增加,秋雨大量增加,同时,春雨大量减少,对于农业生态产生了严重的负面影响,此外,进一步对当地生态圈产生影响,尤其对珍稀生物的生活环境产生剧烈影响,严重时甚至会导致部分物种灭绝,生态环境受到严重负面影响,可能引发瘟疫等灾难性问题。大型水利工程的建设对于当地的水文、水温、生物等方面产生影响,包含正面影响和负面影响。整体而言,负面影响相对较大,但可以通过一些措施加以避免[3]。

3　水利工程建设过程中生态环境保护措施研究

3.1　构建并完善生态环境保护体系

构建生态环境保护体系需要从以下几个方面入手。首先,水利水电工程建设过程中,管理人员需要对原有保护体系进行调整优化。如某水利水电工程规划设计过程中需要施工单位开辟一条施工道路,此时设计人员需尽量选用对周边植被以及自然环境影响较小的线路,减少因施工材料导致当地土地资源被占用的现象。其次,需要建设单位加强部门之间的协作力度,将环境保护作为工程建设或设计管理工作开展的重点,只有各部门工作人员协同配合,才能够将水利水电工程对周边环境造成的影响降至最低。

最后,管理者需加大资金投入力度,采购绿色环保材料以及新型施工设备。由于水利水电工程具有周期性较长的特点,在施工阶段可能需要大量施工材料以及施工设备同时作业,难免会对周边自然环境造成一定影响。利用绿色环保材料能够提高施工建设质量的同时,增强对生态环境的保护力度,确保原有生物的多样性,促进生物正常生长发育。

3.2 加强水利工程建设监管

在水利项目施工过程中,应加大监督力度,降低对生态环境的破坏。首先,要强化企业的经营,从方案设计、人员安排等方面进行系统性的策划,并对最大的生态环境造成的严重影响进行控制。如果在实际应用中发现对水质、地质等造成严重破坏的状况,应立即进行治理,使其达到应有的目的。其次,要使水利水电项目达到良好的生态效果,必须要有健全的管理体系和健全的环保体系,加强与环保有关的协调与交流。要以系统的严格性来制约相关工作人员的工作,如果出现危害生态的情形,要给予警示,并根据相关的制度对其进行处罚。在建设单位内实行目标责任制,明晰职责,把环保的任务交给每个人。对项目的运营状况要进行定期的监测,一旦项目完工,对当地的生态环境产生了重大的破坏,则要承担相应的赔偿义务;实施生态修复工程,加强对区域生态保护,营造适宜的生物居住环境[4]。

3.3 建立健全生态环境补偿机制

生态环境补偿是一项关系到人民生活的大事,涉及面广,资金投入大。当前,我国的生态补偿资金大多来自政府投入的水利建设,不能全面、大规模地进行,必须建立和完善补偿制度,明确生态补偿的主体、标准,对造成不利影响的地区或居民给予最大限度的补偿。与此同时,要不断改善政府补助的融资途径,争取银行信贷、企业融资、私人资本等。在水利建设完成后,要对生态环境造成的损害进行修复和恢复。要使该地区的生态环境得到有效的保障,就需要各相关单位结合当地的具体情况,制定合理的土地利用补偿制度和治理措施,使其对当地的生态环境造成的负面效应降低到最小。

3.4 强化生态保护意识

为进一步满足生态环境建设需求并在水利工程建设过程中降低对环境的破坏程度,应当在水利工程项目建设的全过程中渗透加入生态保护意识。具体建设过程中,建设单位应当自上而下充分强化对生态保护工作重要性的认识,并将生态发展作为工程建设过程中的主要指导理念,尽可能降低工程建设会对动植物产生的负面影响,并设置具有良好处理效果的排污体系。工程具体实践时,由于很多水利工程位置相对较为偏远,导致实际施工时监管工作开展效果不佳,进而导致建设时存在工人随意排放污水废水的问题,与此同时,由于交通不便利,导致建设过程中产生的废料难以集中运输回收,这样的问题对当地生态环境产生了十分严重的阻碍,同时也对水利工程的后续运行环境造成负面影响。为避免该类问题发生,水利工程建设之前,就应当首先通过宣传和培训等方式来强化设计人员、施工人员的环境保护意识,自上而下落实环保理念,确保每名工作人员都能轻易意识到生态环境对于人们的重要性[5]。

3.5 应用环保施工技术

水利工程建设过程中,应用的施工技术通常具有更加显著的复杂性,应用的材料也具有多样性,而材料市场快速发展过程中,能够应用的新型环保材料种类数量也在不断提升,因而水利工程建设过程中,首先设计人员应当确保自身能够充分理解建筑材料的具体特点,并能够灵活结合环境情况来使用适合的建筑材料以确保生态建设需求能够得到满足。具体设计时,应当尽量使用环保材料来代替污染较为严重、产生废料较多的传统材料。与此同时,建设单位在设计时,应当尽量结合国外有关环保材料应用的成功经验,结合当前项目实际情况以及施工环境具体需求加以调整,确保工程建设能够符合实际应用需求。当前国内环保材料市场较为复杂,各种新型环保材料泛滥,但具体选择时还应当灵活结合环境需求,选择更加适合的环保材料。同时,为确保环保材料的应用有效性,还应当定期结合工程需求来对施工人员开展环保材料应用培训,确保施工人员能够认识到各种环保材料的应用需求和应用标准。具体培训时,首先结合工程实践时会直接应用的环保材料开展培训,在此基础上再结合工程后续进展方向来对相关建筑材料进行简要讲授,避免施工人员应用环保材料时不知所措的问题。与此同时,建设单位还应当结合自身建设实际,尽可能引入先进环保技术,灵活结合国内外环保工程建设的成功经验来开展培训、集训,引导施工人员和设计人员进一步深入认识先进环保技术,提高工作效率的同时进一步提高工程建设水平。

3.6 加强废弃物的处理

在工程施工过程中会产生大量的废水、废气以及固体废物,同时各参与方在生活中还会产生大量生活垃圾。要想避免这些废弃物对生态环境造成的不良影响,就需要先对其进行处理,待处理达到标准以后再排放到自然界中,避免直接将废弃物排放到自然环境中而对自然环境造成污染。在施工现场需要构建健全的排水沟体系,建设污水沉淀池,避免含有废渣的污水直接被排放到河流或是附近土地中。还需要建设一个有效的污水检测处理系统,用于检测处理之后的污水,再根据相关标准进行严格检测,确保处理后的污水能够达到规定标准再排放。对施工中所产生的有害气体排放问题也需要加以严格控制。这一点主要是针对大型施工设备,相关工作人员应定期对其进行维修与保障。需要注意的是检查储油库,避免发生汽油或是柴油泄漏事故,而且还应尽量选择优质燃料,降低有害气体的产生。此外,在施工时还应尽量避免燃烧有毒物体而产生有毒气体。另外,还要对施工中所产生的粉尘进行控制,如尽量避免不必要的开挖作业,也不要选择凿裂法施工,如此则能够有效降低灰尘的产生。在施工中所使用的粉煤灰、水泥等材料,运输时应保障其本身密封状态良好,还应当配备除尘器,这不仅能够保护当地环境,还能保护施工人员的健康[6]。

3.7　不断完善生态环境评价体系

生态环境质量评估系统是进行生态环境治理工作的依据和准则。通过定性和定量方法调查预测、分析、评价等手段,可以准确、真实、有效地反映新时期人民对生态环境的适应情况,从而为进一步做好环保工作提供了科学依据。构建和健全生态环保评估制度,要把"金山银山"的思想贯穿于整个项目的实施,切实加强对环境保护的法律法规指导,制定相应的环保管理制度,并在此基础上不断修订和健全评估制度,为生态环境高质量发展提供科学依据。①对下游供水情况做出评估。通过对三峡水库建设项目建设的具体情况、三峡水库下游地区的经济发展进行了深入的剖析,从而有效地解决了黄河上游地区水资源紧缺和农业灌溉问题。评价时,要考虑到下游地区的城镇用水变化、农田灌溉面积变化、发电能力提高、船舶运输等因素;水分储存等因素引起的改变。②对生态环境功能做出评估。全面地对该区域内生物种类和数量变化进行全面的分析,对其变化进行实时监控,对环境的变化进行实时监控;对所有的监控数据进行了科学的评价[7]。

4　结束语

综上所述,水利工程建设会对生态环境产生一系列影响,一方面能够通过提高水资源利用效率来便利人们的生产生活,另一方面也会导致当地储水量明显提升,影响气候、温度等多方面。实际施工过程中,施工单位应当结合工程实际,灵活借鉴国内外相关环保工程建设成功案例,强化单位环保意识、引入先进环保技术、强化监管工作,确保水利工程建设的生态亲和性,促进人与自然和谐共处、共同发展。

参考文献

［1］黄佳盛,郭凯先. 水利工程建设与保护生态环境可持续发展［J］. 新农业,2022（20）:101-102.

［2］王子劢. 新时代下水利工程管理与生态环境的创新融合路径——评《基于生态

环境的水利工程施工与创新管理》[J].灌溉排水学报,2022,41(10):159.

　　[3]赫富雅.农田水利建设对水土保持与生态环境的影响及对策[J].农家参谋,2022(19):159-161.

　　[4]彭先国,武丽娟,王俊平.当前水利工程规划设计有关用地问题的思考——以湖北姚家平水利枢纽工程为例[J].未来城市设计与运营,2022(9):13-15.

　　[5]连燕.水利工程中水土保持生态修复技术的常见类型及具体实施[J].工程技术研究,2022,7(14):89-91.

　　[6]于兴达.水利水电工程规划设计对生态环境的影响分析[J].工程技术研究,2018(8):212-213.

　　[7]袁韬.水利水电工程规划设计对生态环境的影响分析[J].农业科技与信息,2017(20):54-55.

关于南水北调水文化传承与发展的思考

程林枫　鲁亚飞　赵慧芳

中国南水北调集团中线有限公司河南分公司焦作管理处

摘　要：南水北调水文化是水文化的重要组成部分。本文梳理了南水北调水文化不同时期的特点；阐述了对南水北调水文化的认识；论述了新时代背景下建设南水北调水文化的必要性；分析了南水北调水文化建设中存在的问题；提出了新形势下推进南水北调水文化繁荣发展的思考和建议。

关键词：南水北调；水文化；必要性；文化建设

古往今来，水作为生命之源、生产之要、生态之基，在人类文明发展史上始终扮演着极其重要的角色。五千年的华夏文明史，就是一部兴水利、除水害的治水史。在不断追求人水和谐的伟大实践中，中华民族不仅铸就了一大批举世瞩目的水利工程奇迹，也孕育了具有中华民族独特气质的水文化。而南水北调工程是中国共产党领导人民改造自然、造福人民的伟大奇迹，极大地丰富人类物质文明，开创了中国水文化新境界。

1　对南水北调水文化的认识

水文化是指人类社会在利用自然、改造自然、战胜自然过程中，积累起来的关于认识水、治理水、利用水、爱护水、欣赏水的物质和精神的总和。在南水北调文化中，水文化也在规划、建设、运行的伟大实践中不断创新发展，这些在南水北调工程的背后，体现了新时代水文化的特色。一渠清水送北方，南北方水文化必将不断交融，必将孕育出新的水文化神韵[1]。

1.1　南水北调水文化源自中华传统文化

从某种意义上说，人类的文明史就是一部宏大的认识水、治理水、利用水的历史。古代四大文明都发源于大河流域。从被誉为"世界水利文化的鼻祖"的都江堰，到被誉为"世界古代水利建筑明珠"的灵渠，再到"世界文化遗产"的京杭大运河，它们充分利用地形地貌和水文特征，选址巧妙、设计精妙、功用绝妙，体现了古人高超的智慧。遵循了"道法自然""乘势利导、因时制宜"等理念,是中国古代"人与自然和谐"治水思想的典型代表[2]。同时,中华民族在与水共处、共生和斗争的进程中不断进步,不断孕育、塑造、丰富和发展出独特的民族个性。这是中华民族百折不挠、与自然灾害抗争的文化象征,这些是坚定文化自信的"南水北调"底气。

此外,包括与水有关的法律法规、风俗习惯、宗教仪式,以及与水有关的思想意识、价值观念、行业精神、科学著作以及文学艺术等。这些丰富的中华民族水文化,是做好南水北调水文化的基础性工作。

1.2 南水北调拥有丰富的水文化资源

南水北调不仅是一项福泽万代的伟大工程,也是以物质形态为载体的一座不朽的文化丰碑,是中国特色社会主义先进文化的集中体现,具有极其丰富的文化内涵。从物质文化层面看,主要有工程、建筑物、设施、沿线展馆等显性形式[3],比如南水北调中线沿线的南水北调博物馆、河南省南水北调博物馆、穿黄工程综合性教育基地以及国家方志馆南水北调分馆等均是文化载体。南水北调这一大国重器,它凝结着这个时代中国最先进的科学、技术、材料、管理等丰富的文化元素,是顺应自然、改造自然的工程奇迹,是世界上最伟大的调水工程。

从制度形态文化视角看,围绕南水北调工程,制定了一系列工程规划、设计、施工、运行、移民安置、水资源分配、水市场管理、应急管理等管理制度,体现了当代中国治水、管水的思想和智慧。

从精神形态文化视角看,围绕南水北调工程运行管理,贯穿着党和国家领导人一系列治水思想,形成了伟大的南水北调精神,其间发表出版了大量的学术论著、文学艺术作品,改变着人们的生产生活方式、价值观念、风俗习惯等。

1.3 南水北调水文化保持着旺盛的生命力

作为一项基础性、前瞻性、全局性、战略性的重大水资源配置工程,自 1952 年毛泽东同志提出南水北调伟大构想,到"人间天河"南水北调工程顺利通水,再到引江补汉工程,推进后续工程高质量发展,加快构建国家水网,是中国共产党领导人民进行伟大治水实践的产物。

南水北调工程是一个造福亿万群众的党群连心工程,体现了党"坚持人民至上"的治国理念。近年来,全国推行的河湖长制,是习近平生态文明思想在治水领域的生动实践,也是先进水文化在制度建设上的成功拓展。同时,加强运行管理,提高供水保障能力。牢固树立总体国家安全观,守住安全底线,进一步加强和改进思想政治工作,发挥党建引领,以"微治理"赋能,提升基层党支部思想政治工作质量和水平,把思想政治工作贯穿党的建设各方面、各环节,牢牢掌握工作的领导权和主动权;坚持党的群众路线,组织群众、宣传群众、教育群众、服务群众,强信心、聚民心、暖人心、筑同心;坚持守正创新,推进理念创新、手段创新、基层工作创新,使新时代思想政治工作始终保持生机活力;坚持系统观念,把思想政治工作同工程维护和养护、高地下水处理及衬砌面板修复、冰期和汛期等重要时段输水工作、企业精神培育、企业文化建设等工作结合起来,为推动南水北调中线事业高质量发展提供有力的政治和思想保障。在日常运行管理工作中引导员工自觉增强精准意识和精准思维,统筹做好进度安排、资金使用、人力调配、推进实施等工作,做到分工明确、责任清晰、任务到人、考核到位。南水北调人正是凭着这样一种工作态度与理念,从而提升规范化、标准化管理能力和水平,保障工程运行高效、安全、可靠,使南水北调工程成为党、国家和人民的放心工程。

2 推进南水北调水文化的必要性

南水北调文化所蕴涵的大局、民本、和谐等工作理念,有利于推动大型基础工程设施建设,有利于汇聚积极进取的民族力量,有利于弘扬中华民族的优良传统。随着南水北调沿线地区经济社会的不断发展,人们对文化的需求越来越旺盛,仅靠行政手段和技术力量是远远不够的,还需要文化的引领与推动[4]。借助南水北调水文化进一步创新发展中国水文化,具有重要的现实意义和历史价值。

2.1 国家战略地位的要求

南水北调工作为一项基础性、前瞻性、全局性、战略性的重大水资源配置工程。以习近平同志为核心的党中央高度重视南水北调工作,多次作出重要指示批示。2020年11月、2021年5月,习近平总书记半年内两次考察南水北调工程,并在南阳亲自主持召开专题座谈会,发表重要讲话。2022年5月、8月,习近平总书记就推进南水北调后续工程高质量发展工作作出重要批示。随着南水北调一期工程的建成通水,2014年2月,国务院颁布实施《南水北调工程供用水管理条例》,按照习近平总书记"不断造福民族、造福人民"的指示要求,对做好南水北调工作提出了更高要求,如何讲好南水北调故事,树立南水北调品牌形象,进一步创新发展新时代南水北调水文化,南水北调面临新的历史发展机遇。

2.2 文化建设的要求

文化是一个国家、一个民族的灵魂,南水北调水文化作为水文化的重要组成部分,是南水北调工程的灵魂之所在,推进南水北调水文化建设是加强文化建设、建设文化强国的必然要求。习近平总书记多次就文化建设发表重要讲话、作出重要论述,强调要"进一步回答好中华文明起源、形成、发展的基本图景、内在机制以及各区域文明演进路径等重大问题",统筹考虑水环境、水生态、水资源、水安全、水文化等多方面的有机联系,是促进人水和谐、社会、经济、自然复合生态系统健康可持续发展的文化。而南水北调水文化也是沿线城市文化之魂,其发展也离不开水文化的浸润,水是城市文化的核心和灵魂,因为有了水的滋润,让华北平原告别缺水困境,践行新发展理念,让人们明白了水利万物,顺应自然的哲理。

2.3 生态文明建设的要求

生态文明建设是"五位一体"总体布局和"四个全面"战略布局的重要内容。生态文化是生态文明建设的灵魂。水是生态之基,水文化体系则是生态文化体系中的重要环节。推进南水北调水文化建设,把尊重自然、顺应自然、保护自然的生态文明理念融入南水北调调水与管理工作方方面面,建立完善南水北调水文化体系,引导全社会爱水、敬水、亲水、护水、节水,促进沿线地区生活、生产和生态空间和谐共生。南水北调不仅提升了华北地区地下水水位、扩大了受水区水域面积、基本恢复了受水区河湖等水体的自然生态。同时工程所蕴含的人与自然和谐相处的哲理,更是影响了沿线人民群众为城市生态环境建设添砖加瓦,南水北上流淌的同时,也时刻提醒着人民群众生态环境保护的重要性。

2.4 南水北调管理的要求

进入新发展阶段,我国发展仍处于重要战略机遇期,但无论机遇还是挑战都有新的变化。我国社会主要矛盾已经转化为人民日益增长的美好生活需要和不平衡不充分的发展之间的矛盾,人民群众对水的需求已从防洪、供水、灌溉等基本需求,扩展到优质水资源、健康水生态、宜居水环境、先进水文化等更高需求。党的二十大提出的"把我国建成富强民主文明和谐美丽的社会主义现代化强国""构建现代化基础设施体系"等,对做好南水北调工作提出了更高要求,也为南水北调管理提供强大的思想保障与精神支撑。南水北调必将继续促进北方地区产业结构调整,为沿线地区工业换代升级、发展第三产业提供契机,发挥北方地区资源和要素优势,推动南北地区间共同富裕和共享发展成果。

3 南水北调水文化现状及存在的问题

南水北调水文化成为现代水利事业承前启后的思想、精神、规范和智慧等的重要组成部分。南水北调水文化是贯彻新发展理念、加快高质量发展、推动生态文明可持续发展的精神动力。南水北调水文化建设除受到顶层规划、人才队伍、资金投入、制度设计等因素影响,还受到工程沿线地区经济社会发展水平的制约,任重而道远。目前仍然存在一些不容忽视的问题,主要表现在以下几个方面。

3.1 对南水北调水文化认识不足

人们对物质水文化的理解还不够,物质水文化建设的重视程度远低于物质建设,有的甚至不理解物质层面的文化存在,普遍存在以物质建设代替物质水文化建设的现象[5]。比如在南水北调风景区规划建设过程中,偏重自然风光开发营造。不够重视挖掘南水北调水文化的时代价值,有影响力的成果较少;未对南水北调水文化的概念与边界,南水北调水文化与其他文化之间的关系,以及南水北调水文化的发展历程、演进规律、功能作用等进行全面深入研究;未对古今中外治水理念的总结提炼,无法充分发挥南水北调水文化功能和作用。而中华民族的母亲河黄河和中华文明的发祥地长江及以色列的"指尖"节水文化,均已构建出概念明晰、逻辑严密、内容完备、权威科学的水文化基础理论体系。

3.2 南水北调水文化资源整理系统性不强

一种文化能够被广泛流传,其重要标志是能够被不断地文学化、艺术化,提升其影响力、向心力、凝聚力。围绕南水北调工程规划建设和运行管理,可以看出南水北调水文化是自成一体的文化专属系统。南水北调沿线众多的博物馆、展览馆、水情教育基地、水利风景区,往往为单个节点,未串联起来融合一体,开发出富有南水北调特色的旅游产品;南水北调沿线分布的重要文物古迹和陈设的历史价值,未进行深度挖掘并丰富南水北调的文化内涵;南水北调沿线 8 省 30 余城市的自然风光、旅游景点、人文荟萃等文化底蕴丰富,未促进资源聚合,构筑文化传承传播引导新高地,等等。这些均束缚着南水北调水文化传播、弘扬。

3.3 南水北调工程水文化数字化程度不高

南水北调在数字化转型,南水北调水文化数字化建设与转型同步,建成了具有丰富文化内涵的水文化载体数字化展示平台。但要完善现有水文化资源的数字化升级改造,要重点对历史档案、文献资料、老照片、重要文物等水文化遗产进行挖掘。目前,缺少以立体式的视觉冲击、沉浸式的互动体验数字化传播形式(例如,利用幻影成像等技术配合声、光、电再现黄河水文化的"穿黄工程"重大历史事件等,可让参观者更真切体验时代气息);未运用大数据对受众的操作和反馈等信息进行数据梳理,实现南水北调水文化的个性化推送。

4 新形势下推进南水北调水文化建设的对策建议

伟大的时代造就伟大的工程,伟大的工程凝聚伟大的精神文化。南水北调工程不仅是物质层面的"四条生命线",更是凝聚着极具宝贵精神财富的文化工程。南水北调水文化是我党团结带领广大人民群众在加快推进社会主义现代化、实现中华民族伟大复兴的中国梦的实践中孕育形成的新时代水文化。南水北调水文化建设是一项系统工程、长期工程,需要坚持系统观念,久久为功,既要着眼长远,又要立足当下;既要整体推进,又要重点突破。我们要深入学习贯彻党的二十大精神,不断加强南水北调水文化建设,围绕新阶段南水北调工程高质量发展,遵循习近平总书记治水思想,建议做好以下工作。

4.1 开展南水北调水文化建设顶层规划

以习近平同志为核心的党中央高度重视南水北调工作,多次作出重要指示批示,南水北调水文化建设必须坚持科学性、长远性、系统性,以规划为引领,逐步推进。①树立先进南水北调理念。通过丰富的水利实践,借鉴先进的治水理念,促进管水理念的转变、护水理念的转变、调水理念的转变。②抓好南水北调形象塑造。重点发扬行业精神,注重南水北调规范行为,树立起科学、安全、可信的形象。③用好南水北调物质载体。利用水形态、水环境、水工程等水文化物质载体所蕴含的人文气质与内涵[6],实现自然生态与人文生态完美结合的物质水文化。同时积极开展南水北调水文化建设试点,积累水文化建设经验,打造南水北调水文化建设范本。

4.2 挖掘南水北调水文化资源

南水北调水文化既覆盖南水北调工程整个既往历史进程,更面向未来发展的实践要求,成为工程血脉相融的重要部分,成为工程之魂,发挥出穿越时空的永恒魅力。奉献担当是南水北调工程建设和运行管理工作过程中最为动人的精彩篇章。丹江口库区移民百姓一次次舍家别业、远走他乡,全体南水北调人牢记"三个事关",从守护生命线的政治高度,切实维护南水北调"三个安全",让千万家庭尽享"甘甜"。

南水北调工程数据资源内容丰富,继续开展南水北调水文化资源普查,摸清家底,对涉水的各类物质文化和非物质文化资源等通过系统档案部门及各地的宣传部、统计部门、图书馆、博物馆、地方史志办进行挖掘、收集,包括专著、文史资料、年鉴、期刊、图册、论文、会议文献等各类资源,内容涉及文字、表格、图片、音频、视频等多种类型。对南水北调水文化家底的原始资料进行备份。坚持"扬弃"的原则,对原始资料进行研究分析,筛选出真正能代表当地历史与品牌的优秀南水北调水文化,分类整理,以网络为依托,建成南水北调的水文化特色资源数据库。呈现水与文化的结合、人与自然的和谐,以南水北调水文化带动地方发展建设。

4.3 创新南水北调水文化体制机制

南水北调水文化建设具有跨区域、跨部门、跨专业的特点，需要立足"共"字做文章。①强化外部联合。建立沿线地方政府机构协同的工作机制，区域与区域间、部门与部门间要加强沟通联系，整合各方力量和资源优势，打造具有沿线特点和南水北调特色的水文化建设平台，推进南水北调水文化建设一体化发展。②注重内部融合。水利项目在规划、设计、建设、管理等各环节都应重视、支持水文化建设，在运行管理过程中，将水文化元素有机融入南水北调工程的各方面和全过程。③运用河湖长制平台，制定符合南水北调水文化政策法规和制度标准，推动南水北调水文化的保护传承弘扬。

4.4 打造南水北调智慧水文化

在网络信息技术的赋能下，南水北调水文化在表现形态上和时空跨度上都有了极大的拓展，足不出户能"跨越千里、穿越千年"。①继续打造集南水北调博物馆、展览馆、水情教育基地、水利风景区、网络、报刊等要素融为一体的水文化展示平台。②持续利用信息技术推进南水北调水文化建设，完善南水北调水文化的信息化、数字化管理。积极寻求与人工智能、虚拟现实、大数据计算、数字孪生等信息技术的融合发展，推动南水北调智慧水文化建设。③打造数字化水文化产品和开展水文化艺术活动，构筑南水北调水文化传承传播引导新高地，以人们喜闻乐见的方式丰富水文化传播渠道，实现南水北调水文化在线上线下"两线开花"，提升南水北调水文化的影响力、向心力、凝聚力。

4.5 吸取一切优秀水文化精华

新时代，南水北调水文化是"面向现代化、面向世界、面向未来的，民族的科学的大众的社会主义文化"。坚持理论创新与实践创新的统一，发挥南水北调水文化在调水实践中的凝聚、引导、规范、教化和激励作用。按照习近平总书记"不断造福民族、造福人民"和治水方略的指示要求，结合新时代水利文化实践发展的要求，南水北调水文化充分汲取中华传统水文化的精华，借鉴世界优秀水文化的经验，更新水文化观念和水文化要素，总结调水思路，优化水文化结构，探索有效的水文化建设路径，丰富水文化元素，完善水文化精神内涵，不断推进南水北调水文化创新发展，筑起人水和谐的美好境界。

5 结语

南水潺潺北流，文化生生不息。在习近平新时代中国特色社会主义思想的科学指引下，砥砺"志建南水北调、构筑国家水网"的初心使命，发挥党建引领作用，以"微治理"赋能，大力推进南水北调水文化建设，保护传承弘扬南水北调水文化，为沿线经济社会高质量发展提供强有力的水文化支撑,让南水北调成为具有深厚文化底蕴的幸福渠;让南水北调水文化真正成为亿万盼水人心中的一片情、一缕魂。

参考文献

　[1] 王英.浅析南水北调对中国水文化的创新与发展[J].科技视野,2014(31):351.

　[2] 戴润泉.关于推进长江水文化建设的探讨[J].中国水利,2022(23):57-58.

　[3] 祁玲,朱自强.都江堰水文化传承与发展研究[J].四川水利,2020(6):158-159.

　[4] 郑大俊,王炎灿,周婷.基于水生态文明视角的都江堰水文化内涵与启示[J].河海大学学报,2015(5):81-82.

　[5] 李先明.幸福河的文化内涵及其启示[J].中国水利,2020(11):57-58.

　[6] 张盛文.探析现代水文化内涵及其建设路径[J].水利经济,2012(2):51-52.

提升北京水务治理能力的思考

马东春

北京市水科学技术研究院

摘　要:站在世界百年难遇的时代大变局和中华民族伟大复兴的历史高点上,完善北京水务治理框架和提高水务治理能力对水务高质量发展具有重要意义。通过北京水务管理体制的改革历程的梳理和回顾,从水务业务平台、水务治理体系现状、水务治理能力形成,深入剖析了现有治理框架和治理能力的问题,提出在原有治理框架基础上优化、集成、转型,构建现代水务治理的 8 大框架,并提出 10 大重点建设内容。

关键词:水务治理;治理框架;水务治理能力;北京

面对世界百年难遇的时代大变局和中华民族伟大复兴进程,面对千载难逢的历史大机遇,北京作为首都,"是我们伟大祖国的象征和形象,是全国各族人民向往的地方,是向全世界展示中国的首要窗口,一直备受国内外高度重视。建设和管理好首都,是国家治理体系和治理能力现代化的重要内容。"[1]北京站在新的历史起点上,建设"全国政治中心、文化中心、国际交往中心、科技创新中心"的城市战略定位,以及"建设好伟大社会主义祖国的首都、迈向中华民族伟大复兴的大国首都、国际一流的和谐宜居之都"的发展目标[1],为北京水务高质量发展提出更高更远的要求和目标。

北京作为华北地区超大型缺水城市,2021 年人口达到 2188.6 万,地区生产总值40269.6 亿元(8.5%)[2],人均 GDP 不断跨越标志性台阶,已达到高收入国家水平。北京的城镇化率为 87.5%,城镇化水平已达到发达国家水平。2021 年北京全年降水量为924mm,高于多年平均 57.95%,水资源总量为 61.30 亿 m^3,但人均水资源占有量仅为280.06m^3[3],天然禀赋不足的自然水文水资源状况如何可持续地支撑经济社会的高速发展,对新时期水务管理提出更严峻的挑战。做好顶层谋划,破解难题,推进水务发展,完善框架,提升水务服务能力,推进首都治理能力现代化,具有重要的现实意义。

1　水务管理体制的改革历程

从新中国成立至今,水务管理体制从无到有,从单一到多元,大致经历了 3 个阶段。

1.1　分割化管理，没有独立的水务管理部门(1949—1977 年)

1949 年之前,北京城区水利由市工务局管辖,没有专门的郊区水利管理机构。1949 年 3 月,北平市人民政府郊区工作委员会成立,加强了郊区水利管理。1950 年在卫生局内设置河道管理科,负责城区河湖工程建设。1952 年成立市农林局,内设水利科。1953 年河道管理科与上下水道管理科合并,组建养护工程总队。1955 年市卫生工程局改名为市上下水道工程局,城市河湖管理体制未变;成立农林水利局,内设水利科,负责郊区水利工作。1958 年成立上下水道工程局养护管理处河道队。1960 年市上下水道工程局和市道路工程局合并为市政工程管理局,设河道管理所,管理城市河湖、永定河引水工程和玉泉山水系,同年成立市水利工程局。到 1968 年,郊区水利与城市河道沟渠等逐步移交给水利部门管理。

1.2　成立市水利局,管理职能逐步独立和明晰(1978—2004 年)

1978 年北京市水利局正式成立。北京水资源管理体制一直是多部门交叉管理,职责不清。1985 年在北京经历连续 5 年干旱之后,水资源紧缺矛盾凸显,市政府提出组建水务局。1991 年市政府提出统一管水的改革方案。1995 年北京市政府机构改革期间,再次提出理顺水管理体制的建议。2000 年市政府进行新一轮体制改革,对原有涉水管理职能进行调整,明确市水利局统管水资源的职能,将审批规划市区打井职能、规划市区以外的郊区节水管理职能划归水利局,供水、排水、城市节水仍由市政管委负责。2001 年为协调涉水部门职能关系,市政府建立了水资源管理联席会议制度[4]。

1.3　北京市水务局成立,确立水资源统一管理(2004 年至今)

2004 年 5 月 19 日,北京市水务局正式成立,供水、排水、城市节水职能划归水务局,全市涉水事务统一管理,确立了水资源统一管理的新格局。各区陆续建立水务局,并打破乡镇行政区划,按流域组建了 114 个基层水务站、125 个农民用水协会和 3927 个村分会。形成了市水务局、区水务局、基层流域水务站、农民用水协会四级水务管理体制,极大程度地解决了管水机构重叠和权力分割问题,实现了水源地保护、供水、节水、排水、水环境治理、再生水回用的涉水事务政务的全面统一管理,为应对北京的水资源紧缺发挥了重要作用。2019 年,市水务局重构城乡水生态修复、水旱灾害防御与安全、工程建设、运行管理、资产资金与计划、依法行政和公共服务等 6 大职能板块以及河长制和党的建设 2 个平台,完善水务管理体制,提升水务管理能力。

2　北京水务管理框架与管理能力分析

从北京市情水情民情出发,北京水务管理体制的发展历程是一个不断探索和创新的过程,从无到有,从单一到多元,通过水务管理体制的不断优化,实现了防洪、水源保护、供水、节水、排水、水环境治理、水生态保护等的全面管理,特别是近些年水资源形势严峻、公众对水务管理水平和服务能力有了更高的标准和要求,北京在治水施策上积极探索、积累经验,形成了具有北京特色的治水方略。

2.1 水务业务管理平台

水务业务管理平台由水资源配置、用水过程管理、水旱灾害防御、水环境水生态等核心业务共同组成。

（1）围绕"五水"联调的水资源配置管理

北京水务在保护利用好地表水、地下水传统水源的基础上,积极开源,逐步形成了地表水、地下水、雨洪水、再生水、外调水"五水"联调的水资源配置格局。北京水务管理体制变革紧密围绕"五水"资源类型展开。全市已建成"11＋1＋9＋N"的城乡多水源供水保障格局,全市总供水能力达 961.1m³/d,尤其是近三年提升了 30％,确保首都的水资源安全。

（2）围绕"节水型社会建设"的用水过程管理

北京围绕"节水型社会建设",综合运用经济、工程、法律、科技、行政等手段,效果显著。全市人口由 1980 年的 800 万增加到 2021 年的 2188.6 万,生产总值由 300 亿元增加到 2021 年的 40269.6 亿元。全市用水总量却从 1980 年的 47.8 亿 m³ 降到 2021 年的 40.83 亿 m³[2-3]。北京市连续 19 年保持全国节水型城市称号,到 2021 年全市 16 区全部建成节水型区。

（3）水旱灾害防御管理

防洪体系基本形成,实现了由控制洪水向管理洪水的战略性转变。2021 年全市 83 座水库总库容 93.71 亿 m³,控制北京山区面积的 70％以上。此外,新建一系列分洪工程,建设完善了城市排水系统,排水管道长度 26852km。各区推进海绵城市建设,18％的城市建成区实现 70％降雨就地消纳和利用。建立健全了雨情汛情预报预警系统、城市应急抢险系统、群众安全转移系统、雨洪利用调度系统等。

（4）水环境水生态管理

按照人与自然和谐发展的理念,实施生态治河,修复了转河、菖蒲河、清洋河,建成了奥运公园龙形水系。自 2019 年开始持续推进 3 个三年治污行动方案,2021 年全市污水处理率达到 95.8％,城镇地区基本实现了污水全收集、全处理,农村治污取得重大进展,2023 年 2 月启动第 4 个三年治污行动方案。农村污水处理设施在线监控系统正式运行,在线率达到 80％。2015 年开始施行水环境区域补偿制度,水功能区水质达标率提高到 87%。实施"用水开路,用水引路",探索用生态的方法驱动生态治理,2019 年永定河山峡段 40 年来首次实现不断流,河道生态状况有效改善。水生动植物种群稳步增加。水环境水生态大幅改善。

2.2 水务治理框架现状

由水务行政管理体系、水务事业管理体系、水务执法管理体系共同组成水务管理体系。2019 年,围绕落实"四定"原则要求和新时期治水思路,遵循水的自然循环规律和社会循环规律,重构城乡水生态修复、水旱灾害防御与安全、工程建设、运行管理、资产资金与计划、依法行政和公共服务等 6 大职能板块以及河长制和党的建设 2 个平台,新调整、设立了水保生态处、地下水处等 14 个处室,形成了水务行政管理体系,制定了水务事业管理改革方案和水务执法改革方案,探索水务参与社会治理的工作机制,市排水集团、自来水集团形成业务服务平台,形成北京水务投资中心(水务基础设施)投融资平台,统筹开展水资源配置、用水管理、水环境管理、水旱灾害防御等 4 大业务系统总体设计,着力构建"系统完备、科学规范、运行高效"[5]的水务管理体制机制。

在市水务局的统一领导下,四级管理体制多级保障水务治理成效。在水务行政执法方面,依托河长制强化属地和流域统筹管理,在原"北京市河长制"工作的基础上,推进实施"一图一书一表"和"一河一策",加强水环境属地化管理,实现河道里和河岸上的责任统一;在水务监管考核方面,积极落实国家关于《实行最严格水资源管理制度考核办法》和《水污染防治行动计划》的相关要求,对全市 16 个区的水资源现状进行考核;在水资源交易市场方面,实行水资源税改革试点,水资源费改为征收水资源税,按照"税费平移"原则,对不同取用水方式的单位进行分类水资源税收缴,对居民生活用水进行 3 个梯级动态化水价管理;在水利工程运行维护方面,实行管养分离,组建专业化的养护企业,以全面实现水利工程维修养护的专业化、社会化和市场化,按需进行招标确定维护承包人,促进水利工程标准化、精细化管理;开放滨水休闲景点、公园,为市民休闲、娱乐、疗养提供场所,在市水务局统筹实施信息化建设的前提下,融合大数据和 5G 等新兴技术,实时刷新数据,促进共建共享。

2.3 水务治理能力的形成

水务业务管理平台主要由水资源配置、用水过程管理、水旱灾害防御、水环境水生态等核心业务共同组成。由水务行政管理体系、水务事业管理体系、水务执法管理体系共同组成水务管理体系。由市、区、镇(办事处)、村(街道)4 级组成管理结构。由水务管理的水资源类型、管理平台、管理体系、管理结构等构成水务治理框架,构成北京水务治理框架,相应地形成北京水务治理综合能力,包括防洪排水能力、水资源配置与高效利用能力、水资源保护与河湖健康能力、水务管理能力（图1）。

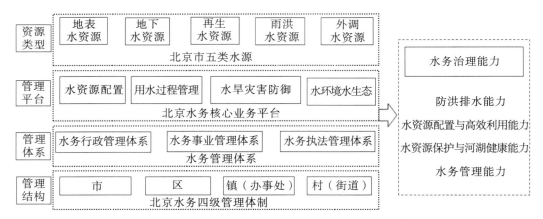

图1　资源类型、水务管理平台、管理体系和管理结构

3　问题归因分析

3.1　水管理体制中仍存在部门职能交叉、多头管理

传统治水体制改革不够彻底，水管理体制中仍存在部门职能交叉、多头管理问题。北京2004年推进水务管理体制改革，统一管理全市涉水事务，成立水务局。但水资源统一管理改革只是从行政区域层面入手，从国家管理层面对涉水事务的管理仍然涉及多个部门，包括水利部、住房和城乡建设部、自然资源部、生态环境部、农业农村部等。对市级水务管理部门来说，"下改上不改"，依然要对应着政出多门的、来自上级部门的涉水事务的行政管理指令，同时与同级的城建、环保、规资部门的职能协调依然存在，一定程度上仍存在较高的协调成本。

3.2　水务在城市管理中的"话语权"仍显薄弱

现代水务管理已打破传统的工程水利、郊区水利，不仅要城乡统筹，而且水务管理作为城市管理的不可或缺的重要部分承担着主导作用，而现有体制赋予水务的管理职能有些是传统的，有些是有限的，甚至是缺位的，导致管理不顺畅、权责不对等，对水务发展的目标要求与水务管理职能设置不匹配，水务在城市管理中的"话语权"仍显薄弱。比如顶层设计中，以水定城、以水定地、以水定人、以水定产为水务发展设定了高目标，但对于水务管理在城市发展决策与管理中的话语权仍显薄弱。

3.3　水务管理与末端治理的融合仍不够紧密

随着经济社会的快速发展，人民对水务公共服务的需求不断提升，加之城镇化发展使传统村庄管理转化为新型社区管理,已有的和新增的城镇化新型社区,需要更为精细化、规范化的水务管理。不论是对水务日常管理的常规化服务,还是面对旱灾、洪涝灾害、突发性水污染、突发性的公共卫生事件的水务应急管理,都需要更为强大的专业服务内核,强大的应变能力、强大的储备能力和与之配套的人员、机制,以及由此而形成的水务公共服务综合能力。但现实中,水务管理与人民需求结合的紧密度不够,水务部门专业化管理能力、精细化程度还需不断提升,末端治理能力薄弱等问题仍较为突出。

3.4 水务监管体系和水行政执法仍需加强

对专业化管理的水务监管体系不健全,特别是对规划阶段的水量计划管理、最严格的水资源管控机制、水生态空间的管控等的监管,在提高部门的业务专业化管理能力的基础上,强化监管能力。此外,传统的水务监管机制难以适应水务市场监管的要求,特别是一些水务项目开展特许经营后迫切需要发展以法律手段和经济手段为主的监管手段,但目前对水务市场的有效监管手段和规则体系的构建还有待加强。

4 现代化水务治理框架构建:优化、集成、改进

水务现代化过程,就是保障人类社会现代化发展对水资源安全利用和可持续利用的过程,水利现代化是一个动态发展的过程,也是伴随人类社会现代化发展的长期过程。现代化水务治理框架的构建是对已有制度体系的不断优化、集成和改进[6-7]。构建北京现代化水务治理框架应坚持党的领导、统筹水与经济社会协调发展、坚持系统治理、坚持改革创新、坚守为民初心的原则[8],以习近平新时代中国特色社会主义思想为指导,全面贯彻党的二十大精神,深入贯彻习近平生态文明思想,紧紧围绕统筹推进"五位一体"总体布局和协调推进"四个全面"战略布局,认真落实党中央、国务院决策部署,牢固树立绿色发展理念,以坚持党的集中统一领导为统领,以强化政府主导作用为关键,深入发挥市场作用,动员社会组织和公众参与,实现政府治理、市场调节和社会参与,完善体制机制,形成工作合力,大力实施水务高质量发展的工作思路,全力推进"安全、洁净、生态、优美、为民"五大发展目标,着力构建系统完备、科学规范、运行高效的制度体系,推进北京水务治理框架与治理能力现代化进程。初步构建北京现代水务治理框架(图2)。整个框架包括健全水务治理责任框架、健全水务设施管理框架、健全水资产价值管理与服务框架、健全水务治理市场框架、健全水务治理全民行动框架、健全水务治理监管框架、健全水务治理法律法规政策框架和健全水务治理科技支撑框架等8大水务治理框架。

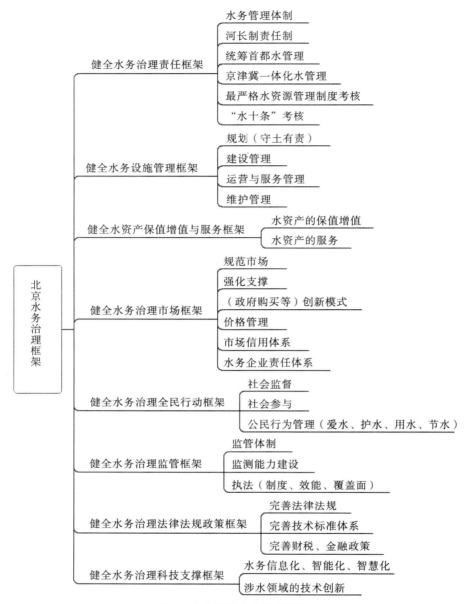

图 2　北京现代水务治理框架

4.1　健全水务治理责任框架

（1）水务管理体制

以理顺管理体制机制、优化力量配备、增强公共服务为着力点，推进改革，构建优化协同高效的水务管理体制。优化完善基层水务管理体制，推动治水管水工作重心下移、关口前移，加强基层治水管理能力建设。

（2）河长制责任制

坚持以河长制为统领,完善治水管水的运行管理制度体系。

（3）统筹首都水管理

优化整合综合执法管理、流域事务管理、城乡统筹管理、运行养护管理、公共服务管理等职能,推动水务支撑保障和运行服务体系的完善。

（4）京津冀一体化水管理

发挥北京水务管理优势,带动和推进京津冀水管理一体化。

（5）最严格水资源管理制度考核

落实"四定"要求,持续推进最严格水资源管理制度考核。

（6）"水十条"考核

按照"水十条"重点任务,针对薄弱环节,加强治理攻坚,以硬措施完成水污染防治硬任务。

4.2　健全水务设施管理框架

（1）规划,守土有责

做好水务顶层设计,特别是加强与交通、园林、住建等涉水规划及各区发展规划衔接。持续做好水务综合规划和专项规划,推动制定和落实水生态空间管控规划和水要素规划。

（2）建设管理

加快推动城乡水务基本公共服务均等化,完善城乡水务基础设施建设,特别是农村饮水安全提升工程、城镇地区污水处理和再生水利用设施等。

（3）运营与服务管理

安全运营,健全重大安全风险管控体系。严防洪涝灾害、供排水事故、水源地污染和水务工程安全生产等重特大风险,全面提升应对突发事件的能力。不断创新服务,满足市民对水务工作的新需求,增强市民的获得感。

（4）维护管理

完善维护管理制度,建立水务设施的长效管护机制。

4.3　健全水资产价值管理与服务框架

（1）水资产的价值管理

健全水资源资产产权制度,在做好水资产统一登记、确权登记的基础上,做好水资产的价值管理。

（2）水资产的服务

完善水资产的价值服务体系和服务平台，提供水资产价值，充分服务于人民。

4.4 健全水务治理市场框架

（1）规范市场

规范市场秩序，同等对待各类市场主体，引导各类资本参与投资、建设和运行。

（2）创新政府购买模式

积极推行第三方治理、第三方购买服务，探索规划、建设、治理的服务创新模式。

（3）强化水务产业支撑

加强关键技术自主创新，推动重大技术装备示范应用，加快提高水务产业技术装备水平。

（4）价格管理

完善水价框架，实行分类计量收费和超定额累进加价的水价征收制度。落实污水处理收费政策。推动和落实水资源费改革。

（5）市场信用框架

完善企业水务信用评价制度，实施分类分级监管。对违法企业依法依规记入信用记录，纳入全国信用信息共享平台，依法向社会公开。

（6）水务企业责任框架

依法实行排污许可管理制度，加强企业排放责任制度建设，督促企业严格执行，坚守社会监督。从源头防治污染，大力开展技术创新，提高资源节约、减少污染排放的能力。

4.5 健全水务治理全民行动框架

（1）社会监督

充分发挥水务热线作用，完善公众监督和举报反馈机制，加强社会舆论监督。鼓励新闻媒体对各类破坏水资源、突发性水污染等行为进行曝光。

（2）社会参与

发挥各类社会及民间团体的作用，积极动员广大群众参与水资源保护、节水和防汛抗旱中去。加强对社会组织的管理和指导，通过行业协会、商会的桥梁纽带作用，促进行业自律。发挥水务志愿者的作用。

（3）公民行为管理（爱水、保水、护水、节水管理）

组织编写水务科普读本，把水务纳入国民教育框架和党政领导干部培训框架，对学校、家庭、社区、单位等进行宣传教育。加大水务公益广告的宣传力度。引导公民自觉爱水、保水、护水、节水，践行绿色生活方式。

4.6 健全水务治理监管框架

（1）监管体制

健全完善水务行业监管体制。强化市（区）监督工作统一领导、统一计划、统一要求、统一组织，推进运用"互联网＋监管"模式，实现监督工作常态化、全覆盖。

（2）监测能力建设

加快构建水岸一体、上下协同、信息共享的水务监测网络。全面提高监测自动化、标准化、信息化水平，推动实现灾害预报风险预警。加大监测技术装备研发与应用力度，推动监测装备精准、快速、便携化发展。

（3）行政执法

推进水政综合执法体制改革。加强执法专业化、规范化建设，充分运用远程可视化、智能化、信息化等手段，探索推进非现场执法，提升水政执法效能。

4.7 健全水务治理法律法规政策框架

（1）完善法律法规

制定水资源、水环境、水生态、水安全等方面的法律法规，推动以供水、用水、排水为主要内容的节水综合立法。依法治水，违法必究，执法必严。鼓励有条件的地区在水务管理领域先试先行开展制度试点。

（2）完善技术标准框架

立足现状，围绕需求和目标，制定、修订水务管理标准等。健全标准实施的信息反馈和评估机制。鼓励开展节水能效等水标识的绿色认证制度。

（3）完善财税、金融政策

建立健全常态化、稳定的中央和地方水务财政资金投入机制。健全生态保护补偿机制。推进水权交易。探索建立水务发展基金。

4.8 健全水务治理科技支撑框架

（1）水务信息化

构筑水务要素全面感知、数据资源深度整合、业务应用智慧协同、基础设施共建共用、公众服务主动开放的智慧水务基本框架，提档升级水务信息化。

（2）涉水领域的技术创新

依托首都人才优势，加强技术装备研发、科技平台框架建设和科技成果转化与技术推广。

5 重点建设内容

（1）强化水务数据化、智能化、智慧化管理，实现跨越式提升，进入水务管理新纪元

城市问题几乎都可归于一个痛点：有限的基础设施和服务能力与高速增长的需求之间的矛盾，体现在基础设施的动态服务能力和效率不足，通过数据化、智能化、智慧化管理，实现更高效的连接供需双方，实现更精准的匹配，使有限存量资源发挥更大效率。通过信息化、智能化和智慧化，管理体系的最终状态就是使管理组织具有有机生命体特征，适应目标人群需求，真正实现以人为本。持续推进现代化通信技术、物联网技术、遥测遥感技术等在水务管理中的深度应用，以水务信息化引领和带动水务现代化建设。进一步完善水务数据化、智能化、智慧化管理系统，真正实现水务管理的精准、有效、高效。

（2）全面提升河湖长制的体制统领作用

全面提升河湖长制在水治理框架中的统领地位，统筹河湖的利用与保护，统筹水资源保护、河湖水域岸线管理保护、水污染防治、水环境治理、水生态修复、执法监管等。通过建立北京市河长制、湖长制长效机制，强化"监测与监控""监督与检查"，发挥水务与经济社会的渗透性、融合性等特征，融入社会管理的各个层面，全面谋划提升水务治理能力，推进水务大发展。

（3）加强立法，建立完备的、良治的、可操作的水务法律规范体系

建立完备的、良治的、可操作的水务法律规范和制度，是提高水务治理框架和治理能力现代化完善举措和基本保障的应有之义。①加快推进地方立法，逐步健全水法规体系。结合北京市水利工程、饮用水水源地、地下水资源管理的具体情况，因地制宜、逐条分类构建北京市水务法规体系。②持续完善水务制度设计，合理规划布局水务发展方向，规范制度的修改和调整工作，提高其普适性、可操作性和实用性。

（4）加强末端服务，强化基层水管理能力建设

基层水管理是水务工作中的重点和难点，推动治水管水工作重心下移、关口前移，"上面千条线，下面一根针"，国家及地方的水法规、水制度和水政策，需要每位基层管水员管落实到位，打好水务管理的"基层攻坚战"。加强基层水务人才建设，不断优化基层水务人才结构，明确责任制度，完善水管理体系，加大对基层水务的投入力度，持续提升基层水务人员的服务质量，是水务工作"强基固本"和水管理能力建设的必要条件。

（5）维护河湖生命健康，强化流域综合管理，实施流域大网格管理

实现河湖水系治理水平全面提升的重点在于水质、水量、生态环境的精细化、标准化管理。加大力度防治点源及非点源污染，实施河湖岸线 24 小时不间断监控监测，设置监测阈值和报警机制，监测线路纵横穿插形成网格，确保无监测盲点，打好治污防污的"阻击战"。通过建立"由点及线，由线及面"的空间网格化管理框架，管理任务层层递进，治污管理水平逐步提升，可以有效促进河湖生命健康发展。

（6）统筹山水林田湖草生态要素，探索实践生态产品实现机制

生态系统是一个多要素构成、结构复杂、功能多样的层级系统，水是生态系统一切生物的重要组成部分，绝对不能将水与整个生态系统分割开来。全面统筹北京五大水系及周边生态要素，持续实施关于"两山三库五河"生态保护办法，建立科学合理的生态服务价值评价体系，在有效保护水资源和水安全的前提下，合理规划、开发、利用水生态资源，探索实践涉及绿色农业产业、新兴战略生态产业、生态补偿机制和生态产品交易等生态产品和生态资产的价值开发模式，探索生态价值理念普及途径、制定适宜的生态产品开发方案，建立绿水青山就是金山银山的实施路径。

（7）基于京津冀一体化，统筹水—粮—能，荷载均衡配置水资源

城市发展要坚持"以水定城、以水定地、以水定人、以水定产"的原则要求，契合国家关于京津冀协同发展的计划，科学调研，紧密结合京津冀缺水现状，重点加强对南水北调中线、东线入京和入津水源的检查和调配，合理调节生产、生活、生态需水，确实保证居民用水、农业灌溉用水并逐步提升农业灌溉效率，保障粮食安全，从摸清区域水资源"家底"入手，对区域水资源利用和需求进行科学评价和预测，并以此作为产业调整和升级的参考项，促进水—粮—能体系安全平稳运转。

（8）系统、精准、深度节水

从探清水资源总量入手，全局设计水资源利用计划，严格流域用水许可审批流程，鼓励设置合理的水权、水价、水交易市场及监督部门，对超采、偷采地下水的集体和个人加大处罚力度，推广使用再生水并多维度扩展其使用范围和使用对象，定期向相关单位机构及个人宣传节水知识，科学评判取用水量和用水效率，逐步设置水资源利用效率考核指标打分体系，将其结果作为下一时期调配水资源量的参考，打好节水的"持久战"，促进全社会形成爱水、敬水、节水的风气。

（9）科技兴水，打造现代技术设施、设备武装的水务服务体系

利用国际前沿技术与先进管理经验，制定既先进又符合国情市情民情水情的水务技术规范规程标准等。打造现代技术设施、设备武装的水务硬件体系。参照中德黑土洼湿地工程，对外来产品和技术进行综合分析、比较，挑选符合国内实际的先进技术和治

理经验,引进设备或技术,在注重效率、节约成本的同时,加强对水务管理设备和技术的探索和改进,形成"设备一流、技术一流、服务一流"的现代化、世界一流的水务服务体系。

（10）以文化水,与治水方略结合塑造水文化发展体系

在切实摸清水文化家底的基础上创新和发扬;将水文化传承发展与治水方略深度结合;做好水文化传承与发展的顶层设计,通过爱水、保水、节水、治水、享水来塑造水文化发展体系;让水文化展现出时代风采;推动以水文化为主线的文学艺术产出,多渠道多方式,加大全社会水文化教育与传播普及。

6 结语

中国式现代化是人与自然和谐共生的现代化。本文研究提出了持续推进健全水务治理责任框架、健全水务设施管理框架、健全水资产价值管理与服务框架、健全水务治理市场框架、健全水务治理全民行动框架、健全水务治理监管框架、健全水务治理法律法规政策框架和健全水务治理科技支撑框架等8大现代水务治理框架,以及10项重点建设内容,着力构建系统完备、科学规范、运行高效的制度体系,提高水务治理能力,努力实现"安全、洁净、生态、优美、为民"五大发展目标,推进北京水务高质量发展。

参考文献

[1] 北京城市总体规划(2016—2035年)[M].北京:中国建筑工业出版社,2019.

[2] 北京市统计局,国家统计局北京调查总队.北京市统计年鉴(2021年)[M].北京:中国统计出版社,2022.

[3] 北京市水务局.北京市水务统计年鉴(2021年)[A].北京:北京市水务局,2022.

[4] 俞亚平,郑秋丽.北京特色治水之路[J].城市管理与科技,2009,11(1).

[5] 潘安君.把准方向 锁定目标 加快推进首都水治理体系和治理能力现代化——在2020年北京市水务工作会议上的报告[J].北京水务,2020(1):1-6.

[6] 谢国旺.我国公共决策法制化改革动力机制研究[J].求索,2013(6):185-187.

[7] 谢国旺.区域垄断、治理体系重构与"多中心"化——水务治理的制度选择[J].理论探讨,2013(2):93-96.

[8] 潘安君.筚路蓝缕创基业 水润京华谱新篇——新中国成立以来首都治水实践历程及启示[J].北京水务,2021(3):1-4.

大型城市内湖面源削减路径探讨
——以汤逊湖流域为例

丰　莉　韩振华　李　麟　邓柏松　刘清华　李　曼

长江生态环保集团有限公司

摘　要:随着城市建设进程的加快,城市内湖周边现状基本为已建成区,开发建设程度高,下垫面硬化程度较严重、透水性较差,易产生含有污染物的地表径流进入湖泊,污染水体。汤逊湖为亚洲最大的城市内湖,以汤逊湖为例分析了流域范围内城市面源污染及农村面源污染现状、污染含量占比、治理技术等,指出汤逊湖流域面源污染问题难以彻底消除的原因,针对性提出按照源头减排……过程控制、系统治理的理念,综合采取"雨污分流及混错接改造、大型溢流排口 CSO 调蓄处理、初雨调蓄处理、混流排口应急治理"等措施,最大限度地减少了城市开发建设对生态环境的影响,同时扎实推进农村农业种植污染、畜禽养殖污染治理,并通过科学有效的运营、管控机制保证湖泊流域面源污染治理持续稳定达标,实现清水入湖的目标。

关键词:城市湖泊;面源污染;溢流控制;污染削减

汤逊湖位于武汉市东南部,横跨江夏、洪山和东湖高新 3 个行政区。作为亚洲最大的城市内湖,湖泊岸线、湖湾众多,部分区域人口分布相对密集,城镇建设用地较集中,耕地较为分散。沿湖用地多为居住用地及工业用地,建筑紧贴湖面,沿湖可利用城市建设用地较少。近年来,汤逊湖水质有逐渐恶化的趋势,经调查发现主要污染源为点源污染及面源污染。本文主要以径流污染控制率为目标导向,针对面源污染削减路径进行探讨,主要包括城市面源污染和农业面源污染,针对农村生活、畜禽养殖、农田径流等农业面源污染,提出污染防治措施。

1　概述

1.1　流域城区面源污染现状

城市面源污染入湖负荷基本与区域的汇流范围、开发强度和人口密度相关,汇流范围大、开发强度高则面源污染入湖负荷贡献占比大。根据汤逊湖流域现状及规划土地利用可知,流域内现状基本为已建成区,汤逊湖北部东湖高新区、中部庙山片区、西部纸坊及金鞭港片区建成区面积较大,开发程度较高,规划城乡建设用地 135.9km²,其中现状已建成区为 107.6km²,以居住和工业用地为主,分别达流域总面积的 27.09% 和 23.44%。

城市面源污染主要是由降雨动能冲击及雨水径流冲刷地表累计污染物引起的[1]。城市降雨径流主要通过排水管网排放,径流污染初期作用十分明显,特别是在暴雨初期,具有突发性、高流量和重污染等特点。由于降雨径流将地表及沉积在下水管网的污染物在短时间内、突发性地冲刷汇入受纳水体,从而引起水体污染。

1.2 流域农村及农业面源污染现状

湖泊周边的农业污染也是汤逊湖流域面源污染的来源之一。经过现场查勘发现,汤逊湖流域内现状尚保留村庄或村湾 12 个,分别为汤逊湖村、中洲咀、田家湾、享堂叶、官湾村、陈傅士、石家塘角、陈家畈、邬家畈、枞林湾、东风村、长岭郭,主要分布在中洲岛、洪山区以及金鞭港上游八分山片区,现有村民 4374 人。12 个村庄基本实现了垃圾收集及转运,但村庄环境基础设施仍较为薄弱,农村和农业面源突出,主要包括农村地表径流、农田排水和农田径流等。

2 面源污染问题剖析

2.1 城市面源污染问题

汤逊湖流域大部分属于分流区,仅纸坊旧城区仍保留部分合流制排水体制。湖泊沿线排污口实施了截污措施,除完全封堵的排口外,一般采用截流方式实施截污,但受上游雨污管道混错接、截流倍数偏小等因素影响,每逢大雨或暴雨天气,大量污水随着雨水溢出,形成季节性排污口,对汤逊湖流域水体水质造成严重影响,流域雨水调蓄与湖泊水质保护的矛盾日益突出。

城市面源通过降雨径流产生和传输,并通过雨水口溢流进入湖泊。根据调查,汤逊湖沿线各类排口共计 666 个,其中洪山区 61 个,高新区 100 个,江夏区 505 个(图 1)。从排口类型来看,管网类排口 586 个,入湖河沟和渠道 38 个(包含水系连通渠),涵闸和泵站类 42 个。调查期间存在排水的排口共计 160 处,初步筛查认定为污水和混流排口的有 71 处。除此之外,汤逊湖流域内开发利用比例高,大部分土地已被厂房、楼盘、道路等建筑物覆盖,自然下垫面对降雨的调蓄能力萎缩,清洁基流不断减小,进一步削减了汤逊湖流域的环境承载力。

图例
○ 混流排口
● 雨水排口

图 1　汤逊湖排口分布

2.2　城市面源污染结论

雨水径流污染总体包括两个部分:污染物在旱天及雨天情况下的累积,以及污染物在雨天时的冲刷。在对地表数据进行类型解析和对不同类型地块进行污染强度赋值的基础上,采用累积—冲刷模型来模拟汤逊湖汇水范围内 151 个排水片区在典型年降雨情况下的径流污染。

模型及计算方程见表 1,结果见表 2。

表 1　　　　　　　　　　　　　累积—冲刷模型计算公式

模型	分类	方程	备注
累计模型	地表污染物累积	累积方程: $\dfrac{dM}{dt} = P_s - K_1 M$	M:每单位表面上的沉积物质量(kg/hm²); P_s:累积因子(kg/(hm²·d)); K_1:衰变因子(d⁻¹)
	雨水口污染物累积	每种污染物的实际浓度: $PG_n(t) = (C + MND)V_g/1000$	$PG_n(t)$:雨水口中初始溶解污染物质量或者每个计算步长结束时溶解污染物的质量(kg); C:初始污染物浓度(mg/L); M:线性累积率(mg/(L·d)); ND:旱天累积时段或者是计算的时间步长(d); V_g:每个子集水区的雨水口总体积

续表

模型	分类	方程	备注
冲刷模型	地表冲刷	沉积物侵蚀： $$\frac{\mathrm{d}Me}{\mathrm{d}t} = K_a M(t) - f(t)$$	$M(t)$：地表沉积污染物的质量（kg/hm²）； K_a：与雨强相关的侵蚀/溶解因子（L/s）
		沉积物冲刷：$Me(t) = Kf(t)$	$Me(t)$：溶解或悬浮的污染物质量； $f(t)$：污染物流（kg/(hm²·s)）； K：线性水库系数（s）
		附着污染物： $K_{pn} = C_1(IMKP - C_2)C_3 + C_4$	K_{pn}：效能因子； $IMKP$：5分钟内最大雨强（mm/h）； C_1、C_2、C_3 和 C_4 为系数

表2　　　　　　　　　　　　　　各子湖面源现状入湖负荷

序号	子湖名称	面源污染			
		化学需氧量/(t/a)	氨氮/(t/a)	总氮/(t/a)	总磷/(t/a)
1	外汤主湖	1475.60	47.26	80.16	6.34
2	沙咀湖	287.27	8.89	16.59	1.28
3	大桥湖	2516.97	74.27	151.44	11.12
4	麻雀湖	715.31	21.35	41.63	3.09
5	内汤主湖	910.20	29.02	53.37	3.94
6	红旗湖	3834.92	100.41	227.46	17.50
7	杨桥湖	1564.72	47.32	93.56	6.84
8	中洲湖	642.47	24.01	34.56	3.39
	小计	11947.45	352.53	698.77	53.50

根据污染源入湖统计调查结果，红旗湖的化学需氧量、氨氮、总磷、总氮年径流污染负荷均为8个子湖中最高的，其次是大桥湖、杨桥湖和外汤主湖。

雨水径流污染已经成为城市内湖入湖污染负荷的主要来源，其中大桥湖及红旗湖片区由于现状城区开发建设程度较高，属于城区径流污染的重点治理区域。通过污染源的核算，城市径流面源污染占各类污染物总量的比例较大，其中化学需氧量占比高达63.72%，氨氮、总氮、总磷的贡献率分别为31.89%、20.87%、28.63%。

汤逊湖水环境容量核算结果显示，近期初步确定的汤逊湖的环境容量中，化学需氧量为4481.48t/a，氨氮为220.23t/a，总氮为667.29t/a，总磷为45.99t/a；远期初步确定的汤逊湖的环境容量中化学需氧量为3509.43t/a，氨氮为171.13t/a，总氮为472.51t/a，总磷为25.70t/a。根据近、远期环境容量情况，汤逊湖现阶段城市面源入湖污染物远高于环境容量情况。

2.3 农村面源污染问题

水体污染主要来源于工业"三废"、畜禽水产养殖、生活污水以及农业生产过程中对水体造成污染[2]。农业种植过程中过度使用农药、化肥,残留部分易随雨水渗透地下,导致地下水污染、水体富营养化,水体中的氮、磷、钾及有害生物超过水体容纳能力,减弱水体自净能力。畜禽、水产养殖业集约化程度高,废弃物资源化利用率低,畜禽粪便不经任何无害化处理就直接排放,粪便中携带病毒、寄生虫、病原微生物及营养元素等进入湖泊。农村生活污染包括固体污染、液体污染以及垃圾燃烧产生的有害物质。农村往往因设施不齐全、人口居住分散而导致大量的生活垃圾无法得到有效的回收,这里面包含难降解的塑料物质、瓜果蔬菜,还有对水体造成污染的生活污水。

2.3.1 农村生活污染

根据武汉市水务局《武汉市农村村庄生活污水治理专项规划编制导则 2018 年》,农村用水排放按 80L/(人·d)设计,污水收集率 80%,汤逊湖现状共有村民 4374 人,每日产生污水量为 279.936m³,农村人均生活污水中化学需氧量为 16.4g/d,总氮浓度为 5.0g/d,总磷浓度为 0.44g/d,氨氮为 4.0g/d,见表 3。

表3 　　　　　　　　　　农业生活污染面源入湖量计算结果

污染物指标	COD/(t/a)	氨氮/(t/a)	总氮/(t/a)	总磷/(t/a)
分类	26.18	6.38	7.98	0.70

2.3.2 农村畜禽养殖污染

按照武汉市农委提供的数据及现场核实发现,汤逊湖汇水区内尚保留有规模化畜禽养殖场 3 家,主要养殖品种为生猪、肉鸭、肉牛,见表 4。其中 2 家已基本配备畜禽废弃物处理设施,畜禽固体粪便综合利用率达到 65%,畜禽液体粪污资源化利用率达到 43%。由于畜禽养殖场尚未建立健全污染处理治理体系,导致产生大量污水、废物直接入湖,进而污染湖泊。

按照《湖北省水源地环境保护规划基础调查》的要求,畜禽养殖污染物估算应将所有畜禽换算成猪,1 头牛折合 5 头猪,30 只肉鸭折合 1 头猪。规模化畜禽养殖必须执行《畜禽养殖业污染物排放标准》(GB 18596—2001),按标准折合每头猪的化学需氧量排放量为 17.9g/(头·d),氨氮排放量为 3.6g/(头·d),以养殖废水入河系数 12%计算畜禽排泄污染物入湖量。计算公式为:

$$G_{swp(i)} = S_{(i)} \cdot R_{ss(i)} \cdot E_{suw(i)} \cdot (1 - R_{sl(i)}) \cdot L_{sw(i)}$$

式中，$G_{swp(i)}$ 为不同畜禽污染物排放量(t)；$S_{(i)}$ 为不同畜禽的养殖量；$R_{ss(i)}$ 为不同畜禽的规模化养殖比例；$E_{suw(i)}$ 为不同畜禽不同污染物的排泄系数(kg/(头或只)·a)；$R_{sl(i)}$ 为不同畜禽污染物处理利用率；$L_{sw(i)}$ 为不同畜禽污染物流失系数；i 为畜禽种类。

表 4   汤逊湖流域规模化畜禽养殖统计结果

序号	畜种	规模化畜禽养殖场(户)名称	全年出栏量/(头、只、羽)	设施是否配套	全年固体粪便产生量/t	其中资源化利用量/t	全年液体粪污产生量/t	其中资源化利用量/t
1	生猪	武汉彦彤生态养殖园(樊惠松)	608	否	244.72	0	340.48	0
2	肉牛(种公牛)	武汉兴牧生物科技有限公司	55	基本配套	803	513.92	401.5	321.2
3	肉鸭	杨细则肉鸭养殖场	160000	基本配套	3200	2248	0	0

根据规模化畜禽养殖污染计算，可得计算结果见表5。

表 5   农业面源污染入湖量计算结果

化学需氧量/(t/a)	氨氮/(t/a)	总氮/(t/a)	总磷/(t/a)
69.31	2.77	14.95	7.28

2.3.3 农村种植污染

汤逊湖流域土地利用综合调查统计结果显示，流域内边农用地、耕地、林地分别为 4837.32hm²、2520.47hm²、1943.47hm²，主要分布在沿湖及水库附近(表6)。种植方式以传统种植模式为主，农药化肥施用量大，农田径流污染随雨水通过沟渠直接汇入附近水域，对水质造成一定污染。

表 6   汤逊湖流域农业土地利用类型基本情况   (单位：hm²)

行政区	农用地	耕地	林地
洪山区	90.74	32.53	1.6
江夏区	4542.68	2375.47	1874.04
东湖高新区	203.9	112.47	67.83
合计	4837.32	2520.47	1943.47

根据《全国水环境容量核定技术指南》,标准农田指的是平原、种植作物为小麦、土壤类型为壤土、化肥施用量为 25～35kg/(亩·a),降水量在 400～800mm 范围内的农田。汤逊湖区域年平均降水量 1150～1190mm,在标准农田基础上考虑化肥施用量修正、降水量修正和不同土地利用类型流失率。汤逊湖流域农业径流污染计算公式为标准农田强源系数为化学需氧量 10kg/(亩·a),氨氮 2kg/(亩·a)。标准农田强源系数为化学需氧量 10kg/(亩·a),氨氮 2kg/(亩·a)。

$$G_{puw} = E_{puw} \cdot S_{ps}$$

式中,G_{puw} 为种植业的污染物排放量(t);E_{puw} 为农田的污染物源强系数(kg/(hm^2·a));S_{ps} 为种植面积(hm^2)。

汤逊湖农业面源污染入湖量计算结果见表 7。

表 7 农业面源污染入湖量计算结果

化学需氧量/(t/a)	氨氮/(t/a)	总氮/(t/a)	总磷/(t/a)
627.84	125.57	226.02	15.70

2.3.4 农村面源污染结论

根据农业面源污染入湖统计调查结果(表 8),农业径流污染是农业污染入湖污染负荷的主要来源,其中农业用地化肥使用量及雨水冲刷入湖造成的污染最为严重。通过核算,农业径流面源污染占各类污染物总量的比例较大,其中化学需氧量占比高达86.80%,氨氮、总氮、总磷的贡献率分别为 93.21%、90.79%、66.30%。农村环境基础设施相对较为薄弱,市政管网无法覆盖,同时又缺乏污水收集系统及污水处理设施,导致农村生活污水及农业废水无法及时收集处置,易随地表径流直接排入汤逊湖。

表 8 农业面源污染入湖量计算结果

污染物指标	化学需氧量/(t/a)	氨氮/(t/a)	总氮/(t/a)	总磷/(t/a)
农业面源污染	26.18	6.38	7.98	0.70
畜禽养殖污染	69.31	2.77	14.95	7.28
农业径流污染	627.84	125.57	226.02	15.70
合计	723.33	134.72	248.95	23.68

2.4 流域管理机制不完善问题

汤逊湖属于跨区湖泊,辖区分割、水岸分离,导致在湖泊治理和保护工作中往往就区谈区、以点治点、时序不一、难成合力。在湖泊管理职权方面,目前水务、环保、农业、园林等行政部门均有不同程度的参与湖泊管理工作,表面看似分工明确,仍存在权责区域重叠或存在盲区问题。此外,在湖泊管理资金方面,多存在配套不足现象,不利于实现长效性的管理。

2.5 小结

对比城市面源污染及农村面源污染入湖量,发现城市面源污染为主要入湖污染来源(表9),其中化学需氧量污染占比94.29%,氨氮、总氮、总磷的贡献率分别为72.35%、73.73%、69.32%。因此在规划面源污染削减时,应着重关注城市面源污染削减措施。

表9 所有入湖面源污染统计结果

项目	化学需氧量/(t/a)	氨氮/(t/a)	总氮/(t/a)	总磷/(t/a)
城市面源污染入湖量	11947.45	352.53	698.76	53.50
农业面源污染入湖量	723.33	134.72	248.95	23.68
合计	12670.78	487.25	947.71	77.18

3 流域面源污染削减措施

随着国家越来越重视河湖污染治理,长江大保护已经上升为国家战略。在加大河湖、生态湿地保护与修复中,面源污染治理也成为水环境提升的重要一环。为了削减面源污染,主要通过削减污染物输入负荷量的控源减负技术[3]。技术的选择需依据当地地表径流污染特性、水体污染负荷削减量,选择合理的污染控制措施[4]。

3.1 城市面源污染控制工程

3.1.1 治理原则

(1)科学布局,突出重点

从全流域面源污染实际出发,合理确定治理布局,区分轻重缓急,从重点区域和突出问题入手,统筹面源污染治理工作,采取综合措施进行治理。

(2)点面结合,分区分片

为发挥资金规模效应,提高治理成效,在治理面源污染严重区域的基础上,大力推进面源污染连片治理,集中资金投入一批、见效一批,分批分片滚动推进。

(3)因地制宜,分类治理

根据不同区域地形环境差异,以改善环境质量、解决突出问题为出发点,采取环境友好、资源节约的治理方式,合理选择技术和管理模式,分类开展治理工作。

（4）统筹协调，注重景观

基于湖泊功能定位，面源污染控制规划需与城市总体发展和建设规划相协调，注重面源控制工程措施的景观效果，体现工程布局与景观布局的协调性。

3.1.2 社区雨污分流改造

结合流域内社区实际情况，重点对雨污分流改造小区内局部错接点进行改造，对接入市政管网的接入口进行改造。针对雨污合流制的旧社区，将现有合流制管道作为污水管，接入市政污水管网；对存在混错接的排水管道进行改造，将污水接入市政污水管，雨水接入市政雨水管。对于建设年限较短、改造程度艰难的合流制小区，采取合流制截流的方式，将污水截流入市政污水管网。

3.1.3 溢流污染控制工程

针对汤逊湖内的纸坊城区开展溢流污染治理是大桥湖水环境提升以及纸坊港水质改善的关键，拟在纸坊港闸门处设置调蓄设施。对于合流制来说，溢流污染治理的关键是提高截流倍数，CSO调蓄处理设施作为初期雨水及溢流污水的暂存与调蓄设施能够有效地提高截流倍数，配套相应的处理设施，可以充分挖掘污水处理厂处理能力，缓解现有污水处理厂旱季处理能力富裕而雨天污水处理能力不足的矛盾。

3.1.4 雨水调蓄工程

建设雨水调蓄工程，结合智能化设备，晴天时可截流混流污水就近输送至污水厂处理；储蓄初期雨水，降低污水处理厂运行负荷，有效削减初期雨水径流污染入湖，消减污染物总量，实现水质提升。

3.1.5 混流排口应急治理措施

为了能够有效控制汤逊湖外源污染入湖，规划对汤逊湖沿线71个混流排口开展临时应急治理措施，近期有效控制旱季污水入湖，远期随着雨污分流、混错接改造的逐步实施，应急处理措施可以用于控制初期雨水污染。排口末端截污主要通过新建截流井，对旱季污水及初期雨水进行截流。

3.2 农业面源污染控制工程

3.2.1 治理原则

农村面源污染治理技术成本高，管理基础薄弱，投入不足，信息高度不完全，需科学选择治理措施[5]。

（1）坚持以人为本、统筹兼顾

以改善农村居住环境、促进农村和谐发展为核心目标，按照短期与长期相结合、农业发展与农村环境保护相结合的总要求,统筹兼顾、稳步推进,达到标本兼治。

(2)坚持突出重点、综合治理

针对农村环境和面源污染问题,以农村生活污水收集处理、畜禽养殖污染治理、生活垃圾收集转运为重点,全面综合治理,确保农村面源污染综合治理取得实效。

(3)坚持部门联动、社会参与

明确部门职责,加强部门协作,充分发动群众、依靠群众,动员大众的力量,形成合力,集中开展农村及农业面源污染综合治理。

3.2.2 农村环境提升工程

对汤逊湖村、中洲岛片区以及八分山片区共计12处自然村落内生活污水进行统一收集处理。根据村落地形条件采用重力流方式收集污水,因地制宜在村庄附近建设人工湿地、稳定塘或一体化污水处理设施,对统一收集的生活污水进行处理,出水排入附近沟渠,可用于农业灌溉等。针对村落环境脏乱差问题,开展农村环境综合整治工程,治理内容包括旱厕改造、庭院规整及绿化等,改造旱厕1600户,村容改造面积共423435m^2。

3.2.3 农村农业污染控制工程

汤逊湖部分区域内分布有大量耕地,针对部分农田侵占湖面的问题,对汤逊湖蓝线范围内农田实施退田/垸还湖工程,同步开展生态沟塘湿地改造工程。针对农田径流产生的营养盐负荷输入问题,重点开展农田缓冲带和农田径流阻控系统构建。根据地形特点,利用和改造现有水塘、湿地、沟道,对农田和村落径流起到阻滞净化作用;保护现有湖滨带湿地,构建湖滨农田植被缓冲带,控制农田径流。实施秸秆机械粉碎还田、保护性耕作、快速腐熟还田、堆沤还田以及生物反应,实现秸秆肥料化、能源化利用。

远期建议推广旅游型城市农业,逐步淘汰流域内无序、分散种植模式,打造新型生态农业,与后续的生态发展相适应。

3.2.4 规模化畜禽养殖粪污治理

推进畜禽养殖废弃物无害化、资源化利用,促使畜禽养殖业污染防治管理规范化、法制化,减少畜禽养殖面源污染负荷。对流域内限养区保留的武汉彦彤生态养殖园1家未实施资源化利用改造措施的畜禽养殖场,强制其进行雨污分流、干粪发酵利用、尿液收集处理等资源化利用设施配套,保证畜禽粪污不外排。对江夏区武汉兴牧生物科技有限公司、杨细则肉鸭养殖场2家已经配套资源化利用设施,但粪污资源化利用率未达100%的规模化养殖场实施资源利用设施升级改造工程,保证畜禽粪污100%资源化利用,控制畜禽污染物入湖。

4 结论与展望

综上所述,大型城市内湖面源削减技术的研究和应用必须要结合城市实际现状和特点,从社会效益、环境效益和经济效益等多个角度出发,坚持"流域统筹、系统治理,雨污协同"的治水思路,深刻考虑城市面源污染以及农业面源污染对湖泊的影响。

对于城市面源,按照源头减排、过程控制、系统治理的理念,综合采取海绵化改造、大型溢流排口末端高倍数截流处理、初雨调蓄处理、环湖生态缓冲带建设、岸带湿地系统建设、道路生态化改造等措施,最大限度地减少城市面源污染,提升湖泊水质,同时持续改善人居环境,提升景观效果,切实增强群众幸福感和获得感。

针对农村面源污染,妥善处理规模化畜禽养殖粪污,构建农田缓冲带和农田径流阻控系统等。同时,加强各区政府管控,建立村庄污水收集系统管护机制、建立行之有效的运行维护机制,严格执行畜禽养殖禁养区和限养区划分,加强流域内现有农田农药和化肥施用量控制。

本文在充分识别汤逊湖面源污染问题的基础上,围绕汤逊湖面源的治理,建立了系统科学的面源治理措施体系,为推进大型城市内湖面源污染削减工作提供了丰富的理论和实践基础。未来在湖泊面源削减多维技术创新、基于面源污染路径的综合防控、效果监测与措施优化等方面还有待深入探索。

参考文献

[1] 麦叶鹏,解河海,曾碧球,等.城市面源污染定量化研究进展[C].2022 中国水利学术大会论文集(第七分册),2022.

[2] 王俊玲,匡敏,王晓,等.湖北省农村面源污染成因及综合治理技术[J].中南农业科技,2022,43(3):80-83.

[3] 刘翔,李淼,周方,等.城市水环境综合整治工程原理与系统方法[J].环境工程,2019(10):1-5+15.

[4] 胡洪营,孙迎雪,陈卓,等.城市水环境治理面临的课题与长效治理模式[J].环境工程,2019(10):6-15.

[5] 姜海,杨杉杉,冯淑怡,等.基于广义收益—成本分析的农村面源污染治理策略[J].中国环境科学,2013,33(4):762-767.

浅析数字孪生黄河流域建设与发展

郭庆军

东平湖管理局梁山管理局

摘　要:加强黄河流域数字孪生建设是推动黄河流域生态保护和高质量发展的重要事件和举措,对山东乃至全国经济发展具有十分重要的现实意义。以黄河流域为研究对象,阐述分析数字孪生黄河流域的建设方案及其建设推进措施,为数字孪生技术在水利行业的应用实践提供借鉴,为黄河流域数字孪生水利建设与发展提供有益参考。

关键词:数字孪生;水利建设;水资源管理;黄河流域

黄河作为中国重要的河流之一,对中国的水资源管理、工程建设与发展起着至关重要的作用。然而,由于地理复杂、水资源供需紧张、环境变化等多种因素的影响,黄河流域的水利建设与发展面临着一系列的挑战和问题。

近年来,数字孪生技术的快速发展为水利建设与管理信息化提供了全新的机遇。数字孪生技术通过将实体世界的物理对象与数字模型相连接,实现对水资源、水网、工程等的全生命周期模拟与管理,为决策者提供了更全面、准确的数据支持和智能化的决策工具,为优化水资源配置、提高水利工程效率、保护生态环境等提供了新的思路和手段。

1　数字孪生对黄河流域的重要作用

1.1　智能化水资源管理

黄河流域是中国重要的水资源供应区之一,通过数字孪生建设对提高黄河流域水资源管理和水资源利用具有重要作用。数字孪生技术可以整合水文、水资源、水环境等大量数据,并通过模拟和优化方法,实现智能化的水资源管理。通过数字孪生模型,可以实时监测、预测和优化水资源的供需状况,提高水资源利用效率,优化调度方案,降低水资源的浪费和损失。

1.2 精准化水利规划与决策

数字孪生技术能够快速建立黄河流域的数字模型,模拟不同规划方案对水资源、生态环境和社会经济的影响。基于模拟结果,决策者可以进行科学决策,制定精准的水利规划和管理策略。数字孪生可以帮助决策者预测洪水、干旱等灾害事件,并制定相应的防灾减灾措施,提高抗灾能力。

1.3 提升水利工程效率与安全性

黄河流域涉及大量的水利工程,如水库、堤防、灌溉系统等。数字孪生技术可以在工程设计、施工和运维阶段提供全面的信息化支持。通过数字孪生模型,可以模拟黄河水利工程的行为和性能,优化设计方案,减少黄河水利工程风险,提高施工效率,降低工程成本。此外,数字孪生还可以实现黄河水利工程设备的远程监测和维护,提高工程的安全性和可靠性。

1.4 生态环境保护与修复

黄河流域的生态环境长期受到水土流失、水污染等问题的困扰。数字孪生技术可以模拟黄河流域的生态系统,科学系统评估不同的生态修复方案对生态环境的影响。基于模拟结果,可以制定科学合理的生态保护和修复措施,促进生态系统的恢复与可持续发展。数字孪生还可以监测水质、水生态指标等关键参数,实现对生态环境的实时监测和预警,及时采取措施保护生态系统的稳定性和健康发展。

2 数字孪生在水利建设中的基本概念与原理

2.1 数字孪生的定义

数字孪生水利工程应用建设的目标是利用数字化、网络化和智能化技术,以数字孪生流域为核心,建立具备全要素、全过程数字映射和智能模拟能力的水利系统。数字孪生水利工程应用的核心是数字孪生流域,它是对实际物理流域进行数字化建模的虚拟流域,以物理流域为单元,利用多维时空数据作为底板,以水利模型为核心,以水利知识为驱动,对物理流域的全要素和水利治理管理活动的全过程进行数字化映射和智能化模拟。通过数字孪生流域与实际物理流域之间的动态交互,可以实现对水利系统的全面监控和管理。

数字孪生水利工程应用可以通过对数字孪生流域的模拟和分析,及时发现潜在问题并进行优化调度,从而提高水利系统的运行效率和安全性。通过建立数字孪生水利工程,可以支撑实现流域防洪、水资源管理与调配的"四预"(预测、预警、预防、预案),以及多项水利智能业务应用。同时,数字孪生水利工程还能够实现对水利工程的全要素仿真和优化决策。

数字孪生水利工程应用建设旨在实现对物理流域的全要素、全过程数字映射和智能模拟能力,以支撑流域防洪、水资源管理与调配等水利智能业务应用,并实现对水利工程的全要素仿真和优化决策。这将为水利系统的管理和运行提供强大的技术支持。

2.2 数字孪生的特点

（1）实时性

数字孪生能够实时地更新和反映物理实体的状态和行为。通过感知设备、传感器和数据采集技术,数字孪生可以接收实时的物理数据,并使其与模型进行同步。这使得数字孪生能够准确地模拟和预测物理实体在不同条件下的运行情况。

（2）双向关联

数字孪生是物理实体与其数字表示之间的双向关联。它不仅可以通过传感器和感知设备获取实时数据,反映实体的状态,还可以通过控制和调节指令影响物理实体的行为。数字孪生可以实现对物理实体的远程监控、优化和控制,实现智能化的管理和运营。

（3）多维度建模

数字孪生能够对物理实体进行多方面、多维度的建模。它不仅包括物体的几何形状和外观,还包括物体的结构、材料、行为、性能等方面的信息。数字孪生可以通过不同的模型和算法,实现对物理实体的精细化建模和仿真,提供全面的数据支持和决策依据。

（4）高度可视化

数字孪生通过虚拟现实、增强现实和可视化技术,将复杂的数据和模型以直观的形式展现出来。它可以以图像、动画、模拟等形式呈现物理实体的状态和行为,使人们能够更直观地理解和分析实体的运行情况。数字孪生的可视化特性使得决策者能够更好地理解和评估不同方案的效果和影响。

3 数字孪生黄河流域建设方案

3.1 数字孪生黄河流域数据建设

在数字孪生水利解决方案中,数据底板的建设是非常关键的一步。数据底板提供了基础数据,用于构建数字孪生流域和实现全要素、全过程的数字化映射和智能模拟能力。数据底板的建设需要考虑不同尺度的数据需求。

在宏观尺度上,需要关注整个流域的全局信息。这包括矢量地图数据,用于表示流域的边界、河道网络、水域分布等信息;卫星遥感影像地图,提供流域的遥感影像数据,可以用于监测水域变化、土地利用等;DEM(数字高程模型)高程地图数据,用于表示流域地形和地势信息。这些数据可以作为基础数据,构建起整个流域的数字孪生流域。

在中观尺度上,重点关注特定水利工程所在的某一河段或库区的信息。这些工程可能包括水库、水电站、河道等。在这个尺度上,可以利用卫星遥感影像图、精细化手工模型数据、倾斜摄影模型数据和高精度 DEM 数据等,来获取更详细的地理信息。这些数据可以用于建立特定水利工程的数字孪生模型,实现对工程的全要素仿真和优化决策。

在微观尺度上,关注具体的水利工程和设备层面。这包括水利物联网设备和水库大坝等。利用 GIS(地理信息系统)、BIM(建筑信息模型)和物联网技术,可以实现设备模型的建立和细节展示。这些技术可以将实际的水利工程和设备与数字孪生模型进行连接,实现实时监测、数据采集和智能化管理。

通过建设完整的数据底板,包括宏观、中观和微观尺度上的数据,可以实现对整个水利系统的全要素、全过程的数字化映射和智能模拟能力。这为实现流域防洪、水资源管理与调配等水利智能业务应用提供了坚实的基础。

3.2 数字孪生黄河流域感知体系构建

数字孪生水利工程的感知体系是实现对黄河流域水利工程安全状态监控和预警的重要手段。感知体系利用物联网技术和传感器设备,可以实时监测和采集黄河流域水利工程的各项数据,并将这些数据汇聚到数字孪生平台的数据底板中,以便进行实时分析和处理。

通过安装变形传感器,实时监测水利工程结构的变形情况,包括地面沉降、建筑物变形等,可以帮助判断工程的稳定性和结构安全性;利用渗流传感器监测水利工程中的渗漏情况,包括渗流量、渗透压力等,有助于及时发现潜在的渗漏问题,避免水利工程的损坏和灾害。

通过应力传感器、应变传感器和温度传感器等监测设备,实时监测水利工程的应力、应变和温度变化,包括水位监测、水质监测、气象监测等。监测数据可以用于评估流域的水资源状况、水环境质量,以及天气条件对水利工程的影响。根据具体的需求,还可以进行其他专项监测,如振动监测、声音监测等,以获取更全面的水利工程状态信息。

通过感知体系的建设,实时获取黄河流域水利工程的监测数据,并将其与数字孪生平台的数据底板相连接,可以实现对水利工程安全状态的实时监控和预警。这为及时采取措施、防范风险提供了重要的技术支持。

3.3 数字孪生黄河流域模型构建

数字孪生模型的构建是数字孪生黄河流域水利解决方案的核心。该模型应该包括整个水利系统的结构、水文水资源、水动力学过程以及相关的工程设备和监测数据。通过物理模型和数值模拟相结合的方法，将现实世界的水利系统映射到数字孪生平台中，实现对实际工程的全要素仿真和模拟。数字孪生模型的构建过程可以包括以下几个步骤。

（1）数据采集和整合

收集和整合黄河流域水利工程的相关数据，包括结构数据、水文水资源数据、工程设备数据和监测数据等。这些数据可以来自现有的监测系统、遥感数据、实地调查等多种渠道。

（2）模型建立

根据采集到的数据，建立数字孪生模型的物理模型和数值模拟模型。物理模型可以使用CAD(计算机辅助设计)软件或BIM(建筑信息模型)软件来构建水利工程的几何结构和组件。数值模拟模型可以利用数学和物理方程来描述水文水资源和水动力学过程。

（3）参数设定和校准

根据实测数据和实际情况，对模型中的参数进行设定和校准，以确保模型的准确性和可靠性。这可以通过与实测数据的对比和模型验证来完成。

（4）数字孪生平台集成

将建好的数字孪生模型与数字孪生平台的数据底板进行集成，实现模型与实时监测数据的交互和更新。数字孪生平台可以利用大数据分析和人工智能技术，对模型进行实时仿真和预测。

（5）性能评估和决策支持

利用数字孪生模型进行水利工程的全要素仿真和模拟，可以准确预测工程在不同工况下的响应和性能。这为实时的决策支持提供了科学依据，帮助优化运行调度、改进工程设计和提高安全性能。

通过建立精确的数字孪生模型，可以实现对黄河流域水利工程的全要素仿真和模拟，提供实时的决策支持。这将有助于优化水利系统的运行效率、改善安全性能，并为流域水资源管理和应对水灾等挑战提供科学依据。

3.4 数字孪生黄河流域决策优化

数字孪生黄河流域方案应用智能决策和优化算法,利用数字孪生模型的数据进行分析和处理,以实现智能优化和调度。

（1）模拟与优化

基于数字孪生模型,进行黄河流域水网系统的模拟和优化。模拟包括对水流、水位、水质等方面的模拟,以及水库蓄水量、泵站调度等方面的模拟。通过考虑不同因素的影响,如降雨、水库蓄水和供水需求等,模拟黄河流域水网的运行情况,并进行优化分析,以提高水资源利用效率和系统的可靠性。

（2）智能调度与管理

基于数字孪生模型,实现对黄河流域水网系统的智能调度与管理。通过模拟和优化结果,制定合理的水库调度方案,确保供水的稳定性和灌溉的高效性。数字孪生系统可以实时监测水位、水质等关键指标,预测未来的水资源供需情况,并根据需要自动调整水网系统的运行状态,以最大限度地满足各个领域的水资源需求。

（3）水质模拟与评估

基于数字孪生模型,可以模拟黄河流域水质的分布、变化趋势和污染物的扩散路径。利用模拟结果可以评估水质状况,了解不同区域的污染程度和影响范围,为制定水环境保护策略提供科学依据。

（4）污染源识别与源头控制

数字孪生水网建设可以帮助识别黄河流域的污染源,并定位污染物的排放路径和扩散范围。通过模拟和优化分析,可以确定针对性的治理措施,如加强工业废水处理、农业面源污染控制等,从源头上减少污染物的排放,保护水环境。

（5）水环境监测与预警

数字孪生水网建设可以与水环境监测系统结合,实现实时的水质监测与预警。通过数字孪生模型对实时监测数据进行分析,可以快速发现异常水质情况,并及时预警。这有助于及早采取措施,防止水环境污染事件的扩大,并保障水资源的安全和可持续利用。

4 数字孪生黄河流域建设保障措施

4.1 体制机制保障

针对数字孪生黄河工作中的突出问题,建立信息化建设发展整体统筹的前置审核机制,确保数字孪生黄河工作的信息化建设在全面推进时能够得到合理规划和统筹,避免零散的、重复的或不协调的信息化项目出现。前置审核机制可以包括项目可行性研究、需求分析、资源评估和风险评估等方面的审查,以确保项目的合理性、可行性和有效性。

建立工程建设质量监督和后评估等制度,是确保数字孪生黄河工作中的工程建设质量符合相关标准和要求。质量监督制度可以包括工程施工过程的监督、检测和验收等环节,以确保工程质量的可控和可靠性。后评估制度可以对已完成的工程项目进行评估和反馈,为今后的工程建设提供经验教训和改进方向。

4.2　资金保障

统筹利用既有资金渠道,充分利用中央预算内投资、中央财政和地方财政等资金渠道,将这些资金用于数字孪生黄河建设。这需要与各级财政部门进行协调,确保资金的合理分配和使用。

吸引社会资本参与建设和运营,解决资金需求问题,减轻政府财政压力,可以探索吸引社会资本参与数字孪生黄河的建设和运营。政府可以通过政府购买服务等模式,与社会资本进行合作,共同推进项目的实施。

确保系统运行费用的落实,数字孪生黄河建设需要长期的系统升级、改造和运行维护。为了确保系统的正常运行,需要将系统运行费用纳入预算,并确保这些费用的落实。这可以通过制定相应的预算计划和管理办法来实现。

4.3　组织保障

设立专门的组织机构来负责数字孪生黄河流域建设的规划、协调和管理。所设机构应具备足够的权威和能力,能够集中处理与项目相关的各项事务,并与各相关方进行有效的沟通和协调。

明确各相关部门和机构在数字孪生黄河流域建设中的责任分工,确保各方在工作中能够承担相应的职责和任务。同时,建立跨部门、跨机构的协作机制,促进信息共享和资源整合,提高工作的协同性和效率。

4.4　人才保障

建立与数字孪生黄河流域建设相关的教育培训体系,包括开设相关专业的本科、研究生和继续教育课程。与高校、研究机构和企业合作,开展相关培训和实践项目,培养符合项目需求的人才。

通过多种方式吸引和引进人才,如提供良好的薪酬福利待遇、提供发展机会和晋升空间,提供专业成长和学术研究平台等。同时,建立健全人才评价和激励机制,激发人才的创新和积极性。

积极开展行业交流与合作,与相关领域的专业机构、高校、科研院所和企业建立合作关系。通过学术会议、研讨会、合作项目等方式,促进人才的交流与合作,提高整体水平和创新能力。

5　结论

数字孪生技术是一种基于数字化、网络化和智能化的新兴技术,被广泛应用于各个领域,包括水利工程。黄河作为中国重要的河流之一,对于我国经济发展和社会稳定具有重要意义。本文详细阐述、分析了数字孪生对黄河流域发展的重要性、数字孪生的定义与特点等,结合黄河流域特点明确数字孪生建设发展方案,最后提出相应的保障措施,以期为水利工程领域的决策者和研究人员提供一定的参考和启示。

参考文献

[1] 廖晓玉,程祥吉,金思凡,等.数字孪生松辽流域建设与应用实践[J].中国水利,2023(11):1-4.

[2] 王利,贾晓冬,刘猛猛.山东济宁市智慧水利体系建设探索及思考[J].中国水利,2023:1-3.

[3] 李向阳,赵新生.数字孪生黄河建设之数据底板"缺陷"[J].水利技术监督,2022,182(12):53-56.

[4] 李文学,寇怀忠.关于建设数字孪生黄河的思考[J].中国防汛抗旱,2022,32(2):27-31.

关于水文化与水利工程融合的思考与建议

杜　娟[1]　陈　彬[1]　王　鹏[2]

1. 山东黄河河务局供水局

2. 德州黄河河务局供水局

摘　要:探讨了水文化与水利工程融合的意义价值,介绍了山东黄河水文化传承保护现状以及取得的成绩,分析了水文化与水利工程建设融合中存在的问题,并提出了相关建议和对策。

关键词:水文化;水利工程建设;融合

1　水文化与水利工程融合的意义价值

水文化是伴随着中华文明而生的,是中华文化的重要组成部分,其涉及范围广、内容丰富。水文化,通常被定义为以水和水事活动为载体,人们创造的一切与水有关的文化现象的总称,是人类在识水、用水、管水、护水、节水、亲水、观水、写水、绘水等重要社会实践活动中产生的,以水和水事活动为载体创造的一种文化。水文化既有物质形态的,也有精神形态的,在介于物质形态和精神形态之间,还有一个制度形态的水文化[1]。

水利工程是用于控制和调配自然界的地表水和地下水,达到除害兴利目的而修建的工程,也称为水工程。在人类创造文明的过程中,技术与科学的发展扮演了最重要的角色,是人类文明史中的一个重要组成部分。人类修建水利工程就是一项伟大的科学实践。中国古代文明灿烂辉煌,中国古代王朝的盛衰兴替均与治水兴水有着密切的联系。我国人口众多,因而自古重农,凡"水利灌溉、河防疏泛",历代无不列为首要工作。从大禹治水、秦始皇兴修水利,到西汉武帝亲往黄河视察堵口、隋炀帝兴修大运河,再到宋太祖疏河通槽、康熙帝重视河务,在我国几千年文明历史中,勤劳、勇敢、智慧的中国人民同江河湖海进行了艰苦卓绝的斗争,修建了无数大大小小的水利工程。水利工程与中华物质文明的创造密不可分,成为中华精神文明宝库的一部分,为中华文化留下了宝贵的文化遗产[2]。

1.1 传承弘扬水文化的时代意义

党的二十大报告指出:全面建设社会主义现代化国家,必须坚持中国特色社会主义文化发展道路,增强文化自信,围绕举旗帜、聚民心、育新人、兴文化、展形象建设社会主义文化强国,发展面向现代化、面向世界、面向未来的,民族的科学的大众的社会主义文化,激发全民族文化创新创造活力,增强实现中华民族伟大复兴的精神力量[3]。党的二十大从国家发展、民族复兴高度提出"推进文化自信自强",就"繁荣发展文化事业和文化产业"作出部署、提出要求,为做好新时代新征程水文化工作提供了根本遵循、指明了前进方向。

水文化是社会主义文化的重要组成部分。因此,各地尤其是广大水利干部职工要更加自觉、主动地弘扬水文化,增强文化自信。要着力保护、传承、弘扬、利用治水实践中形成的文化瑰宝,努力向全社会提供内容丰富、形式多样的水文化产品和服务。要注重运用水文化成果促进水利事业发展,提高水利行业文化软实力和社会影响力,为推动新阶段水利高质量发展提供文化和精神支撑。

1.2 提升水利工程文化水平的现实意义

"水润万物而无声,水净万物而不染,水生万物而不争。"可以说,水文化是中华文化中极具光辉的文化财富。以治水实践为核心的水文化建设,推动水利工程与水文化元素有机融合,更是推动新阶段水利高质量发展的应有之义。

水利是人类社会文明和经济发展的重要支柱,水文化的内涵也激励着炎黄子孙默默奉献、为民敬业。黄河文化、长江文化、大运河文化等,见证了中华文化的起源、兴盛、交融、积累、传承,丰富了中华民族的集体记忆。近些年来,不少地方开始采取"工程＋文化"等形式,以水利工程为依托,鼓励水文化的多元化、多样化发展,不断提升水利工程文化建设水平。例如,以水利风景区、水情教育基地、博物馆、档案馆、展览馆、水文化主题公园等为载体,加强对社会公众的水文化宣传教育。在河湖生态修复、流域综合治理等工程进行时,同步推进河湖水域岸线生态化以及与文化融合建设的实践探索,在展现河湖治理成效的同时努力打造"美丽健康河湖"的生态景观带,以更好地满足百姓生态需要、文化需要,让水利工程更好地造福于人民[4]。

1.3 水利工程水文化建设的价值

水利工程建设,是功在当代、利在千秋的工程。随着时代的变化和社会的变迁,许多水利工程都打上了时代的烙印,其工程建设的本身也在水利工程建设历史中占有举足轻重的地位。比如成都平原的都江堰水利工程,前后历经2200多年,是我国古代水利工程的稀世珍宝,有防洪、灌溉及航运三利。四川人民世世代代经营都江堰,不竭不休,使都江堰久而愈振,生机蓬勃,滴滴点点,润泽天府。都江堰不仅是我国水利史上的伟大成就,也是世界水利史上利用自然而不破坏自然的典范。再比如20世纪60年代从太行山腰修建的红旗渠,被誉为"世界第八大奇迹""人工天河"。红旗渠的建成,不仅彻底改善了林县人民靠天等雨的恶劣生存环境,其修建过程中孕育形成的"自力更生、艰苦创业、团结协作、无私奉献"的红旗渠精神,也成为激励一代代人奋斗的宝贵的精神财富。

2　山东黄河水文化传承保护的现状

黄河文化是黄河流域多民族人民在与自然的交互作用中创造的灿烂文化,是中华文明的重要组成部分,是古代中国政治、经济、军事、科技、思想的中心和重心所在地的文化,是中华民族之根。黄河文化作为水文化的一部分,其保护、传承和弘扬,是水文化传承保护的重要内容。

山东黄河河务局历来注重山东黄河水文化的保护和传承,特别是2019年习近平总书记召开黄河流域生态保护和高质量发展座谈会以来,先后出台了《深入推进山东黄河文化建设的意见》《山东黄河文化传承体系建设指导意见》《关于加强山东黄河文化建设工作统筹意见》等系列文件规范山东黄河文化建设工作。提出了构建"一点三线"的山东黄河文化保护传承体系,即以打造"文化建设核心点、遗产保护线、文化传承线、文明建设线"为主要目标,建设文化黄河,让黄河文化发扬光大,成为山东黄河保护治理"五大体系"建设的四梁八柱和重要环节,为全面开创山东黄河治理保护和高质量发展新局面提供强劲动力。

2.1　突出重点,着力打造山东黄河文化建设核心点

山东黄河河务局成立了黄河文化保护传承弘扬工作领导小组,统筹指导文化建设工作,并筹建了山东黄河文化发展研究中心,定期推进工作开展,集中研究确定重点事项,总结推广先进经验和典型做法。办公室和机关有关部门根据职能,在文化建设规划编制、项目建设、资金保障、人才队伍建设等方面发挥职能作用。各市局、局直属单位树立文化建设全局"一盘棋"思想,促进工作措施落地见效。

山东黄河河务局建立了山东治黄文化展厅。深入挖掘整理山东治黄史料,通过征集珍贵的治河视频、图片和史料,利用多种现代化展示手段,全面展示了山东黄河概况和丰富悠久的历史文化,展示了人民治黄事业取得的非凡业绩和山东黄河精神风貌,彰显了黄河文化精神内涵。展厅建成后,开始承接社会各界的参观任务和少年儿童的研学活动,几年间已有160家单位2000余人次前来参观。

2.2 挖掘内涵,着力打造山东黄河文化遗产保护线

(1)开展黄河水文化遗产普查整理

组织力量对近现代山东治黄史上的史籍典册、遗址遗迹、传统治河工艺、治河工器具等进行系统全面的挖掘整理,集中展现山东黄河文化遗产的抢救保护成果。

(2)加强黄河非物质文化遗产保护

建立非物质文化传承机制,鼓励传承单位和个人开展传承活动。重点围绕治河传统技术、传统工艺发力,加强传统技术和工艺的研究,开展传统技术和工艺的培训演练,在实践中保护、传承,在传承中不断发展。近年间建成 3 处传统治河技艺展示基地,组建 6 支黄河号子队。

(3)聚焦行业组织文化

系统整理中国共产党领导人民治理黄河以来山东治黄大事要事、机构组织沿革和管理发展历程;挖掘山东历代治河先贤在同黄河水患斗争中积累的智慧和经验、山东黄河水利遗址遗存的时代价值等,汇编出版相关书籍。开发黄河文创产品 20 余种,出版《大河钩沉》《大河星火》等 5 本图书。

2.3 提升融合,着力打造山东黄河文化传承线

(1)彰显治黄工程文化元素

妥善保护现有水利工程实物,保持各类防洪工程的完整性和连续性;将文化要素纳入工程规划设计、建设管理各环节、全过程,体现文化内涵,发挥教育传播功能;在山东黄河生态廊道建设中,适当融入文化元素,形成点线结合的自然文化景观带,让沿黄群众共享黄河生态文化建设成果。泺口标准化堤防同时入选国家水情教育基地及水利部水工程与水文化融合案例。

(2)深度参与黄河国家文化公园建设

充分利用现有国家级水利风景区和国家级水利工程管理单位的区位优势,结合黄河水资源、水生态、水环境等优势,充实文化内涵,不断巩固提升,建设更高质量的黄河水利风景区或黄河文化公园,以丰富的工程文化内涵,促进流域生态文明建设,促进水利工程建设防洪效益、社会效益、生态效益和经济效益的有机统一。共打造精品文化园区 80 余处,菏泽、济南新建 2 处国家级红色基因水利风景区。

(3)推进治黄工程和黄河文化成功融合案例与文化展览室建设

着重发挥水利部治黄工程和黄河文化成功融合案例与黄河文化展览室项目、文化

建设示范点的引领带动作用，逐步扩大黄河文化园区建设。切实利用好已有设施和文化阵地，建设特色鲜明、特点突出的黄河文化传承载体。引导建设地标性工程，不断丰富黄河工程建设文化内涵，满足沿黄群众亲水、乐水的精神需求。

2.4 深入推进，着力打造山东黄河精神文明建设线

大力弘扬新时代水利精神和黄河精神。充分利用现有的系统内媒体平台，大力宣传推介黄河文化建设的意义和作用，营造重视关心黄河文化建设的浓厚氛围。创新运用微视频、人物专访、回忆录等形式，讲好老一辈治黄人艰苦奋斗的故事、治黄英模无私奉献的故事、治黄职工平凡感人的故事，通过讲述治黄故事，增强文化自信，为治黄事业凝聚正能量。举办了青年黄河文化公益行、"走黄河·读齐鲁"山东黄河文化主题研学、"黄河记忆"文献展等文化交流活动，配合制作"黄河文化大会"主题节目。提升黄河爱国主义教育品牌影响力。巩固济南泺口黄河工程、戴村坝水利工程、齐河"红心一号"吸泥船诞生地等3处黄河爱国主义教育基地，不断丰富文化内涵。

3 水文化与水利工程建设融合中存在的问题

水利是经济社会发展的基础性行业，是党和国家事业发展大局的重要组成部分。水利工程建设是兴水利、除水害的保障措施，事关人类生存、经济发展、社会进步，历来是治国安邦的大事。水文化是中华文化的重要组成部分，更是见证了中华文化的起源、兴盛、交融、积累、传承，包含了很多对水与环境关系、水与可持续发展的思考和实践。以水利工程建设为核心，积极推进水文化建设，是推动新阶段水利事业高质量发展的应有之义。

党的十八大以来，我国水利事业取得历史性成就、发生历史性变革，水安全保障能力也得到全面提升。但不容忽视的是，在将水文化元素纳入水利工程建设标准体系，确保水利工程与文化建设同步规划、同步设计、同步实施时还存在一定的短板。

3.1 水利工程建设存在重建设、轻文化的问题

在水利工程的设计施工过程中，仍然存在着专注于结构设计、技术功能，忽略了社会、生态、文化属性的现象，同时，由于理念滞后、经费受限，很少去思考水文化等问题。水利工程的水文化建设成为建设过程中的软肋，不做文化可能只是评价不高但不会受处分，但若辛辛苦苦做文化建设却不能画龙点睛，不但无法彰显建设管理单位的文化价值水平，也无法充分发挥工程效益，造成潜在浪费，并为人诟病。

3.2 对于水利工程的历史价值、文化价值挖掘不到位

针对现有水利工程,水利工程管理单位多聚焦于工程的维修养护和运行管理,对于现有工程相关的历史资料、遗迹典籍的发掘整理不够系统全面;很多历史也仅限于新老职工间的口耳相传,极易在传承过程中遗失丢失。再加上基础运行管理单位人手少,工作任务重,人员普遍身兼数职,对于水文化保护和传统治河工艺技术的传承工作无法全身心投入,易导致对水利工程历史价值、文化价值认识不到位,挖掘不充分,水文化建设浮于表面,不能深入。

3.3 水利工程水文化建设存在同质化现象

在不断倡导水利工程水文化建设的大背景下,水利工程不仅发挥着工程价值,也愈加发挥出生态价值和文化价值。但是有些地方在水文化建设方面不肯动脑筋深耕地理文化价值,仅仅满足于要面子、做样子,盲目复制粘贴现成的水文化建设样板和模式,别人建法治广场,他们也修法治广场;别人种国槐、紫叶李,他们也种。导致水利工程水文化建设同质化现象泛滥,缺少个性和特色,无法产生引人入胜的记忆亮点。

3.4 水利工程水文化管理市场化程度不高

由于当前多数堤防、水闸、水利风景区都属于公益性设施,主管单位多为参公单位或事业单位,对于水文化建设的投入多来源于政府拨款,很多时候只投入无回报,只有社会效益而没有经济效益。管理人员多由管理单位人员兼任,缺少相关的培训,管理水平不高;缺少对管理人员的考核和激励机制,管好管坏差别不大,管理质量不高。未引入相应的市场或运作机制,缺乏竞争,管理效果无法有效保障。

3.5 水利工程水文化宣传意识薄弱

水利工程的水文化是一笔巨大的无形资产和财富,但是如何通过提升水文化知名度,如何进行文化传播和普及,还有很长的路要走。很多水利工程,比如水闸等,宣传内容多集中于闸室内部,通过墙面展示板的形式向参观人员进行展示。但如何面向更广阔的受众群体进行更大范围的宣传普及,还需要进一步开动脑筋想办法解决。另外,品牌意识普遍不强,个别品牌宣传力度不够、方式单一,影响了品牌树立的效果。

4 建议及对策

中华文明博大精深,源远流长,是我们具有高度文化自信的基础。而弘扬新时代水利精神,推进水文化与水利工程建设更好地融合,是一项任重而道远的工作。期待各级

水利部门进一步总结推广水文化建设方面的成功经验和做法，以推动水文化建设及地域水文化挖掘与利用，让黄河下游引黄涵闸改建及"十四五"水利工程建设等重点水利工程建设项目，积极融入水文化主题，以更好地满足百姓文化需要，让水利工程更好地造福于人民。

（1）推动创新发展，为水利工程建设提供文化动力

创新发展是文化传承的动力，要紧跟时代特点和人民群众追求，不断赋予水利工程建设新的时代内涵和文化价值。要以水利工程为载体，秉承传承优秀传统文化和时代精神理念，充分挖掘体现地域历史文化、人文精神的素材，在规划设计中统筹考虑建筑、历史、艺术、生态等综合文化元素，不仅要把水利工程建设成安全达标、质量过关的优质工程，还要把每一项水利工程打造成文化传承的工艺品，体现其人文价值。

（2）加强研究阐释，为水利工程建设积累历史底蕴

加强研究阐释是文化传承的重要前提和必要条件，也是为水利工程增添历史底蕴的有效途径。一方面，要不断深入发掘与水利相关的历史资料、遗迹典籍，做好记录工作，最大限度保留复原有价值的文化史料。另一方面，水利工程的建设、改建期间产生的各项技术资料、宣传资料和照片、影像材料也是一笔宝贵的精神财富，加强资料的收集和保护也是做好文化传承发展的重要环节和提升水利工程文化影响力的重要途径。

（3）提炼个性特色，为水文化建设开辟发展新路

一句"黄河入海我们回家"诉出了东营人剪不断的乡愁，一个关于"小白龙"的美丽而动人的神话传说让滨州惠民县白龙湾险工、引黄闸有了独特的文化内涵。水利工程的水文化建设，更应该充分挖掘水利工程独有的文化符号，成就其不可替代的文化价值。要充分依托"互联网＋"等各种技术，让水文化活起来，让文化宣传的品牌立起来，让人们的思想动起来，塑造水利工程更加贴合现实需求、独具特色的文化形象。

（4）强化制度建设，为水文化管理保驾护航

制度建设是水文化和水利工程建设融合的重要保障。无论是水文化管理的市场化运作，水工程与水文化融合的人才队伍建设，还是水文化建设的监管等工作，最终都需要建立完备的制度保证其正常运作。应推动水文化建设规范化、制度化，鼓励将水文化建设列入区域文化建设、工程建设和河湖管理等相关制度规范中，建立健全水文化建设咨询机制和考核体系，鼓励跨学科、跨领域专家参与水利工程项目的水文化建设审查等。

（5）加强宣传推广，为水利文化传承夯实舆论阵地

宣传推广是加强文化传承的重要手段，相较于普通文化传承，多数水利工程由于所处地理位置偏僻，其文化传播的宣传推广就显得更为重要。通过向社会提供丰富多彩

的水文化产品,可以使水文化走出水利行业的小圈子,进入文化传播的大市场。通过组建水文化相关的社团协会,开展内容丰富的宣传活动、研学活动,可以使社会各界更加了解水利工程蕴含的水文化底蕴。通过文学、戏剧、漫画、书画等多种表现形式和网络传播模式,可以使水利工程建设经验、治水思路和理念得到更多元化、更广范围的传播。

参考文献

[1] 水利部网站.再谈什么是水文化[Z].北京:水利部,2019.

[2] 陈雷.弘扬和发展先进水文化促进传统水利想现代水利转变[J].中国水利,2009(12):17-22.

[3] 习近平.高举中国特色社会主义伟大旗帜—为全面建设社会主义现代化国家而团结奋斗[Z].2022.

[4] 中国青年网.推进水文化挖掘与利用,提升水利工程文化内涵[Z].2022.

引黄涵闸工程现场管理路径探究

曹学白

德州黄河河务局

摘　要：黄河下游引黄涵闸改建工程是国务院部署实施的 150 项重大水利工程之一。水利工程现场管理是系统性的工作，现场机构的建设是基本前提。优化现场参建各方管理路径，有利于提高工程建设效率，有利于工程建设的有序开展，有利于加强全面质量安全管理、强化质量安全监督、切实保障工程质量安全。以黄河下游某引黄涵闸建设为对象，主要采取访谈法、调查法、经验总结等进行研究探讨，以期发现工程建设现场机构管理的问题，探索优化管理的对策及建议，为强化施工现场管理规范化提供借鉴，为安全文明施工及争创奖项奠定基础。

关键词：重大水利工程；现场管理；引黄涵闸；路径优化

党的十八大以来，重大水利工程参建各方的现场管理朝着规范化、标准化方向不断发展，用制度管住了钱、权、事、人等，明确了参建各方职责，形成了一系列行之有效的运转机制和可推广的制度建设经验。同时，面对当前新形势、新任务、新要求，需要根据实际情况不断做出调整，在管理理念和具体措施等方面不断更新改进。本文以黄河下游某引黄涵闸建设为研究对象，重点探讨重大水利工程现场管理存在的一些问题，优化管理路径，提出可行的对策，从而理顺参建各方关系、保证工程建设质量和运行安全，促进重大水利工程现场管理的制度化、规范化、有序化，大力提升水利工程建设管理水平[1]。

1　某引黄涵闸改建工程简介

该引黄涵闸始建于 20 世纪 70 年代，90 年代移址重建，闸址位于黄河下游左岸大堤，地处平原地带。原闸为一联两孔涵洞式，设计灌溉面积 15 万亩。灌区主要作物为小麦、玉米，另有大豆、棉花及蔬菜等。灌区季风影响显著，四季分明、冷热干湿界限明显，春季干旱多风回暖快，夏季炎热多雨，秋季凉爽多晴天，冬季寒冷少雪多干燥，具有显著的大陆性气候特征，多年平均降水量大约 560mm。

本次该闸改建采取原址重建方式，于 2022 年 10 月开工建设，结构形式、设计引水流量、灌溉面积不变。新闸为一联两孔涵洞式,宽 2.6m,高 3.5m,洞身全长 91m,分 9 节。地基采用高压旋喷桩处理。主要工程量为:开挖土方 14.35 万 m^3;混凝土 0.35 万 m^3;钢筋 300 余吨;高压旋喷桩总长 10400 余米。设计总工期 36 个月,合同价款 3000 余万元。目前该闸改建工程主体工程已经完成。

2 优化现场管理路径的重要意义

从理论上来看,探讨优化现场管理路径可为相关的重大水利工程现场管理提供借鉴,从而有助于参建各方尽早按照要求制定制度、建立机制、明确职责、履职尽责,避免一些问题的发生,从而提升管理水平,满足当前重大水利工程建设的需要。

从现实上来看,重大水利工程项目建设过程中需要进行全员、全过程、全方位管理,需要提高工程项目的综合管理效率和水平。任何一项工程建设,进度、质量控制与安全管理都是必须足够重视的。优化现场管理路径,有助于建设质量优质工程,有助于有效保证安全文明施工,有助于保证施工工期,有助于确保干部安全、资金安全。同时还将促进各方工作交流,及时应对施工中出现的各种问题,有效减少和避免人为因素的干扰,全方位推动现场管理规范化,建设精品工程。水利工程运行精细化管理模式对提高水利工程运行管理现代化水平、顺应新时期经济社会高质量发展要求具有重要的现实意义与实践价值[2]。

3 现场管理可能存在的问题

3.1 制度建设滞后带来不良影响

制度建设的滞后性,主要表现为缺乏制度建立的顶层设计和及早考虑。现场管理制度包括安全管理制度、施工进度控制、工作协调制度、质量检查制度、档案资料整理制度、监督考核制度、资金保障、农民工工资支付保证等,是一个系统性的制度建设。

项目开工前相关单位没有及早及时地全盘考虑,往往会出现现场管理人员进驻现场后无章可循,导致职责不明确、开工前期忙于制定有关制度的情况,而匆忙制定的制度常常不够贴合实际。以上现象不仅不利于现场机构的管理,甚至可能出现工作上的偏差和影响工程进展和安全,譬如没有应急预案难以有效应对突发情况。

制度建设还存在静态化现象,实际执行制度过程中虽然制定了有关制度,但是对于一些工期较长的工程,没有根据实际情况的变化实时对制度进行更新完善。比如工作纪律、水环保管理办法、监督检查制度等,随着外部形势发展、工程进度、上级要求和人员变化等情况,需要对有关制度进行完善。现实情况是,很多项目管理单位没有及时对制度进行完善,有些制度从一开始制定到工程完工是一成不变的。

事物是不断发展的,要具体情况具体分析,制度的建设也是如此。不及时地完善有关制度,就会导致任务、职责不明确,工作纪律容易涣散,影响工作人员的积极性,同时容易出现推诿扯皮的情形,现实中个别制度仅仅是为了应付检查,在实际中难以发挥其应有的作用。

3.2 横向沟通工作机制有待健全

横向工作机制缺乏主要是参建各方没有建立起有效的与外部单位沟通协调的机制。重大水利工程可发挥较大的社会效益、经济效益,同时又牵涉当地群众的切身利益,尤其是在征地迁占工作中,往往因为解释不到位等出现一些遗留问题,进而影响工程进度,甚至会产生社会的不安定因素。而迁占机构与工程建设单位不是同一机构,给工程建设带来一定影响。

征地补偿和移民安置工作是由地方政府负责的,做好这项工作需要有效的沟通协调机制。另外还涉及与群众的关系,应当明确信访或者答疑的单位部门,与当地村两委(社区)、政府有关部门等搭建有效的协调平台,及时解决矛盾。

3.3 人员有时缺乏连续性

某些重大水利工程建设周期比较长,人员缺乏延续性,主要表现为部分管理人员、技术人员、监理人员、施工人员的调动较为频繁,导致工作衔接性较差。比如现场统计人员,如果人员更换频繁,就会导致数据衔接不好,新调入的人员对业务不熟还会导致数据上报出现延迟甚至差错。

同时,工程建设的信息化、数字孪生建设水平不断提升,由于人员的变动,新加入人员往往对操作系统不熟悉,影响信息填报工作。

4 优化现场管理路径的建议

4.1 优化质量管理

(1)加强质量培训

参建各方要高度重视质量管理工作,注重全过程全员质量管理。开工前,要做好组织培训工作,必要时邀请相关领域专家进行授课,进一步提高参建人员质量管理意识和知识水平。及时购买《水闸施工规范》《水工混凝土施工规范》《土石方工程质量评定标准》等各类规范、规程、质量评定标准书籍,并组织人员学习掌握。施工期间,借助党员活动日、调度会及业余时间,组织学习规范、设计等,努力让大家提高质量意识,加强质量管理。同时按要求制定强制性条文清单,共同组织学习,并督促落实。

(2)积极做好开工准备工作

项目开工前,各方要认真研究图纸,积极参与施工图审查,及时进行设计交底和图纸会审。项目法人要组织各方完成项目划分,明确重要隐蔽和关键部位单元工程、主要分部工程等,并报质量监督机构确认,及时与施工、监理单位主要负责人签订工程质量终身责任承诺书,严格落实质量终身责任制。与参加各方保持密切联系,及时完成质量监督备案等开工手续的办理。

(3)压实各方责任

项目法人现场管理机构要成立由参建各方负责人组成的质量管理领导小组,并根据人员变化及时调整,督促各方建立健全质量管理体系,明确包括主要负责人、技术负责人、质量负责人在内的参建各方岗位职责和具体的质量目标。

项目法人现场机构要及时与施工、监理单位分别签订质量责任书,并督促其逐级签订。在工地现场设置责任牌,对责任主体和责任人进行公示。参建各方要建立健全质量管理缺陷处理、工作考核、责任追究、质量检查、质量例会、落实强制性条文等制度并严格执行。

(4)严格按照管理体系运行

项目法人现场机构严格落实现场管理机构职责,协调参建各方围绕质量管理工作解决实际施工难点问题,确保文件要求上传下达顺畅。加强对监理部人员工作考勤,监理部对项目部主要人员进行考勤,督促人员到岗到位、履职尽责。项目法人负首要责任,监理、施工、设计等单位负主体责任,确保施工单位按规范和设计施工。

(5)加强全过程质量检查

项目法人现场机构要建立健全质量检查制度和工作例会制度,定期召开质量管理会议,及时通报检查发现的问题,强调质量控制要点,解决施工中的质量难题。定期与不定期相结合联合监理部开展质量检查,加强对监理、施工单位委托的质量检测单位资质及检查工作的核查,督促施工单位整改发现的问题,并形成整改报告、台账。强化对专项方案的审查。

总监理工程师和监理工程师等人员要常驻工地,认真落实监理职责,在关键和重要施工环节进行旁站监理,发现问题要求施工单位现场整改,按要求参加隐蔽工程检查验收,同时加强对施工方案、原材料的监督检查。

施工单位要加强内部职责落实,明确分工。认真落实技术交底和安全晨会制度。加强专业分包队伍和劳务队伍管理,签订合同,加强过程监管。认真落实“三检制”,确保资料与现场一致,规范质量管理行为,保证工程实体质量。

设计单位应派驻设计代表常驻现场,主动参与相关技术工作,为专项方案审核、设计变更意向、施工疑难问题等提供技术服务。

（6）开展自查自纠和整改工作

参建各方要对照《水利建设项目稽察常见问题清单（2023版）》及时开展自查自纠,对自查发现的问题列出清单,限定整改时限,认真完成整改。在上级进行各类稽察、检查、督导等反馈问题后,项目法人现场机构要及时转达有关意见,督促有关责任单位立即整改,并举一反三,确保整改到位并按时上报整改报告,在以后的施工过程中,避免屡查屡犯问题。

（7）加强质量检验与评定和资料管理

项目法人现场机构要督促施工单位严格落实"三检制",及时、完整、准确、闭环填写质量评定材料,按照规范组织隐蔽工程验收,验收资料及时报质量监督机构核备。督促参建各方制订验收计划,及时进行分部工程验收、各阶段（通水、投入使用）验收、各专项验收、单位工程验收、合同完工验收。

（8）加强工程建设关键环节质量控制

引黄涵闸建设关键环节主要有桩基、钢筋混凝土和土方回填施工等,必须狠抓原材料进场报验、水泥配比试验、水灰比、浆液压力、流量、提升速度、混凝土坍落度、土方含水率、碾压遍数等关键参数,多措并举确保施工质量。在施工期间,施工单位要派专人紧盯现场,监理人员加强旁站监理,项目法人现场机构加大检查力度。保障合理的设备投入,根据单台设备效率,合理计算投入设备,确保严格按照设计参数施工,在施工现场醒目位置张贴悬挂施工参数牌,确保施工及检查人员详细掌握各项参数。如果桩基在低温季节施工,还要采取冬季施工措施,在浆池处设置保温棚,对输浆管、储水桶采取保温措施,为操作员配备防尘口罩和保暖套装等,保障施工质量和人员健康卫生。加强混凝土原材料控制,落实原材料送检,按比例现场检查坍落度、含气量,及时制备现场试块,如果采取商混站的混凝土,还要加大对商混站的检查力度和混凝土运输时间的要求。

4.2 优化安全管理

（1）成立组织,落实责任

强化现场安全管理,进一步防范和化解现场安全生产风险[3]。及时成立由相关人员组成的安全生产领导小组,做到明职责、强担当。加强安全生产管理。签订安全生产目标责任书,建立目标管理体系,强化目标管理,及时学习国家相关法律法规,制定相关安全生产制度。加强安全生产预案管理,组织编写并完善相关安全生产措施方案及安全生产事故应急救援预案、度汛方案等,组织开展防汛、消防及触电事故应急演练。监督施工单位开展相关培训工作,严格落实三级教育。经常性开展现场检查,保证现场安全防护措施得当、管用;操作人员按章操作,正确使用安全防护用品,入场设备报备、证件匹配齐全。

(2)积极开展安全培训,筑牢安全生产底线

根据工程进度,适时组织参建各方集体学习《水利水电工程施工安全防护设施技术规范》等要求,观看施工安全警示教育片,赴管理经验丰富、亮点较多的工程项目开展安全生产体验式培训,多举措筑牢安全生产底线。项目部要开展好安全晨会,切实发挥其作用。项目法人定期组织召开安全生产专题会议,组织参建各方召开安全生产例会和安全生产领导小组全体会议,对安全工作进行部署安排,确定安全工作重点。

做好危险源管理及险患排查治理。项目法人现场机构组织参建各方开展危险辨识,监督项目部设置危险源告知牌及风险防控措施等,对识别出的危险源进行告知,并要求按时检查。积极开展在建工程深基坑、高边坡、车辆交通运输、临时用电、脚手架与模板搭设及拆除、起重吊装、安全度汛、有限空间作业、燃气与消防安全等隐患排查整治工作。

4.3 坚持党建引领

(1)成立临时党支部并开展活动

工期6个月以上的项目,由项目法人现场机构牵头成立临时党支部,并积极开展参建各方党建联建。与项目部、设计代表、监理部党员定期举行党建联席会议,共同学习理论知识和业务知识等,开展质量安全联合检查,并就施工要点现场讨论研究。

发挥支部战斗堡垒和党员先锋模范作用。在桩基施工和混凝土施工高峰期,支部党员坚持在现场一线值班值守,保证关键工序质量,充分发挥支部战斗堡垒和党员先锋模范作用。

(2)实施"党建+N"工作模式

以"党建+进度"狠抓施工进度。结合实际,及时调整进度计划,保证节点工期。以"党建+质量"强化工程质量。组织开展质量管理培训,对关键工序和控制要点进行重点讨论研究。以"党建+安全"推动安全管理。组织开展开工第一课、危险源辨识、安全度汛演练等,根据不同施工内容,加强安全管理教育。以"党建+创新"激发创新活力。积极开展创新实践和新方法、新工艺、新技术的研究和推广应用。

(3)加强党风廉政建设

成立党风廉政建设领导小组,坚持把廉政文化进工地与工程建设管理工作同部

署、同落实、同检查。切实把党风廉政建设规定纳入工程建设管理范围。项目法人、监理单位督促施工单位完善"三重一大"事项决策、采购管理、财务管理等制度办法，从源头上加强廉政风险防控。大力营造文化氛围。在办公场所及工地醒目位置悬挂廉政宣传标语、张贴廉政文化宣传画等，积极营造廉政文化氛围。学习廉政知识。坚持教育在先、预防为主。强化警示教育，组织观看典型案例，不断增强拒腐防变的思想自觉、政治自觉和行动自觉，绷紧纪法之弦、筑牢自律之堤、担起应尽之责，做到廉洁自律，确保干部安全。

4.4 优化数字孪生和智慧工地建设

在工程建设前，由信息管理机构开发山东黄河"智慧工地"平台，以物联网、大数据、人工智能等技术为支撑，以实现智能监管目标为核心，对项目进度、质量、安全、绿色施工、现场人员等要素实施智慧监管。

该平台将 BIM 技术与信息化手段融合，构建 L3 级数据底板，首次实现了基于具体构件级别的精细化进度管理。在"黄河下游引黄涵闸改建工程（山东段）"中得到应用，提升了工作效率、节约了资金投入，发挥了不可替代的作用。

5 结语

图 1 为本文主要探究的从党建引领、质量安全管理、智慧工地建设等方面优化重大水利工程建设现场管理路径。重大水利工程建设现场管理路径优化是一项系统化、体系化工作，在工程开工前就需要开展，更是伴随工程建设的全过程。加强重大水利工程现场机构的制度建设具有重要的意义，是工程质量、安全、进度的必然要求。制度的生命力在于执行，只有将制定的制度认真执行，才能够保证工程施工的顺利进行。

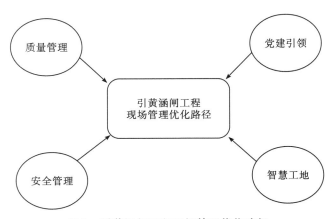

图 1 引黄涵闸工程现场管理优化路径

为确保重大水利工程建设的顺利实施,本文以黄河下游某引黄涵闸建设为对象,提出优化现场管理路径,针对引黄涵闸建设实际,从质量、安全、党建、智慧工地建设等方面考虑,提出可行性建议,以期为重大水利工程建设提供可资借鉴的经验。

参考文献

[1] 2022年水利工程建设工作要点[J].水利建设与管理,2022,(3):3-5.

[2] 张劲松,沈菊琴,郭宁,等.水利工程运行精细化管理的理论与实践探索[J].水利经济,2023,41(2):33-40+94.

[3] 李琳湘.浅析当前重大水利工程建设过程中存在的主要问题及对策建议[J].水利建设与管理,2023,43(2):38-41.

黄河文化传承视角下水利风景区规划与建设

——以山东菏泽黄河水利风景区牡丹段建设与提升为例

孙亚男[1]　朱俊杰[1]　孙　灿[2]

1. 牡丹黄河河务局　2. 鄄城黄河河务局

摘　要：在黄河流域水利风景区规划与建设中，应充分展现出黄河文化内涵和地域风貌，通过挖掘、保护、传承、弘扬黄河文化，为推动新阶段黄河流域高质量发展提供强大的精神动力和文化源泉。选取山东菏泽黄河水利风景区牡丹段作为研究对象，通过对其建设与提升的分析和实践，探讨黄河文化传承在黄河流域水利风景区中的应用与体现。

关键词：黄河文化传承；水利风景区；规划与建设

黄河文化是我国优秀传统文化的重要组成部分，是沿黄地区人民群众在长期的社会实践中创造的物质财富和精神财富的总和。"物"的层面包括承载黄河文化的历史文物、考古遗址、古建筑群等；"精神"层面包括黄河历史凝练的民族精神、价值理念、生活习俗、手工技艺、戏曲文艺等。水利风景区是指以水利设施、水域及其岸线为依托，具有一定规模和质量的水利风景资源与环境条件，通过生态、文化、服务和安全设施建设，开展科普、文化、教育等活动或者供人们休闲游憩的区域[1]。

黄河历史悠久、河流绵长，是中华民族的母亲河。黄河发源于青藏高原巴颜喀拉山北麓约古宗列盆地，流经青海、四川、甘肃、宁夏、内蒙古、陕西、山西、河南、山东 9 省（自治区），其中黄河在山东省境内流经菏泽、济宁、泰安、聊城、济南、德州、滨州、淄博、东营，最后在山东省东营市垦利区注入渤海。菏泽作为黄河入鲁第一市，黄河在菏泽境内蜿蜒 185km，流经东明、牡丹区、鄄城和郓城 4 县（区）。2011 年，牡丹黄河堤防工程晋升为国家级水利风景区，并逐步开展了规划提升与完善。

1 黄河流域水利风景区黄河文化传承的现实意义

1.1 保护传承弘扬黄河文化具有重大意义

在我国 5000 多年文明史上,黄河流域有 3000 多年是全国政治、经济、文化中心,孕育了河湟文化、河洛文化、关中文化、齐鲁文化等,分布有郑州、西安、洛阳、开封等古都,诞生了"四大发明"和《诗经》《老子》《史记》等经典著作。加强黄河文化保护、传承、弘扬是贯彻落实习近平总书记相关重要论述、深入推进黄河流域生态保护和高质量发展的前提基础。黄河桀骜不驯、奔腾咆哮、一泻千里、曲折蜿蜒等鲜明的个性早已成为中华民族的集体记忆。九曲黄河奔腾入海,以百折不挠的磅礴气势塑造了中华民族自强不息的伟大品格,成为中华民族的精神象征,是中华民族坚定文化自信的重要根基。2019 年9 月 18 日,习近平总书记在黄河流域生态保护和高质量发展座谈会上强调,要"深入挖掘黄河文化蕴含的时代价值,讲好'黄河故事',延续历史文脉,坚定文化自信,为实现中华民族伟大复兴的中国梦凝聚精神力量"。保护、传承、弘扬好黄河文化,既是时代赋予我们的新命题,也是坚定文化自信、实现中华民族伟大复兴的内在要求。加强黄河文化保护传承弘扬是助推区域高质量发展的重要支撑。全面挖掘梳理黄河文化资源,发挥黄河文化在推动生态保护、经济发展、社会进步等方面的重要作用,让黄河成为造福人民的"幸福河"。

2021 年中共中央、国务院印发的《黄河流域生态保护和高质量发展规划纲要》对保护传承弘扬黄河文化作出战略部署。2023 年 4 月 1 日实施的《中华人民共和国黄河保护法》首次从法律层面对保护传承弘扬黄河文化进行了制度性安排。随着《黄河流域生态保护和高质量发展规划纲要》的出台和《中华人民共和国黄河保护法》的施行,保护传承黄河文化的"四梁八柱"也就搭建起来了。

1.2 黄河文化内涵

黄河文化作为中华民族的根和魂,蕴含着丰富的中华优秀传统文化、革命文化和社会主义先进文化等文化元素。黄河文化源远流长、博大精深,包含着丰富的思想观念、道德情操、审美品格和科学智慧,积淀着中华民族崇高的精神追求、独特的精神标识和深沉的行为准则。

(1)同根同源、家国天下

黄河文化孕育的"为天地立心,为生民立命,为往圣继绝学,为万世开太平"的抱负,"先天下之忧而忧,后天下之乐而乐"的博大情怀,"同根同源"的民族意识,始终是中华民族寻根溯源的心理因循,是中华儿女保家卫国、维护统一的精神支撑,对于提升民族凝聚力、向心力具有不可替代的作用。

(2)自强不息、坚韧不拔

习近平总书记指出:"从某种意义上讲,中华民族治理黄河的历史也是一部治国史。自古以来,从大禹治水到潘季驯'束水攻沙',从汉武帝'瓠子堵口'到康熙帝把'河务、漕运'刻在宫廷的柱子上,中华民族始终在同黄河水旱灾害作斗争。"[2]天行健,君子以自强不息。一路走来,中华民族在应对黄河水旱灾害的过程中锻造了自强不息、坚韧不拔的民族品格。历史上,每当中华民族处在危急关头,总会涌现出无数仁人志士自强不息、发愤图强,自觉寻求救国保民的道路。也正是在这种精神的引领下,中华民族得以在经历近代以来的磨难后快速走向伟大复兴。

(3)崇德尚义、天人合一

诞生于黄河流域的儒家思想是中华传统文化的主干,它主导了黄河文化的走向。儒家以仁和礼为核心,拥有鲜明的尚仁重德、知礼好学、宽厚大度、豁达坦诚等品格。农耕经济是黄河文化的本质特征,黄河沿岸的劳动人民在长期的农业生产生活中逐渐养成了勤劳朴实、务实安定、豁达安乐的品性,并衍生出"天人合一""道法自然"等生态理念。

(4)兼容并蓄、开放包容

黄河流域自古是农耕文明与游牧文明、中原文化与草原文化相互交融的地方,不同族群、不同生产方式的反复碰撞融合,使黄河文化逐渐形成了兼收并蓄、开放包容的特质。春秋战国时代,黄河文化与中华大地上出现的游牧文化、吴越文化、荆楚文化等交流交融。唐代,黄河文化在对印度、中亚、南亚等地区的多种文化进行兼容并蓄中获得了强大发展的动力。可以说,黄河文化在其发展中,自始至终以博大的胸襟开放包容,在兼收并蓄中历久弥新。

2 黄河文化在黄河流域水利风景区规划建设中的应用

黄河流域水利风景区是依托黄河淤背区、水库大坝等水利工程,在保证水利工程正常运行前提下,通过实施工程美化和绿化,建设水利科普和文化服务设施,形成一定规模和质量的水利风景资源,具有维护水工程、保护水资源、改善水环境、修复水生态、保障水安全、弘扬水文化、发展水经济、实现人水和谐等复合功能的场所。景区在为沿黄百姓提供亲水、近水、爱水场所的同时,弘扬了黄河历史文化、宣传人民治黄成就,是"维护黄河健康生命、促进流域人水和谐"理念的生动体现,是"幸福河"的重要标志[3]。

2.1 国内研究现状

在习近平新时代中国特色社会主义思想的指导下,黄河流域生态保护和高质量发展上升到了国家战略层面,指引着我们在两个一百年奋斗目标的历史交汇期对黄河流域的治理与开发工作。围绕黄河流域生态环境、水土治理、水资源利用、农业发展等一系列问题,学界已开展了深入系统探讨。同时,作为扎实推进黄河国家战略的重要抓手,黄河流域水利风景区发展也引起学界更多关注。左其亭、张志卓通过阐述黄河重大国家战略背景下的水利风景区建设与黄河重大国家战略对水利风景区建设需求分析,进而提出黄河重大国家战略背景下水利风景区建设的主体建设框架[4]。牛玉国抓住新时代治水矛盾,深刻认识到水利风景区在建设幸福河中的重要地位,强调着力打好生态、文化、融合"三张牌",实现黄河流域水利风景区高质量发展[5]。张建松通过分析黄河流域水利风景区高质量发展的内涵和面临的重要机遇,探究了黄河流域水利风景区高质量发展的路径,并提出要进一步强化管理、细化措施,使发展成果更实在,发展动力更持久[6]。黄娟娟介绍了水文化在水利工程景观规划中的应用,并选取位于四川省的东风渠作为研究对象,以百里蜀水文化风光带规划为切入点,探讨了水文化在水利工程景观规划中的应用[7]。魏小燕从加大对黄河文化物质遗产的保护力度、利用数字化载体拓展黄河文化传播渠道、黄河文化进校园,构建教育协同发展机制和黄河文化融入地方城市文化品牌建设 4 个方面入手,探索黄河文化精神传承的具体路径[8]。

2.2 黄河文化在水利风景区规划建设中的应用路径

为加强水利风景区建设与管理、维护河湖健康美丽、促进幸福河湖建设、满足人民日益增长的美好生活需要,水利部于 2022 年 3 月印发了《水利风景区管理办法》。办法指出,水利风景区建设与管理以习近平新时代中国特色社会主义思想为指导,贯彻落实习近平总书记"节水优先、空间均衡、系统治理、两手发力"治水思路和关于治水重要讲话指示批示精神,以推动新阶段水利高质量发展为主题,以维护河湖健康生命为主线,坚守安全底线,科学保护和综合利用水利设施、水域及其岸线,传承弘扬水文化,为人民群众提供更多优质水生态产品,服务幸福河湖和美丽中国建设。

黄河流域水利风景区是传播黄河文化的重要载体,在规划与建设中要体现地域特有的文化价值。黄河文化历史悠久,沿黄百姓一直与水共生,与水共融,这种自然天成的人文气息恰恰为水利风景区的规划与建设提供了素材,可以将当地的地域特色文化、非物质文化遗产、传统治河工艺、特色民俗等融入风景区设计理念中。黄河流域水利风景区与传统的旅游景区不同,它更重视水生态功能发挥,突出对自然河流的河床、水系、动植物的保护,努力将黄河沿岸建设成人与自然和谐共生的示范带。同时,也具有文化宣传、科普教育功能。风景区独有的工程特色、历史文化特色等都可以成为科普知识推广与教育的参考范本。借助于黄河流域水利风景区可以向当地学生开展水情教育，掌握水位、流速、流量等自然科学知识，并进一步宣传黄河文化，提升节约水资源和保护水资源的意识。在满足人们文化诉求的基础上，还可以进一步开发出与黄河流域水利风景区相适宜的文创产品。

3　山东菏泽黄河水利风景区牡丹段建设与提升实践

山东菏泽黄河水利风景区牡丹段强化"生态优先，绿色发展"理念，突破思维局限，集合水岸交融的生态景观带和丰富的文化资源，着力提升景区文化品位，展现新时代治水兴水人文关怀和文化魅力。

3.1　初建——百年险工，生态保护先行

刘庄险工位于菏泽市牡丹区李村镇油楼村北，起止堤桩号 218＋850～223＋350，始建于 1898 年，系"百年险工"，在历年防御大洪水过程中发挥了重要作用。依托较高的生态和历史文化价值，2006 年以刘庄险工为基础，以"天香风韵"为主题，以菏泽特色牡丹为原型，以青石板路为枝干，以绿化苗木构成的模纹为叶片，整体景观如同开花时期的牡丹，成为岸绿景美的生态景观带。2007 年先期完成了 18～27 坝绿化带景观工程，2010 年平整 28～37 坝裆背侧空白段。2011 年，牡丹黄河堤防工程晋升为国家级水利风景区。景区内种植塔松、银杏、梧桐、紫叶李等十几种苗木，吸引游客前来观赏写生，在此基础上，增设百年险工石刻、休闲廊架、休憩凉亭，为传承弘扬黄河文化奠定了坚实基础。

3.2　提升——刘庄稚璜文化广场，生态与文化交融

2020 年 3 月，《山东黄河文化保护传承体系建设指导意见》印发，牡丹黄河河务局以此为指导，结合实际制定刘庄稚璜文化广场建设规划方案。晚清名臣丁宝桢任山东巡抚期间，曾两治黄河，堵复决口，修筑障东堤，在牡丹区及周边留下了丰富的文化遗产。丁宝桢字稚璜，同时谐音"治黄"。在丰厚文化底蕴的基础上，围绕"讲好丁宝桢治黄故事"主题，以增加文化元素为重点，整合筹建刘庄稚璜文化广场。主要对丁公亭题名挂牌，打造治黄文化环廊 1 处；对广场简介、刘庄人民驯黄闸遗址进行立牌标识；积极征询丁宝桢时期治黄遗留的宝贵遗址遗碑，着手复刻古碑。刘庄稚璜文化广场集合水岸交融的生态景观带和丰富文化资源，打开了人民了解黄河知识、感受黄河文化、共享黄河生态建设的窗口。自文化广场建成以来，多次迎接各方参观。

3.2 完善——文化传承带

通过制定《2021年度文化建设推进计划》，实行文化建设周报制，积极组织实施落实。在刘庄险工20坝建设"丁宝桢治黄故事"主题广场，安设了丁宝桢铜像，刷新了丁公亭，并邀请当地著名书法家题写《一道长堤留胜迹，两番使命保民安》楹联。复刻丁宝桢亲自撰文并书写的新筑障东堤碑、功成奠定、民不能忘、大王庙碑4块石碑，立于广场主景区。丁宝桢勤勉为官、清廉自守、修德尚俭的品格一直为世人景仰，通过翻阅大量资料，深挖丁氏家风，根据《丁文诚公家信》整理丁宝桢生平简介及家书内涵，安设4处家风家训宣传栏，对前来游玩的群众起到了立身处世、持家治业的良好教诲。为更精炼展示治黄历史，在刘庄险工18、19、21坝分别打造文化廊架，精选了除害兴利、历史治黄、人民治黄3个板块。除害兴利板块重点介绍了引黄兴利、刘庄虹吸、刘庄人民驯黄闸、山东坝、引黄放淤改土、刘庄引黄闸等内容。历史治黄板块展示了黄河流域概况、新筑障东堤碑、铜瓦厢决口改道、牡丹区堤防历次决口统计等有关历史。人民治黄板块由毛泽东主席"要把黄河的事情办好"、习近平总书记"让黄河成为造福人民的幸福河"和人民治黄成就、牡丹区治河先贤等组成。

建党100周年之际，在稚璜广场安设入党誓词雕塑，被评为黄河水利基层党建示范带第二批"党员教育基地"，并着力宣传"河润山东""治黄初心 河泽人民"等省、市局文化品牌，提升文化品牌认知度。

进一步挖掘整理治黄史料，筹建牡丹黄河文化展室。通过向全体职工、离退休老同志征集老物件、老照片等具有历史意义的资料，同时还向沿黄村庄搜集了治黄工具，目前展室内共有藏品65件，有石碾、查水灯具、织布机、独轮手推车、麻绳纺车等。这些珍贵的物品向我们展示了老一代黄河人团结、务实、开拓、拼搏、奉献的黄河精神。

4　结语

黄河流域生态保护与高质量发展不仅是一个经济问题、政治问题和生态问题，更是一个文化问题。黄河文化是中华文明的重要组成部分，是中华民族的根与魂。黄河流域水利风景区的发展是新时代水利人适应新形势发展，突破思维局限，将传统水利向民生水利、生态水利和景观水利转变的积极有效探索。进入生态文明建设新时代，水利风景区建设作为黄河生态文明建设的重要载体，承载了新的历史重任。黄河文化传承视角下水利风景区规划与建设，需要充分运用现有的水资源，结合历史传承和积淀下来的文化内涵，在展现黄河文化底蕴与魅力的同时，以水利风景区的高质量发展筑牢黄河流域生态屏障，为黄河流域生态保护和高质量发展提供支撑和保障。

参考文献

［1］习近平.在黄河流域生态保护和高质量发展座谈会上的讲话［J］.中国水利，2019(20).

［2］习近平谈治国理政·第三卷［M］.北京:外文出版社,2020.

［3］水利部．水利部关于印发《水利风景区管理办法》的通知［Z］.北京:水利部,2022.

［4］左其亭,张志卓.黄河重大国家战略背景下的水利风景区建设［J］.中国水利，2020(20):50-51.

［5］牛玉国.打好黄河水利风景区高质量发展"三张牌"［J］.中国水利,2020(20):48-49.

［6］张建松.黄河流域水利风景区高质量发展的原则与路径［J］.华北水利水电大学学报(社会科学版),2022,38(4):12-17.

［7］黄娟娟.水文化在水利工程景观规划中的应用与实践——以四川省东风渠百里蜀水文化风光带规划为例［J］.现代园艺,2023(14):154-160.

［8］魏小燕.黄河文化的精神内涵与传承路径探究［J］.商丘职业技术学院学报,2023(3):25-38.

浅谈黄河防汛应急物资保障存在的问题与建议

吕端洋　武茂府

菏泽黄河河务局鄄城黄河河务局

摘　要:通过多种方式保障黄河防汛应急抢险是关系到沿黄地区人民生命财产安全和经济社会发展安定的重要举措,防汛应急物资储备和保障是其中的重要环节。根据鄄城黄河河务局及其他单位在黄河防汛应急物资储备保障情况,分析目前黄河防汛应急物资保障方面存在的问题,并以问题导向提出建议,以保障物资数量和质量,从而实现黄河抢险过程中物资能够满足需求并能够快速调度。

关键词:黄河防汛;防汛应急物资储备;模块化管理;防汛应急物资代储

黄河流域防汛安全是黄河治理和管理中最为重要的任务,但黄河治理有其特殊性,因黄河在不同地域水沙关系、河道游荡等特点有所差异,加之防洪工程规模位置不同等情况,黄河防汛应急物资储备要求具有针对性、规模性以及便利性,以满足当地行政区域内黄河防汛抢险需求。

1　鄄城县黄河防汛应急物资保障基本情况

1.1　防汛应急物资保障必要性

鄄城县位于黄河下游上半段,该地区河段是典型的过渡河段,同样也是有名的地上河河段,河道总特点上宽下窄、纵比降上陡下缓、排洪能力上大下小,洪水预见期短、突发性强、持续时间长。另外,河道整治工程以及堤防工程等防洪工程还存在很多薄弱部位和险工险点,比如堤防老口门、临河堤沟河、背河坑塘等,极易在洪水来临时产生较大灾害。并且,近年来气象形势越来越不利,突发性、大规模强降雨发生的可能性增大。例如2021年秋,受连续秋雨影响,黄河干流9天内出现3次编号洪水,黄河中下游遭遇新中国成立以来最严重秋汛,小浪底水库出现建库以来最高水位,下游河道大流量洪水过程持续超过35d。随着黄河流域生态保护和高质量发展"重大国家战略"的深入实施,进一步彰显了加强黄河流域防汛应急物资储备能力和保障管理的重要性和必要性。

1.2 防汛应急物资保障情况

防汛抢险物资指的是在抗洪抢险中用到的实物以及预防洪涝灾害所涉及的器材，要按照以人为本、保障急需、精细管理、科学调度的原则进行储备管理。以鄄城县为例，黄河防汛应急物资主要由 3 部分组成，分别是国家常备防汛应急物资，机关、社会团体储备物资与群众备料，其中，国家常备防汛应急物资是最重要的组成部分[1]。

国家常备防汛应急物资是中央财政安排资金，由水利部负责购置、储备和管理，用于支持遭受严重洪涝干旱灾害地区开展防汛抢险、抗旱减灾、救助受洪灾旱灾威胁群众应急需要的各类物资，由国家防办委托有关省（自治区、直辖市）和流域机构防汛抗旱办公室定点代储（包括石料、铅丝、麻料、编织袋、发电机组以及救生装备等），以及抢险机械（包括挖掘机、自卸车、铲土机、装载机等），其中石料主要放在河道工程坝面，便于及时用于抢险。目前鄄城县有一座国家常备防汛应急物资仓库，仓库于 2017 年建设，2019 年通过验收投入使用，由鄄城黄河河务局进行代储管理。

社会团体备料是指各级防汛指挥部根据防洪任务和历史抢险用料情况，指定本行政区内事业单位、机关和社会团体进行登记和储备，汛期能用于防汛抢险的物资，所需数量根据工程状况和抢险需要确定。社会团体备料通常采取筹集与储备两种方式：一是每年汛前各级防汛指挥部对本辖区内的物资、供销、商业等物资流通系统有关单位，下达储备计划，要求储备一定品种和数量的能用于抢险的物资。汛期如动用，汛后据实结算。二是对本辖区内机关团体、企事业单位储存和生产的可用于防汛的物资进行登记，并做好汛期调用准备。

群众备料是指沿黄村庄或农户储备的可用于防汛抢险的物资，是防御黄河大洪水时就地筹集的物资。汛前由县防指对乡村企业、农户机械、车辆和秸柳料、木料、编织袋等可用于防汛的料物进行登记造册，挂牌号料，落实存放地点、数量和运输方案等。

近年来，鄄城黄河河务局牢固树立"宁可备而不用，不能用而无备"的理念，加强防汛应急物资管理，按照防汛应急物资管理相关规定，安排专人保管，汛前按照临战要求进行彻底检查，发现问题及时处理，不断探索新的管理和储备模式，确保各类机具物料齐全，管打管用。

2 鄄城黄河防汛应急物资保障管理模式

由于机关、社会团体备料和群众备料由各机关团体、群众储备和管理，没有一定的管理模式，本文主要讨论国家常备防汛物资管理模式。目前，鄄城县国家常备防汛物资储备在鄄城黄河河务局防汛物资仓库内,由鄄城黄河河务局进行代储管理,根据防汛应急物资管理办法和实际情况对仓库物资进行维护、更新,并按照程序进行报废和补充。

近年来,鄄城黄河河务局积极探索物资储备新模式,创新性地运用防汛应急物资模块化存储方式,同时根据物资的形态和性能成型、成方、成层分区码放,张贴名牌、卡片,并将物资信息录入电脑系统,在调配物资时可以即查即取,统筹掌握物资信息。模块化防汛应急物资与信息化技术相结合,便于物资更好管理,位置和数量种类一目了然,并且调度运输更加方便高效,为防汛抢险争取了更多时间。

同时,为主动适应防汛备汛体制机制改革新形势,鄄城黄河河务局采用常备防汛应急物资实物代储的新模式。由防汛应急物资仓库储备社会防汛应急物资,实行统一管理,不需要企业支付任何储备费用;合作企业根据代储协议要求,定期对储备的防汛应急物资进行换新保养,确保防汛应急物资在关键时刻顶打管用。这种防汛应急物资的代储模式,丰富了防汛抗旱抢险物资的品类,同时也降低了防汛抗旱物资的投入成本。

3 黄河防汛应急物资保障存在的问题

黄河防汛抢险工作常面临天气多变、险情变化快等复杂形势,争分夺秒保障物资供应就成为防汛抢险工作的重中之重。但由于黄河河道长、工程多,以及定额标准、资金划拨难以满足机械化抢险要求,目前防汛应急物资保障仍存在很多不足,比如部分国家常备防汛应急物资缺额大、新型现代化抢险物资储备少、传统储备模式储存周期短、日常管理模式烦冗等问题。

3.1 防汛物资严重不足

3.1.1 储备定额标准低

目前,防汛物资储备根据河堤堤防工程(含河道防护工程)等级以及工程情况确定的调整系数计算各种防汛物资数量,包括抢险物料(袋类、土工布、砂石料、铅丝、钢管、桩木)及小型抢险机具(救生衣、发电机组、灯具等)。目前,鄄城县黄河防洪物资依据山东省储备定额标准,并根据 2010 年黄河堤防、险工、控导工程长度确定防汛物料数量。但在实际工作中,近年来部分黄河防洪工程不同程度地进行了新建、改建、扩建,加之受黄河河势情况多变影响,有些工程位于易出险的河道河势直冲段,以及部分工程仍存在基础薄弱等问题,现在所用定额已不能满足工程需求[2]。2021 年黄河大洪水防御期间,部分防汛物资需临时采购以满足防汛抢险要求,机械设备在抢险过程中也存在调配困难等现实情况。

在落实黄河流域高质量发展和水利部水利工程标准化建设工作时,对防汛物资数量、质量也提出更高要求。同时随着数字信息化技术在黄河防汛方面的逐步运用，一些创新技术物料使用较少，定额标准没有相应规定，也进一步说明防汛物资储备的定额标准有待提升。

3.1.2 物资老化

防汛物资老化导致不能满足实际需要。通过 20 多年的黄河调水调沙和上游水库控制，加上现代信息技术预警预报和抢险机械化的持续运用，黄河险情的发生得到了有效控制，防汛物资大多数种类并未派上用场，随之出现机械设备及防汛物料数量少、不配套、老化严重，普遍超过报废年限，无法正常使用等问题，制约了防汛抢险的快速反应能力和实战能力。

目前，鄄城防汛物资仓库中，大型机械设备种类不全、数量少、老化严重，主要在用的设备为 2011 年下拨设备，包括 4 台北方奔驰自卸车、2 台小松挖掘机、1 台装载机、1 台推土机，均因运行时间长，存在车况不良情况，制约了防汛抢险的快速反应能力和实战能力。为解决抢险大型机械设备数量不足、种类不全、老化严重的问题，每年汛前均要开展大型抢险机械设备社会资源调查工作，对周边 30km 范围内个体工商户、租赁公司、施工企业进行实地走访，查看大型机械设备的种类、产品型号、具体数量、购置年限、安全状况等情况，详细了解租赁设备是否完备可靠、性能良好、安全无患，相关手续是否齐备、合法，对符合要求的抢险大型机械设备与商户签订租赁意向协议。但存在租用社会大型机械设备时，设备到位不够及时的问题，险情抢早抢小存在困难，可能贻误抢险有利时机。

3.1.3 定点储备场所少

防汛物资储备场所少导致防汛物资储备数量少。目前，鄄城县只有一座定点防汛物资仓库，其他储备呈点散式分布，且没有固定和合适的储藏空间，散点储备物资数量和种类均有限，另外储备场所选择和建设也因多种条件限制，建设难度较大。

3.2 防汛物资管理模式和制度落后

3.2.1 防汛物资管理模式过时

目前，大部分防汛物资管理还是沿用传统管理模式。例如，在实际工作中，管理人员基本是一人或者兼职管理员，并不是专业管理人员，文化水平、专业素养和新技术适应能力不高，对防汛物资的养护并不专业；物料出入库记录仍采用手写单据，管理效率低，对防汛物料尤其是特殊物料没有进行针对管理；缺乏现代化管理设备，仓库防汛物资信息技术和科技化手段应用较少，不适应当前现代化防汛物料储备建设[3]；缺少专门的防汛物资检查考核规范；地方防汛物资由不同单位存储管理，同样存在管理方式、人员不畅等问题。

3.2.2　防汛物资相关制度复杂落后

目前，不同单位执行的防汛物资管理办法，大多数为属地根据各自区域情况自主编制，水平参差不齐，管理办法和制度长时间未进行修订，远远无法满足当前防汛物资的管理要求和实际情况。同时，在近年来黄河河势变化明显、隐患逐渐突出，黄河工程建设项目较多的背景下，计量定额标准长时间未重新修订，抢险定额中的人工工日、机械台班费、物料价格都远远低于市场价格，无法满足支付抢险费用开支，致使小抢小赔、大抢大赔，定额防汛物料已不符合实际情况，定额标准等相关制度亟待修订。

4　黄河防汛物资保障建议

以问题为导向，全面提升防汛物资储备保障能力，不断完善防汛体系机制，确保防汛物资保质保量供应，可实现抢险时机的有效把握和出险范围的有效控制，是夺取防汛抢险胜利的关键所在。所以，把防汛物资保障存在的问题进行针对性整改，将防汛物资的储备保障和管理工作做扎实、做细致，是确保安全度汛的基础。

4.1　建立健全防汛物资体系

根据流域和行政区域基本情况建立完善的、针对性强的防汛物资储备管理体制，特殊情况要编制专门管理制度并进行上报备案，便于上级对防汛物资的监督和考核；对各地定额标准进行调研，及时更新相关数据和标准，多方参与，既要把握大方向又进行细节填充，确保定额满足防汛抢险物料需求；争取资金支持，加强社会力量参与防汛物资采购，减轻中央压力，弹性协作减缓物资浪费和老化；建设和完善防汛仓库条件，因地制宜建设不同位置规模的仓库，预判出险类型，准备各种物料和器械。

4.2　完善防汛物资储备管理制度

强化防汛物资管理的专业化，按照标准对防汛物料定期进行养护和检查，确保物资符合抢险的要求，实行专人管理、专库存放、专料运用，并定期开展培训交流活动，不断提高管理员专业技能素养，以适应现代化防汛物资储备要求；进一步完善各种管理制度和检查制度，比如物资风险防控和安全管理制度，落实各级责任和明确各自工作内容，提高物资管理重要性意识；配齐硬件设施，提升现代化信息技术应用水平，提高管理环境标准，积极推行"双手记录"，既要有相关票据也要有电子档案，形成防汛物资闭环管理，实现物资出入有痕有据有理；积极融入现阶段数字黄河孪生技术，实时了解当前防汛物资数量种类,便于统筹管理调度;积极提高防汛抢险物料设备的现代化水平,丰富物资种类,尤其是引进可缩短抢险时间、快速控制险情的先进机械设备,保障防护工程防洪能力和安全运行[4]。

4.3 建立各类监督检查标准

随着黄河河道趋于稳定,防洪工程出险的频次和严重程度也呈下降势头,部分单位和管理人员在思想上对防汛物资管理逐渐放松,以致降低管理标准,省略部分管理环节,将制度当做摆设等情况。因此要加强监督管理,建立健全检查标准。全面提高防汛物资管理的重视程度和管理能力尤为重要[5]。通过制定监督考核规范,丰富监督检查方式和形式,建立专业督查检查队伍,明确各级责任和任务,针对性地开展督查工作,可有序提升防汛物资管理水平[6]。同时,可将防汛物资管理工作和工作考核结合起来,作为干部考评和职工绩效管理的内容,确立防汛物资管理的重要位置。

4.4 积极探索新型管理模式

黄河流域生态保护和高质量发展上升为重大国家战略以来,黄河发展向着更高标准、更先进管理、更数字化方向前进。信息化等高科技手段在黄河治理和应用方面势头强劲,防汛物资的储备管理也必须紧跟信息化的发展,摒弃传统守旧管理模式,聚焦提升"四预"能力,深入推进防汛物资储备管理体系现代化建设,确保防汛物资数量足、品种全、管得好、调运快。可通过与高校、地方机构共同开发仓储管理系统,共享各类物资数据,保证各类应急物资在最短时间内统一储备、统一管理、统一调用,在科技赋能、数字智能中助力物资调用信息化,确保防汛物资管理调拨更便捷、更精准、更规范、更高效[2]。

5 结语

保障黄河防汛物资供应是确保防汛抢险胜利的坚实基础,应重视物资存储和管理方面存在的顽固问题,坚持规范性管理,秉持发展思路,积极多方面向社会学习和交流,利用市场资源和信息化技术补充物资和管理缺失,架构符合各地防汛物资现状的体系和机制,补齐各项短板,筑牢防汛坚实后盾。

参考文献

[1] 张丙夺.黄河防汛应急管理能力现状分析[J].中国防汛抗旱,2014,24(1).

[2] 单瑞.强化应急保障措施筑牢防汛保障仓[N].华兴报,2022-09-16(3).

[3] 岳发鸥.推进黄河宁夏段防汛应急工作高质量发展的对策建议[J].中国防汛抗旱,2020,30(6):62-65.

[4] 杨雨霖.论防汛物资储备仓库管理现代化[J].中国储运,2020(11):109-110.

[5] 周影.浅谈防汛物资的储备与管理[J].治淮,2020(3):61-62.

[6] 高光莉.推进幸福河湖建设 加强黄河中央级防汛物资管理[C]//中国水利经济研究会.适应新时代水利改革发展要求 推进幸福河湖建设论文集(1).2021:172-177.

三门峡水利枢纽水利遗产保护利用与传承发展研究

刘佳琪

三门峡黄河明珠(集团)有限公司

摘　要：从三门峡水利枢纽工程决策过程、主体工程金属结构和机电设备的安装、施工截流，枢纽改建等方面论述了三门峡水利枢纽遗产所蕴含的精神文化。针对三门峡水利枢纽中遗产和文化保护工作，分析了目前存在的问题，并提出了相关建议。

关键词：精神特质；实践探索；水利遗产保护

2019 年 9 月 18 日，习近平总书记在黄河流域生态保护和高质量发展座谈会上指出："黄河文化是中华文明的重要组成部分，是中华民族的根和魂。要推进黄河文化遗产的系统保护，守好老祖宗留给我们的宝贵遗产。要深入挖掘黄河文化蕴含的时代价值，讲好'黄河故事'，延续历史文脉，坚定文化自信，为实现中华民族伟大复兴的中国梦凝聚精神力量。"

作为新中国在黄河上修建的第一座大型水利枢纽工程，三门峡水利枢纽是新中国水电建设的"里程碑"工程和"探路先锋"工程。它在建设与管理中所形成的宝贵经验和精神财富，已形成强大的智慧和力量。它展示了中国共产党实现黄河岁岁安澜的丰功伟绩，印证着水利人、黄河人、明珠人不懈奋斗的足迹，激荡着探索者的无限豪情和创新者的无限潜能，充分体现了"为民造福、独立自主、攻坚克难，勇攀高峰"的伟大精神，是治黄史上的一座丰碑。

本文将分析三门峡水利枢纽工程作为水利遗产所蕴含的精神特质，以及在遗产保护与发展方面的实践探索。

1　三门峡水利枢纽水利遗产所蕴含的精神

1.1　由三门峡水利枢纽工程决策建设过程见证"为民造福"的治黄奋斗史

三门峡水利枢纽作为黄河上兴建的第一座大型水利枢纽工程，其建设历程饱含了党和国家领导人对治黄工作的关心和支持。

黄河，以千古不废之流哺育了中华民族，创造了中华文明。然而，黄河又以善淤、善决、善徙、泥沙含量高、治理难度大的特性成为历史上的"国之忧患"。从公元前602年至1949年的2500多年间，黄河决溢了1590余次，改道26次，素有"三年两决口，百年一改道"之说。中国人民同黄河水患进行了几千年不屈不挠的斗争，但受生产力水平和社会制度制约，黄河"屡治屡决"的局面始终没有根本改观，沿黄人民对安宁幸福生活的夙愿一直难以实现。

新中国成立之后，亘古黄河展露新颜。

1952年秋，毛泽东主席首次离京便选择了视察黄河，发出了"要把黄河的事情办好"的伟大号召。1955年7月，一届全国人大二次会议全票通过了《关于根治黄河水害和开发黄河水利综合规划的决议》，决定修建三门峡水利枢纽工程。

1957年4月14日，三门峡水利枢纽工程正式开工翌日，《人民日报》头版头条以《征服黄河的开端——举国瞩目的黄河三门峡水利枢纽工程正式开工》为题，热情洋溢地报道了三门峡水利枢纽开工盛况。文章提到，时任水利部部长傅作义在开工典礼上说："我们现在举办这样一个工程，把千百年来的水害变成水利，只有在中国共产党的领导下才能办到。"同时，还发表了社论《大家来支援三门峡啊！》，引起全国响应，援建呼声顿时响彻祖国大地。1958年12月三门峡水利枢纽工程实现截流，1961年4月主体工程基本竣工，比设计工期提前了1年零10个月。

三门峡水利枢纽的建设，自始至终得到党和国家领导人的高度重视和关心支持。1953—1955年，毛泽东主席4次听取治黄工作汇报，对三门峡水利枢纽作出重要指示。周恩来总理先后3次亲临三门峡水利枢纽工程施工现场视察，亲自主持召开会议解决工程建设中存在的重大问题，在工地度过了8个日夜。刘少奇、朱德、董必武、邓小平、李先念、陈云、李富春、陈毅、彭德怀、习仲勋、彭真、罗荣桓、聂荣臻、邓颖超等多位党和国家领导人先后亲临三门峡工地视察工程建设。

65年来，经过两次改建和运用方式3次调整，三门峡水利枢纽工程发挥着防洪、防凌、灌溉、供水、调水调沙、库区生态等巨大的综合效益。自1964年以来，三门峡水库成功抵御了6次流量 $10000 \text{m}^3/\text{s}$ 以上的大型洪水，战胜了黄河下游比1951年、1955年更为严重的1967年、1969年和1970年凌汛。三门峡水利枢纽自运用以来，千里大堤安然无恙，黄河下游岁岁安澜，时至今日，更是黄河防洪减淤体系、水沙调控体系中极其重要的一环。中国共产党领导全国人民建设的三门峡水利枢纽工程，无疑是最先承载国人"俟河之清"、千古一梦的探路先锋工程。它的建设与管理实践，不仅回答了在多泥沙河流上能不能修建大坝的问题，还创造性地探索出了一条治理黄河的有效途径，并为国内河流的治理提供了宝贵经验，为世界多泥沙河流治理提供了"中国方案"。

2016年12月13日，三门峡水利枢纽顺利通过首次大坝安全鉴定，大坝安全类别被评定为"一类坝"。2021 年 6 月 19 日,三门峡水利枢纽被中宣部命名为全国爱国主义教育示范基地,成为全国 585 个爱国主义教育示范基地之一。2021 年 7 月 6 日,三门峡水利枢纽从全国 51 个参评案例中脱颖而出,荣登第三届水工程与水文化有机融合案例榜首。

2021 年 6 月 8 日,央视《美术经典中的党史》讲述吴作人先生的油画《黄河三门峡·中流砥柱》,对三门峡水利枢纽工程给予了高度评价:"三门峡水利枢纽工程为世界多泥沙河流综合治理与开发贡献了一份中国方案。""它在新中国水利史上的地位是无可替代的,它是新中国兴修水利造福人民的开始。"

体现这一精神的水利遗产有:《关于根治黄河水害和开发黄河水利的综合规划的报告》《国务院总理周恩来关于黄河规划和三门峡工程问题致毛泽东主席的信》《国务院副总理兼秘书长习仲勋就赴河南、西北等地视察三门峡工程和农业生产等情况给周恩来的信》《国务院总理周恩来在治理黄河会议上的讲话》等党和国家领导人的讲话,《毛泽东主席视察黄河记》《毛主席视察黄河》《刘少奇主席视察三门峡》《邓小平关心三门峡水利枢纽建设》等党和国家领导人关心关怀三门峡水利枢纽的文章,党和国家领导人视察三门峡水利枢纽珍贵图片若干,周恩来总理主持三门峡水利枢纽建设现场会议所用会议室等。

1.2 由三门峡水利枢纽建设后期主体工程金属结构和机电设备的安装见证"独立自主"的创业担当史

三门峡水利枢纽工程是苏联援建的 156 项工程之中唯一的水利项目。三门峡水电厂设备控制系统最早由苏联列宁格勒设计院设计,主要控制设备为苏联明斯克生产,继电器黑色外壳上刻印着 cccp(苏联制造)字样。1960 年中苏关系全面破裂,在苏联专家带走大量技术资料以及断供核心设备的情况下,为了打破了苏联的技术封锁,一切建设过程在摸索和探索中艰难推进。

1960 年,三门峡水利枢纽进入拦洪阶段后,急需安装用于启闭闸门的 350t 门式起重机。由于苏方拖延不供,周恩来总理强调,我们应该坚持走自力更生道路,自己设法制造。他亲自责成有关部门为三门峡工程建设解决困难。太原重型机器厂承担了此项任务,组织技术人员设计攻关,最终取得成功,解决了三门峡工程建设的燃眉之急,为以后水库大坝建设提供了设备支持。

由于苏方扣留相关资料,使得因运输困难而铸成两半的水轮机转子运到三门峡后无法焊接并安装。1961 年 7 月,周恩来请农业机械部副部长沈鸿、外贸部副部长李强和水电部副部长冯仲云等人,研究具体解决方法。他在黄河三门峡工程局上报的试验计划上批示,把全国各地有丰富焊接经验的技术专家和专业工匠集中起来,集体攻关,并让农业机械部和水利电力部的负责人到现场指挥。在沈鸿主持下,技术人员对水轮机成分进行检测分析,对热焊接技术进行反复试验,终于找到了解决办法,开始对当时首台国内最大水轮机组实施焊接。1961 年 10 月 8—9 日,周恩来第三次来到三门峡。他一到现场,就去看水轮机转子,并问沈鸿焊接牢不牢,会不会出毛病? 得到满意的回答后,周恩来叮嘱说一定要保证质量。1962 年 2 月,第一台发电机组安装完毕,并成功进行了运转调试。

至 1964 年,三门峡水利枢纽工程完成各种闸门、闸门槽埋设件、电站坝体水压钢管和大坝浇筑金属结构件安装 12391t,坝顶 350t 门式起重机等机械设备 5400t。

三门峡水利枢纽在一无充分经验、二无充足国力、三无充实技术借鉴的情况下,由新中国成立后经国务院批准组建的第一支现代化水电施工队伍成功修建,在施工方面创造了许多个"第一",成功研制了多种新材料、新工艺,建设者提出技术革新和合理化建议 7200 多项。

体现这一精神的水利遗产有:350t 门式启闭机标牌、三门峡水利枢纽第一台 15 万 kW 水轮发电机、大坝金属结构件若干。

1.3 由施工截流等工程建设过程见证"攻坚克难"的实干拼搏史

1958 年 7 月,三门峡大坝已进入实质性施工阶段,在导流孔开凿成功后,又完成了开挖坝基等准备工作。工程指挥部在专家充分研判评估的前提下,决定截流开始时间为当年的 11 月 15 日,用一个月时间将黄河水截断。

1958 年汛期,黄河上游多地连续下了多日大雨,来水量大,将河道中间准备截流的闸墩冲倒,给后续施工造成了极大的困难。

工作人员科学分析,攻坚克难,经过集思广益,一种重达 25t 的四面体三角形混凝土石块设计方案脱颖而出。它无论如何入水,总会有一个大面滚入水底,总能保持三角形朝上,对水流的阻力较小,四平八稳地坐底,不易被冲走,而且更多的"四面体"三角形混凝土块可以交叉互补,形成一个更大的整体。

经过试验,混凝土块抗冲效果非常明显。工程指挥部立即调运来了钢筋、水泥等施工材料,工程技术人员和工人日夜奋战在一线,在鬼门岛上共制造 140 多块截流石,准备在合龙最关键的时候投入河中。

1958 年 11 月 17 日,当时河水流量 2030m³/s,苏联专家坚决反对截流,如此一来,要实现截流就要再等下一年的枯水期单独进行。在这种情况下,黄河三门峡工程局指挥部决定先进行截流演习。三天时间内,施工人员克服困难,总进占 11.6m。截流演习让大家士气愈发旺盛,随后,三门峡大坝总指挥部决定集中力量,一鼓作气转入正式截流。施工人员用 12 天时间,先行对神门河道进行截流,大型工程车辆拉来的石渣不断倒进急流。合龙的最后时刻,施工人员一连抛进 80 块截流石。最后,只用了 6 天时间,提前顺利实现了截流。取得经验后,12 月 10 日,施工人员又开始对鬼门河道进行截流,最后的关键时刻,抛投的截流石又起到了"定海神针"的重要作用,最终将整条黄河被拦腰截断。在场的苏联专家称赞道"创造了世界江河截流史上的奇迹"。

这期间,工程技术人员和工人工作热情高涨,日夜奋战在一线,先进工作者、劳模带领突击组冲在最前线,甚至发出了"为了截流,跳黄河我也不眨眼"的豪言壮志。

随后的刘家峡、龙羊峡、葛洲坝和三峡大坝等重要水利工程的施工截流,都使用三门峡的"黄河截流石"进行最后的合龙,它成为我国江河截流史上当之无愧的功臣。

体现这一精神的水利遗产有:三门峡水利枢纽截流石、三门峡水利枢纽劳模事迹报道、建设施工图片、三门峡水利枢纽离退休老同志回忆录、音像视频及文章等。

1.4 由三门峡水利枢纽的两次改建见证"勇攀高峰"的实践探索史

三门峡水库运用初期,由于对黄河泥沙问题认识不足,对黄河中游水土保持过于乐观,致使库区泥沙淤积严重,潼关段河底高程抬升 4.8m,在渭河口形成"拦门沙",渭河行洪不畅,直接威胁到渭河下游防洪及西安市安全。1964 年 12 月,周恩来总理亲自主持召开国务院治黄会议,研究决定对黄河三门峡工程进行改建。第一次改建增建"两洞四管",第二次改建分建"五机八底"和"两机四底"。这期间水库运用方式又经历了"蓄水拦沙""滞洪排沙""蓄清排浑"3 个阶段调整,最终做到了全年入库与出库泥沙基本保持平衡,水库防洪库容长期保持在近 60 亿 m³。

80 年代实施了泄流工程的二期改建。为不影响三门峡水利枢纽防洪、防凌等关键性运用,现场进行了大量试验探索。工作人员攻坚克难,于 1984 年研制成功深水钢围堰,可在不影响水库正常运用的情况下,为底孔二期改建创造施工条件,解决了施工技术难关。自 1984 年深水钢围堰成功应用以来,底孔的二期改建已逐步顺利完成并相继投入运用,进一步发挥了枢纽的综合效益,使频临危境的溢流坝泄流工程起死回生,从而避免了从电站坝体实施"开膛破肚"的不得已的改建方案。深水钢围堰在 40m 高水头的作用下,结构稳定,止水良好,用后拆卸亦较灵活方便,为泄流工程二期改建的成功,起到了决定性的作用,在国内外都是一项新创举,为今后水下深水施工提供了技术支持和借鉴,1985 年获国家科技进步一等奖。

随后,1989 年,三门峡枢纽局从国家的经济建设和黄河治理开发的迫切需要出发,经过大量的科研准备和认真分析,作出了利用即将退役的水轮机叶片开展汛期发电攻关试验的决定,得到了水利部的批准和有关科研单位的支持。随即,三门峡枢纽局自筹资金,自立项目,精选科研人员,明确攻关课题,成立科研攻关领导小组,进行强力攻关。

1989—1994 年进行了 6 年攻关,38 种金属和非金属材料试验,投入运行机组进行了

7台次试验,总计运行时间409d,累计8335h,投入试验资金1500万元,取得了一系列泥沙水文资料,为水库优化调度提供了科学依据。通过试验,掌握了水轮机过流部件磨蚀破坏分布规律及强度特征,使抗磨材料的研制取得了突破性进展,从而为选择水轮机过流部件防护方案和水轮机改型设计提供了科学依据。由此探索总结出一整套汛期浑水发电运行及管理办法,为多泥沙河流水力浑水发电管理运用提供了宝贵的经验。1995年2月,水利部在三门峡召开汛期浑水发电试验总结鉴定会,鉴定浑水发电试验探究,认为取得了重要科研成果,经济效益和社会效益显著,有推广应用价值,达到了国际先进水平。水利部授予该试验项目科技进步一等奖。

作为大型的泥沙试验基地,几十年来,三门峡水利枢纽的正确运用,不仅为中国乃至世界多泥沙河流上的水库探索出了一条保持长期有效库容的新路,而且证明了在黄河上修建水库既能调节水量,又能调节泥沙,实现了"紧紧抓住了水沙关系调节这个'牛鼻子'"。利用水库进行调水调沙,已成为一条新的重要的有效治黄措施,为大家所接受,从而丰富和发展了泥沙科学,也为国内外多泥沙河流的治理提供了宝贵经验。可以说,没有三门峡水利枢纽工程的实践,就没有"蓄清排浑"这样一种调水调沙的水库运用方式,以及以此为主要内容的水沙调节理论。在国际大坝会议上,我国的水利专家曾专门介绍过这方面的经验。"蓄清排浑"的运用方式,不仅适用于黄河,也适用于长江和其他多泥沙河流。我国水利专家张仁、钱宁和陈雅聪教授曾著文提出,长江三峡工程设计中要解决泥沙问题,就必须采用三门峡水库"蓄清排浑"的运用方式,这是能够长期保持水库有效库容而不会被淤废的正确办法。

体现这一精神的有:三门峡水利枢纽底孔、深孔、泄洪排沙隧洞,三门峡水利枢纽深水钢围堰荣获国家科技进步一等奖证书,三门峡水电站水轮机叶片,浑水发电相关论文,水库运用方式研究相关论文、相关图片。

2 目前存在的问题

三门峡水利枢纽工程在新中国治黄历史上的地位决定了其拥有的独特的国家水利遗产的属性,要全力以赴推进申遗和保护工作,就不可忽视当前存在的问题。

1)三门峡水利枢纽水利遗产调查认定、规划编制、保护与利用、管理与宣传等环节的政策制度尚不健全,大多存在空白,如缺乏统一的保护利用发展规划,缺乏相关配套政策制度等,难以实现法制化规范化管理,难以得到科学有效的保护与利用。

2)缺乏专业团队和专项资金。遗产管理专业队伍及人才队伍匮乏,难以起到支撑保障作用。资金缺乏,难以满足和保障遗产保护与利用管理的经费需求。

3)在社会外部层面上缺少对外的交流和展示。黄河三门峡枢纽工程文化文艺作品缺乏,缺少精品,缺乏深远创意,文化底蕴不够,文化"含金量"弱。

3 几点建议

（1）建立健全相关制度和标准体系

把遗产保护作为保护弘扬传承黄河文化的重要内容，进一步强化顶层设计，制定遗产管理办法，明确遗产保护与管理职责权限、资金保障渠道；构建遗产保护与利用规划体系，形成遗产保护、利用、发展、管理规划体系。

（2）搭建遗产保护发展平台

加快专业人员培养力度，建立与三门峡水利枢纽工程文化地位相匹配的专业人员队伍和市场化的工作机制，对遗产普查相关信息进行汇总、整理、挖掘和分析，整合展览陈列、学术研究、文化旅游、文学艺术等资源和平台，运用报刊、网站、融媒体、书籍等各种宣传阵地和手段，综合开发利用好三门峡枢纽水利遗产资源，促进水文化多元发展，为今后开展规划、保护、利用、宣传与管理等搭建软件平台。

（3）推进文化遗产数字化

数字技术的发展为文化遗产保护及传承提供了新的机会和手段，如虚拟现实技术使得文化遗产数字化呈现更真实的效果，让社会和大众深入了解文化遗产的历史故事，保留和传承文化遗产的时间和空间。

（4）提升水利遗产的社会价值

安排专项资金，成立三门峡水利枢纽工程文化研究团队，推进黄河文化基础性、应用型研究，围绕三门峡和故县枢纽的历史文化传说、工程建设和管理文化，以详细的治黄史料、严密的逻辑论证、鲜明的今昔对比，探索拓展水利遗产的历史价值、科学价值、艺术价值、经济价值、社会价值、生态价值及功能，深度挖掘"筑坝精神""中流砥柱精神"等，切实摸清家底，留存好三门峡水利枢纽的历史记忆，发挥文化传承和文化功能，让水利遗产活化利用来激活文化传承发展之力，把蕴含其中的具有当代价值的水文化精神弘扬起来，把代表和体现当代中国优秀水文化的创新成果传播出去，不断提升水文化的软实力。

数字孪生黄河建设对水利科技创新人才的需求

张继英　窦　逗

1. 黄河防汛抗旱物资储备管理中心　2. 中央防汛抗旱郑州仓库

摘　要：数字孪生黄河建设将成为黄河流域高质量发展强大的牵引和驱动。论述了数字孪生黄河建设对水利科技创新人才的需求，重点阐述了强化科技创新人才队伍建设思路和方向。

关键词：黄河流域高质量发展；数字孪生黄河；人才队伍建设现状；顶层设计；人才考核评价；基层科技推广

2021年10月8日，国家发布了《黄河流域生态保护和高质量发展规划纲要》，这是指导当前和今后一个时期黄河流域生态保护和高质量发展的纲领性文件[1]。黄河流域是我国重要的经济地带和生态屏障，也是我国脱贫攻坚战役中重要的支撑力量。黄河流域的生态保护和高质量发展已列入为国家重大发展战略，国家相继出台了《中华人民共和国黄河保护法》《黄河流域生态环境保护规划》《数字孪生黄河建设规划（2022—2025）》等法律制度，为黄河流域沿线9省创造了巨大的发展机会。努力建好数字孪生黄河和模型黄河，为治理黄河提供信息化决策，"三条黄河"（数字黄河、原型黄河和模拟黄河）水利工程建设是贯彻落实国家重大战略的具体措施，是适应黄河治理现代化发展的必然要求，提升黄河流域生态保护和防洪综合治理水平的迫切要求。抓牢科技引领、创新驱动、政策支持和人才支撑的工作，数字孪生黄河建设将成为培养水利数字化科技人才队伍高质量发展强大的载体和项目支撑。

从2001年开始规划建设数字黄河到2022年升级打造数字孪生黄河，全面构建具有"四预"功能的智慧黄河管理体系，黄河水利委员会作为数字孪生黄河建设的核心技术支撑单位，从数字孪生黄河建设方向，以制度化、规范化、智能化、标准化、信息化、现代化建设为抓手，以AI智能、云计算、大数据为代表的数字化技术与治黄的各项业务高度融合。在数字经济快速发展时期，数字化人才成为数字经济快速发展的关键财富，数字化人才具有复合型思维、AI智能思考、创新性工作，能够快速处理数字化转型所带来的新问题和挑战。水利行业的快速发展需要数字化技术的推动，发挥水利行业数字化技术专家专业优势,借助数字孪生技术符合黄河治理需求,引入社会上先进的智能化技术成果,全面构建功能先进的数字孪生黄河系统,借助数字孪生黄河建设项目,打造水利数字化人才发展新高地,促进数字化人才管理领域的发展进步。

1 数字孪生黄河建设对黄河科技创新人才队伍建设的要求

1.1 黄河战略的实施需要高素质的涉水人才

实施黄河国家战略,需坚持生态优先、绿色发展不动摇,全力打造生态保护、黄河安澜示范带,打造对外开放新高地、黄河文化新特色。坚持以问题为导向,项目为平台,促进人才在实干中增技能、立新功。

聚焦黄河流域生态保护与修复、水沙精准调控、堤防工程防洪安全、水资源集约节约利用、工程安全与风险防控、区域经济高质量发展等技术性难题。充分运用云计算、大数据、AI智能、物联网、数字孪生、卫星遥感、无人机等新一代现代化信息通信技术,建成具备"四预"功能的智慧应用体系,赋能黄河保护治理各项业务[2]。开展重点科技创新人才队伍建设,需要在重大科研项目和关键核心技术方面取得更大突破,这些都对新时期数字孪生技术人才队伍建设提出更高的要求。构建以应用效果、创新质量为核心的水利科技人才评价考核体系,落实科研经费保障,完善创新激励机制,让更多优秀科技工作者在数字孪生黄河建设中脱颖而出,为黄河保护治理事业作出贡献。

1.2 数字孪生黄河建设需要融合型人才

黄河流域"十四五"发展规划中提出全面构建具有"四预"功能的"数字孪生黄河",对黄河流域的地理、地貌、径流、河道及涉河工程设施等要素构建一体化的数字集成平台和虚拟现实交互情景。目前,河南段已基本完成黄河下游L2级数据底板,初步搭建了小花间、马渡段等典型三维场景,模拟洪水的发生,发现并对工程薄弱环节进行处置。数字孪生黄河建设要求水利创新科技人员不但要熟悉水利相关专业知识,还要熟悉设计、测绘、遥感、电子、通信、人工智能、虚拟现实、区域链等大量新一代信息技术。数字化人才是一专多能,是新型的数字化复合人才。数字化本身是一种新技能,但数字化技能应用于水利行业,就需要学习和掌握水利与数字化的相关知识。把海量水利数据转化成有数字化价值的数字信息,将数字化技能与水利专业知识充分融合,构建现实与虚拟相互映射的迭代关系,通过数字化模拟现实中的真实场景,推动水利行业的数字化转型和数字化发展。

国家高度重视数字经济发展,目前数字化技术已在多个经济领域得到广泛应用,正在深化发展数字经济,加速推进数字经济与实体经济的融合发展,以科技创新和数字化孪生应用催生新业态发展动能。以高素质创新型人才支撑数字和实体经济高质量发展,加快提高数字化人才水平及专业应用能力至关重要,对数字化科技人才发展培养进行全过程管理,推动体制机制、组织架构、方式流程、业务创新,促进管理体系的全面变革。统筹运用数字孪生技术,不断提升科技人才的配置效率、工作的运行效率、发展治理的整体效能,让科技人才发展更聪明、人才开发更智慧。实现数字化转型,建设数字孪生黄河,发展数字孪生技术,需要培养造就大批数字化专业人才技术队伍。

1.3 科技创新成果推广需要全河职工参与

人才是技术创新的根本,数字化人才是数字经济高质量发展的核心驱动要素,黄河高质量发展需要借助适合黄河流域经济发展的治黄科技创新成果。针对治黄生产实践中的技术改造和革新,需要调动全体职工的创新积极性,进行水利科技创新成果评比及三新应用推广认定工作,并做好成效跟踪,强化水利科技成果推广应用。通过实施水利技术应用示范项目、推荐优秀成果参加水利先进实用技术推广指导目录评选,组织参加水利先进技术(产品)推介会等方式,围绕防汛、抗旱、节约用水、生态修复、环境保护、预报监测、抢险物资管理等重点领域推广先进实用技术成果。推动黄河流域数字经济发展,关键需要牢牢把握科技人才队伍建设,加快建设业务素质高、年龄结构优、专业能力强的黄河数字化科技人才队伍。

1.4 构建高标准黄河实验室需要行业顶级领军人才

由黄河水利科学研究院、郑州大学等牵头组建,河南省、水利部共建共管的黄河实验室,充分发挥黄河水利委员会的统筹组织作用、资源优势和水利专业人才队伍,按照"核心＋协同"的原则组建科研创新团队,围绕水沙研究、智慧水利、林田湖草等需要重点突破的六大方向招聘基础研究学科领军类、业务应用技术骨干类、创新技术研发类高科技人才。汇聚一批黄河治理需要的全球顶尖人才队伍,聚焦黄河治理理论研究和黄河资源开发应用研究,集中力量攻克一批关键技术,取得一批关键性重大科研成果,建设成为人才队伍强、研发水平高、科研技能硬的黄河治理高科技研发平台。

1.5 黄河文化传承需要具有黄河情怀的复合型人才队伍

黄河文化是中华民族传统文化的重要组成部分,是增强文化自信自强和丰富社会主义文化的重要载体,弘扬和传承黄河文化是落实黄河保护治理的重要任务,讲好黄河文化故事,传承黄河历史文化,需要一大批对黄河有深深热爱的复合型人才,有强大的使命感和责任担当。承担黄河文化传承的人才队伍要深入学习贯彻习近平关于治水的重要论述,将黄河文化运用数字化技术形成通俗易懂的大众文化,借助黄河网、黄河报、微信公众号等多种宣传媒介,推动沿黄各省(直辖市)的提质进位以及在黄河流域生态保护和高质量发展中发挥引领示范作用,自觉从黄河文化研究、黄河遗产保护、黄河文艺创作、黄河文化产业、黄河文化旅游、打造黄河文化品牌等多个方面做好黄河文化的保护、传承和弘扬。

2 水利科技创新人才队伍建设现状及存在的问题

2.1 科技创新人才队伍建设现状

（1）在科技创新年轻干部培养方面

目前,水利科技创新年轻干部年龄主要集中在 30～45 岁,在组织中具备一定分量和领导能力的优秀人才。以黄河水利委员会为例,从 2016 年开始每年重点举办青干班或中青班、科技人才能力提升班等,采取专题讲座、课堂互动、讨论交流、现场观摩、拓展训练等方式,以政治坚定为根本,学习各类理论业务知识,优化知识结构,拓宽视野,增强指导实践能力。培训了近 1000 名学员,这些人才作为骨干力量,分布在全河主要岗位,达到了干部结构合理、专业广泛、组织认可的良性局面。

（2）在科技创新技术人才培养方面

大力培养高端技术人才,发掘和选拔相关科技创新团队负责人,根据其成果档次推荐作为各级人才的推荐人选,科技创新团队成员根据工作能力、项目考核等实行动态管理。依托黄河已经建成和投入使用的各项实验室等平台,在保障黄河能够长久安澜的黄河流域水土保持、流域生态综合治理等多个重点领域,实行首席专家聘用指导制度。把各项扶持政策重心放在培养、引进、管理科技创新人才上,在申请科技项目和科研资金上给予全力支持和保障。根据新时代需要建立健全科技人才评价机制,修订和拓宽人才选拔的标准。严格落实优秀人才激励措施,制定和建立关于人才奖励的办法,对行业内的人才、优秀科技成果、相关知识产权等进行物质奖励和荣誉表彰。

（3）在科技创新人才招聘和引进方面

人才招聘方面逐步实现了年龄、学历、专业、经历结构"四个同步优化"。蓄足人才"源头活水",保障事业薪火相传。着力拓宽源头,坚持公开、平等、竞争、择优的原则进行人才招聘和引进。依托公务员招录、赴高校引才、事业单位招聘等方式,有规划地从相关高等学府选拔优秀的应届大学生到水利行业的基层单位工作,从而加强科技创新人才的不断引进,完善和优化科技创新人才队伍结构。

对基层科技创新工作和科技人才培养工作高度重视,采取基层科技创新研究团队保障、重大项目及科研创新成果奖励、"一人一策"等人才跟踪服务系列措施,面向重大国家战略需求,紧紧围绕水利科技创新和科研发展的方向,为广大科技创新人才搭建平台,引导青年科技创新人员研究真问题,真研究问题,培养厚植青年科技创新人才成长沃土。

2.2 科技创新人才队伍建设存在的问题

(1)缺少有效的激励考核机制

数字孪生黄河建设对科技创新人才的要求较高,从开发设计到投入运行使用,到发挥社会效益和经济效益,需要各个层次的科技创新人才参与工作。而目前水利行业这方面的科技人才较少,培养相关人才的激励考核机制较缺失,相应的激励考核办法、激励措施还没有建立。创新型人才的培养、引进、成长、发展的全过程,需要进行科学系统的管理,是一个紧迫而需要长期坚持的工作。尤其是水利系统的基层单位,很多在偏远地区,工作和生活条件较恶劣,不能为科技创新人员提供科研开发的平台,已成为科技创新人才发展成长的阻碍;过去依托感情留人、事业留人的形势已经不能符合现实的要求。

(2)学科带头人不足

黄河流域治理保护是一项系统工程,涉及洪水防治、环境治理、河道治理、水污染治理、水资源开发利用等多个领域,要做好这些工作,需要将这些行业的领军技术人才的科研成果运用到相关工作中,进行实地开发运用,水利行业薪酬较低,引进学科带头人较少,相关领域缺少如科学院院士、勘察大师、工程院院士、设计大师等相关的顶尖科技专家人才的支持和科研开发。因此,加快选拔和培养行业内取得重大成果的学科带头人是当前科技创新技术人才建设的当务之际。

(3)学科分布不合理

目前,黄河治理开发领域高层次专业技术人员和学科带头人,主要集中在防洪工程、水利工程建设与开发、水文水资源监测、河道整治工程、水土保持研究、泥沙情况研究等自然科学领域,在数字孪生黄河领域的科研实力还有待加强,相当一部分关键科技项目仍需依靠外部技术力量的帮助,自主创新能力和配套技术研发能力低。

(4)基层水利科技推广人才缺失

目前,科技创新技术人员分布结构不合理,水利系统科技创新人才大多集中在各个勘察设计、科学研究单位和各级行政机关部门,水利系统的基层部门如河务部门、物资储备部门、工程公司、水文水资源部门等这些承担着水旱灾害防御和水利工程建设的部门缺少高学历的专业技术人员。

基层水利科技推广工作缺少专业性的人才,尤其是乡镇水利科技推广人员的知识有限,技术水平也参差不齐,缺乏科学的指导,结果导致基层新技术、新工艺、新材料、新产品应用和推广等能力减弱。另外,相关部门对基层缺少激励机制,使有能力、高素质的专业人才流失。这些情况都严重制约了基层水利科技推广工作的进程。这就导致了水利科技研究成果与实际应用脱节,研究与应用失调,使研究成果不能真正应用到黄河治理和保护工作中。

3 加强数字孪生黄河科技创新人才建设的思路

3.1 加强人才队伍建设顶层设计

科学制定科技创新人才队伍发展的规划,在新起点上谋划和推进水利系统各类人才队伍建设,抓住国家强化水利科技创新的有利政策和时机,围绕技术研发、分配激励、评价考核、成果转化等方面做好顶层设计,加强创新制度的建设,培养一批能够从创新理念、创新方法、创新技术转化走入世界科技前沿的人才队伍,充分发挥水利科技创新人才的作用。依靠国家重大项目、重点研发课题、国家自然科学基金等在内的国家级、省部级科研项目,组建黄河实验室和工程中心等平台。

3.2 推进人才考核评价制度的改革

要充分发挥科技创新人才考核评价在黄河治理保护、科技创新、改革发展、人才培养中的激励引导作用,建立科学实用性强的科技人才的评价体系,真正做到从评估学术成就、专业创新能力和科研成果、特定领域的专业技能、相关实践经验,以及为保护水利高质量发展带来社会效益和经济效益,从而为科技创新人才的不断成长提供良好的平台。

改革职称评审系统,对于以往职称评审过程中反映出的各种突出问题,能够有针对性地进行改进。通过深化职称改革,优化职称评审各项制度,来激发水利科技的创新、创业,创造活力。对长期在基层一线和贫困地区的专业技术人员或由组织选派援青、扶贫、援疆、援藏等工作的技术人员实行政策倾斜,其相应的工作经历作为职称评审附加分的依据。破除论资排辈痼疾,对于有重大科学研究、技术创新能力的人才,技术水平和产品指标达到国际、国内领先水平,技术成熟度高、创造显著社会、经济效益的人才以及引进的高精端人才等,在职称评聘的过程中其相应的贡献和工作经历能够作为附加分的依据。

对在水利科技创新和科学普及推广的工作中作出过突出贡献的单位集体和个人进行奖励,设立科学进步奖,奖项评审可以涉及科技研发成果、技术推广成果、软科学及其他科学研究成果。

3.3 促进加大人才国际化培养力度

提升水利科技创新技术和能力的全球化已经成为重要的发展趋势,主动发挥水利专业特色和优势,构建打造国际化技术、技能人才培养体系,创新人才培养策略,培养本土国际人才。鼓励水利科技创新人才走出去,请进来。对于因工作需要出国参观学习、进行技术访问、参加国际技术交流会议、赴国际学术组织任职的人员提供保障。对于确因工作需要选派前往国际知名水利院校、实验室等进行学习研修的人员提供政策支持。

3.4 着力培养打造数字化人才

职业院校在设置新专业时要根据产业发展进行有效的改革升级,以此顺应产业发展所需的数字化人才[3],围绕5G、数字能力、数字智能化、信息化能力、3D建模等数字孪生黄河建设应用技术,吸引和培育一批适应数字孪生黄河建设的专业技术、技能人才,搭建人才培养平台,依托相关专业高校,建设一批产学研用示范基地。充分发挥高校、科研机构、行业组织作用,建设一批专业技术人员培训基地、高技能人才培训基地、数字经济产业人才实训基地、技能大师工作室等。

3.5 重视基层水利科技创新工作的开展

对于基层水利单位采取小切口、实用型、渐进式方式,来推动科技创新与施工生产需求精准对接,坚持问题导向,对症下药。"新技术、新材料、新工艺"成果的研发和申报逐年递增。加强体系建设,打造专门科技创新平台,如示范性班组、创新工作室。抽调技术骨干,配备专业设备,开展科技创新工作。根据不同单位的工作性质,以需求为导向,鼓励技能人才立足岗位开展科技创新,提高工作效率。强化各领域专业技术人才培养,开展技能人才"传帮带""师带徒",加强技能传承。组织创新成果评选,对优秀创新成果予以表彰,鼓励人才成长、加强业务交流、为科技创新奠定良好的人才基础。

对于基层企业单位坚持人才强企,增加年轻化人才、聘用制人才,优化技术型、高层次人才存量。采用同工、同酬、同晋升的人才使用竞聘模式,激发人才队伍活力。定期举办"项目部交流会"和"网络大讲堂"活动,实现比学赶超、教学相长,打造学习型企业。

参考文献

[1] 任保平.黄河流域生态环境保护与高质量发展的耦合协调[J].人民论坛·学术前沿,2022(6):91-96.

[2] 黄河水利委员会.数字孪生黄河建设规划[R].郑州:黄河水利委员会,2022.

[3] 黄春耀,江禧贵,黄昕怡.新时代背景下数字化人才能力提升对策[J].就业与保障,2023(7):19-21.

[4] 蒲立.科技强国视角下水利科技创新人才队伍建设展望[J].水利发展研究,2021(8):70-73.

完善新时期水资源管理指标的方法研究

张彦甫　许腾飞

濮阳第二河务局

摘　要: 在总结水资源管理指标发展历程的基础上,从不同方面分析了现行指标,提出了以"水资源供需平衡"和"用水效率"为核心的新时期水资源管理指标体系框架,并从不同方面提出完善新时期水资源管理指标的对策。最后根据实际情况提出相关建议,旨在为新时期水资源管理指标体系的完善提供一些参考。

关键词: 新时期;水资源管理指标;方法研究

水资源作为人类赖以生存的重要资源,在全球气候变化和人类活动的影响下,流域水循环与水资源分布发生了巨大改变,其资源管理工作也出现了诸多问题。为了顺应时代发展趋势,相关部门需要以新时代为依据建立完善的管理指标,做好落实工作,消除管理过程中的差异问题,提高制度的约束作用,实现取水、耗水双向控制目标。

1　水资源管理指标概述

20世纪60年代,美国、加拿大等发达国家在水资源管理方面已建立了一套较完善的制度体系,并形成了一套较为成熟的指标体系。我国在20世纪90年代以前,主要通过计划用水、定额管理等指标对水资源进行管理,并根据当时经济社会发展情况不断进行完善。随着我国经济社会的不断发展,现行指标体系已无法满足当前水资源管理的需要。在此背景下,我国开始探索水资源管理指标体系的构建,先后出台了各项专项规划。新时代,中共中央、国务院提出"开展水资源、水生态、水环境承载能力评价"。新《中华人民共和国水法》的实施为建立完善科学合理的水资源管理指标体系提供了法律保障,但由于水生态文明建设与新《中华人民共和国水法》对水资源管理提出了更高要求,因此有必要对现行的水资源管理指标进行完善。在现行指标体系中,用水效率指标是其中一项重要内容。用水效率指标是指在规定时间内单位用水量所产生的社会效益、生态效益和经济效益之和的量值。用水效率指标属于约束性指标,由用水总量控制、计划用水定额两部分组成。在实际工作中,一般先采用用水总量控制这一指标进行约束。

即根据国民经济和社会发展规划确定的用水总量控制指标确定年度用水量,并在年度用水计划中予以落实。在年度用水计划下达后,根据年度用水情况对各行业用水量进行调整,并以此为依据核定各地区各行业用水定额。用水定额是对国民经济和社会发展规划确定的用水总量控制指标落实情况的体现,也是水资源管理工作的基础依据。新时期,随着国家经济社会发展和生态文明建设的需要,对水资源管理提出了更高要求。国家对水资源管理提出了新理念,在满足经济社会发展需要基础上保障生态安全、在保护水生态前提下提高水资源利用效率、在促进人与自然和谐共生基础上实现人与自然和谐相处、在满足当前经济社会发展需要基础上实现经济社会和生态环境可持续发展。新时期水资源管理指标体系应围绕这一新理念展开。针对现行指标体系存在的问题,结合我国水资源管理实践和理论研究成果,提出了以水资源供需平衡和用水效率为核心的新时期水资源管理指标体系框架。该指标体系以最严格水资源管理制度为基础,以水资源承载能力、水生态环境承载能力为约束条件,以提高水资源利用效率、实现水生态环境保护、促进人与自然和谐相处为目标,满足当前经济社会发展需要,保障人与自然和谐共生[1]。

2 水资源管理指标的重要地位

随着经济社会发展,我国水资源管理工作逐步进入新的发展阶段。国家发改委等14部门联合提出了强化水资源刚性约束的要求,并将其纳入《中华人民共和国国民经济和社会发展第十四五规划和2035年远景目标纲要》。这意味着新时期水资源管理工作将更加强调系统性、整体性、协调性和可持续性,水资源管理指标也需要不断更新完善。现行的水资源管理指标体系框架是在传统水资源管理制度下制定的,其特点是突出了对水资源供需平衡、用水效率和水生态环境保护等方面的考虑。但是随着经济社会发展、用水方式变化以及水资源管理工作不断深入,现行指标体系框架已不能完全适应新时期水安全保障和水资源可持续利用的需要。在此背景下,亟待根据新时期需求对现行指标进行完善,使其更加全面、完整地反映新时期水资源管理工作重点,同时结合当前经济社会发展中面临的突出问题,完善水功能区限制纳污红线制度、全过程节水制度以及提高用水效率制度等。

(1)指导水资源管理工作的重要依据

水资源管理指标是水资源管理工作的重要依据,是指导水资源管理工作的重要手段。具体而言,水资源管理指标是以水为载体、以水量为基础、以水功能为依托的水资源开发利用、节约保护、监督管理等方面的要求和标准。具体来说,首先,在宏观上,水资源管理指标可以反映区域或流域水资源利用水平及其变化趋势。例如,水资源可利用量作为经济社会发展和生态环境保护的约束指标之一，其变化可以反映经济社会发展过程中对水资源的需求和利用变化趋势。其次，在中观上，水资源管理指标可以指导用水总量控制、用水效率控制、入河排污口设置、地下水管控等工作。例如，在全国实行取水许可制度和计划用水管理的背景下，根据相关规定，对区域取用水总量进行控制，引导建设项目取水许可与计划用水管理相结合。工作人员可以通过取水许可核查和计划用水监管，督促相关单位合理用水、节约用水。另外，在微观上，水资源管理指标可以指导用水效率控制指标的制定。例如，在《关于实行最严格水资源管理制度的意见》（以下简称《意见》）中要求制定用水效率控制指标时，应综合考虑各地区经济社会发展水平、用水结构和用水效率变化等情况。此外，还可以通过对取用水户节水情况的考核来促进用水效率的提高。

（2）体现新时期水资源管理目标的重要内容

新时期水资源管理的目标是保障水资源可持续利用，落实最严格水资源管理制度，实现水资源可持续利用，不断满足经济社会发展的需求。①保障水安全。落实节水优先方针，建立健全水资源刚性约束制度，把水资源作为最大的刚性约束。充分考虑水生态系统的自然属性和人的活动对水生态环境的影响，实施最严格的水资源管理制度。②促进绿色发展。落实绿色发展理念，把水资源作为经济社会发展和生态环境保护的重要支撑，加强水生态保护与修复，促进经济社会发展全面绿色转型。统筹好生活、生产和生态用水需求，保障生活用水安全、用水效益最大化、用水效率不断提升。③促进经济社会发展与水资源承载能力相协调。落实国家发展规划、国土空间规划对水资源开发利用的管控要求，合理确定流域区域开发强度和用水总量，统筹产业结构布局和用水需求，促进区域经济社会与水资源承载能力相适应。④促进管理能力提升。增强对复杂多样水文地质条件、不同类型水资源的适应性和管理水平。

（3）优化水资源配置格局的重要举措

新时期，我国水资源开发利用程度已非常高，水资源总量虽然较多，但人均占有量仅为世界平均水平的1/4，是全球13个人均占有量最少的国家之一，同时，还面临着水资源时空分布不均、用水效率不高、水环境污染严重等突出问题。这就要求我们在未来一个时期内，要实现水资源与经济社会协调发展的目标。《意见》中提出要加快发展节水农业、积极推进农业水价综合改革。同时，在水利部牵头组织开展的《全国重要江河流域水量分配方案》编制中，明确提出了水资源管理指标，这意味着新时期水资源管理工作要更加注重流域的协调统一和整体管理。在此背景下，需要进一步加强与流域管理机构和省级水行政主管部门的沟通协调，将流域水资源管理指标与省级行政区域内的水资源管理指标进行衔接，并适时根据经济社会发展变化情况对省级行政区域内的水资源管理指标进行调整和更新[2]。

3 新时期水资源相关管理政策采用的指标

新时期,习近平总书记提出了节水优先、空间均衡、系统治理、两手发力的治水思路。水资源是基础性的自然资源和战略性的经济资源,是经济社会发展的重要支撑和保障。因此,新时期水资源管理的目标是实现水资源供需平衡和用水效率提高,为新时期我国社会经济高质量发展提供坚实的支撑。针对新时期我国水资源管理存在的问题,要实现这一目标,必须完善水资源相关政策措施,从多角度入手,提高水资源利用效率。新时期水资源相关政策措施应充分考虑经济社会发展要求,在保证经济社会发展需求和生态环境保护需要的前提下,要以水资源供需平衡和用水效率为核心,综合考虑总量控制、定额管理、节约用水、生态文明等相关内容,制定相应的政策措施。由于不同地区经济社会发展水平不同,水资源供需平衡也应有所差别,因此在制定相关政策时应根据本地区实际情况进行具体分析,在充分考虑供需平衡和用水效率的前提下确定指标体系。①水资源供需平衡。水资源供需平衡是指在一定的水资源量条件下,可以满足经济社会发展需要的供水量与需水量之间的对比关系。根据水利部要求,各地应加强用水定额管理,推进用水定额标准体系建设。建立健全取用水户定额标准体系,研究制定各地区不同行业和不同取用水户的定额标准体系。在此基础上,各地应根据本地区实际情况,完善各行业用水定额标准、各取用水户用水定额标准和水资源论证等相关政策。水资源供需平衡分析指标包括用水总量控制指标、用水效率控制指标、水功能区限制纳污红线指标、水生态环境保护要求等。在制定政策措施时,可结合各地实际情况,选择相应的指标。②用水效率。水是基础性的自然资源和战略性的经济资源,与其他自然资源一样,在使用过程中也会随着时间的推移而发生变化,会对人类的生存、健康和环境造成影响。因此,需要不断地研究和分析其变化趋势,及时调整相关政策措施,落实取水许可和水资源有偿使用制度,严格水资源论证和取水许可,强化水资源刚性约束。加强水资源监管能力建设,加快建立适应流域—区域—行业特点的监管机制,实现用水总量控制和用水效率控制。因此,新时期制定用水效率相关政策应充分考虑水资源供需平衡和用水效率这两个重要指标,在保证总量控制、定额管理的基础上,确定不同地区用水效率指标。

4 完善新时期水资源管理指标的方法

(1)建立以蒸散监测为核心的耗水要素监测体系

充分发挥水文测报在水资源管理中的作用,充分利用现代技术手段,加强对水资源要素的监测和管理,提高水资源管理水平。①开展蒸散监测。按照国家要求,开展地下水、地表水和蒸散量的监测,其中,地下水和地表水监测以地面水监测为基础,蒸散量监测以遥感监测为基础。②建立蒸散预报系统。在综合考虑地下水、地表水、蒸发蒸腾量的基础上,研究建立以蒸散预报系统为核心的水资源管理指标体系。同时建立蒸散监测信息发布平台。建立省级统一的信息发布平台,向社会公布年度蒸散量及相应的用水总量、用水效率等指标信息,接受社会监督。③加强水功能区管理。制定严格的水功能区限制纳污制度和保护措施,建立水功能区监测与评价制度,并根据实际情况进行动态调整。开展耗水要素监测体系研究,完善和加强我国水资源管理的监测、管理体系,推动国家层面和地方层面的水资源监测、管理工作。加强我国水资源监测、管理工作的统一规划和组织实施,建立健全我国水资源监测、管理工作的各项规章制度,规范水资源监测、管理工作,完善国家水资源监测、管理的技术标准和技术规范,同时,加强对我国水资源开发利用与保护过程中重大问题的研究,促进我国水资源可持续利用和生态环境保护,推动我国水资源监测、管理工作的现代化进程,提升水资源管理水平。需注意,为保证监测数据的真实性和准确性,在开展对标监测工作的同时,应选取耗水量较大的重点用水行业作为典型进行监测。耗水要素监测系统主要内容包括监测技术标准体系和方法、行业耗水要素调查方法和标准、重点用水行业耗水要素调查成果表、重点用水行业年度需水量和年度用水效率分析成果表、重点用水行业年度用水总量指标和用水效率指标分析成果表。

（2）健全以耗水上限为核心的水资源刚性约束方法

健全以耗水上限为核心的水资源刚性约束方法,就是要按照节水优先、空间均衡、系统治理、两手发力的治水思路,建立完善与水资源承载能力相适应的经济社会发展格局。在实践中,要健全以耗水上限为核心的水资源刚性约束方法,就是要充分发挥用水总量控制在不同地区的不同作用,统筹协调好经济社会发展与水资源承载能力之间的关系,根据不同地区水资源条件和经济社会发展要求,因地制宜地制定科学合理的用水总量控制指标,建立完善以耗水上限为核心的水资源刚性约束制度。例如,江苏省对省管地区实行用水总量控制,将全省平均年耗水量作为省级用水总量控制指标。同时,根据功能区规划、功能区产业准入负面清单等文件要求,在保障经济社会发展合理用水量的前提下,按照一般控制、弹性控制的思路,制定省管地区分阶段、分类型、分行业用水总量控制指标和年度用水总量控制目标。这一做法在江苏省全面推行河长制、实施最严格水资源管理制度等工作中已取得显著成效。

（3）落实以耗水管控为核心的耗水约束机制

全面落实最严格水资源管理制度,需要强化用水总量控制,切实加强以耗水管控为核心的耗水约束机制建设。目前,我国用水总量控制制度体系初步建立,但在落实以耗水管控为核心的耗水约束机制方面,还存在着管理体制机制不顺、技术支撑能力不足、用水计量监控不足等问题。因此,应进一步深化用水总量控制制度体系建设、推动节水评价、加快取用水计量监控建设等工作,为全面落实最严格水资源管理制度提供保障。

①落实以水定地的方针,约束农业耗水总量。当前,我国农业用水量占总用水量的比重超过80%,农田灌溉水有效利用系数仅为0.5左右。在此背景下,必须以水定地,把农业用水总量控制在定额之内,促进农业节水增效,也可以通过技术手段提高农业用水效率。工作人员可以制定相应的用水标准,提高农业灌溉用水效率。落实《全国农田灌溉水有效利用系数测算与评价》成果,组织开展全国农田灌溉用水有效利用系数测算与评价工作,并将研究结果纳入农业用水总量控制指标体系。同时,工作人员要推动节水型灌区建设。加快推进节水型灌区建设和管理体制改革,促进节水型灌区建设,建立健全以水权管理为核心的水资源有偿使用制度,建立健全以定额管理为核心的节水奖励机制,进而强化农业用水计量监控,大力推进农业生产环节计量设施改造与建设,加快推进农田灌溉工程信息化、智能化建设。对于全国重要江河、重点地区地下水水位也要开展有效监测与评价工作,为后续高效节水技术推广应用提供依据,全面推动高效节水灌溉工程建设,加快推进高耗水行业水效提升、节水产品推广应用、节水技术改造等工作。

②强化生态环境与水资源约束,优化生态恢复治理的方式与规模。生态文明建设是关系中华民族永续发展的根本大计,而水资源是生态文明建设的重要支撑。随着经济社会的发展,生态环境退化的问题越来越突出,生态文明建设也日益受到高度重视。水资源是生态环境的重要支撑,加强水资源保护和生态环境保护对落实最严格水资源管理制度具有重要意义。在现有的管理体制下,水利部门负责流域区域生态环境保护、水污染防治工作,国土部门负责水土保持工作,环保部门负责水环境污染防治工作。在新形势下,需要进一步加强流域区域生态环境与水资源保护协调发展。工作人员要进一步加强流域区域水资源保护和生态环境保护工作,强化对流域区域生态环境的刚性约束。按照"山水林田湖草沙是一个生命共同体"的理念,推进流域区域山水林田湖草沙综合治理、系统治理、源头治理。同时,也要落实最严格的水资源管理制度,完善流域区域水资源调度机制,统筹水资源开发利用、配置、节约和保护,在保证防洪安全、供水安全、粮食安全的基础上,合理开发利用好水资源,提升水生态系统功能,逐步实现水资源利用方式的根本性转变[3]。

5 结束语

总而言之,新时期水资源管理政策可以从政策与法律层面入手,保障水资源的可持续发展目标,但是各项制度在落实过程中必然会出现诸多问题。为了保证制度的全面落实,各区域需要根据自身的实际情况,以区域经济发展为核心,协调各行各业的耗水量。通过双管齐下的方式开展有效管理,提高水资源的利用率,确保资源的可持续性发展。

参考文献

[1] 吕万峰.新时期完善水资源管理的对策分析[J].建筑工程技术与设计,2015(29):1187.

[2] 杨泽.新时期如何有效地开展水资源管理工作[J].农业灾害研究,2021(10):011.

[3] 许继军,陈述.新时期长江流域水资源保护利用管理体制机制研究[J].长江科学院院报,2022,39(7):6.

生态保护和文化传承赋能濮阳黄河保护治理高质量发展

闫　璞　王月芳

濮阳黄河河务局张庄闸管理处

摘　要: 从濮阳市的上古文化、红色文化和初心文化三个方面介绍了濮阳市黄河文化的积淀成果,分析了濮阳市黄河生态保护的现状,提出了濮阳黄河生态保护与文化融合共生的路径。在此基础上,探讨了濮阳市黄河文化和生态保护的工作方向。

关键词: 生态;文化;传承

1　濮阳黄河文化现状

黄河是中华民族的母亲河,黄河文化是中华民族文化的根与魂。黄河流域濮阳段历史悠久,文化积淀深厚,是中华文明的发祥地之一。总体来说,濮阳文化可以分为 3 个时期。

(1)上古文化

曾有一位专家说:"中华文化看中原,中原文化看河南,河南文化厚而广,上古文化看濮阳。"濮阳地区是《史记·帝王本纪》开篇"五帝本纪"中颛顼、帝喾和舜帝的重要活动区域。1987 年西水坡出土了 6400 年前的蚌塑龙,被考古界誉为"中华第一龙",濮阳因此被国家有关部门命名为"中华龙乡""华夏龙都"。濮阳历史悠久、文化灿烂,是黄河文化孵生诸多文化的摇篮之一,孕育了许多文化典故和名人事迹,比如说濮阳县的张氏宗亲姓氏文化,在欧阳修《新唐书·宰相世系表》中,张氏出姬姓,传说是黄帝之孙,少昊的第五个儿子,与颛顼是堂兄弟。他受天上弧星启发,发明了弓箭,被颛顼封为弓正(也称弓长,掌管弓箭的官职),赐姓张。弓箭的发明使黄帝的政权更加强大,打败了蚩尤。还有清丰县的德孝文化,舜帝即德孝之祖,中国传统文化中有二十四孝的故事,而虞舜孝感动天的故事居二十四孝之首,我国古代唯一一个以人名命名的县,就是濮阳市的清丰县。据文献记载,张清丰,隋顿丘(今清丰县)人,善事父母,孝行称于世。隋开皇年间以孝廉征聘不就,人皆爱慕之。至唐大历年间,魏博节度使田承嗣,因县界有张清丰门阙,表请以其名名县。再有,据《说文解字》记载,仓颉是黄帝时期造字的左史官,他结束了华夏祖先结绳记事的历史,被尊为"造字圣人"。而濮阳是仓颉的故里,南乐县建有仓颉陵。世界四大文明古国,只有中华文明承传至今,生生不息,是和古圣贤的智慧尤其是汉字分不开的。唐代著名僧人张遂,即僧一行,魏州昌乐(今南乐县)人,世界最早测量子午线长度的人,首创唐代新历《大衍历》。公元724—725年,一行主持大规模的天文大地测量工作。在全国选择了12个观测点,并派人实地观测。其中,负责在河南进行观测的南宫说等人选择经度相同、地势高低相似的4个地方进行设点观测,分别测量了当地的北极星高度,冬至、夏至和春分、秋分四时日影的长度,以及四地间的距离。最后经一行统一计算,得出了北极高度差一度,南北两地相距129.2km的结论。这个数据就是地球子午线一度的弧长。这虽然与一度长111.2km的准确测量值有一些误差,但这是世界上第一次用科学方法进行的子午线实测。僧一行从公元725年开始编订历法,至逝世前完成草稿,即《大衍历》。这些都是当前濮阳黄河文化发展中,被广泛接受和宣扬的精神。

(2)红色文化

红色文化不仅包括历史革命文化,也蕴含着爱国、进步、民主、科学、创新的价值取向。濮阳作为革命老区,拥有丰富的红色文化资源,比如说,第一次国内革命战争时期的中共佛善村第一党支部、抗日战争后期的冀鲁豫边区革命根据地旧址、解放战争时期刘邓大军千里挺进大别山强渡黄河旧址,这些璀璨的历史记忆,给我们留下了丰富的文化遗产,为我们在新征程上勇毅前行提供了精神源泉。这三个红色景点可以与黄河大堤绿色景观带无缝衔接起来,从红色历史中赓续历史文脉,共同构筑濮阳黄河文化的基因序列。

(3)中国共产党领导人民开启治黄新纪元的初心文化

黄河是母亲河,也是一条桀骜难驯的忧患河。翻开史册,一部艰辛的治黄史也是一部中华民族的苦难史、奋斗史、治国史。习近平总书记在深入推动黄河流域生态保护和高质量发展座谈会上强调:"扎实推进黄河大保护,确保黄河安澜,是治国理政的大事。要强化综合性防洪减灾体系建设,加强水生态空间管控,提升水旱灾害应急处置能力,确保黄河沿岸安全。"黄河孕育并承载了数千年中华文明,是中华民族的母亲河,但也因"善淤、善决、善徙"成为世界上最难治理的河流之一。几千年来,中国历代封建王朝为治理黄河进行了各种尝试,却终究未改变黄河"三年两决口,百年一改道"的状况。新中国成立以来,为确保黄河安澜,在总结和发展历代治河经验的基础上,黄河下游先后兴建黄河下游标准化堤防、险工及控导工程、游荡型河道整治工程和分滞洪区,形成了"上拦下排、两岸分滞"的防洪工程体系,为区域脱贫攻坚和流域经济社会发展提供了强有力支撑。

2 濮阳黄河生态保护现状

党的十八大以来,习近平总书记洞察治水兴水历史规律,深刻揭示人水关系的本质,强调人与自然和谐共生,要注重尊重自然、顺应自然、保护自然。这不禁让人想到,孔子与老子的对话,孔子曰:"逝者如斯夫,不舍昼夜! 黄河之水奔腾不息,人之年华流逝不止,河水不知何处去,人生不知何处归?"老子道:"天地无人推而自行,日月无人燃而自明,星辰无人列而自序,禽兽无人造而自生,此乃自然为之也,何劳人为乎?"意思就是说,尊重自然,顺应自然,国政自然清明,人心自然归正。而习近平总书记的治水思路,就是融汇了中国古代"天人合一""道法自然"的哲学智慧,明确了人与自然和谐共生,是人民的要求、时代的要求,更是历史发展的必然要求,是对构建人与自然生命共同体的最好答卷。

濮阳作为展示河南黄河新形象的窗口和生态保护和文化传承建设的主战场之一,将进一步认真贯彻落实习近平总书记关于黄河保护治理重要讲话精神,统筹濮阳黄河沿线各类资源,努力打造濮阳黄河历史文化主地标,形成最能展示自然黄河生态景观、最能体现华夏历史文明高峰、最能代表黄河文化精神的具有世界意义、国家价值的标志群。同时以黄河生态廊道示范一带、渠村大闸—范县毛楼—将军渡—张庄入黄闸为四点,黄河文化展示交流中心、中国共产党治黄故事展示基地"一带、四点、一中心、一基地"作为项目载体。以黄河大堤为轴线,将文化展示线、生态展示线贯穿始终,集文旅、生态功能于一体,打造濮阳市黄河流域生态保护和高质量发展新亮点和出彩点。①找准濮阳在黄河流域生态保护和高质量发展中的战略定位,谋实传承弘扬黄河文化、加强生态保护和修复等举措,以生态环保、黄河安澜、水资源节约集约利用、产业转型升级、现代农业、传承弘扬黄河文化、基础设施互联互通等 10 个方面为依托建设复合型生态廊道,处理好黄河与大堤,大堤与自然,以及人与黄河、大堤、自然的关系,打造一条具有濮阳特色的黄河文化、休闲、研学生态带。②以黄河大堤为轴线,展示传承黄河之魂文化精髓,以文化展示线、生态展示线和农林高效发展经济线 3 条设计主线贯穿始终,重点构造文化传承示范区、生态湿地景观区、生态林间中药种植、高效农业展示区、生态民俗体验区、生态文化休闲区,打造黄河古道、伟人足迹、名人馆、倒影水塘、黄河人家、生态长堤、黄河落日、凌波桥、坐石临流、鱼跃鸢飞、探月亭、柳浪闻莺、密林野趣、篝火庭院、飞虹桥、悠然坞、怡秀亭、艺术长廊等 18 个核心景观节点,在饱览黄河自然美景,徜徉黄河文化的同时,还可享受增值的"土、特、奇、活"民俗文化大餐,欣赏黄河"第三面芳容"。

3 濮阳黄河生态保护与文化融合共生的路径

生态的含义是,生物在一定的自然环境下生存和发展的状态。2005 年,习近平总书记在湖州市安吉县余村考察，首次提出了"绿水青山就是金山银山"理念，这一科学理念是对生态最好的诠释。党的十九大指出，人与自然是生命共同体，人类必须尊重自然、顺应自然、保护自然。谋全局也谋一域向来是大国治理的重要课题。近年来，濮阳黄河生态环境质量持续改善，具备生态优势向文旅优势发展的条件，但生态优势转化为经济高质量发展优势仍处于起步探索阶段，需要以新发展理念引领实践，跳出濮阳看黄河，把濮阳黄河纳入区域经济圈进行规划建设，研究提出具有因地制宜、特色亮点和推动作用的载体抓手，谋划储备具有切实可行的文旅项目，形成串点成线、连线成带、水绿交融的新态势，筑牢生态屏障，扮靓母亲河。①根据生态环境部发布的《碳排放权交易管理办法（试行）》规定，充分发挥黄河大堤两岸原生态林业资源，积极探索融入"CCER"项目体系，经过降碳指标量化计算，畅通碳循环，有力推动濮阳黄河生态保护的健康有序发展。②要改变对规模的追求，根据沿黄各县特色，分区差异设计文化主题。同时，县与县之间可以找准携手发展的文化元素，拓展文化边界，比如说濮阳县的"龙文化"、范县的"板桥文化"，可以与"凤鸣台前"融合起来，形成交融并蓄的文化气象。③要通过绿化苗木种植示范基地的带动作用，巩固苗木种植成果，调整种植结构，优化树株品质，共同打造具有景观功能、生态功能等复合功能的样板，将"春有百花秋有月，夏有凉风冬有雪"落实、串联在濮阳黄河的四季中。④科学制定符合市场行情规律的生态发展体制机制，实现以流域管理机构为主导，吸引企业和社会广泛参与的"生态保护＋文旅发展＋生态业态经营＋生态康养"产业，充分释放黄河沿岸大堤蕴含的生态价值，促进生态优势向经济优势转化。⑤建立黄河生态交易平台，将沿黄各县的生态资源统筹整合，进行规模化收储市场运作，系统形成生态价值实现的多路径局面。

4 展望下步工作方向

在新阶段黄河保护治理和高质量发展中，要充分发挥生态优先这个导向作用，以文化融合发展赋能国家战略落地落实。

1）修订完善规划方案。

结合市场发展趋势分析研判，顺应形势变化和发展需要，围绕黄河流域生态保护和高质量发展重大机遇，加快修编完善濮阳生态保护和文化传承高质量发展规划，进一步明确发展的定位、目标任务、建设重点和工作举措。强化顶层设计，注重规划与黄河文化、区域总体规划等相衔接，有力有序推进项目建设。

2）讲好黄河故事。

对重要治黄历史事件和代表人物、与黄河相关的地域人文典故和历史传说、景区内的治黄文化遗产以及相关文化遗存进行广泛收集整理。充分利用微信、微博、腾讯 QQ、抖音、快手等网络载体，进行宣传报道，弘扬黄河文化、科普水资源、水环境、水生态、水工程等知识,让更多的人知道、了解濮阳黄河特性和濮阳黄河防洪工程体系,从而起到欣赏黄河、向往黄河的作用。

3)抓好队伍建设。

采取考察培训、交流学习、课题研究等方式,开展从业人员培训。以社会主义核心价值观、思想道德修养、职业道德修养、政策法规、经营管理和服务技能、国内外文旅业发展形势等作为主要学习内容,组织培训,提升队伍整体素质和规范经营管理水平。

4)围绕黄河文化与上古文化、红色文化、历史文化、民俗文化等融合发展,对蕴含其中的人物、典故、道德礼仪等元素进行深入发掘,以新的手法进行演绎表现,开发创作具有濮阳黄河特色的影视歌曲、动漫产品,以新业态赋予传统文化新生命。

5)进一步激发黄河干部职工干事创业、实干担当的精气神,通过黄河文化的宣传,营造崇尚创新创业的良好氛围。

5 结语

黄河流域生态保护和高质量发展是习近平总书记亲自擘画、亲自部署、亲自推动的重大国家战略。濮阳黄河保护治理工作要坚持以习近平治水重要论述为指导,准确把握生态保护和高质量发展关系,聚焦绿色和幸福,讲好黄河故事,赓续历史文脉,以钉钉子精神抓好各项工作落实,推动濮阳黄河流域生态保护和高质量发展取得新成效。

郑州黄河联防联控探索与实践

吕绪明[1]　刘　沅[1]　吴一凡[2]　李森[1]

1. 河南黄河河务局郑州黄河河务局　2. 郑州黄河工程有限公司

摘　要： 近年来，黄河流域开展一系列河湖专项整治行动，如黄河"清河行动""携手清四乱 保护母亲河"等行动，流域机构与地方职能部门联防联控、联合执法对非法侵占河道、破坏黄河湿地生态、污染水环境等违法行为进行有效打击。以典型的黄河中下游城市郑州为例，介绍各方参与下的黄河河道治理情况，提出通过强化流域治理管理、压实属地河长责任等，有效避免河湖治理管护碎片化，部门分割管理、行政区域分割分管的现象，共同凝聚黄河保护治理合力。

关键词： 黄河；整治；生态环境；联防联控

1　基本情况

黄河郑州段位于黄河中游下届和下游上届，自巩义市杨沟进入辖区，流经巩义市、荥阳市、郑州市城区的惠济区、金水区和中牟县（含郑东新区）5个县（市、区），在中牟东狼村入开封。河道全长160km，堤防工程71.422km，黄河滩区总面积35.62万亩，滩区常住人口2.1万，流动人口约1万。河道内共有1个省级自然保护区、6处地表水和地下水饮用水水源保护区、黄河鲤资源保护区，取水工程19处。

随着沿黄经济的发展，受土地资源的限制，越来越多的企业将目光投向了黄河滩区，在利益驱动下无视政策法规，向河道排放污水、违法侵占河道岸线时有发生，滩区"人水争地"对河道行洪产生了不利影响，破坏湿地。涉及防洪安全、生态保护、水资源利用的突出问题不解决，将影响国家战略的进一步实施，也不利于国家中心城市的发展。

流域水循环构成了社会发展的基础，但也是诸多水环境、水问题的症结所在。习近平总书记一针见血地指出：当前黄河流域仍存在一些突出困难和问题，这些问题，表象在黄河，根子在流域。我们要共同抓好大保护，协同推进大治理，着力加强生态保护治理、保障黄河长治久安、促进全流域高质量发展、改善人民群众生活、保护传承弘扬黄河文化，让黄河成为造福人民的幸福河。多年来郑州黄河河道功能已经发生了巨变，不仅具有传统意义的蓄洪滞洪沉沙功能还兼具湿地生态保护、国土资源保护、饮用水水源地保护、国家大型跨河工程保护等功能,涉及行业监管部门不断增多。目前,九龙治水问题突出,一个滩区项目的建成落地往往需要发改、河务、土地、林业、农业、环保等多部门参与审批。仅靠单一部门的管理和执法难以达到维护生态安全、保护母亲河的目标,亟须构建一个责任明确、协调有序、监管严格、保护有力的黄河管理保护机制,为维护黄河健康生命、实现黄河功能永续利用提供制度保障[1]。

2 黄河河道综合治理主要做法

2.1 综合整治行动

近年来,各部委开展了一系列综合整治行动,如饮用水水源地生态环境保护专项行动、绿盾行动、"大棚房"专项综合整治行动、违建别墅专项整治行动、黄河湿地保护专项行动、"携手清四乱、保护母亲河"、"清河行动"等。专项行动紧紧围绕影响黄河防洪安全、生态安全、饮水安全等突出问题,综合治理力度持续加大,有效打击了滩区违法行为,破除了困扰黄河滩区多年的顽疾。近年来,中央环保督察组多次开展督查、回头看,聚焦突出问题,通过明查与暗访相结合,深入基层、深入一线、深入现场曝光典型案例,中央生态环境保护督察成为推动落实生态环保责任的"利剑"。作为我国生态文明建设的重要制度创新之一,中央生态环保督察组坚持问题导向,敢于动真碰硬,强有力地推动了生态环境治理工作。如果说各部委行动是全面推进,那么中央生态环境保护督察就是针对重点问题靶向突破,通过点面结合,协同发力,为黄河流域生态保护和高质量发展奠定坚实基础。

2.2 推进河长制

2016 年 11 月 28 日,中共中央办公厅、国务院印发了《关于全面推行河长制的意见》。全面推行河长制,是以习近平同志为核心的党中央从人与自然和谐共生,加快推进生态文明建设的战略高度作出的重大决策部署,是促进河湖治理体系和治理能力现代化的重大制度创新,也是维护河湖健康生命、保障国家水安全的重要制度保障。河长制包括两大体系:一是以党政领导负责制为核心的责任体系,二是以河长制办公室为中心的协调体系。各有关部门和单位按照职责分工,在河长制框架下协同推进各项工作。2022 年开始,由沿黄 9 个省(自治区)轮流承办黄河流域省级河湖长联席会议,建立完善联防联控联治机制,交流工作经验,研究部署重大事项,协调解决重大问题,统筹推进黄河流域河湖长制有关工作。通过强化流域统一治理管理、强化流域统筹与区域协同、强化责任落实和河湖监管,深入推动黄河流域生态保护和高质量发展。沿黄各市(县、区)

也积极主动作为,凝聚合力开展综合治理、系统治理。以典型的黄河中下游城市郑州为例,郑州段河道全长 160km,河道宽 5～10km,滩区面积广。该河段既有黄河水利委员会及其直属单位为主体的流域管理机构,也有生态环境、林业、农业、国土等部门参与,形成了"九龙治水"的体制结构。郑州黄河滩区仍有 3 万群众生活。要突出滩地的生态主体功能和公共属性,解决好治乱、治污问题,在保护中合理利用滩地资源,确保防洪安全、生态安全。鉴于黄河中下游滩区的特殊性,更应该坚持系统观念,在河长制框架下,共同抓好大保护,协同推进大治理来强化黄河河道综合管理。

2.3 公检法司保障

生态文明,关系人民福祉,关乎民族未来。党的十八大把生态文明建设纳入中国特色社会主义事业五位一体总体布局中,明确提出大力推进生态文明建设,努力建设美丽中国,实现中华民族永续发展。黄河流域各级公检法司高度重视生态文明建设,与涉河单位紧密合作,打击了一批涉河违法行为,树立了一批典型案例。2018 年 12 月 7 日,由最高人民检察院、水利部共同领导,河南省人民检察院和黄河水利委员会共同倡议发起的"携手清四乱 保护母亲河"专项行动,由沿黄 9 个省(自治区)检察机关、河长办、河务局联合实施,依法集中整治了一批黄河流域"四乱"突出问题,使河流湖泊生态持续好转。随后各级司法机关越来越重视参与生态环境保护和公益诉讼等,积极探索建立行政执法与司法衔接平台。"河长＋检察长、庭长、警长"多种协作机制的建立,更好地提升了河道综合治理效能。以郑州为例,郑州铁路运输检察院负责辖区黄河流域环境资源公益诉讼案件,督导解决了一批困扰黄河滩区多年的顽疾。郑州铁路运输中级法院黄河流域第四巡回法庭在郑州黄河大堤一线设立,把案件庭审组织到黄河一线、把司法宣传普及到黄河一线、把生态修复落实到黄河一线,集"惩治、教育、修复"为一体守护好黄河。郑州市公安局水上分局沿黄设立 3 个派出所,与行政机关联合巡查,对破坏防洪工程、倾倒垃圾等违法行为产生了震慑作用。通过行政执法与刑事司法"两法衔接",为郑州黄河保护治理创造了良好法治环境。

2.4 联合执法

2018 年以来,郑州市、县、乡、村四级政府和河长自我加压,紧紧围绕影响黄河防洪安全、生态安全、饮水安全等突出问题,持续加大综合治理力度。惠济区区委、区政府专门成立了黄河滩区综合治理指挥部,将黄河"四乱"统一纳入歼灭战工作台账的"大盘子"里,建立动态台账,逐一销号。荥阳市人民政府在河长制框架下,成立荥阳市黄河滩区综合整治工作领导小组,对"万亩鱼塘"进行清理,累计清理鱼塘 1.7 万余亩,清理鱼塘附属建筑物 11 万 m²。昔日污水横流、垃圾成堆、生态环境恶劣的现象已不复存在。郑东新区、中牟县人民政府也相应成立组织,对滩区鱼塘进行清理整治。郑州黄河河道治理 3 年攻坚战取得初步战果。2020 年郑州市启动了突出生态环境问题专项整治行动,聚焦中央、省委环保督察交办问题、"绿盾"行动遥感监测交办点位、黄河"清四乱"、"大棚房"清理整治、违建别墅清理整治以及其他沿黄突出生态环境问题。通过系列行动,涉河多部门联合执法,有效打击了滩区违法行为,清零了陈年积案,破除了困扰黄河滩区多年的顽疾,为黄河流域生态保护和高质量发展奠定了坚实基础。

2.5 建立长效机制

为认真贯彻落实黄河流域生态保护和高质量发展重大国家战略,解决黄河郑州段生态环境存量问题,及时发现解决增量问题,郑州市印发了《黄河郑州段生态环境综合管理长效机制》,成立了市生态综合治理专项组,建立了市、县、乡、村四级监管组织,整合生态环境局、自然资源和规划局、水利局、农委等部门的行政执法职能,形成了问题发现机制、问题处置机制、责任落实机制。通过机制的落实,多部门联合执法,巩固了郑州滩区治理成果。

3 河道综合治理存在的问题

3.1 涉河部门职能交叉

河湖治理涉及的部门多、领域广、原因复杂,工作难度大。涉河部门实际运行过程中还存在部门之间权责不明、职责定位不清、涉水职能的交叉重叠问题,以至于各部门间不仅难以形成有效协作,反而容易出现职责相互推诿问题,久而久之就形成了牵头部门负责,其他部门仅仅只是派人参与的局面。部门间权责关系不明使河长办承担了成员单位的职能,超过了其自身履职能力,导致其协调联动各个部门的作用难以体现,反而成为治理的具体执行部门。

3.2 流域治理管理亟须强化

流域性是江河湖泊最根本、最鲜明的特性。流域空间的自然、经济、政治和社会、文化等多元属性决定了流域治理的公共政治属性。黄河河道综合治理要从生态系统整体性和流域系统性出发,追根溯源、系统治理。流域治理体系本质上是不同层级政府之间、同层级不同部门间、不同辖区间的权责划分与职能配置体制机制、组织机构设置、利益关系协调制度等。早在 2016 年全面推行河长制时就形成了以党委书记为第一总河长、各级行政首长为总河长的党政负责制来强力解决涉河问题。但流域管理机构及其所属机构与地方水行政主管部门并不存在隶属关系,流域机构各级所属机构的"纵切面"和各级地方政府"横切面"又存在交叉,交叉点就是设在地方各级水行政主管部门的河长制办公室。不同层级河长办的统筹协调能力呈现逐层递减趋势,而涉河问题绝大多数发生在最基层,也是在最基层解决,这导致了流域管理与行政区域管理在具体实践中协调不够等问题。水利部部长李国英指出,要发挥流域层面河湖长制工作协作机制作用,构建目标统一、任务协同、措施衔接、行动同步的流域河湖长制工作机制,推进上下游、左右岸、干支流联防联控联治。2022 年 8 月 2 日,第一次黄河流域省级河湖长联席会议召开,为强化流域统一治理管理,强化流域统筹与区域协同及河湖监管责任落实提供有力支撑。

4 启示经验

4.1 全面贯彻生态文明思想

党的十八大以来,习近平总书记多次就治水发表重要讲话,提出了"节水优先、空间均衡、系统治理、两手发力"的治水思路,从系统工程和全局角度寻求新的治理之道;把治理好黄河当作治国理政的大事来抓。习近平总书记对黄河的事情始终牵念于心,走遍了黄河上中下游 9 个省(自治区),两次亲自主持召开座谈会部署黄河流域生态保护和高质量发展。习近平总书记指出,保护母亲河是事关中华民族伟大复兴和永续发展的千秋大计,并强调,治理黄河,重在保护,要在治理;把大保护作为关键任务;坚定不移走生态优先、绿色发展的现代化道路。思想是行动的先导,理论是实践的指南,为黄河治理与保护指明了前进方向,提供了根本遵循。

4.2 压实压牢各级河长责任

各级河长要以强烈的政治责任感、历史使命感、现实紧迫感落实党政主体责任,从思想上、认识上重视河长制工作,亲力亲为,带头巡河。河长制办公室要充分发挥桥梁纽带作用,协调各方力量,重大问题及时向河长汇报,推动河长制有"名"、有"实"、有"为",实现河湖长制工作见效。河长制办公室成员单位要主动作为、履职尽责、加强协作,共同以实际行动让黄河成为造福人民的幸福河。要进一步发挥黄河流域省、市、县级河湖长联席会议机制的作用,形成多部门紧密协作、责任共担、信息共享、问题协商、联防联治的工作格局。特别是要打通河道治理"最后一公里",确保各级河长制的高效能治理。

4.3 强化流域统一治理

近年来,流域协同治理体制更加完善,《中华人民共和国黄河保护法》把实践证明行之有效的河湖长制建立的黄河流域省际河湖长联席会议制度纳入,形成了"重大事项国家统筹＋重点事项流域机构统管＋相关事项省际协调合作"的流域治理管理新机制,进一步提升了流域治理管理的系统性、整体性,促进了黄河流域实现"龙头龙身龙尾"统筹协调发展。要解决只治上游不治下游、只治局部不治整体就要进一步坚持系统观念治水,以流域为单元,用系统思维统筹水的全过程治理,强化流域治理管理,变"分段治"为"全域治"[2]。流域管理机构要以流域规划为引领,加强前瞻性思考、全局性谋划、战略性布局、整体性推进,综合考虑防洪安全、供水安全、生态安全要求,协同推进堤防建设、河道整治、滩区治理、滞洪区安全建设等。积极构建黄河流域河道管理和水行政执法内协外联机制,加大对侵占或毁坏堤防、护岸等工程设施的处罚力度,加大对"乱占、乱采、乱堆、乱建"活动的严厉打击,强力推动"清四乱"工作常态化、规范化。建立完善黄河流域跨区域执法协作机制,强化流域内综合执法,有效查处和整治涉河违法行为。

4.4 创新依法治河管河新模式

近年来,"河长＋检察长、庭长、警长"的推行,为黄河流域高质量发展提供了司法保障,弥补了行政执法强制手段不足的短板,同时也对涉河行政部门执法进行了监管。司法机关应进一步坚持打击与保护、监督与支持并重,全力维护黄河生态,保障防洪安全、水生态安全。要以检察、审判、公安机关集中管辖为依托,加强协调配合,深化"河长＋"工作机制,有效整合流域内各方面执法力量,推动区域间执法信息互通互享,依法解决跨行政管理区域的、涉及多部门职责权限的涉河违法违规问题,促进携手依法治河管河。

4.5 强化河道监管科技支撑

水利部提出要加快建设数字孪生流域,提升国家水安全保障能力,对提升流域设施数字化、网络化、智能化水平提出明确要求。黄河水利委员会按照"需求牵引、应用至上、数字赋能、提升能力"总体要求,以"一河一图一平台"为建设重点,系统谋划布局全流域数字孪生黄河建设,推进新阶段黄河流域水利高质量发展。郑州市通过建设黄河(郑州)段数字化生态保护监测平台,调研各涉河职能部门需求,建设三维数字生态孪生系统,提升了黄河流域生态环境监测与评估能力。可见各级政府、涉河单位都对数字化建设十分重视。河湖长制、生态环境整治与水利信息化相结合,对提高河湖长制工作效率及全面落实河湖长制具有重要意义。通过充分利用互联网、视频监控等技术手段,打造信息化监管体系,破除滩区治理"信息烟囱",实现涉水对象全面感知,改善人工巡河效率低、河湖监管行动滞后等问题,在真正意义上实现河湖动态联合监管。

5　结语

本文研究梳理了当前黄河河道综合治理情况、工作中存在问题，分析问题原因，针对性提出流域统一治理、河长制框架下联防联控等相关措施优化完善建议，可为凝聚合力、协同治理提供工作经验和思考，希望对黄河流域生态保护和高质量发展有所帮助。

参考文献

[1] 张伟中,何红生,朱永中.河长制框架下黄河河道管理联防联控机制建设[J].人民黄河,2019,41(5).

[2] 付琦皓,李大松.关于跨界河流联防联控的思考——以重庆市跨界河流河长制合作为例[J].水利发展研究,2023,23(5):49-52.

信息化业务应用体系的实践和探索

李　堃　朱艳艳　王卫军

开封黄河河务局

摘　要:《中华人民共和国国民经济和社会发展第十四个五年规划和 2035 年远景目标纲要》明确提出,要加快数字化发展,建设数字中国,并且特别提出要"构建智慧水利体系,以流域为单元提升水情测报和智能调度能力"[1]。开封黄河河务局空地一体的监测感知网、智能巡查、远程指挥等信息化业务应用体系建设是践行"智慧水利""数字孪生黄河"的具体实践,是推进治黄信息化建设的重要举措。开封黄河河务局以黄河信息化业务系统建设为起点,持续推进防汛信息化水平提升,加快构建具有预报、预警、预演、预案功能的信息服务体系,以便捷高效信息化业务应用体系助力新阶段开封黄河高质量发展。

关键词:意义;关键技术;实践成效;应用体系建设

以习近平新时代中国特色社会主义思想为指导,按照把握新发展阶段、贯彻新发展理念、构建新发展格局、推动高质量发展的战略要求,落实"节水优先、空间均衡、系统治理、两手发力"[1]的治水思路和网络强国重要战略思想,秉承"需求牵引、应用至上;统筹规划、分步实施;突出重点、示范引领"的原则,开封黄河河务局以黄河信息化业务应用体系建设为起点,持续推进防汛信息化水平提升,加快构建具有预报、预警、预演、预案功能的信息服务体系,让智慧黄河成为新阶段开封黄河高质量发展的标志。

1　信息化应用对于黄河保护治理的意义

黄河是我国重要的河流之一,也是中国人民生产生活的重要水源。为了更好地管理和保护黄河水资源,水利行业采用信息化新技术,有力地促进了黄河的可持续发展。

(1)信息化新技术在黄河的应用主要体现在水文监测与预警方面

通过建立黄河流域的水文监测网络,实现对黄河流量、水位、水质等关键指标的实时监测。同时,利用信息化技术,将监测数据传输到水利部门的监测中心,实现对黄河水情的全面掌握和分析。基于这些数据,水利主管部门可以及时预警,提前做好应对洪水、干旱等灾害的准备,保障黄河流域的生态与社会安全。

(2)信息化新技术在黄河的应用还体现在水资源调度方面

通过建立黄河流域的水资源调度系统,实现对黄河流域各支流和水库水资源的统一管理和调度。通过信息化技术,水利主管部门可以实时了解各支流的水情信息,合理安排黄河水的供应和分配,确保水资源的合理利用。

(3)信息化新技术在黄河的应用还包括水环境治理方面

通过建立水环境监测系统,实现对黄河水质的实时监测和评估。同时,利用信息化技术,水利部门可以对黄河流域的水环境问题进行分析和预测,并通过合理的控制和管理措施,保护黄河水质,维护黄河流域的生态平衡。

(4)信息化新技术在黄河的应用还包括数据管理与共享方面

通过建立黄河流域的水利信息系统,实现对黄河水资源管理和调度的信息化管理。同时,通过信息化技术,水利部门可以将相关的水资源数据和信息进行整合,实现数据的共享和交流,提高信息的利用效率,为黄河水利工作提供科学依据。

总之,信息化新技术在黄河的应用,为黄河水资源的管理和保护提供了强有力的支持。通过信息化技术,水利部门可以更好地实现对黄河水文监测、水资源调度、水环境治理和数据管理与共享等方面的管理,促进黄河的可持续发展。

2 实现信息化业务应用体系需要依靠一系列关键技术

2.1 传感器技术

传感器是智慧水利的基础,在水资源监测方面,可以通过传感器技术实现对水位、流量、水质等指标的实时监测和定量分析,提供科学依据,指导水资源的合理利用和保护。

2.2 无线通信技术

无线通信技术是智慧水利实现远程监测与控制的重要手段,包括无线传感网络、卫星通信、移动通信等。通过无线通信技术,可以实现对水资源的远程监测和控制,提高水资源管理的效率和可靠性。结合无人机等技术,实现对水环境的快速监测和评估,及时发现和处理水污染等问题,保护水环境的可持续发展。

2.3 云计算和大数据技术

云计算和大数据技术可以实现大规模数据的存储、处理和分析,提取有价值的信息。通过对水资源相关数据进行分析和预测,可以更好地指导水资源管理的决策和调度。

2.4 人工智能技术

人工智能技术可以实现对水资源的智能化管理和决策,如自动化监测、预测预警、优化调度等。通过人工智能技术,可以提高水资源管理的智能化和自动化水平,减少人力成本,提高管理效率。

2.5 数字孪生技术

数字孪生技术通过构建虚拟模型和实际物理系统的实时连接,使得实际系统的运行状态可以通过虚拟模型实时监控和分析。在水利工程领域,数字孪生技术也得到了广泛的应用,其中包括黄河这样重要的河流。数字孪生技术可以为黄河的管理和防洪工作提供有效的支持和帮助。而数字孪生黄河技术措施又有以下几种。

(1)基于大数据的数字孪生技术

黄河的水情数据非常丰富,包括水位、流量、泥沙含量等多个指标。通过收集和分析这些数据,可以建立起黄河的数字孪生模型。模型可以实时获取黄河水情信息,预测洪水来临的趋势,并提前给出相应的防洪措施,有效减少洪灾损失。

(2)基于物联网的数字孪生技术

黄河流域的水利设施众多,包括水库、堤坝、泵站等。通过在这些设施上安装传感器和控制器,可以实时监测设施的运行状态和性能参数。数字孪生技术可以将这些实时数据传输到虚拟模型中,对设施进行模拟和分析,及时发现设施的故障和异常情况,为维修和保养提供及时的指导。

(3)基于人工智能的数字孪生技术

黄河的水情变化非常复杂,涉及多个影响因素的交互作用。通过建立黄河的数字孪生模型,并利用人工智能算法进行优化和预测,可以更好地了解黄河的水情变化规律,为黄河的管理和防洪工作提供科学依据。

(4)基于虚拟现实的数字孪生技术

黄河流域的管理和防洪工作需要多个部门的协同配合,包括水利、气象、环保等多个部门。通过建立黄河的数字孪生模型,并利用虚拟现实技术,可以实现不同部门之间的信息共享和实时协同。相关部门可以通过虚拟模型进行沟通和讨论,共同制定综合管理和防洪方案,提高工作效率和减少误操作。

3 开封黄河河务局网络基础现状

在开始介绍开封黄河河务局智能业务应用系统之前,作为载体和基础通道保障,网络基础现状我们不得不先了解一下。

3.1 微波现状

开封段微波传输有 6 条路线:①郑济微波,郑州—中牟—开封—封丘—……—济南,对上数据传输带宽为 8M。②开封黄河河务局至第一河务局微波,数据传输带宽为 8M。③开封黄河河务局至第二河务局新址(原开封县城)微波,数据传输带宽 6M。④开封黄河河务局至第二河务局老址微波:开封黄河河务局—第二河务局新址(原开封县城)—第二河务局老址(大门寨),数据传输带宽 8M。⑤开封黄河河务局至兰考黄河河务局老址(东坝头)微波:开封黄河河务局—第二河务局新址—第二河务局老址—兰考黄河河务局老址,数据传输带宽为 4M。⑥开封黄河河务局至兰考黄河河务局新址(兰考县城)微波:开封黄河河务局—第二河务局新址—兰考黄河河务局新址,数据传输带宽为 8M。

曹门微波站作为中心基站,既作为开封黄河河务局支线微波的中心节点,也是郑济微波(郑州—济南)的重要节点。但由于该塔使用年限较长,黄河水利委员会 2021 年将其列为危塔进行了拆除。因此开封黄河河务局支线微波目前已处于停用状态。

3.2 光纤现状

目前,开封黄河河务局光纤通信采用自有光纤加租赁光纤相结合方式,是数据交换的主要传输通道。从 2004 年涵闸监控开始,开封黄河河务局完成了多条自有光纤建设,并沿用至今,分别为:开封第一河务局(新址在曹门外)至开封第一河务局老址(马庄)光缆项目,总长度为 11km,市区走开封河务局老路由至北门,北门至开封第一河务局老址,沿公路采用线杆空架敷设;开封第一河务局至水上抢险队光缆线路,主要解决水上抢险队语音通信及办公自动化问题;开封第一河务局至柳园口闸管处光缆线路主要解决涵闸远程监控传输通道。兰考黄河河务局老址至三义寨闸管处光缆项目,总长度为 10.5km,沿大堤采用地埋敷设。2016 年,开封黄河河务局对通信主干网的带宽进行了升级,租赁市局—黑岗口、市局—柳园口、市局—大门寨、市局—开封二局、市局—兰考局 6 条中国移动的百兆光纤。2022 年,追加租赁市局—三义寨、市局—曹门,共计 8 条光纤线路。

3.3 铁塔现状

高空监控,网桥组网均需要铁塔的支撑。多年来,通过一点多址、通信工程等项目配套建设,开封建成多座铁塔。目前尚在使用的为开封二局新址 35m 铁塔、兰考新址 35m 铁塔、马庄 20m 铁塔、大门寨 40m 铁塔、东坝头 50m 铁塔、塔黑岗口 15m 铁塔、三义寨老址 32m 铁塔,其中临近河道的有黑岗口、东坝头、三义寨老址铁塔,临近堤防的有马庄、大门寨铁铁塔。

近年来,地方林业、环保等单位为实现黄河滩区的湿地监测,相继在一局王庵、兰考东控导、蔡集建设 50m 以上铁塔,铁塔均临近黄河河道。

3.4 项目基建

随着黄河信息化水平的不断提升,各个应用系统所产生的应用数据、终端数据和网络管理数据,都呈现出指数级的增加,黄河专网面临着带宽严重不足、计算机网络覆盖"深度"和"广度"不足、基础设施保障能力严重不足等问题。开封黄河河务局在项目实施中积极探索信道租赁、网桥级联、CPE 传输、5G 传输等灵活多样的组网形式,同时通过联络地方,打破资源壁垒,实现王庵、东控导、蔡集工程等临河铁塔、杆线等方面的资源共享,同时通过技术手段调整,在不新建夹河滩、蔡集铁塔的情况下,达到功能的实现,大大减少了基建方面的重复投资,实现资源最大化利用。

4 信息化业务应用体系建设内容

应用体系建设是一项持续迭代并不断完善的系统工程,遵循"大系统设计,分系统建设,模块化链接"的原则,统筹设计,站位大局、整体建设要从分项业务开始,打牢基础;同时,注重体现业务之间的关联性、互动性,通过模块化链接的方式,实现支撑跨业务的综合决策应用功能。同时结合一线班组工作特性,立足实用,进行针对性、实效性建设,构建立体巡河查险,实现班组业务流程再造、工作效能提升,真正减轻一线职工劳动强度,提升工作质量效率。

4.1 监测系统建设

为扎实推进开封黄河治理体系和治理能力现代化,进一步提升开封黄河河务局视频监控资源建设、应用水平,以信息手段改变一线职工徒步巡查、肉眼观测和以体力、人防为主的工作模式。开封黄河河务局在临河工程、关键堤防段、重点滩区布设天眼巡河加高清摄像,监控均具备夜视、防抖、雨刷、隔空喊话功能,实现了重点区域视频监控全覆盖。

在临河视野开阔并具备高空布设条件的地方,如黑岗口、柳园口、东控导、蔡集等班组所在地安装天眼巡河摄像头,充分发挥其大范围、广角度的视频监视特点。对受地形及树木遮挡的部分靠河坝垛、重点工程增加高清摄像头补盲。堤防工程以重要路口杆线、沿堤限高杆上安装高清摄像头为主,同时大力协调地方林业、公安等单位,打破区域界限、组织界限,实现监控资源共享、互联共用,以达到共利共赢,发挥各自信息化最大效能,赋能幸福河建设。

4.2 感知系统建设

感知系统建设是依托运用信息技术手段,改变原有基层防汛要素以人工为主的获取方式,健全感知体系、完善采集要素和覆盖范围、提升采集自动化智能化监测能力,使巡河查险更加安全高效。

开封黄河河务局主动感知建设包括技术较成熟的坝岸监测、自记水尺等。黑岗口下延 6~12 坝、柳园口 35~39 坝、蔡集 63~64 坝完成了相关系统建设,有效提升了坝岸、根石坍塌流失监测预警预报能力,与人工巡堤查险进行有效互补,实现了全天候在线监测,大大缩短了险情信息的传递时间。及时准确的隐患信息,为管理决策人员第一时间提供详细的信息资料,实现了防洪工程查险的数字化、信息化管理。

4.3 巡查系统建设

开封河道滩区管辖范围大、战线长,防汛险情监测、汛前勘察难度大。为有效解决人工大面积、大范围巡查的困难,立体查看险情全貌,降低人工作业强度,一线班组配备了巡查无人机,与监测、感知项目相结合,共同打造"空天地"一体化信息感知网。

无人机的选取综合考虑了性能、价格、信号回传、操控等诸多因素。最终确立拓展性强、易上手的大疆御 2S 配置于各班组,为班组防汛查险增加一把利器。

4.4 指挥系统建设

目前,开封黄河河务局已实现市、县二级防汛会商视频系统的建设,而班组指挥建设,是顺应信息化发展趋势、改进管理方式、提高防汛抗旱指挥调度水平、扩大水利网络应用的一项必要举措。为此指挥系统建设主要针对班组实现视频会商能力开展。

班组视频会商系统遵循安全、可靠、实用、经济原则,综合考虑到会议可操作性、会议形式多样性,确定为班组配置软终端会议系统,包括显示单元、摄像单元、音频输入输出单元、电脑主机、会议桌椅等内容。开封黄河河务局以兰考谷营班为示范点,形成了复制性强、拓展性强的样板,全局 15 个班组视频会商系统建设已全面铺开。

5　信息化业务应用体系实践成效

5.1　形成智慧化保障体系

信息化业务应用体系完成后,开封黄河治理工具将更为完善,将减轻一线职工劳动强度,提升工作质量效率,黄河治理管理的预报、预警、预演、预案将更加精准,形成"可视化＋主动感知＋无人机巡查＋远程调度＋人工"立体的智慧化防御治理体系,为加快推动新时期黄河高质量发展提供技术保障与信息支撑。

5.2　夯实基础,应用保障能力全面提升

在实践中摸索出了利用光纤＋网桥＋CPE＋5G＋专线解决班组"最后一公里"问题的方法,形成了以沿河班组黄河专网为主,社会公网为辅,点面结合,共同支撑,相互补充的综合信息化保障体系。一个高速、灵活、安全的信息骨干网为持续推进信息技术与治黄工作深度融合,实现数字孪生黄河夯实了基础。

5.3　信息化赋能深入人心

《中华人民共和国国民经济和社会发展第十四个五年规划和 2035 年远景目标纲要》明确提出,要加快数字化发展,建设数字中国,并且特别提出要"构建智慧水利体系,以流域为单元提升水情测报和智能调度能力"。水利部将智慧水利建设作为新阶段水利高质量发展的显著标志之一,正在大力推进。开封黄河河务局通过本次项目建设,有效提升了一线职工对智慧黄河的认知,科技治黄更加深入人心,形成了有利于信息人才发展的良好环境。

6　信息化业务应用体系建设进一步思考

信息化技术在黄河流域的应用,可以为黄河流域的水资源管理、水利工程管理和水环境治理等方面提供重要支持。治黄信息化应用体系建设的思考和建议如下:

(1)加强数字化基础设施建设

信息化技术的顶层应用,需要有稳定可靠的数据来源和数据传输网络。因此,需要加强黄河流域的数字化基础设施建设,提高数据采集、传输和存储的能力。

(2)建立一体化平台

建立一体化平台可以实现对黄河流域的水文数据、水利设施、水资源管理和水环境管理等的集成管理。平台可以为黄河流域的水利工程管理、水资源管理和水环境治理

提供全面的技术支持。

（3）加强技术创新

新的信息技术应用在黄河流域，需要不断推进创新，不断提高与治黄一线业务的切换度。需要加强信息技术的研究和应用，推进各项技术在黄河流域的深度应用。

（4）实现信息技术和水利工程的有机结合

信息技术可以为黄河流域的水利工程管理提供全面的技术支持。需要将信息技术与水利工程实现有机结合，实现水利工程的智能化管理，提高水利工程的运行效率和安全性。

（5）加强人才培养

任何技术的应用都需要具备相关技术能力的人才支持。要加强信息技术的人才培养，培养出具备新技术应用和开发能力的专业人才，为智慧黄河的建设提供人才保障。

（6）持续加强网络安全建设

习近平总书记指出："网络安全和信息化是一体之两翼、驱动之双轮，必须统一谋划、统一部署、统一推进、统一实施。"在黄河信息化全面加快推进时，我们不能忘了规划实施网络安全保护和防御，把网络安全纳入信息系统同步建设中，以最大限度地保证网络的安全可靠性。

浅析水利工程建设与维修养护工作的有效衔接

李明金　张鸿春

开封第一黄河河务局

摘　要：水利工程维修养护是在工程运行期间对工程质量缺陷及安全隐患等进行的工作，维修养护工程是工程建设的延续。只有将两项工作有效地进行衔接，才能达到确保工程完整与安全、正常发挥工程效益及延长工程使用寿命的目的。分析了水利工程建设过程中，甲方派遣"甲方代表"参与建设的有利作用和做法。甲方代表参与到工程建设中，有利于建设与维修养护的顺利衔接；有利于发现工程建设中为未来维修养护埋下的隐患，及时纠偏；有利于实时为维修养护储备"资源"。甲方代表参与工程建设将实现节省投资，使后期维修养护工作顺利进行的目的。

关键词：工程建设；维修养护；有效衔接

1　优派具有高素质人员担任"甲代"

"甲方代表"是水利工程建设从初步设计到竣工验收等一系列环节中，不可或缺的关键岗位。在工程建设、运行及维修养护管理工作中的作用举足轻重。甲方代表的素质十分重要，事关工程建设效果是否达到预期目的及工程能否发挥正常效益的关键，因此甲方代表应具备的素质应包括专业素质、管理素质及职业道德。

工程建设与维修养护两项工作的服务主体及目的相同，但施工技术、管理方法、质量标准、持续时间、外部环境等有较大的差异。因此选派一名维修养护专业技术较强的人员担任"甲方代表"，可形成一条贯穿工程建设、运行、维修养护等的技术管理链条，同时可将各项工作进行有效的衔接，避免出现脱节、管理盲区等现象的产生，为工程管理工作带来不必要的隐患，增加管理难度及成本。

工程建设单位主要按照合同及施工规范进行工程建设，其目的性、时效性较强，即在规定时间内完成合同项目建设任务，且建筑产品质量合格。而维修养护工作与工程建设相比，具有复杂性、长期性，即要在工程长期运行过程中适时对工程缺陷及隐患及时进行维修养护，保证工程完整与安全，确保工程正常发挥效益。因此选派管理高素质的"甲方代表"，在工程建设过程中，可以从维修养护的角度和项目目的参与到工程建设管理中，以弥补工程设计、施工标准与运行、维修养护工作所不适应的问题与不足，及时纠偏、完善，有助于工程维修养护的顺利进行。

从表面上看，工程建设与维修养护两项工作各自独立，没有直接联系，实际上维修养护工作是工程建设的延续，两项工作的有效衔接对工程而言非常关键。实际工作中，往往未能重视"甲方代表"的选派工作，经常是随便安排一名管理人员到位，完善其资料就算完成任务，具体起到什么作用、应该做哪些工作、达到什么效果、掌握什么技术等无人问津。为了使工程建设与维修养护有效衔接，工程管理单位应选派具有较高职业道德的技术人员担任"甲方代表"。在工程建设工程中积极参与到工程施工的全过程中，对一些关键部位、隐蔽工程应现场旁站监理，督促建设单位严把质量关。应将整个工程建设工序、规范及质量标准熟记于心，协助建设单位解决施工标准与维修养护标准不适应的部分。对工程建设工程出现的重大变更、质量事故进行记录，保留原始资料，以便为维修养护工作提供数据支撑及经验教训等。

综上，优派高素质人员担任"甲代"有利于工程建设与维修养护两项工作的有效衔接，能促进维修养护工作顺利实施。这样做的优点是可以利用借用高素质人员的专业知识对工程建设过程中及相关后续养护的问题进行及时解决与完善。比如：开封黄河"十三五"堤顶道路工程建设过程中，开封黄河河务局所辖两个县局开封第一河务局、兰考黄河河务局相继申报国家级水管单位，申报国家级水管单位必要条件之一是对堤防管理班的配套设施进行提升，达到国家级标准，同时堤防管理班配套设施也刚好是堤顶道路建设项目的附属工程。作为"甲方代表"就参照国家级河道管理要求，在不影响工程正常施工的前提下，及时向工程建设单位提出工程建设标准及要求，并根据现场实际情况协调建设、设计、监理等单位，按照国家级水管单位验收标准和要求进行施工建设。最终两县局一次通过了国家级水管单位的验收，避免了县局因申报国家级水管单位对管理设施进行重复施工建设，仅此一项就为两个县局节约近千万元的资金，管理设施也得到较大的提升，为黄河工程维修养护标准化管理提供了后勤保障。

2 工程建设过程中做到及时"纠偏"

"纠偏"就水利工程建设而言，是在工程建设过程中，充分参照、借鉴工程运行、维修养护经验及时纠正设计中不协调或具有影响的工序、构筑物等，以便于维修养护的正常开展。

水利工程建设目的具有很强的目的性，即工程建设主要体现顺利实施、安全稳定、发挥效益等方面。而维修养护则突出综合管理、提高抗洪能力、提升工程效益为目的，即通过维修养护弥补工程建设中的重大不足，对工程存在的缺陷及隐患进行修缮、养护以保证工程安全完整及正常发挥工程效益。另外,工程绿化、环保等各项工作同步进行,以满足新时代水利工程各功能正常实现。

在工程建设中对于部分与维修养护管理工作不相适应的构筑物,要及时发现、及时纠偏。工程建设过程中纠偏、变更、完善,具有以下优点。

1)工程建设过程中及时纠偏能确保工程质量、节约工程成本等。施工过程中"纠偏"可以保证工程建设各工序之间的有效衔接,不会对相邻工序产生干扰或影响,从而保证工程整体质量。工程建设中及时"纠偏"可节约工程施工成本,施工期间各种施工机械均在施工现场,相比后期纠偏可节约机械的二次进出场、租赁费等费用。

2)及时纠偏简化了各种报批手续及检测、验收经费等。在工程建设中及时纠偏可按工程建设变更报监理、设计及建设单位,手续相对于维修养护项目的层层审批简化得多,纠偏所需时间也大大缩短。其次是可节省工程纠偏的检测、验收时间和费用。建设过程及时纠偏工程建设检测数据、结果、控制指标均不需要再重新检测,无形中节省了检测所需的时间和二次检测的费用。再加上可同建设同时验收并投入使用,同样可节约工程建设成本。

开封黄河"十三五"堤顶道路工程建设过程中,由于工程施工设计只考虑了行道林,忽略了原堤顶道路经过多年运行,风雨侵蚀、加之人为破坏等,两侧土路肩高度、宽度均达不到设计要求的问题,防洪标准及能力相对减弱,严重威胁到工程安全。两侧路肩的凸凹不平、残埂断臂等缺陷不及时"纠偏"将严重影响工程外观,更增加了正常维修养护工作的难度。工程建设行道林种植完成后,对维修养护施工带来诸多不便,无形中施工成本大大提高。发现该问题后,施工单位及时同业主及有关参建单位进行沟通后,出具了该部分工程建设的变更手续,增加了堤防道路两侧土路路肩恢复建设的施工内容,施工单位一次性高标准完成了道路工程施工任务。及时"纠偏"不但保证了工程的安全完整,抗洪能力也得到了恢复,为工程维修养护提供了良好的基础。

另外,工程建设过程中及时对原设计中的防撞墩、排水沟等项目进行了变更或核减。防撞墩的设置不适应现代堤顶道路车辆行驶的需求,防撞墩造成车辆安全事故时有发生,车毁人亡事件屡见不鲜。通过合理的施工变更消除了该安全隐患,为防洪抢险及地方车辆安全行车提供了安全保障。堤顶排水沟在堤顶道路为土质结构情况下发挥了关键作用。随着社会的进步,黄河堤顶道路已全部更新,土质结构被沥青混凝土或混凝土替代。

3　适时为维修养护工作储备"资源"

维修养护"资源"包含技术、基础、材料等。

技术资源这里是指通过参与工程建设培养一批熟悉工程施工技术,掌握工程建设工序、质量控制、施工方法、现场管理等的技术人才。

水利工程建设相比维修养护工作具有时间紧、工序复杂、质量标准高、技术专业性强等特点，因此要选派部分从事工程维修养护专业技术人员参与到工程建设中，在工程建设中进行实践，不断提升管理水平，熟悉掌握工程施工工艺、方法、质量控制及现场管理等技术，并在工程建设中进行运用和夯实。工程维修养护工作毕竟是局部或部分建设施工，具有单一性、独立性，涉及范围及影响范围小，相对较为简单。所选派的技术人员待工程完成后转移到维修养护中时其技术能力必定能得心应手，起到事半功倍的作用。

工程维修养护会随着社会的不断进步及对水利工程各功能的需求变化而发生相应的变化。比如工程建设往往会削弱环境保护和生态平衡等相关的功能，侧重于工程效益。为了减轻工程维修养护的压力和成本，为适应将来可能发生的变化，可提前利用工程建设的有利条件进行一系列基础建设，为应对快速增长的工程功能需求提前储备基础资源。

比如：近期开展的开封"十四五"工程建设，主要为河道工程续（改）建加固项目。借助该项目的建设能很好地解决工程保护地长期被村民侵占、绿化不达标及工程土石结合部水毁严重的问题，具体做法如下：

1）在工程建设时，可对工程及保护地范围进行精准确定，便于工程正常施工。可以利用闲置的施工机械与建筑材料，对工程的边界进行增设界沟、埂，补充界桩等永久性标志，在工程保护地实施绿化，杜绝村民二次复耕。可有效地解决防洪工程确权不明，当地村民侵占工程用地的问题。

2）在工程施工完毕后验收前，及时在工程的护坝地及坝挡内，种植防浪林，这样虽然会造成施工单位一些利润损失，但从长久来看，长期利益巨大。因为开封"十四五"工程的竣工验收。通常在工程完工后两、三年之后才能进行，如果不及时对工程护坝地进行绿化，当地村民重复侵占工程用地，对工程造成一些危害，致使工程无法顺利通过竣工验收。及时种植防浪林也为工程维修养护工作提供了有力支持，无需在工程竣工验收后按照黄河水利委员会工程养护的标准进行绿化，节省了维修养护资金。

3）开封"十四五"工程在施工建设时及时增加了土石结合部防渗水泥土。险工、控导改建加固项目，在工程临河坦石裹护段坝顶，坦石与土坝体结合部位，增加了 $50cm \times 40cm$ 的水泥土。防渗层的增设有效减小了土石结合大雨过后易出现浪窝、天井、陷坑等质量问题，为工程维修养护节省了大量的资金。

维修养护工作所需储备的材料应本着不增加或少增加（工程施工单位可接受的额度）工程建设成本，根据本工程需求的材料种类进行适时、适量的储备。

比如：黄河"十四五"工程建设项目，因受国家土地资源红线控制及黄河流域生态、水资源保护限制，禁止在保护范围内取土。黄河下游防洪工程均为土质堤坝，受雨水侵蚀、洪水冲刷、工程抢险等影响,出现一些缺陷,在工程维修养护时需要恢复工程外观,修补工程残缺,需要使用土料,利用工程建设契机,在工程适当位置储备了一定数量的土料,以备维修养护时使用,解决了维修养护工作土料取用的难题,为确保工程安全与完整提供材料支撑。

4 移交真实完整的工程建设"资料"

工程建设资料应真实反映工程建设过程及结构、各工序的质量标准及工程建设的质量问题,真实完整的资料为工程维修养护、抢险提供了翔实的数据,依此可制定出切实可行的维修养护方案,有利于各项工作的顺利开展。

工程维修养护时,对已出现的质量问题进行修补、补强的同时,通过工程建设资料可以详细了解缺陷部位相邻工序的质量状况,据此分析缺陷对相邻工序可能造成的影响。经过资料分析和现场研判,确定是否对相邻部位同时进行维修,避免造成相邻部位质量问题未得到处理、质量问题反复出现、多次重复维修的现象。重复维修不但不能保证工程的安全与完整,还浪费了大量的物力财力。

维修养护时通过查阅工程建设资料,维修养护人员可正确掌握工程的各项技术指标及工程设计标准,便于在工程维修养护时按照其标准进行控制,避免维修养护标准低于设计标准,为工程留下隐患,在遇到洪水时出现重大工程事故。

工程出现险情制定抢护方案时,可通过查阅工程建设资料准确了解工程结构,各工序的施工顺序、各部位的质量标准、各工序(部位)之间的相互影响,预判险情的发展方向与趋势。根据工程建设资料反映的问题,结合工程现状及河势等情况,方能制定出切实可行的险情抢护方案,实施后及时控制险情发展,确保工程安全与完整。

比如:工程结构为柳石篓箱结构,当根石走失、坦石蹾蛰险情出现时,首先要考虑到,箱体腐蚀形成空洞会发生大面积坍塌的重大险情,抢护方案要为抢大险做必要的准备,多储备料物,多调配人员、机械等。同时,在抢护过程中要特别注意现场险情的发展变化,做好现场人员、机械的安全保护工作,避免险情突然恶化造成人、机来不及躲避,而酿成重大事件的发生。在抢护小险时应避免机械、人员在其关键部位进行剧烈的活动或震动,导致加速险情恶化的严重后果。

5 结束语

水利工程建设和工程维修养护就像老百姓买商品房一样,开发商提供了毛坯房,老百姓经过装修后才能入住,而防洪工程从设计到建设,如果充分考虑到后期维修养护问题,把"毛坯房"直接建成了"精装修样板房,拎包入住",这样不仅提高了防洪工程建设的价值,也为维修养护节省了大量资金,同时也延长了工程使用寿命,达到一个双赢的结果。

论黄河下游宽滩区河段治理

赵　真　艾文凯　李　燕

河南黄河河务局新乡黄河河务局

摘　要：随着治水技术的进步，上游梯级水库的开发，下游调水调沙等手段的实施，黄河下游将形成窄深河道，目前广阔的滩区可利用性越来越大。在分析黄河下游宽滩区自然特点以及滩区开发与行洪、生态的关系的基础，探讨了滩区开发治理的设想，以期在做好黄河下游防洪，维护好生态环境的前提下，利用滩区资源，造福人民。

关键词：黄河下游河道滩区；开发利用；防洪；生态保护

1　黄河下游特殊的河道特性

1.1　含沙量高

黄河中上游流经世界上最大的黄土高原。黄土高原土层深厚，土质疏松，地形破碎，暴雨频繁，水土流失极为严重。特殊的流域自然地理条件，使黄河含沙量位居世界之首，其下游多年平均输沙量为 16 亿 t，是世界著名的多泥沙河流。

1.2　降水量分布不均匀

黄河流域位于干旱半干旱地区，流域内大部分地区年平均降水量 400～600mm。降水量分配很不均匀，夏季（6—8 月）降水最多，占全年的 54.1%，最大月份为 7 月，占全年的 22.1%；冬季降水最少，仅占全年的 3.1%，最小月份为 12 月，占全年的 0.6%。过于集中的降水，致使黄河流域内大部分地区植被覆盖率低，水土流失严重，由此形成下游洪水暴涨暴落、水沙俱下、突发性强、灾害大的特性。

1.3　特有的下游滩区

特殊的水沙条件，造成下游河道"宽、浅、散、乱"，游荡多变，成为世界上最难治理的河流。人们在长期与黄河水患作斗争的过程中，在黄河下游冲积平原上筑起了两岸坚固的防线——黄河堤防,形成较为宽阔的下游河道。黄河下游宽阔的河道为上中游暴涨、水沙条件复杂、水位变幅大的洪水提供了较为有利的泄流通道,也为滞洪、沉沙提供了有效空间;同时也使主流变化频繁,中常洪水河势游荡,"横河""斜河"时有发生。滩区的存在也为河道的治理提供了一定的条件,为人类控导主流、管理洪水提供了必要的空间,为防止堤防冲决提供了有效的保证。

2 黄河下游宽滩区河段治理出现的新情况

2.1 滩区概况

黄河自洛阳孟津到山东的陶城埠河段为典型的游荡型河段,平均河宽 10～20km,最宽处达到 24km。河道宽阔,湿地面积较大,为两岸经济的发展和环境的改善起到了较大的作用。两岸受自然、历史等原因影响,人口密度较大,经济较为发达,目前,大部分滩区土地已得到了开发利用。滩区内世代繁衍生息着一定数量的人口。按当地的习惯,黄河滩区划可分为 3 部分,分别为:老滩、过渡滩、嫩滩。老滩距堤防较近,大部分地势较高,开发利用条件较好,部分已纳入当地的可耕地,开发利用时间较长,农业基础设施较为完善。嫩滩接近黄河主河槽,地势较低,主河槽游荡摆动,洪水漫滩机会多,无开发条件。过渡滩介于两者之间,仅有部分得到开发,滩区群众广种薄收,春季还有一定的收成,秋季多数年份洪水漫滩汪洋一片。

2.2 黄河断流危机

随着全流域经济社会的发展,黄河流域水资源的开发利用率愈来愈高,水资源紧缺的矛盾更加突出。黄河年均水资源量 580 亿 m³,目前年均利用 380 亿 m³,位居各大江大河之首。其水资源利用率已接近 70%,远远超过国际上公认的 40%警戒线。1972—1998 年,下游有 21 年出现断流,累计达 1050 天。1997 年断流最为严重,距河口最近的利津断面全年断流 226 天,断流河段一度延伸到河南开封附近。1999 年实施黄河水量统一调度后,才使黄河断流状况得到有效遏制。

2.3 原有的治河理念影响了滩区发展

随着治水技术的进步,上中游梯级开发的逐步实施,尤其是小浪底水利枢纽的投入使用,全流域调水调沙的调度运用,黄河两岸的防洪保护区防御标准有了明显的提高,黄河下游洪水威胁初步缓解,下游洪水得到一定程度的调节和控制。由于上中游水沙条件的变化,黄河下游长期维持一个较为稳定的中小流量,主河槽缩窄,河道的冲刷,大面积的滩区漫水概率减小,为滩区土地的有效利用创造了条件。随着经济社会的发展,原有治河理念已不能适应新情况发展的要求,在某种程度上影响了滩区经济的发展。如何引导滩区开发,有效利用黄河滩涂资源是经济发展的需要,也是治理黄河需要重点研究解决的问题之一。

2.4 生产堤对治河的影响

黄河下游河道整治工程的修建,使黄河主流在一定程度上受到了控制,过去主流游荡多变的河势,逐步形成相对稳定规顺的河势流路,既保证了黄河的防汛安全,又为滩区的开发利用创造了条件。在此基础上,滩区群众的自保意识也得到加强,滩区群众自发地在过渡滩上修建了标准不一的挡水土堤,俗称"生产堤"。生产堤的存在虽然保护了部分滩区群众的安全,却束窄了有效行洪断面,使中小洪水时老滩和一部分过渡滩失去上水条件,滩槽无法进行正常水沙交换。长此以往,必将使主河槽行洪部分越淤越高,使槽更高、滩更低、堤根更洼,"二级悬河"也更加严重,遇到较大洪水时更容易发生"滚河",造成顺堤行洪等重大险情,给黄河防汛带来重大隐患,严重影响黄河防洪安全。

此外,由于生产堤为群众自发修建,缺乏统一的规划和质量标准,严重影响洪水下泄,不利于应对各类洪水防守。同时,生产堤的修建还减少了黄河两岸的湿地面积,对生态环境也造成一定的影响。对此,河道管理机关曾多次明令禁止,国家曾出台有关补助政策,滩区实行"一水一麦,一季留足全年口粮",要求破除生产堤。但是,黄河流域近年来较长时间为枯水期,上游来水持续偏少,洪峰少、漫滩机会少,使黄河下游修筑生产堤的热情进一步高涨,修建标准也有新提高,由过去自发修筑生产堤逐步发展到以单个或若干个村为单位,集体有组织、有计划的修建,为黄河下游防洪带来新的问题。

黄河滩区土地肥沃,水利条件好,适宜发展农业、畜牧业、水产业等,当地群众具有较高的开发积极性。如果一味地进行自发性的农业开发,虽然暂时可获得一定的经济利益,但除有害防洪外,大量的滩区湿地也将逐步消失,对生态环境造成破坏和影响。所以黄河滩区的开发要站在有利于黄河两岸经济社会的可持续发展角度,统一规划,有计划地实施,要逐步引导群众有序开发利用,科学发展。

2.5 开发利用需重点考虑的几个方面

首先要满足防汛需要,留足行洪断面,要充分考虑黄河水沙条件的复杂性,服从、服务于防汛大局。其次要充分考虑对环境的影响,在保持和维护黄河天然河道特性的前提下,有计划地利用黄河水沙资源。气候宜人的黄淮海大平原,也分布着无数湖泊和较大的湿地,这些湿地对改善黄淮海平原的环境起着至关重要的作用,所以开发利用黄河滩区要充分考虑对环境的影响。再次是黄河滩区的开发要充分考虑行滞洪要求,保持河道特有的属性不变,不能改变历史河势及流路。滩区的开发要充分考虑河道排洪,在开发标准和规模上要科学分析论证。可适度进行有计划的轮换开发，以保持黄河滩区高程平衡上升。黄河以泥沙较多而著称，泥沙河道淤积在所难免，保持黄河河道在一定范围内游荡仍然是治黄工作长期的任务，为防止泥沙淤积主河槽，形成"二级悬河"，有计划地引洪放淤将是治理滩区的重要内容，保持滩槽同步上升，以维持较好的行洪断面。

3 滩区治理开发的设想

(1)黄河滩区应尽量减少居民居住

一旦洪水来临，将直接威胁着滩区居民的生命财产安全。因此，现有的居民要有计划地迁出，严禁在黄河滩区建设较大规模或高标准的城镇、住宅等设施。采取"移民建镇"措施，有计划、分步骤地迁移滩区居民至滩外。对实在不能外迁的滩区居民，应结合农村小城镇建设，在远离主河槽、相对安全的地带建设村台，逐步将分散的居民集中安置在相对安全地带。

(2)滩区种植宜渔牧不宜林

滩区气候湿润，光照充足，有较好的牧业条件，应大力发展畜牧业。滩区距水源近，地下水埋深浅，渔业发展也具有得天独厚的条件。农业应重点发展冬季农业，秋季应限制农作物种植。林业发展应谨慎，适当地兼顾林草种植比例也是环保的需要，这需在河道的低洼、近堤区域种植林木，一方面可以改善环境，另一方面大水时可缓流落淤。但是，林木的种植要严格限定范围和数量，禁止成片种植，以免造成行洪障碍。

(3)滩区自然淤积泥沙功能要长期保持

控导工程的修建，在一定程度上控制了主河道，限制了河道游荡范围，与此同时也改变了滩槽交换的水沙条件；长时间的小流量，使大部分滩区失去了上水淤高的条件，滩槽高差逐步加剧，有限的湿地面积也在逐步萎缩。在控导工程适当位置修建引水口，国家采取补贴政策，滩区有计划地自流放淤，处理多余泥沙，分区域轮流实施，增加湿地面积，改善黄河两岸的生态环境；同时使滩槽均衡上升，防止大水时主槽的滚动。引黄涵闸加强洪水期运用，引洪补源或淤滩，以削减洪峰，处理泥沙。

(4)黄河滩区的生态效益要受到充分的尊重

黄河由于其特殊河情，造就了下游广袤的黄淮海大平原，形成特有的气候条件，惠及两岸大量的人民。滩区为大面积冲积平原，水利条件得天独厚，应大力提倡畜牧业、渔业，兼顾农业、林业发展。滩区面积较大，土壤多为沙质。如不进行治理，冬、春两季极易造成沙尘天气，对两岸环境造成一定的危害。黄河滩区在不影响河道行洪的前提下，可有计划地种植防风固沙林。黄河大堤临河可种植一定宽度的防浪林，大堤背河种植生态林。近堤的老滩区可种植面积不超过总面积10%的林带，其他滩地路旁可种植2～5

行的行道林。田间地头,井渠旁、坑塘边也可种植 1～3 行的林木。树种易种植高杆树种,禁止种丛生植物。黄河下游滩区要牧、渔、农、林综合规划,最大限度地发挥黄河滩区的生态效益。

(5)要重视滩区迁安救护道路建设

黄河洪水来猛去速,突发性强,能否及时将滩区群众及其财产转移到安全地带,加强滩区交通设施建设是根本保障。滩区道路要以垂直河流方向布置为主,并就近与主要交通干线相连接,适当布设顺水流方向的连接路。路面高度依滩区地形修建,高度不宜超出滩面 0.5m,保留原有的串沟,维持原有的行洪流路,以不影响行洪为前提。

4 开发体制要适应社会的发展要求,市场化治理开发机制亟待建立

(1)滩区城镇化建设缺乏必要的引导,市场治理潜力没能发挥

改革开放以来滩区经济有了较快发展,生活条件得到一定的改善,多数群众已脱贫致富奔小康。现有的居住条件已不能满足群众需要,进出交通不便,生产、生活条件差,移民建镇、集中安置符合群众需要,是当今发展的必然趋势。如何将目前自然分布、零星分散的村庄集中安置在交通便利、距主河槽较远、河道游荡范围以外相对安全的地方,按城镇化社区标准统一规划集中建设集生产、生活、服务职能为一体,分工明确的现代化城镇聚居区。当地政府应根据实际统一规划、分步实施,在满足防洪要求的前提下,尽量减少占地范围。要加强引导,政策上要给以倾斜,加大涉农资金的投入力度,推进居民点迁并或村庄整治,能迁移到滩区外的要尽可能迁出,逐步减少滩区居民点总规模。同时,多方吸引开发商采取土地置换的方式投资开发,加快滩区城镇化建设步伐。

(2)滩区的开发要逐步向集体化、专业化、市场化发展

当前,我国正处在"加速工业化、城镇化、农业现代化,全面建设小康社会,最终实现现代化"的阶段。滩区土地的利用目前仍然采用家庭联产承包的形式。作业分散、耕作粗放,经济效益较差的状况一直没有得到彻底的改善。随着生产力水平的提高,以家庭为单位的作业方式已不能适应社会发展的要求,要逐步引导和鼓励群众以土地流转的形式实行专业化、机械化、集体化作业,适合生产力发展要求。按照市场经济规律多方吸引资金,投资开发黄河滩区,当地群众可以独资或合资的形式,投资入股共同开发,突破现有的一家一户种植模式,成片开发,规模化种(养)植,宜牧则牧、宜渔则渔、宜农则农、宜林则林,同时兼顾环境因素,逐步将黄河滩区建设成布局合理、品种多样的现代农业园区。

(3)有计划地束窄河道行洪范围,使滩地资源得到有效发挥

随着生产力的发展、治水技术的进步、上游梯级水库的开发、下游调水调沙等治河

手段的实施,黄河下游形成窄深河道将有可能成为现实。为有效利用滩区土地资源,可将滩区分为两部分,以现有生产堤为界,分主行洪区和开发利用区两部分。将现有生产堤加高加固成具有一定挡水能力的堤防,形成一道中小洪水下的护滩防线。护滩堤防标准在不影响正常洪水滩槽交换的前提下,尽量降低标准。加快主河道内控导工程建设,将黄河的游荡限定在护滩防线内。现有堤防仍为确保堤防。护滩防线内黄河滩地作为永久性黄河湿地,严禁用于开发、利用,作为自然保护区加以管理。护滩防线到大堤之间按蓄滞洪区设置,这部分滩区为可利用地,按规划统一进行治理、开发。有计划安排处理黄河泥沙的空间,结合开发情况有计划地安排休耕存放泥沙,为汛期自流引洪放淤或机械放淤提供必要的条件。护滩防线上一定距离设分洪闸,自然串沟处设漫水口门,作为中常洪水期间自流引洪放淤使用。

(4)黄河滩区应按蓄滞洪区标准进行管理

游荡型河段宽滩区的存在,为下游削减洪峰、减少河床抬高、降低洪水威胁起到了一定的作用,并将长期发挥特有的作用。滩区遇中小洪水可利用生产堤上的分洪闸分流洪水,有计划地处理洪水和泥沙;遇大洪水自然漫溢,利用宽滩区排洪滞沙,确保洪水安全下泄。由此而造成的滩区群众的财产损失理应给以补偿。建议尽快制定出台黄河滩区淹没补偿管理办法,以规范滩区开发与管理。

总之,滩区的发展要本着以防洪保安全为中心,积极服务于两岸经济社会,以人为本,科学规划,有序治理与开发,实现人水和谐,维持黄河健康生命。如何充分发挥黄河滩区行洪滞沙、开发利用、生态文明等方面的作用是治黄工作面临的长期而又紧迫的任务,也是我们永远研究和探讨的课题。

浅议如何加强新时期 新乡黄河工程与生态建设

赵　真　李留刚

河南黄河河务局新乡黄河河务局

摘　要:2019 年 9 月 18 日,习近平总书记在黄河流域生态保护和高质量发展座谈会上指出,要坚持绿水青山就是金山银山的理念,坚持生态优先、绿色发展。要共同抓好大保护,协同推进大治理。要实施河道和滩区综合治理提升工程,减缓黄河下游淤积,确保黄河沿岸安全。要促进河流生态系统健康,提高生物多样性。将黄河流域生态保护和高质量发展提到了国家战略。综合分析新乡黄河生态绿化过程中的问题,从多个方面探索了如何加强新形势下新乡黄河防洪工程管理和生态建设,推进黄河流域生态保护和高质量发展速度,让黄河成为造福人民的幸福河。

关键词:新时期;新乡;黄河;工程;生态建设

1　新乡黄河工程概况

黄河新乡辖段,地处黄河下游上端,上接武陟,下连濮阳,其间有天然文岩渠汇入,河道长约 165km。境内共有堤防 218.332km,其中临黄堤 153.212km、贯孟堤 21.12km、太行堤 44km,另有封丘境内 9.32km 贯孟堤、长垣境内 22km 太行堤设防,设防总长度 184.532km,设防标准为防御花园口站 22000m³/s 洪水。现有河道工程 19 处,844 道坝垛护岸。其中,险工 3 处,144 道坝岸;控导工程 16 处,700 道坝岸。临黄堤防共建有引黄涵闸 11 座,虹吸 2 处。人民治黄以来,为减轻洪水顺堤行洪时对堤防的危害,保证堤防安全,在可能发生滚河的堤防平工段先后修建了滚河防护工程 81 处,共建有防洪坝 309 道。

2　新乡黄河工程管理和黄河工程生态现状

2.1　新乡黄河工程管理情况

新乡黄河河务局近年来以堤顶道路提升改造、滩区亲水道路建设为基础,以国家级水管单位复验、黄河水利委员会示范工程创建为引领,强化日常工程管护,严格落实双岗责任制,将个人、班组得分与绩效工资相挂钩,将上级考核和本级考核相结合,形成了长效管理机制。升级亮化一线工程班组,对工程面貌好、文化底蕴深厚的工程进行重点亮化美化,并注入黄河文化元素。维修养护市场化工作圆满完成,先后成功创建多处黄河水利委员会示范工程,原阳局再次以全河最高成绩通过国家水管单位复验。3个县局中,原阳局工程管理检查多年位居省局前列,长垣局一般排名在前十,封丘局一般维持在省局中等水平。

2.2　新乡黄河工程生态建设情况

新乡黄河工程共有淤区土地 1.99 万亩,护堤地 1.32 万亩,护坝地 8065 亩。近年来,新乡黄河河务局坚持生态优先、绿色发展理念,积极推动黄河生态廊道建设,特邀专家指导规划,将杨树、柳树单一树种改为景观效果、经济效果较好的石楠、香樟、樱花、五角枫等高档苗木,高标准做好工程绿化,推动廊道绿化向多彩、美化升级,实现造林与造景并举,增绿与增收并重。以堤防生态景观线、控导连接生态景观线建设为基础,完成曹岗黄河文化苑和长垣 5 处上堤路口及下界绿化提升,努力将防洪工程打造成对外展示黄河形象的"窗口"和"名片"。三年来,先后完成新植补植树木 136 万株,投资 1200 余万对 110km 堤防道路行道林进行高标准更新。原阳局 2019 年被评为河南省国土绿化模范单位。三县局黄河工程现有绿化总数量达 248.6 万株,其中行道林 13 万株,淤区片林 192 万株,苗木 1714 亩,植草总面积 2.55 万亩,绿化效果效益明显提升。

3　与黄河工程及生态有关的项目

3.1　新乡黄河湿地鸟类国家级自然保护区

新乡黄河湿地鸟类国家级自然保护区属黄河下游湿地区,由封丘和长垣境内部分黄河滩涂、背河洼地组成,长 70km,平均宽度 3.5km,总面积 22780hm²。1988 年 7 月,河南省人民政府批复建立豫北黄河故道天鹅自然保护区。国务院于 1996 年 11 月批复建立河南豫北黄河故道湿地鸟类国家级自然保护区,扩大了保护区面积。2008 年 2 月,国务院对保护区调整及更名给予批复,更名为河南新乡黄河湿地鸟类国家级自然保护区。保护区的主要功能是保护珍稀候鸟及其栖息地和黄河下游特有的湿地生态系统,水域、滩涂广阔,野生动植物资源丰富,鸟类众多,是黄河下游平原人口稠密区交通发达地带遗存下来的十分珍贵的大面积湿地。区内动植物的北方物种、南方物种和广布种非常丰富,具有重要的生物多样性保护意义和潜在的科研、开发及生态旅游价值。目前,保护区内共发现有鸟类达 156 种,野生兽类 12 种,两栖、爬行动物 9 种,鱼类 32 种,植物

745 种。有国家一级重点保护鸟类 10 种,二级重点保护鸟类 29 种。

3.2 黄河生态观光大道

新乡黄河生态观光大道目前总计完成投资 3.2 亿元,修建总长度达 124.1km(截至 2020 年底),与控导工程重合的有 50.6km。其中:2018 年投资 5000 多万元,修建长垣段 45.5km,与控导连坝重合 17.9km;2019 年投资 2.2 亿元(原阳 1.6 亿元,平原示范区 6000 万元),修建原阳段 65.7km,与控导连坝重合 24.7km;2020 年投资 3200 多万元,修建封丘段 13km(总长 54km),与控导连坝重合 8km。

3.3 封丘曹岗黄河文化苑

曹岗黄河文化苑前期投资约 800 万元,位于封丘曹岗险工背河淤区,长 1000m,占地约 15 万 m^2。文化苑设主入口广场、次入口广场、镇河铁牛走廊、扬晖含珠广场、广场休闲廊道、水利普法广场、魂系黄河世纪广场、治黄人物群雕廊道、黄河文化展厅及广场园林等区域。文化苑集黄河文化展示、法制宣传、生态观光于一体,主要展示黄河治理历史文化、沿岸地理风貌、重要水利枢纽、工程险情抢护、黄河文化故事等,突出讲好"黄河故事",曾先后荣获全国法治宣传教育基地、"河南黄河法治文化带"示范基地、"黄河水利基层党建示范带黄河文化科普教育基地""新乡市爱国主义教育示范基地"等荣誉,并入选新乡市第二批红色线路。

3.4 长垣黄河国家水利风景区

长垣黄河国家水利风景区于 2017 年获批,规划建设面积 189km²,景区依托现有黄河水利工程、天然文岩渠而建,建设集黄河水源保护、休闲观光、文化旅游、科普教育等功能于一体的黄河生态涵养带,是长垣最重要的生态功能区和厚重沿黄文化生态链的重要组成部分。依照长垣黄河国家水利风景区规划设计要求,最终将建设成集休闲观光、乡村度假、科普教育、娱乐健身、文化体验等多种功能为一体,形成"两河四堤,多彩林带,一园多区,百里菜花"的旅游格局。

3.5 长垣九龙湿地公园

九龙湿地公园位于长垣太行堤与临黄堤交界处临河侧,是长垣市引黄调蓄工程项目之一,规划面积约 3000 亩,其中核心水景区投资 2300 万元。该项目坚持"重在生态、重在文化、重在特色、重在功能"的规划思路,按照"生态环保＋文化科普＋健康休闲"的设计框架,"智者子路"的设计理念,"智者乐水,文质相融"的设计主题,自然与人和谐共生的建设目标,融入历史文化、鸟类科普等元素,对湿地公园的功能布局进行了规划和建设。公园以园路栈道、水上廊架相连接,形成了 4 大功能区和 6 大景观点,集文化、休闲、娱乐、健身于一体,是群众亲近自然、享受水景、休闲游憩、领略儒家文化的好去处。

4 存在的主要问题

4.1 河道行洪安全问题

新乡黄河滩区面积(含倒灌区)共 1204km²,人口达 95.75 万,受各种政策限制,黄河滩区一直是贫困落后的代名词,也是省政府"三山一滩"中最为贫困的地区之一。近年来,伴着经济社会的快速发展,黄河滩区群众脱贫致富的意愿亦越来越大,社会生产活动也越来越多,一方面要确保河道行洪安全,另一方面滩区群众要生存发展,滩区生产生活和黄河河道管理的矛盾也越来越大,如平原示范区的万亩桃园等都会对黄河河道行洪带来一定的影响。

4.2 黄河工程安全问题

近年来,伴着黄河滩区群众脱贫致富意愿的越来越大,无论从国家层面,亦或是地方政府层面,都越来越重视滩区群众的生活幸福。党的十八以后,特别是习近平总书记"9·18"讲话后,沿黄政府更是对滩区安全综合治理开展了大量的工作。但是,从目前调研的情况来看,个别规划由于缺少深入的沟通和调研,还有待进一步完善,如平原示范区"三滩分治"综合治理试验区的初步规划,黄河大堤与临河淤筑的高滩滩区群众生活区,仅仅预留了 80m 的隔离区(含临河前戗面、临河堤坡、防浪林),也就是说防浪林外 0 米处即是高滩滩区群众的生活区。届时,待生活区建成群众搬迁后,确保工程完整的压力必将越来越大,工程绿化的成活率也越来越难保证,且群众生产生活活动的加剧,也必将为工程管理和黄河生态保护造成越来越多的困扰。

4.3 黄河生态大道绿化树木产权问题

2019 年以来,新乡黄河沿黄三县一区借助控导工程连坝共修建黄河生态大道 124.1km(亦称控导工程连接线),其中与黄河控导工程连坝重合的部分有 50.6km。这些重合的部分道路两旁的行道林有一部分是地方政府种植的,有一部分是河务部门种植的。其中地方政府种植的行道林在产权和后期管理上大多只是口头上达成协议,对控导工程行道林后期的更新、管理、产权归属等极易造成不必要的困难。

4.4 黄河工程划界问题

新乡黄河工程堤防临、背河各有 30m 的护堤地,控导工程临河有 30m、背河有 50m

的护坝地,太行堤、贯孟堤临河有 30m、背河有 10m 的护堤地。这些护堤地、护坝地作为黄河防洪工程的一部分,同样也是确保黄河工程安全完整的基础。近年来,黄河开展了工程划界工作,从一定程度上进一步明晰了工程边界,但是这些边界大多由埋设界桩的方式进行界定,沿黄群众侵蚀边界问题不同程度的存在,一定程度上干扰了正常工程管理工作。

4.5　工程景点建设管理问题

为提高黄河工程品位、传播黄河文化、讲好黄河故事,近年来,特别是习近平总书记 2019 年 9 月 18 日在黄河流域生态保护与高质量发展座谈会讲话后,沿黄政府及河务部门都加大了对黄河生态、工程景点的建设投资,规划修建工程景观,开展绿化美化。这些工程小景点的修建,在一定程度上对提高工程整体面貌、档次和品位起到了积极的促进作用。但是,受长效资金投入机制限制,这些景点大多缺少后续的资金投入,且缺少固定的维护管理人员,这些问题必将对景点后期的维护管理带来一定的影响。届时,"亮点"不但不亮,还会成为工程管理的"负担"和"包袱"。如封丘曹岗黄河文化苑,本期投入约 800 万元,占地约 15 万 m²,文化苑内有大量的草皮和景观树木都需要管护。初步估算,每年都需要 10 多个专门的养护职工开展后期管护,且每年的后期管护资金都需要数十万元,而目前这些都没有着落。

4.6　一线班组建设问题

控导、堤防、涵闸等一线班组不仅仅是一线职工生产生活的场所,同样也是展示黄河文化、黄河形象的"窗口"和"名片",这些班组在设计建设之初,受资金、地理位置等条件限制,大多规格不高,紧紧考虑了一线职工的生产生活需求。伴随着黄河流域生态保护和高质量发展、郑新一体化、沿黄生态廊道建设的提出,其原有标准已无法做到与时俱进,更无法达到宣传黄河形象和黄河文化"名片"的作用,已成为黄河生态廊道建设亟待提升的工程。

4.7　堤防临河防浪林问题

堤防临河防浪林作为黄河防洪工程的一个重要组成部分,不仅可以作为黄河防汛抢险的料源,还可有效防止风浪冲刷堤脚。而从目前调研情况看,新乡黄河防浪林受栽植、管理、群众损毁、边界不够清晰等问题影响,临黄大堤和太行堤防浪林缺失较为严重,不仅影响了工程整体面貌和防洪工程绿化整体效果,同时,在一定程度上,也影响了防洪工程防洪效果。

4.8　淤区荒草问题

新乡黄河堤防共有淤区土地 1.99 万亩,淤区内种植有杨树、苗木和果树。这些土地受面积大、管理人员少等条件限制,很多都采取合作或承包的方式管理,而非黄河职工直接管理。在管理中,果园苗木下杂草较多,在一定程度上影响了工程的整洁度,还影响了树木成长,对工程面貌造成了不好的影响。

4.9　堤坝草皮老化问题

新乡黄河工程共种植草皮面积 2.55 万亩,这些草皮由于种植时间较早,大多已经老化,草皮中杂草较多,一定程度上不仅影响了草皮的防冲能力,还影响了工程整体面貌。

4.10　黄河工程的精细化管理问题

多年来,新乡所辖的工程管理得到了不断提升,但是在工程管理中还不同程度地缺乏精细化管理理念。如临河防浪林修剪不够精细,防浪林下土地不够平整、树木缺失较多,堤防行道林、控导门树重"植"轻"管"现象严重,上堤路口草皮不够平整,堤防防洪坝备防石码放标准不高,上堤、上坝路口坡角不平顺,淤区树木种植间隔尺寸不够统一等。这些问题的存在或多或少地都影响了工程整体面貌。

5　黄河工程和生态建设管理的设想和建议

5.1　应进一步坚持防汛第一的原则

习近平总书记"9·18"讲话后,各级、各部门都进一步加大了对黄河文化、黄河工程、黄河景点等项目的投资,作为黄河河务部门首先应坚持防汛第一,首先满足黄河防汛的需要,确保黄河工程的防汛功能及河道的行洪安全,在已下发法律、法规、条例等未宣布作废的情况下,应严格遵守有关的法律、法规、条例和相关规定,对河道及工程管理范围内新的建设项目严格进行审批,对违规建设项目加大执法力度,确保河道行洪安全及防洪工程安全。

5.2　应尽快完善相关法律法规

当前,伴随着滩区人民群众脱贫致富的呼声越来越大,沿黄政府加大滩区的要求亦越来越强烈,而黄河滩区事权多头管理情况在一定程度上又阻碍了滩区的发展,因此《中华人民共和国黄河法》《河南黄河河道管理条例》等法律法规的颁布实施,从源头上明确相关职责,理顺管理体制,加快推进黄河流域生态保护和高质量发展进程。

5.3　建议成立黄河流域生态保护和高质量发展政策研究机构

自黄河流域生态保护和高质量发展重大国家战略确立后,沿黄各级政府陆续出台相关政策、规划,重大涉河项目相继上马,但因各地社情、民情存在较大差异,发展需求也不尽相同,故造成政策、规划存在较大差异。建议成立集研究、参谋职能为一体的机构或部门,专门用以研究国家、地方政策、规划和舆论走向,厘清地方需求,提出相关建议,为领导决策提供参考,为相关工作有的放矢提供依据,使河务、地方在黄河流域生态保护和高质量发展规划计划、项目建设上形成紧密衔接、同向发力的良好局面。

5.4　应进一步推进黄河工程确权划界

黄河工程护堤地、护坝地是确保黄河工程安全的基础。当前,已完成确权划界的大多以界桩为界。这些界桩只是一道"无形"的界限,并不能够起到真正的保护黄河工程的目的,沿黄群众受利益驱使,侵蚀黄河工程管理土地的现象还时有发生。对此,建议开挖界沟,修筑界埂,真正做到边界清晰,减少不必要的工程管理干扰。

5.5　建立工程景点长效资金投入机制和管理机制

针对工程景点后期管理资金和养护人员不足的问题,应从源头做起,一是应在建设之初就进行充分的论证,避免项目盲目上马;二是应该充分考虑后期管理资金和人员的实际,避免盲目扩大项目,减少后期管护的困难;三是在建设之初就应该充分考虑到后期管护资金的来源,积极向上级汇报,加大政府的沟通力度,建立稳定的资金投入渠道;四是对已建设好的项目,应尽快制定管护办法,每年按时拿出相应的管护资金,明确专人进行管理,确保项目不失管,工程不滑坡。

5.6　进一步加大对淤区土地的管理

对淤区土地承包商或管理人,应进一步完善管理办法,制定完善管理合同,定期进行考核,明确管理责任和管护标准,防止以包代管,提升淤区整体工程面貌。

5.7　树立工程精细化管理理念

1)针对防浪林、行道林、备防石等管理不够精细问题,应抓住上级和政府加大黄河生态廊道工程投入契机,积极争取各方资金,从基础做起,在确保工程完整的前提下,对堤坡、坝坡进行分批次整修,逐步更新草皮,补植缺失的树木,夯实工程管理基础。

2)应从加大工程日常工程管护力度入手,用3～5年的时间,要求各班组每月集中精力高标准整修一定数量的堤防、控导工程,并将之与绩效考核相挂钩,最终全部整修一遍,提高工程管理基础。

3)结合当前黄河生态绿化实际,应进一步引入林木管理专业技术人员,对黄河工程绿化进行专业的规划,专业的管护,提高树木的存活率和整体绿化水平。

4)进一步完善绩效考核办法,加大奖惩力度,提升管护人员的责任。

5)进一步加大与上级部门的沟通,深度融入地方发展,多方争取管护资金,提高工程管护投入。

5.8 加大一线班组建设

建议进一步加大对一线控导工程、堤防和涵闸班组建设力度,对一线班组进行重新规划提升,在设计建设过程中,按照"一班一品"要求,结合班组驻地文化特色,融合政府发展需求,突出黄河文化元素,提升班组建设品质。

6 结语

黄河流域是中华文明的发祥地,也是我国重要的生态屏障带和打赢脱贫攻坚战的重要区域,自古有"黄河宁,天下平"之说。在习近平总书记高度重视黄河流域生态保护和高质量发展的背景下,新时期新乡黄河工程与生态建设同样具有重大的国家战略意义,必将开启大江大河的"大治时代",必将谱写美丽中国建设的全新篇章。

数字孪生在水利建设领域的应用研究

张武欣　王　佳　石迎梅　张　洋

巩义黄河河务局

摘　要：数字孪生作为一种以物理实体或系统为基础的虚拟模型，通过数据采集、建模和仿真分析，为水利工程的规划、设计、运维等环节提供支持。通过对数字孪生技术的研究和应用，可以提升水利工程的效率、安全性和可持续发展，并为决策制定提供科学依据。然而，数字孪生技术仍面临数据质量、模型精度和实时性等挑战，需要进一步研究和完善。通过综述现有文献，分析了数字孪生的相关概念及应用，总结了数字孪生在水利建设中的应用现状，并对未来的研究方向进行了展望。

关键词：数字孪生；水利建设；机遇与挑战；展望

水利是国家发展和人民生活的重要基础设施，涉及水资源管理、水灾防治、水库调度等多个方面。党的二十大提出以中国式现代化全面推进中华民族伟大复兴，新时代水利基础设施建设也迎来前所未有的机遇与挑战[1]。

当前，传统的水利建设存在的效率低下、信息共享和协同不足、风险评估不足等特点，难以与新经济社会发展所需的专业化、精细化、科学化管理需求相适应，使得水利工程体系和管理体系在实际工作中无法发挥"1＋1＞2"的效力[2]。云计算、物联网、人工智能等技术的爆炸式发展为水利水电行业的数字化转型提供了契机。智慧水利建设的发展是水利高质量发展的重要标志[3]，对于强化流域管理、应对气候变化具有重要的支撑保障作用。在水利行业内生需求的推动下，数字孪生平台成为实现数字化转型和数字经济发展的重要技术手段，用数字为水利赋能，能够推动水利管理的现代化和智能化，提高水利工程的效率和可靠性，为可持续发展和生态环境保护提供支持，进一步促进水利领域的创新和进步。

1　数字孪生技术文献综述

1.1　数字孪生的定义

数字孪生是一种通过虚拟和现实相互之间的交互来获得物理实体精准虚拟映射的

技术。Grieves 在 2003 年的一次演讲中首先提出这样的术语,后来记录在白皮书中,为数字孪生的发展奠定了基础[4]。美国国家航空航天局(NASA)于 2012 年发布了一篇题为《未来 NASA 和美国空军飞行器的数字孪生范式》的论文,为定义数字孪生树立了关键的里程碑,认为数字孪生就是一种超现实、多尺度、多物理的系统模拟,可通过物理模型、传感器更新来反映飞行器的寿命[5]。

后来学术界和工业界对数字孪生都有相似的界定,但到目前为止并没有明确的定义。Vrabic 等[6]认为数字孪生是用集成模拟和服务数据对物理模型所进行的一种数字表示,而数字中包含产品整个生命周期中的多个信息。这些信息不断更新,并以各种可视化方式来预测设计和运行环境中当前和未来的条件决策。Liu 等[7]也同样提出数字孪生实际上是实物资产,依据收集的信息来不断适应运营变化,可以预测相应实物的未来。Mandi[8]指出数字孪生作为物理系统中的一个虚拟实例,在整个物理系统的生命周期中,它会依据其性能、维护状态的数据不断进行更新。Zheng 等[9]也表明数字孪生作为虚拟信息,充分描述了微观原子层面到宏观几何层面的实际物理。

一般的定义无法准确地把握数字孪生的实质以及内涵特征,而模型的建立在描述概念时更加丰富。当前受到学者一致公认的是 Grieves[4]提出的三维概念模型,是由物理实体、虚拟实体以及两者连接组成的。陶飞等[10]在此基础上增加了孪生数据和服务两个维度,建立了五维概念模型。冶运涛等[11]指出数字孪生流域的基本模型是由物理流域、虚拟流域、实时连接交互、数字赋能服务、孪生流域数据和孪生流域知识组成。在这 6 个要素协同下完成对流域的动态监控、诊断评估、预测预报、决策优化等。

朱思宇等[12]基于数字孪生的智慧水利框架体系将其分为感知层、设施层、数据处理层、模型层、平台服务层和应用层 6 个层次。本文基于以上分析,沿用 Vrabic 对数字孪生的定义来进行接下来的研究。

1.2　数字孪生的应用

数字孪生一词最开始是用于识别并探索飞行器的数字表示,随着物联网和人工智能的进步,数字孪生的术语和概念在学术界不断发展,现阶段关注的领域主要集中应用于制造业、汽车行业、医疗保健行业等多个行业。

第四次工业革命提出的工业 4.0 概念,使数字孪生概念在制造中成为现实[13]。它使制造商能够更快地预测问题、增加了设备之间的连接和反馈,从而提供了产品性能的可靠性。而且人工智能算法耦合的数字孪生具有更高精度的潜力,能保存并分析产品所需的大量数据,提升工作效率,节省时间和金钱。数字孪生的另一个应用是在汽车行业,应用最广泛的是特斯拉。发动机或汽车零件在人工智能的应用下可以实时对车辆进行数据分析,以预测组件的当前和未来性能。

医疗保健领域作为数字孪生应用的另一个重要领域,其发展是前所未有的。数字孪生的使用使研究人员、医生、医院和医药公司能够模拟适合他们需求的环境、模拟药物的效果,对患者护理和监护以及外科手术的应用有重要的作用。与此同时,数字孪生还能与人工智能算法同时使用,对医疗设备进行预测性维护和持续性维修,并能够根据历史和实时数据对拯救生命做出重要的决定[14]。

当前,水少人多、水资源时空分布不均的水情已经严重影响我国经济社会的可持续发展,必须充分运用新科技来推动水资源和水生态的管理。因此,以信息技术实现水资源高效集约节约利用,解决水资源供需平衡,提升水资源高效利用已经成为热点和焦点。

2 数字孪生在水利建设中的应用

随着科技和信息技术的不断发展,数字孪生在各个领域都得到了广泛应用,其中包括水利建设领域。数字孪生是利用先进的计算技术和虚拟仿真平台,将实际系统与其虚拟模型进行对接和交互,以实现对现实世界的模拟、分析和优化。在水利建设中,数字孪生的应用正逐渐展现出巨大的潜力和价值。

（1）设计优化与风险控制

数字孪生在水利建设中的设计和规划方面发挥了重要作用。在水利工程的设计过程中,工程师们可以通过创建数字孪生模型,对不同设计方案进行模拟和评估,优化设计、降低风险。这些模型还能够准确地模拟水流、水力特性、土壤条件等多个因素,并通过仿真分析来优化设计方案。通过数字孪生技术,可以预测不同设计方案的水力性能、可行性和环境影响,在虚拟环境中测试和验证设计方案,减少实际施工中的错误和偏差,提高工程质量,从而在实际施工之前做出更加明智的决策。

（2）施工和操作培训

数字孪生在水利建设的施工和操作培训中起到了关键的作用。施工阶段是水利工程中风险较高的阶段之一,一旦出现错误可能导致巨大的损失。数字孪生可以为施工人员提供虚拟的施工和操作环境,使他们能在模拟中进行实时的操作演练,进而熟悉施工流程、掌握正确的操作方法,减少潜在的错误和事故。此外,数字孪生还可以用于操作人员的培训,帮助他们熟悉水利系统的操作和维护,提高系统的稳定性和安全性。

（3）运行监测与优化

数字孪生还可以在水利建设的运行监测和优化中发挥着不可替代的作用。数字孪生可以实时监测水利系统的运行状态,并提供详细的性能数据和分析。这有助于及时发现问题和异常,采取相应的措施进行修复和优化,提高系统的稳定性和效率。此外,数字孪生还可以通过模拟不同操作条件和策略,进行系统优化,以提高水利系统的运行效率和性能。通过数字孪生技术，可以及时发现和解决问题，减少停机时间和维修成本，提高系统的可靠性和可用性。

（4）故障诊断与维修计划制定

除了运行监测和优化，数字孪生还可以用于故障诊断和维修计划制定。数字孪生可以通过模拟和分析水利系统的运行数据，准确地检测到潜在故障，并提供相应的修复方案。这有助于降低维修成本和停机时间，提高系统的可靠性和可用性。例如，在排水系统中，数字孪生可以监测泵站的运行数据，分析泵的工作状态和潜在故障，制定合理的维修计划，减少系统的停运时间，能在很大程度上帮助工程师们更加智能地管理和维护水利系统，提高系统的稳定性和安全性。

（5）水资源管理与预测

数字孪生可以结合水文气象数据和其他因素，进行水资源的管理和预测。通过模拟和优化水利系统对水资源的利用和分配，可以制定合理的管理策略，确保水资源的高效利用和平衡供需。此外，数字孪生还可以结合气象数据和其他因素，进行水文预测和水灾风险评估，提前采取措施应对可能的灾害，减少资源浪费，降低环境影响，并通过模拟不同方案的效果，可以选择更加环保、节能的方案，促进可持续发展。

数字孪生在水利建设中的应用为水利工程的设计、施工、运行和管理提供了全新的思路和手段。它能够通过虚拟仿真和实时监测，帮助我们更好地理解和管理水利系统，提高工程效率和水资源利用效率。随着技术的不断进步和应用的深入发展，数字孪生在水利建设中将发挥更大的作用，为可持续水利发展作出贡献。

3　数字孪生在水利建设中的挑战与机遇

数字孪生作为一种前沿的技术，正逐渐在各个领域展现出巨大的潜力。在水利建设领域，数字孪生也被认为是一种能够深刻改变传统方式的技术创新。然而，数字孪生在水利建设中的应用不仅在智能决策、风险管理与应急响应、可持续发展等方方面面带来了机遇，但同时也伴随着一系列挑战。

（1）数据获取与质量

数字孪生在水利建设中面临的挑战之一是数据获取与质量。数字孪生需要大量的数据支持，包括水文气象数据、地质地形数据、工程测量数据等。这些数据需要实时采集和整合，以保证模型的准确性和实用性。然而在水利建设中，不同数据源的格式和精度可能存在差异，获取这些数据也可能存在困难和成本高昂的问题。例如，采集水文气象数据需要投入大量的人力物力，并且受环境和条件的限制，数据的采集可能不够全面和精确，数据整合过程中可能会出现数据冲突、不一致性等问题，导致模型的可靠性降低。

因此,如何更好地解决数据获取和质量问题是实施数字孪生的首要挑战。

（2）模型建立与精度

数字孪生在水利建设中的另一个挑战是模型建立与精度。数字孪生的关键是建立准确的数学模型和仿真系统,模型的构建过程需要充分考虑水利系统的复杂性和不确定性。例如,水库的水流、洪水的产生和传播等都涉及多个因素和相互作用。在建立模型时,需要收集和整理大量的相关数据,并进行合理的假设和参数设置,以提高模型的精度和可靠性。然而,由于水利系统的复杂性和不确定性,模型的建立和参数的选择常常带有一定的主观性和不确定性,这会直接影响到数字孪生的预测和决策效果。因此如何提高模型的精度仍然是一个挑战。

（3）计算效率与安全隐私

另外,数字孪生的计算效率与安全隐私也是水利建设应用中的一大挑战。数字孪生依赖于强大的计算能力来进行模拟、分析和优化,而水利系统多为复杂的大规模系统,需要处理大量的数据和进行复杂的计算。因此,如何提高计算能力和效率是数字孪生应用中的重要问题。随着计算技术的不断进步,如云计算和并行计算等,可以为数字孪生提供更好的计算平台和工具。同时,大量实时数据的收集和传输容易引发安全和隐私问题,如果数据在传输或存储过程中遭到恶意攻击或泄露,可能导致工程系统的受损甚至瘫痪。因此,实现高效的数字孪生计算并保障数字孪生系统的安全性仍具有一定的挑战。

（4）维护与更新

数字孪生的维护与更新在水利建设中也面临巨大的挑战。数字孪生的有效性和可持续性需要及时更新和维护。随着水利系统的运行和环境的变化,数字孪生模型也需要随之更新,以保持其准确性和适用性。同时,数字孪生的维护成本也需要考虑,包括数据的采集与更新、模型的修正与验证等方面,这对于水利建设单位来说可能需要投入额外的人力物力,并且需要建立完善的管理机制和技术支持体系。

数字孪生作为一种创新的技术手段,为水利建设带来了前所未有的机遇。尽管面临着数据整合、建模准确性、安全性等一系列挑战,但通过充分的技术研发和合理的应用,数字孪生有望在水利建设中发挥重要作用,推动我国水资源的科学管理与合理利用。同时,政府、企业和科研机构应当共同努力,加强合作,充分发挥数字孪生在水利领域的优势,为建设美丽中国、实现可持续发展贡献力量。

4 发展趋势与未来展望

党的二十大胜利召开,科技技术已经发展到新的高度。在水利建设领域,数字孪生展现出巨大的潜力,具有持久性和可持续性的发展趋势。

(1)数据整合与智能化分析

未来的数字孪生在水利建设中将更加注重数据的整合与智能化分析。随着物联网、传感器技术的不断发展,水利系统将产生海量的数据,这使得数字孪生面临更多的数据源与数据类型,这就要求强大的数据整合和处理能力。同时,数字孪生将引入人工智能和机器学习等技术,通过智能化的算法和模型对水利系统的运行状态、预测性能和风险进行精确的评估和预测。这样的智能化分析将为水利建设决策提供更准确、全面的数据支持。

(2)跨领域融合创新

数字孪生在水利建设中也要加强与其他领域的技术进行跨领域融合创新。虚拟现实、增强现实、区块链、无人机等技术将与数字孪生相结合,共同推动水利建设的发展。例如,通过与 BIM、GIS 等技术深度融合,可以实现对水利工程设计方案的 3D 模拟、可视化以及设计的协同效率,有助于设计者更好地理解工程方案并发现潜在问题。同时,区块链技术的引入可以提高水利数据的安全性和可追溯性,保护数据的完整性和隐私性。这种跨领域融合创新将给水利建设带来更多的可能性和创新机遇。

(3)智慧运维与管理

数字孪生的智慧运维与管理在未来水利建设中将发挥巨大的效应。通过数字孪生技术,可以实现对水利设施和系统的远程监测、故障诊断和智能优化。传统的水利运维与管理需要大量的人力和物力投入,而数字孪生可以通过模拟和分析实现自动化的运维和管理。通过数字孪生可以实时监测水利系统的运行状态,实时监测工程状态,预警可能出现的问题,及时采取措施,提高系统的稳定性和效率。此外,数字孪生还可以为决策者提供多维度、实时的数据支持,帮助优化运行策略并实现智慧化的水利运维管理。

(4)加强与生态保护相结合

数字孪生在水利建设中的应用要与生态保护紧密结合。全球环保意识的增强以及可持续发展的要求,数字孪生将扮演促进水利建设可持续发展和生态保护的角色。通过数字孪生技术,可以模拟不同的水资源管理方案和工程设计方案,评估其对水资源的影响和环境效应。例如,在水坝建设中,可以利用数字孪生模拟洪水来临时的情况,评估不同溢洪道设计方案的性能,并选择最优方案来减少洪灾风险。这样的数字孪生应用将有助于实现最优的可持续发展和生态保护目标,能更好地加强生态环境保护,促进绿色低碳发展。

(5)多方参与、协同合作

数字孪生在水利建设的应用中要与多方协同合作,共同发展。

通过数字孪生平台,水利管理部门、设计单位、施工方、运维人员等各方可以实时获取和共享水利系统的数据和模拟结果,加强各方相互沟通与协作,促进多方之间的协同工作和信息共享,提高信息共享和决策的效率。例如,在水利工程设计过程中,设计单位可以通过数字孪生平台实时与施工方进行交流和协商,了解施工过程中的问题并及时调整设计方案。这样的多方参与与协同合作将推动整个水利建设过程的协同发展。

(6)全生命周期管理

数字孪生未来将贯穿水利工程建设的全生命周期,从规划、设计、建设到运行、维护,都可以借助数字孪生技术进行模拟和管理。在规划和设计阶段,工程师和管理者可以在不同阶段利用数字孪生的模拟和分析结果,优化决策和方案,提高工程的综合效益,使得水利工程建设管理更加高效和可持续。

数字孪生作为一项创新技术,正逐渐在水利建设中展现出巨大的潜力。未来,数字孪生在精细化建模、智能化决策支持、虚拟仿真、全生命周期管理和可持续发展等方面将持续发展壮大。虽然在应用过程中可能面临数据整合、模型精度、安全性等挑战,但通过科技创新和跨领域合作,数字孪生有望为水利建设带来更大的效益,为实现水资源的科学管理和可持续利用贡献一分力量。

5 结语

数字孪生技术运用于水资源管理,是推动新时代水利高质量发展的重要实施路径。党的二十大坚持以水定城、以水定地、以水定人、以水定产,把水资源作为最大的刚性约束。面对水资源自然禀赋不足、时空分布不均的客观状况,这就需要做好现代科技支撑、打好地基、加快数字化发展、主动应对新挑战,积极推进物理空间和网络空间共同建设,引领水利工程建设进入更加智慧的新阶段。

参考文献

[1] 李国英. 深入贯彻落实党的二十大精神 扎实推动新阶段水利高质量发展——在 2023 年全国水利工作会议上的讲话[J]. 水利发展研究,2023,23(1):1-11.

[2] 蒋云钟,冶运涛,赵红莉,等. 智慧水利解析[J]. 水利学报,2021,52(11):1355-1368.

[3] 蒋云钟,冶运涛,王浩. 基于物联网理念的流域智能调度技术体系刍议[J]. 水利信息化,2010(5):1-5+10.

[4] M Grieves. Digital Twin: Manufacturing Excellence through Virtual Factory Replication[M]. white Paper,NASA,2014.

［5］ E Glaessgen,D Stargel. The Digital Twin Paradigm for FutureNASA and U. S. Air Force Vehicles. in 53rd AIAA Structures, Structural Dynamics and Materials Conference［J］. American Institute of Aeronautics and Astronautics,2012:10-20.

［6］ R Vrabic,J A Erkoyuncu P, Butala, et al. Digital twins:Understanding the added value of integrated models for through-life engineering services［J］. Procedia Manufacturing,2018,16:139-146.

［7］ Z Liu,N Meyendorf,N Mrad. The role of data fusion in predictive maintenance using digital twin［J］. In Annual Review of Progress in Quantitative Nondestructive Evaluation,2018:20-23.

［8］ A Madni,C Madni,S Lucero. Leveraging Digital Twin Technology in Model-Based Systems Engineering［J］. Systems,2019,7(7).

［9］ Y Zheng,S Yang,H Cheng. An application framework of digitaltwin and its case study［J］. Journal of Ambient Intelligence and Humanized Computing,2018(10):1141-1153.

［10］ 陶飞,刘蔚然,张萌,等. 数字孪生五维模型及十大领域应用［J］. 计算机集成制造系统,2019,25(1):1-18.

［11］ 冶运涛,蒋云钟,梁犁丽,等. 数字孪生流域:未来流域治理管理的新基建新范式［J］. 水科学进展,2022,33(5):683-704.

［12］ 朱思宇,杨红卫,尹桂平,等. 基于数字孪生的智慧水利框架体系研究［J］. 水利水运工程学报,2023(3):68-74.

［13］ Y Xu,Y Sun,X Liu,et al. A Digital-Twin-Assisted Fault Diagnosis Using Deep Transfer Learning［J］. IEEE Access,2019(7),19990-19999.

［14］ A El Saddik. Digital Twins:The Convergence of Multimedia Technologies. ［J］. IEEE MultiMedia,2018(25):87-92.

生态水利工程驱动水生态文明建设探讨

刘瑞民[1] 曹大城[2]

1. 菏泽黄河河务局供水局 2. 菏泽黄河河务局牡丹黄河河务局

摘 要：生态水利工程设计是在环境管理和生态建设中出现的一种新理念，其目标是分析工程建设对生态破坏所造成的影响，并对原有的设计方案进行改进，有效控制水利工程对整体生态环境产生的负面影响。首先分析了生态水利工程设计原则，以期对于施工单位的实际工作起到参考作用；其次分析了生态水利工程在水生态文明建设的重要性，以促进施工大单位重视生态水利工程建设工作；最终针对水利工程驱动水生态文明建设，提出针对性的发展措施，以期对同类型的水利工程建设提供借鉴，保障生态水利工程质量，提高水生态文明的建设速度。

关键词：生态水利工程；水生态文明；生态学

在生态文明建设过程中，水利工程发挥着重要的作用，而在生态文明建设过程中，也对水利工程建设提出了更高的要求，要突出生态水利工程建设的时代性。水利部倡导加快建设水生态文明，是生态文明建设的重要一环，建设水生态文明可以保护水生态，提高水利建设速度。当前一些单位过于重视水利工程的经济效益，而忽视了对生态环境的负面影响。因此，在建设水利工程的时候，需要协调工程建设和生态环境保护工作，通过合理建设生态水利工程，推动水生态可持续发展。

1 生态水利工程驱动水生态文明建设原则

（1）安全性和经济性原则

生态水利工程的构建，要遵循水利工程学和生态学的原理要求。在进行生态水利建设时，设计人员必须遵循水文和工程力学的基本原理，才能保证建设的安全性、稳定性和耐久性，在此基础上可有效抵抗自然力的负面影响。比如，在进行设计时，设计人员应该按照设计标准的要求，保证工程可以承受洪水、冰冻和风暴等方面的载荷，并以河流地貌理论为基础，综合考虑到河流泥沙冲刷、淤积等特征，对河流的流势规律展开动力学分析,从而保证河流修复工程的耐用性[1]。在此基础上,对其进行经济学上的合理评价,并根据最大收益和最低风险的原则,进行多个项目的规划,从而对其进行优选。同时,对生态系统进行定期监测和评价,利用生态系统自身修复的原则,以最少的投资为目标,得到最优的技术方案。

(2)提升河流形态空间异质性原则

一个地区具有较高的空间异质性,就有利于形成不同的生态环境,为不同的物种提供良好的生存环境。如果非生物环境比较简单,将会降低生物群落的多样性,还会使生态系统的各项功能不断退化。造成这一问题的原因之一是人类活动,特别是大型治河工程的建设使得自然河流非连续化、渠道化,从而造成了河流生态环境的单一化,使河流生态系统持续恶化。但是,生态水利工程建设,其目标是恢复和提升生物群落的多样性,尽可能提升河流形态的异质性,使其与自然河流的地貌学原理相一致,从而为生物群落恢复多样性提供一个良好的条件。

(3)生态系统自设计和自然恢复原则

生态系统具有自组织功能,可以维持生态系统可持续发展,物种具有自组织激励性能,指的是生态友好型物种可以经过自然选择,找到适合自己的生态环境。原来在建设水利工程的时候,主要是调控自然河流,而设计生态水利工程的时候,设计人员需要创新工作理念,落实生态系统自组织和自设计,实现人与自然和谐相处,保护河流的自然属性,突出整体的美观性,提高生态水利工程水平[2]。

2 生态水利工程驱动水生态文明建设的重要性

(1)传统水利工程和生态水利工程的区别

当前,国土已经成为生态文明建设最重要的载体,而通过水利工程建设,一定程度上能更好地去调整生活空间和生态空间结构。水利工程建设结合实际情况,根据主体功能的实际需要,能够提供良好的服务,促进城市和农业以及生态良好发展。在我国灌溉农业中,大型灌溉农业非常关键,它承担着重任,就是确保国家粮食安全。为促使粮食更好地生产,提升粮食安全性,我国加大建设力度,进一步建设大型灌区水利工程,在完善期间,充分发挥水利工程生态效应,促进农业生产。最近几年,我国逐渐扩大水利工程的建设规模,通过综合开发利用、合理开发利用河流资源,发挥水利工程的灌溉、防洪等功能。然而,水利工程的建设会对河流生态环境和陆生生态环境产生不同程度的影响,如会对气候、土壤环境、河流的水质水温等产生影响。我国目前所面对的淡水资源匮乏,生态环境日趋退化的严峻形势,与我国水生态文明建设提出的构建生态环境、发展生态水利的需要极不相称。与常规的水利工程相比,生态水利工程更加重视保护、改善或修复天然生态,将生态、服务生态作为其构建的目的,以经济和环保为主要内容,更加重视其生态效益。总之,就是要加速从传统水利向生态水利和可持续发展方向转型。

（2）生态水利工程建设的重要性和必要性

随着经济社会的发展,人民群众的生活质量越来越好,对环境质量的要求也越来越高。在保证生态安全的前提下,建设更多的生态水利水电项目是当务之急。生态水利工程既能对水资源进行有效的开发利用,又能对环境资源进行妥善保护,它反映出了人与自然、经济社会发展与环境保护之间的协调统一,与生态系统的可持续发展要求相一致,它将传统水利工程与现代生态学有机结合起来。推动水生态文明的发展,就需要在治理水的所有工作中,都要始终以人为本,实现人与自然的协调发展,以可持续发展为宗旨,正确地处理好兴水利、除水害与保护生态环境之间的关系[3]。水生态文明的建设,需要在对水土资源的保护和修复、水资源水环境的承载能力等方面进行重点强化,同时还需要把重点工作放在节约上。然而,在水生态文明的土地开发格局优化、资源节约、维持生态系统的稳定性和保护环境、构建水生态文明的制度保证系统等方面,生态水利工程的建设都起到了举足轻重的作用,已经成为水生态文明建设的首要任务。

实现生态文明建设,除了要达到节约自然资源的目的外,还要利用好自然资源,通过生态水利工程建设,使得水电资源得到合理利用,避免遭到浪费。实现水循环利用,促进水资源利用率的提升,不管是节约水资源,还是合理利用水资源这方面,节水灌溉工程起着至关重要的作用,节水灌溉可根据灌溉作物,使用水量的情况,发挥生态效益和经济效益。就当前的情况来看,不管是设施农业节水高效工程技术模式,还是集雨节水灌溉工程技术模式和低强高效节水灌溉工程技术模式,都已经成为节水高效工程技术主要的模式。

3　生态水利工程驱动水生态文明建设细节要求

建设生态水利工程,要注意保护河流多样化,提高河流的自我恢复能力,并且要修复整个水域生态环境。在实际工作中要做到人与自然和谐相处的目标,主要是优先保护生态环境,将水利工程的生态环境效益充分发挥出来。

根据水资源的现实状况,所有的水利工程都应当具有生态学的性质。水利生态工程的构建是一项综合性的系统工程,必须对水资源的整治与利用进行科学规划,并对水资源的生态环境进行综合保护。不但要把生态水利的概念渗透到工程的规划中,更要把它渗透到工程的各个方面,这就需要工程不但要符合整个系统的生态需求,还要符合个别的生态设计需求。在水利建设前期规划设计、施工方式与方法选择、后期管理与运营等各方面都要符合生态学的要求,在最大限度上减少对生态的冲击。在项目的策划与设计过程中,应遵循水文、工程机械等基本原理,依据相关标准进行,并与生态环境相融合。因此,在建设阶段,必须采取环保的工艺,做好污水和废渣的处置,并强化对现场的监控,做好现场的防护。在工程建设结束之后,要落实好迹地的恢复工作,并实行规范性的管理,引入生态水利工程的后评价工作机制,构建对工程生态环境影响的监测和反馈机制[4]。

4 生态水利工程驱动水生态文明建设具体措施

(1)转变水利发展工作思路

随着水利工程的不断发展,进一步丰富了水利内涵。当前,不管是水利工程发展的各个方面,还是水利建设的环节,均应事先保护生态环境,始终坚持这一原则,实现人与自然和谐相处。有效地实施水利工程建设工作,从传统向现代转变,保护自然生态水利。

(2)树立现代化管理理念

为促进水利工程生态文明建设,实现水利工程管理,有必要树立新的管理理念,从多视角上,加强水利工程管理,把管理的各项工作落到实处。对当前水利工程现代化趋势给予充分了解,摒弃以往传统水利工程管理理念,不断地创新现有的水利工程管理方式,紧跟着时代的发展步伐,保护好水资源,进而在能合理地利用水资源和开发的基础之上,发挥水利工程的经济效益,为单位带来经济效益,促进人和自然能够协调发展。

(3)为动植物提供生存空间

在建设生态水工程的过程中,工作人员需要根据实际情况统一建设水利工程。生态水利工程设计时,设计人员需要结合自然地貌和地形,进一步完善整体生态系统。例如,在生态水利工程设计阶段,如果某地坡脚部位的孔隙率比较大,地形多变,适合动物生长,可以设计为鱼类生长区,同时,可以设计在河道周围种植植物,为动物提供生长环境。河流生态修复内容见表1。

表1　　　　　　　　　　　　　河流生态修复内容

河流生态修复内容	恢复和重建目标	
	增强河流自净化能力	为动植物提供栖息地
浅滩恢复、重建	增加有机物氧化作用	为水生植物提供溶解氧
深潭恢复、重建	提高水体净化能力,发挥出脱氮作用	为鱼类提供生存区,增加水生植物的类型,完善食物链
河岸带植物群落恢复、重建恢复	提高有机物生物膜氧化,提高水体自我净化悬浊能力,发挥出硝化、脱氮作用	为鱼类产卵和昆虫及奈泪体用栖息地

323

（4）提高水资源净化能力

水资源是人类赖以生存的基本物质，水资源保护和利用是人们实现可持续发展目标的基本要求。然而，水资源的污染问题却成为人们迫切需要解决的问题。要想解决这个问题，就必须主动提高水资源本身的清洁能力，将污水中的无机物合理转化为无机物，从而降解水里的污染物，为水生植被提供营养。与此同时，需要增加流速带的数量，让氧气更容易进入水里，从而提高水里的氧含量。比如，因为水体中的有机污染物被氧化，转化为无机物，为水体中的藻类植物提供营养，通过光合作用，产生氧气，为鱼、虾和浮游动物提供氧气，从而减少污染浓度[5]。因此，在进行生态水利工程的设计时，可以对其进行添加，从而形成不同的流速带，可对氧气的渗透起到一定的促进作用，提高水的溶解氧含量，让水里的微生物能够更快地生长繁殖。此外，当养分被植物摄取后，其根部可吸附微生物，作为清洁和提高水环境质量的媒介。

（5）调节水量

生态水利工程项目的建设过程中，生态湿地的植物可以储蓄水资源，因为水中的微生物和土壤动物等，可以提高河堤土壤孔隙率。如果水资源丰富，河堤会渗入水资源，有效储蓄水资源，在枯水期会向河道中渗出储蓄的水资源，提高水量调节的科学性。

（6）调整河流尺寸

在河流生态修复规划阶段，设计人员需要全面分析河流流域大小的变化，确定河段长期尺寸变化，优化整个生态系统的功能，合理协调不同的生态要素，保证制定的工程建设方案符合河流变化，整合工程生态系统和水利工程建设工作，优化保护原生态环境，构建完整的自然生态系统[6]。

（7）合理使用清洁耐用材料

为更好地修建水利工程，应做好前期准备工作，也就是说应加大采购力度，按照实际需求，合理地去选购建筑材料。具体采购应严格遵循如下原则：①清洁性。在建筑工程施工中，避免不了对洁型等原材料的利用，具体应用时，应防止污染环境。水资源很容易受到污染，原材料利用，如果自身带有污染，很容易污染到水资源，也很有可能破坏到生态环境。②耐用性。水利工程使用的期限比较长，因此必须要充分考量耐久性，再合理地选择原材料[5]。比如，有些地区具有不同地质环境，在水质酸碱性存在一定区别，为更好地施工，应加大调查力度，合理地去调查当地水文环境，处理好水利工程所应用的材料。③经济性。在水利工程中，有的企业往往通过原材料达到节省工程成本的目的，实现经济效益，而在企业成本中，原材料购入是最主要的一个部分。基于此，施工单位应遵循经济性原则，合理选购原材料，确保原材料质量。

（8）建立可持续发展制度

在生态水利工程项目方案设计时,要将环境科技的相关理论与之相结合,实现水质与水量的同步提升,并针对水环境的污染状况,设计适当的防控措施。与此同时,要转变规划观念,以城市防洪为重点,优化设计生态环境,引入各种先进的生态规划技术,构建可持续发展的生态—水文—环境体系,使城市的水利工程达到生态均衡。比如,在进行生态水利工程项目的设计时候,设计人员应该转变传统的设计理念,并将其与环境科学技术的理论相融合,以水环境污染的现状为依据,在满足城市防汛的前提下,优先进行生态水利设计,尽量维持原有的生态环境,将人为修饰的痕迹降低到最小程度。与此同时,要引入了先进的生态设计技术,对季节变化所带来的影响进行综合考量,针对雨水季节和枯水季节,制定出相应的对策,有效整合、利用水质,构建出生态水文环境可持续发展制度,最终达到水利建设和生态环境之间的平衡。

（9）加强水危机管理

在人类发展过程中,水资源发挥着重要的作用,而人类的活动,增加了水危机。在水危机管理过程中,需要管理洪水危机和枯水危机以及水环境危机等。可以通过提高宣传教育力度,提高人们的水危机意识,避免因为人为因素引发水危机。同时需要根据相关法律法规提高管理力度,增强人们的整体反应能力。利用科学技术构建一体化的安全保障体制和应急应变机制等。进一步完善应急预案,可以对各种突发事件做出快速反应,提高日常风险管理力度,在最大程度上控制危机事件的损失[7]。

不仅需要水行政主管部门管理水危机,还需要成为社会活动,提高社会管理力度。完善水资源环境安全法律制度和保障系统,保障水资源安全和饮水安全以及生态环境的安全等,及时识别和评估资源环境风险,避免发生水土流失和水环境污染等,否则将会直接影响到人们的生产、生活等。

（10）维护良好的水环境

针对存在较大生态问题的小流域,应采取节水、防污和调水等措施;对水资源严重过剩的地区,采取封井和限制开采等措施;在土壤侵蚀严重的区域,要注意利用自然的自愈功能,采取退耕还林、封山等多种措施;要注意处理好恢复区域居民的食物、经济发展等问题,为提高居民的生产和生活水平创造良好的环境[8]。

5 结语

建设生态水利工程,有利于促进经济社会发展。需要制定科学的生态水利工程建设方案,有效平衡水利建设和生态环境,优化协调工程生态系统和水利工程,在开发利用水资源的同时有效保护整体生态环境。

参考文献

［1］王红彦.关于水利工程中的生态问题与生态水利工程的分析［J］.城市建设理论研究,2023,430(4):155-157.

［2］苏丽娟.生态水利在现代河道治理中的应用初探［J］.新农业,2023,983(2):94.

［3］马俊.城市河道生态水利工程的设计原则与方法研究［J］.工程建设与设计,2022,494(24):52-54.

［4］孟明,李然,杨玉涵,等.虚拟现实技术在生态水利工程设计中的应用研究［J］.水利技术监督,2022,182(12):78-82＋95.

［5］蓝震钜.生态水利设计理念在城市河道治理工程中运用分析［J］.珠江水运,2022,567(23):48-50.

［6］刘多斌.探究生态水利建设对我国发展绿色经济的影响［J］.科技资讯,2022,20(19):113-116.

［7］朱家明,成波,李雪.生态水利工程驱动高校水生态文明教育的价值探讨［J］.给水排水,2022,58(9):178-179.

［8］秦玥佳.河道建设中生态水利工程设计的应用分析［J］.四川建材,2022,48(6):214-215.

浅议推进中小水利施工企业高质量发展

吴祖波　郭晓洁　王福彬

河南中原黄河工程有限公司

摘　要:中小水利施工企业是推进国家江河战略实施不可或缺的重要组成部分,也是推进水利高质量发展的具体抓手。为了进一步提高中小水利企业的发展,深入调整经营结构,完善现代企业制度与内部管理,为水利高质量发展作出新的更大贡献。分析了中小水利施工企业的基本特点,传统中小水利施工企业存在的主要问题以及当前面临的发展机遇。在此基础上,对中小水利施工企业高质量发展提出了一些建议。

关键词:水利施工;高质量发展;经济效益;建议

党的二十大报告提出:"高质量发展是全面建设社会主义现代化国家的首要任务。"这是在科学研判我国发展新的历史条件和阶段,全面认识和把握我国社会主义现代化建设历程和社会主义经济建设规律的基础上,统筹国内国际两个大局、审时度势作出的具有全局性、长远性、战略性意义的重大判断。未来 5 年是全面建设社会主义现代化国家开局起步的关键时期。党的二十大报告明确了未来 5 年我国发展的主要目标任务,"经济高质量发展取得新突破"被摆在首位。水利施工中小企业是推进国家江河战略实施不可或缺的重要组成部分,也是推进水利高质量发展的具体抓手,必须按照现代企业管理模式要求,加快构建适应高质量发展的人才队伍和基础设施框架,强化科技创新支撑,积极谋划实施"换道领跑"战略,深耕细作主责主业,为水利高质量发展作出新的更大贡献。

1　中小水利施工企业的基本概况

中小水利施工企业的前身是依托于计划经济时期的水利工程建设任务而成立的各级施工队。水利施工市场实施三项制度(项目法人责任制、招标投标制、建设监理制)后,各级水利部门为顺应市场改革需要,在原施工队的基础上成立了一、二级水利水电施工企业,加上后来通过改制或者申办的民营性质的水利水电施工企业,构成了当前全国中小水利施工企业市场的基本组成。无论在计划经济时期,还是市场改革时期,中小水利施工企业与各级水利部门都有与生俱来的天然联系,都承接了大量的水利工程任务,甚至至今还承担着一定的防汛抢险任务。可以说,这些中小水利施工企业为国家水利事业发展作出了突出贡献。目前,这些企业具有国有企业的特点,但又不具有大型国企的行业引领与标准规范的硬性资源,更无法与民营企业的灵活性、高效性可比。而民营性质的中小水利施工企业,大多技术势力不强、资金垫付能力弱,中标承揽的项目大多再进行转分包。整体来说,水利施工属于劳动密集型产业,发展模式比较粗放,工业化、信息化、标准化水平偏低,管理手段比较落后等问题一直困扰着行业和企业的发展。如何通过观念的创新,模式的创新和手段的创新以及调整经营结构,提高企业的管理能力,推进企业的高质量发展,为稳定和提升国家经济"基本盘"发挥更大作用,值得我们深入

2 传统中小水利施工企业存在的主要问题

（1）企业经营结构单一

目前中小水利施工企业主打水利施工业务,高质量发展的根基还不够牢固,一旦遇到国家对水利基础设施建设减少投资的话,企业的经营就面临断供风险。

（2）人才结构不够合理

施工项目技术管理人员不足,一专多能人才较少。真正能在实践中,把工程、财务、社交、协调能力贯通起来的复合型人才很少。

（3）项目管理不够精细

施工成本控制管理工作过粗,专业的成本分析不够精准,项目财务管理人员的成本核算及成本分析的能力不强。

（4）捕捉机遇能力不强

新技术、新材料、新概念的应用必然给市场带来深刻调整,只有站在时代的风口浪尖,才能抢抓到发展的机遇,实现企业发展的突破。

（5）观察市场变化不够

当前"水"市场已从传统的施工转向了"四水"同治,企业就应该围绕水生态、水环境、水安全、水资源方面拓展业务。

3 当前中小水利施工企业面临的机遇

（1）全国水利投资继续发力,增速正向,保持全国唯一

当前,在国内经济恢复向好,但市场需求仍显不足、内生动力有待增强的背景下,一批更加有力的、推动经济持续回升向好的政策举措正在赶来。2023 年 6 月召开的国务

院常务会议围绕加大宏观政策调控力度、着力扩大有效需求、做强做优实体经济、防范化解重点领域风险等4个方面,研究提出了一批政策措施。伴随着提振经济的一揽子政策的全面出台和效应显现,我国经济发展动能将持续增强、结构将持续向优、态势将持续向好。"加大宏观政策调控、着力扩大有效需求",意味着将进一步扩大实施积极的财政政策,来增加需求,实现宏观调控,包括水利在内的基建无疑将是财政发力、扩大需求的重要领域。国家统计数据显示,水利行业是唯一一个增速提升的领域,表明今年在国家稳增长的宏观政策背景下,水利投资将持续发力,年内投资规模仍将超万亿元,继续发挥水利稳投资、稳增长、稳就业的重要作用。

(2)国家水网建设规划发布,水利建设投资全面提速

近日,中共中央、国务院印发了《国家水网建设规划纲要》。其中提出,围绕国家重大战略,以大江大河干流及重要江河湖泊为基础,以南水北调工程东、中、西三线为重点,科学推进一批重大引调排水工程规划建设,推进大江大河干流堤防达标建设、重点河段河势控制,构建重要江河绿色生态廊道,加快构建国家水网主骨架和大动脉。国家水网建设涉及的项目投资总额将达到1.2万亿元人民币,其中,中央财政预算安排5000亿元用于支持国家水网建设,地方财政预算安排7000亿元。此外,还将吸引更多社会资本参与国家水网建设。

随着《国家水网建设规划纲要》的发布,中国将加快水资源的保护、利用和开发,推动水利工程建设和运营管理的现代化。这表明国家对水资源的重视程度不断提高,水利工程建设的需求也将不断增加。对于中小水利施工企业来说,这是一个重要的机遇和挑战,具备条件的企业应该积极响应国家的号召,抓住发展机遇期,积极参与到国家水网建设的各个环节中,提高自身的技术水平和管理能力,拓展市场份额,实现可持续发展。

4 推进中小水利施工企业高质量发展的几点建议

4.1 强化党建引领作用

高质量发展是一场关系发展全局的深刻变革,没有坚强有力的党建作保证是无法实现的。无论是国有的还是民营的中小水利施工企业,都必须充分发挥党建引领作用,以党的高质量建设推动企业经济发展高质量。推动党的高质量建设必须经常抓、见常态,深入抓、见实招,持久抓、见长效。既要立足解决当前问题,更要瞄准长远目标谋划,不断提高党的建设科学化水平。①加强思想武装。党员干部要认真学习习近平新时代中国特色社会主义思想,努力掌握贯穿其中的马克思主义立场观点方法,科学谋划企业

的高质量发展,自觉在工作中担责、担难、担险。②加快形成风清气正的政治生态。党员领导干部是企业高质量发展的核心力量、攻坚力量,一要干事,二要干净,让职工感受到党组织是主心骨,可以依靠和信赖;感受到党的干部有好作风,真心实意为单位谋发展、为职工谋幸福,感受到党员像党员,困难面前能够挺在前面。③凝心聚力推动经济发展。党的建设历来是为党的中心工作服务的,从来不是一项虚工作,其"实"和"效"就体现在不断推进党的事业发展上。只有党组织越来越有力量,才能更好地团结带领广大职工抓好发展第一要务。

4.2 提升引领经济发展能力

中小水利施工企业做优做强,必须提高政治站位,紧跟国家江河战略。①强化新发展理念。企业领导干部要深入学习习近平经济思想,从中找思路找方法、解困惑解难题,提高认识和把握经济规律、分析研判经济形势、应对经济运行复杂局面的能力,完善企业组织结构设计,细化部门职责、岗位设置和人员编制,规范核心管控流程和关键业务流程,将管控行为固化到企业的日常运营活动之中,从而加强部门间的协调配合,形成相对和谐统一的整体。②明确企业经济发展的战略规划职能。采用 SWOT 分析方法,对企业发展战略进行综合分析,选准企业战略定位,建立以经济效益为中心,以技术进步为先导,以提升企业品质为主题,坚持相关有限拓展业务范围,谨慎投资、稳健发展,坚持在充分利用存量资产的基础上,积极整合利用社会资源,切实增强公司国内外市场适应能力,提高企业品牌影响力,促进企业可持续发展,实现投资回报和效益最大化。③树立员工企业发展共同愿景。加强市场运营研究,深钻细研经济领域专业知识,增强工作的原则性、系统性、预见性和创造性。切实养成常态化经济运行分析的习惯,提高统筹兼顾、科学调度的本领,做到一叶知秋、抓早抓小,避免小问题拖成大问题。

4.3 加快完善现代企业制度

中小水利施工企业必须加快建立现代企业制度,各级水利部门作为中小水利施工企业的出资人,在对企业行使管理的过程中难免使各类制度、规范延伸,这就会导致企业越来越讲制度和流程,体系越来越完善,制度越来越多,可以起到控制风险的目的,但企业做事往往会失去市场的时机。因此,对企业的管理只能重宏观、轻微观,抓思想、轻管理,让企业有充分的空间自己成长。①立足于服务型企业融入市场。中小水利施工企业首要考虑利润与发展,不能同化成机关,企业的管理应充分发挥董事会和监事会的职能作用,避免过度机关化把企业拖入文山会海。同时,企业的自身管理也应避免层级化,推行扁平化业务管理,避免形成信息"孤岛"。②严格生产运营管理。建立保质保量、低成本高效率的生产运营管理目标,围绕施工企业人、机、料、法、环等方面进行管理,并延伸至外部的供应链环节,通过最优的资源配置,合理分配施工任务,组织均衡施工,从而保证以最低的成本、最短的时间、最快的速度完成施工任务,为企业创造利润。③倡导践行企业文化。提炼中小水利施工企业独有的企业精神和企业家精神,推进在组织行为与个人行为中践行,使之内化于心、外化于行,成为企业发展的内部凝聚力与外部竞争的软实力。④建立风险管理体系。企业风险是指未来的不确定性对企业实现其经营目标的影响,中小水利施工企业要将风险管理作为价值中心,主动地通过企业战略、组织、信息、金融、内控等多种手段管理风险,进一步梳理工作流程各节点的风险,实施识别、分析、评价的风险评估管理,完善风险管理组织设计与流程设计,有效应对并最大限度地降低风险。

4.4 谋划推进经济结构调整

中小水利施工企业必须紧跟社会发展步伐,立足于打造创新型企业,掌握市场生存的绝招,做行业的领跑者。当前,要基于"双碳"目标及水利事业发展的现实需求,用高新技术改造传统水利施工技术工艺,加快水利科技创新成果转化,大幅提升生产力水平。

(1)要开展智慧水利攻关

坚持数字化、网络化、智能化主攻方向,聚焦"顺河顺堤顺水"产业布局,在数字产业上抢滩占先,在生态产业上前瞻布局,积极在数字化场景构建、智慧化模拟等方面开展关键技术研究,推动施工企业向水生态、水环境、水安全方面的信息化转型。聚焦"科技兴水""智慧水利"和"智慧工地"战略实施,重点开展河道工程、堤防工程、水闸工程施工关键技术研究,努力在"智慧施工"上先走一步、领先一着。

(2)要主动承接水利文化建设任务

近年来,党中央一再强调"文化自信",并部署开展了一系列的建设任务。江河是既是生命之源,也是文化之源,工程建设要与文化建设融合发展。以黄河为例,2019年9月18日,习近平总书记在黄河流域生态保护和高质量发展座谈会上指出,要保护、传承、弘扬黄河文化。随后,沿黄政府及河务部门都加大了对黄河工程和黄河文化的建设投资,黄河水利工程建设与黄河文化建设开始有机结合。作为中小水利施工企业,理应配备相关文化专业的设计、建设人才,一体化承包黄河水利工程建设与黄河文化建设的相关任务,或在水利主体性功能的工程建设中植入文化元素,提升工程品位。

(3)要优化资质增项升级

目前,各施工企业除拥有水利水电总承包壹级资质外,还拥有市政公用工程、地基与基础工程专业、房屋建筑和土石方专业等资质,但主营水利水电业务,其他业务不能有效满足市场需求,建议对其他资质进行增项升级,开拓项目承揽新渠道,进一步拓展经营范围。④要推进水利新科技新产品的研发与应用推广。着力培养水利科技创新人才，将水利前沿科技与低碳关键核心技术攻关相结合，全面推动绿色低碳科技创新，积极组织申报各类科技项目，争取专项资金支持，加速新技术、新工艺推广转化，提高水利施工技术效能，掌握向科技要效益的"金钥匙"。

4.5　充分发挥人力资源优势

当前经济社会管理的重心发生了重大转移，从过去关注生产资源的管理，转变为更加关注人力资源的管理。人力资源作为一种能动资源，是企业最宝贵的资源，也是唯一发挥创新作用的因素，它可使其他资源得到合理配置、有效开发和充分利用。

（1）要构建集团化经营模式

尤其是同一控股股东下的中小水利施工企业，可以组建合并为集团化中小水利施工企业，以有效避免同质化经营带来的恶性竞争，减少非生产经营人员。建议围绕企业发展战略，建立施工管理人才和技能人才培养制度，扩大生产经营人员比例并制度化。具有建造师证书和丰富现场施工经验的人员作为施工管理人才进行重点培养，对其他富余人员进行各类施工机械培训，为企业储备技能人才和施工机械调度人才。只有提高了各类生产经营人才比例，企业才能在市场竞争中更有优势。

（2）加强高级管理人员聘用管理

为尽快提高市场竞争力和单位盈利能力，中小水利企业领导的任用，可以与经济目标增长制挂钩，比如以某年的净利润为增长基数，实行三年任期制，每年递增不少于20%，从而迫使企业领导层谋经营、抓营利，有效避免企业行政化、官僚化，也能确保把善经营、想干事的人才选拔出来，也可从外部高薪聘用一些市场经验丰富和经营能力强的管理人才作为企业管理层，进一步加快企业发展。

（3）要加强人才培养锻炼

市场的竞争终究是人才的竞争。作为中小水利施工企业，有国企的属性，对各类技术人才具有一定的吸引力，企业务必做到真心爱才、诚心引才、悉心育才、精心用才，积极发挥公司人才优势，大力倡导工匠精神，不断加大人才培养培训力度，夯实企业高质量发展的人才基础。人才具备了理论基础，还要勇于进行实践。各施工企业要利用重大工程项目锻炼人才，分批次选派优秀青年人才赴施工一线工作，通过重大施工项目培育人才。加大正向激励，鼓励人才创新创造，建立物质奖励与精神奖励相结合双激励机制，提高优秀人才的获得感、幸福感，鼓励人人成才，做到人尽其才。落实全员轮训要求，区分利用整段时间和碎片化时间，深入开展"业务骨干大讲堂""每日一学"，相互提升认知，相互兜售"绝活"，进一步巩固"共同学习提高、百花齐放争艳"的比学赶超氛围。

（4）落实岗位薪酬与绩效管理评价

企业要根据市场变化设计制订适应自身发展的薪酬制度。强化企业经济效益对员工薪酬分配的直接调节作用，健全企业薪酬动态调整机制，强化团队目标与个人目标共同实现，实施有效的岗位评价与绩效管理考核。

4.6　严格项目成本控制

项目的成本控制不仅局限于整个项目管理中，在整个企业管理中都有着重要的地位。坚持开源与节流相结合，对发生的成本费用，要对比分析相应的预算收入，纠正不利偏差。

（1）建立成本责任体系

实行全员全过程控制，明确项目内部各职能部门、班组和个人应承担的成本控制责任，做到责、权、利相结合，定期开展检查和考评，并与工资分配紧密挂钩，实行有奖有罚。建立以施工项目部为考核单位和收益分配单位的激励制度。项目部通过加强管理提高效益多赚取的利润，按比例奖励项目部成员，以引导和激励干部职工在提高业务能力、管理水平和经营效益上下功夫。

（2）落实目标成本分解控制

设立的目标成本通过可行性分析后，按照项目组织结构进行逐级分解，落实到相关岗位。在施工作业过程中，尽量选择成本较低的作业来实现质量目标，让责任归属更加明确。

浅析水利投融资与水价改革领域的挑战与机遇

金伟伟　　常家明

焦作黄河河务局武陟第一黄河河务局

摘　要：水利投融资与水价改革是当前我国水利事业发展的重要议题。通过对水利投融资与水价改革的背景和现状进行分析，探讨了在当前形势下所面临的挑战和机遇。同时，提出了一些思路和建议，以促进水利投融资的发展和水价改革的顺利进行。

关键词：水利投融资；水价改革；挑战；机遇；建议

1　概述

水利融资与水价改革领域面临着诸多挑战与机遇。水利融资是指为水利项目筹集资金的过程，而水价改革则是指通过调整水资源的定价机制来实现资源优化配置和可持续发展。这两个领域的发展对于保障水资源的可持续利用和水利设施的建设具有重要意义。

（1）水利融资与水价改革面临的挑战

1）水利项目的投资规模庞大，需要大量的资金支持。但是，由于水资源的特殊性和公共性，水利项目的回报周期较长，投资回报率相对较低，这给融资带来了一定的风险和不确定性。

2）水价改革涉及广大民众的切身利益，可能成为社会不稳定因素。由于水资源的稀缺性和环境保护的需要，适当提高水价是必然的选择，但是这也可能导致一部分民众生活负担加重，引发社会不满情绪。

3）水利融资与水价改革面临着政策法规不完善、市场机制不健全、信息不对称等问题。这些问题使得融资渠道有限，投资者对水利项目的信心不足，也制约了水价改革的进程。

（2）水利融资与水价改革存在的机遇

1）随着经济的发展和城市化进程的加快，对水资源的需求不断增加，水利项目的市场潜力巨大,这为融资提供了广阔的空间。

2)水价改革可以提高水资源的效益和节约用水,实现资源的可持续利用和环境的可持续发展。这不仅有利于保护水资源,还可以提高水利设施的运行效率,降低运营成本,为经济发展提供更好的支撑。

3)随着金融创新的不断推进,水利融资也可以通过引入多元化的融资方式和金融工具,吸引更多的资金投入水利项目。同时,政府的支持和政策的引导也为水利融资与水价改革提供了有力的支持。

综上所述,水利融资与水价改革领域面临着一系列挑战,但也蕴含着巨大的机遇。通过加强政策引导、完善市场机制、推进金融创新等措施,可以克服挑战,实现水利融资与水价改革的可持续发展。

1.1 研究背景

水利投融资与水价改革是当前水资源管理领域面临的重要问题。随着人口增长、城市化进程加快以及气候变化等因素的影响,水资源供需矛盾日益突出。水利设施建设和运营维护需要大量的资金投入。同时,传统的水价制度已经难以适应新形势下的水资源管理需求,需要进行改革。

在水利投融资方面,由于水利项目具有长回报周期、高风险和大规模投资等特点,吸引私人资本参与投融资一直面临挑战。传统的政府投资模式已经难以满足水利项目的融资需求,需要探索新的融资模式和机制,吸引社会资本参与水利投资。

在水价改革方面,传统的水价制度往往存在低价、补贴过多、缺乏差别化等问题,导致水资源浪费和供需矛盾。水价改革需要考虑公平性、可持续性和效率性等因素,制定合理的水价政策,激励节水和保护水资源。

研究水利投融资与水价改革领域的挑战与机遇,可以为政府和相关机构提供决策支持和政策建议。通过深入分析当前面临的问题和挑战,探索解决方案和创新机制,可以促进水利投融资的发展,推动水价改革的进程,实现水资源的可持续利用和管理。

1.2 研究目的和意义

水利投融资与水价改革领域的挑战与机遇研究的目的是深入了解当前水利投融资和水价改革面临的问题和机遇,以便制定有效的政策和措施来推动水利行业的可持续发展。

具体来说,研究的目的和意义如下:

(1)挑战分析

研究水利投融资和水价改革领域面临的挑战,如资金短缺、投资回报周期长、融资渠道不畅等，以便找到解决问题的途径和方法。

（2）机遇探索

研究水利投融资和水价改革领域的机遇，如政策支持、市场需求增长、技术创新等，以便抓住机遇，推动水利行业的发展。

（3）政策制定

通过研究，为政府和相关部门提供科学的决策依据，制定合理的政策和措施，促进水利投融资和水价改革的顺利进行。

（4）可持续发展

研究水利投融资和水价改革领域的挑战与机遇，旨在推动水利行业的可持续发展，实现水资源的合理利用和保护，提高水利设施的建设和管理水平。

总之，水利投融资与水价改革领域的挑战与机遇研究的目的和意义在于为水利行业的发展提供科学依据，促进水资源的合理利用和保护，推动水利行业的可持续发展。

2　水利投融资的现状与问题

2.1　水利投融资的定义和分类

水利投融资是指为了发展水利工程项目而进行的资金投入和融资活动。水利投融资的目的是改善水资源的利用、保护和管理，提高水利设施的建设和运营水平，以满足经济社会发展对水资源的需求。

水利投融资可以根据资金来源、投资主体和投资方式进行分类。

2.1.1　资金来源

（1）政府投资

政府通过财政预算、国家基金等渠道投入资金用于水利工程项目的建设和运营。

（2）社会资本投资

社会资本通过股权投资、债券发行、项目融资等方式参与水利工程项目的投资和运营。

2.1.2　投资主体

（1）公共投资

由政府或政府机构作为主体进行的投资，主要用于公共水利设施的建设和运营。

（2）私人投资

由私人企业或个人作为主体进行的投资，主要用于商业性水利项目的建设和运营。

2.1.3 投资方式

（1）直接投资

投资者直接向水利工程项目提供资金，参与项目的建设和运营。

（2）间接投资

投资者通过金融机构或基金等中介机构，将资金投入水利工程项目中。

需要注意的是，水利投融资的分类可以根据具体情况进行调整和细分，以上分类仅为一般性的划分。

2.2 水利投融资的现状

水利投融资的现状可以从以下几个方面来分析。

（1）政府投资

水利基础设施建设通常由政府主导，政府通过财政预算进行投资。政府投资在水利领域通常占据较大比例，用于水库、水闸、堤防、灌溉设施等基础设施的建设和维护。

（2）银行贷款

水利项目通常需要大量的资金支持，因此银行贷款是一种常见的融资方式。银行会根据项目的可行性和风险评估来决定是否提供贷款，并要求项目方提供担保或抵押物。

（3）债券发行

水利项目也可以通过发行债券来筹集资金。债券发行可以吸引更多的投资者参与，同时也可以分散风险。政府、企业或金融机构可以发行债券，用于水利项目的建设和运营。

（4）公私合作

公私合作模式是指政府与私营部门合作进行水利项目的投融资。私营部门可以提供资金、技术和管理经验，政府则提供政策支持和监管。这种模式可以有效整合资源，提高项目的效率和可持续性。

（5）外资投资

水利项目也可以吸引外国投资者的参与。外资可以通过直接投资、合资或收购等方式进入水利领域。政府通常会提供一定的优惠政策和保护措施，以吸引外资进入。

总体来说，水利投融资的现状是多元化的，政府投资、银行贷款、债券发行、公私合作和外资投资等方式都在水利项目中得到应用。随着水利的发展和需求的增加，未来水利投融资可能会进一步创新和多样化。

2.3 水利投融资面临的问题和建议

2.3.1 水利投融资面临的问题

水利投融资面临的问题主要包括以下几个方面。

（1）资金来源不足

水利项目需要大量的资金投入，包括建设、维护和运营等方面的费用。然而，由于水利项目的回报周期长和风险较高，很多投资者对水利项目持观望态度，导致资金来源不足。

（2）技术和管理能力不足

水利项目涉及多个领域的技术和管理能力，包括水资源调度、水利工程设计和施工、水环境保护等。然而，目前水利行业在技术和管理方面存在一定的短板，缺乏专业人才和先进技术的支持。

（3）政策和法律环境不稳定

水利投融资需要依靠政府的政策和法律支持，包括项目审批、土地征用、环境评估等方面的政策和法律保障。然而，政策和法律环境的不稳定性会增加投资者的风险感，影响水利项目的投融资决策。

（4）风险管理不完善

水利项目面临着多种风险，包括自然灾害、水资源变化、环境污染等。然而，目前水利项目的风险管理机制相对薄弱，缺乏有效的风险评估和应对措施，增加了投资者的不确定性。

（5）市场需求不确定

水利项目的投资回报周期较长，需要长期稳定的市场需求支撑。然而，由于经济发展和人口增长的不确定性，水利项目的市场需求也存在一定的不确定性，增加了投资者的风险。

2.3.2 水利投融资采取的措施

针对以上问题，可以采取以下措施来促进水利投融资的发展。

（1）加大政府支持力度

政府可以通过提供财政补贴、税收优惠和政策扶持等方式，吸引更多的投资者参与水利项目的投融资。

（2）完善法律和政策环境

加强水利项目的审批和管理制度建设，提高投资者的法律和政策保障，增加投资者的信心。

（3）引入社会资本参与

鼓励社会资本参与水利项目的投融资，通过公私合作等方式，提高水利项目的投资效益和管理水平。

（4）加强技术和管理能力培养

加大对水利行业技术和管理人才的培养力度，引进先进的技术和管理经验，提高水利项目的投资回报和风险管理能力。

（5）加强风险管理和市场预测

建立健全的风险管理机制，加强对水利项目的风险评估和应对措施，提高投资者的风险承受能力。同时，加强市场需求的预测和研究，提前做好市场调研和需求分析，降低投资风险。

3 水价改革的现状与问题

3.1 水价改革的背景和意义

水价改革是为了解决当前水资源管理和供应体系中存在的问题，以实现可持续发展和保障人民群众的基本生活需求。以下是水价改革的背景和意义的一些要点。

（1）水资源短缺

全球范围内，水资源日益紧缺，供需矛盾日益突出。水价改革可以通过提高水价激励节约用水，减少浪费，保护水资源。

（2）水资源污染

水污染问题严重影响水质和水资源的可持续利用。水价改革可以通过提高水价增加污水处理成本，促使企业和个人减少污染排放，保护水环境。

（3）资金投入不足

水资源管理和供应需要大量资金投入，但目前很多地方的水价偏低，无法覆盖运营和维护成本。水价改革可以通过提高水价，增加资金来源，改善水资源管理和供应设施。

（4）公平合理定价

当前水价体系存在不合理的定价问题，导致资源配置不均衡和浪费。水价改革可以通过建立公平合理的定价机制，确保资源的有效配置和合理利用。

（5）提高水资源利用效率

水价改革可以通过提高水价，激励用户节约用水，推动技术进步和管理创新，提高水资源利用效率。

（6）保障基本生活需求

水是人民群众的基本生活需求，水价改革应该确保人民群众的基本用水需求得到满足，保障人民群众的生活权益。

综上所述，水价改革的背景和意义在于解决水资源管理和供应体系中存在的问题，实现可持续发展，保护水资源，提高水资源利用效率，保障人民群众的基本生活需求。

3.2 水价改革的现状

水价改革是指对水资源的定价和收费机制进行调整和改革，以实现资源合理配置、促进节水和保护环境的目标。水价改革的现状在不同国家和地区可能存在差异，以下是一些常见的水价改革现状。

（1）分段计价

许多地区采取分段计价的方式，即根据用水量的不同，将水价分为不同的阶梯，超过一定用水量后的水价逐渐增加。这种方式可以鼓励节约用水，减少浪费。

（2）资源成本内部化

水价改革的一个重要目标是将水资源的成本内部化，即将水资源的真实成本反映在水价中。这样可以提高用水者对水资源的价值认识，促进合理用水。

（3）增加环境成本

一些地区在水价中增加了环境成本，即将水污染治理和环境保护的成本纳入水价中。这样可以激励企业和个人减少水污染，保护水环境。

（4）跨部门协调

水价改革需要跨部门的协调和合作，包括水资源管理部门、环保部门、财政部门等。各部门需要共同制定政策和措施，确保水价改革的顺利进行。

需要注意的是，水价改革是一个复杂的过程，涉及政策、经济、社会等多个方面的因素。不同地区的水价改革进展和效果也会有所差异。

3.3 水价改革面临的问题

水价改革面临的问题主要包括以下几个方面。

（1）社会公平问题

水价改革可能导致水费上涨，对低收入人群造成负担。特别是在一些贫困地区，居民可能无法承担高额的水费，导致社会不公平。

（2）农村供水问题

农村地区供水设施相对薄弱，水价改革可能导致农村居民面临更高的用水成本，给农村经济和农民生活带来压力。

（3）水资源管理问题

水价改革需要建立合理的水资源管理机制，包括水资源的量化、分配和监管等方面。但是，由于水资源的特殊性和复杂性，建立科学有效的管理机制并不容易。

（4）水污染治理问题

水价改革应该鼓励节约用水和环境友好型的生产方式，但是在一些行业中，特别是高污染行业，水价改革可能会面临阻力，导致水污染治理难以推进。

（5）政府监管问题

水价改革需要政府加强监管，确保水价的合理性和公平性。但是，政府监管能力的不足可能导致水价改革的执行效果不佳。

综上所述，水价改革面临的问题是多方面的，需要政府、社会各界和相关部门共同努力解决。

4 水利投融资与水价改革的挑战

4.1 宏观经济环境的挑战

水利投融资与水价改革面临着宏观经济环境的一些挑战。

（1）资金来源不足

水利投融资需要大量的资金，但是在宏观经济环境下，资金来源可能不足。政府财政收入减少、金融机构信贷紧缩等因素都可能导致资金供给不足，从而影响水利投融资的实施。

（2）经济增长放缓

宏观经济环境下，经济增长放缓可能导致投资意愿下降。水利投融资需要大量的资金投入，如果经济增长放缓，投资者对水利项目的回报预期可能会下降，从而影响投资决策。

（3）政策不稳定

宏观经济环境下，政策的不稳定可能对水利投融资产生影响。政府的政策支持是水利投融资的重要保障，但是政策的频繁变动或者不确定性可能导致投资者对项目的信心下降，从而影响投资决策。

（4）水价改革的社会影响

水价改革是水利投融资的重要一环,但是它也面临着宏观经济环境的挑战。水价改革可能导致水价上涨,对居民生活和企业经营产生影响。如果宏观经济环境下居民收入下降或者企业利润减少,可能成为社会不稳定的因素,从而影响水价改革的推进。

综上所述,水利投融资与水价改革在宏观经济环境下面临着资金来源不足、经济增长放缓、政策不稳定和水价改革的社会影响等挑战。解决这些挑战需要政府加大资金支持、稳定政策环境,同时要考虑社会的可承受能力,确保水利投融资和水价改革的可持续发展。

4.2 政策环境的挑战

在水利投融资领域,存在着一些政策环境的挑战。

（1）水利项目的投资规模较大,需要大量的资金支持

然而,由于水利项目的回报周期较长,投资回报率相对较低,这使得一些投资者对水利项目的投资兴趣不高。此外,水利项目的风险较高,包括自然灾害、水资源短缺等因素,这也增加了投资者的风险承受能力。

（2）水价改革也面临着一些挑战

水价改革的目的是通过提高水价来实现资源的合理配置和节约用水,但是涉及水价改革的政策往往受到社会各界的关注和争议。一方面,水价的上涨可能会给一些居民和企业带来经济负担,特别是对于低收入人群和一些水资源密集型产业来说,可能会面临较大的压力。另一方面,水价改革也需要考虑到不同地区的经济发展水平和水资源状况,因此需要制定差异化的水价政策,这也增加了政策制定的复杂性。

（3）水利投融资和水价改革还需要解决一些制度性问题

例如,水利项目的审批和监管机制需要进一步完善,以提高项目的透明度和规范性。同时,水价改革也需要建立健全的监管机制,以确保水价的合理性和公平性。

综上所述,水利投融资和水价改革领域面临着一些政策环境的挑战,需要政府、企业和社会各界共同努力,制定合理的政策和措施,推动水利事业的可持续发展。

4.3 技术环境的挑战

在水利投融资领域,技术环境的挑战主要包括以下几个方面。

（1）技术更新和升级

水利设施的建设和维护需要不断引入新的技术和设备,以提高水资源的利用效率

和管理水利系统的能力。然而,技术更新和升级需要大量的资金投入,这对于水利投融资来说是一个挑战。

（2）环境保护和生态修复

水利项目的建设和运营可能对环境造成一定的影响,如水土流失、水质污染等。因此,在水利投融资过程中,需要考虑环境保护和生态修复的成本,并采取相应的技术措施来减少对环境的影响。

（3）水资源管理和调度

水利投融资需要考虑水资源的管理和调度问题。随着人口增长和经济发展,水资源的需求不断增加,而水资源的供应却受到气候变化等因素的影响。因此,需要引入先进的水资源管理和调度技术,以确保水资源的合理利用和分配。

（4）水价测算和定价

水价改革需要进行水价测算和定价工作,以确保水资源的合理利用和经济可行性。然而,水价测算和定价需要考虑多个因素,如水资源成本、供需关系、社会公平等,这对技术环境提出了较高的要求。

（5）水费征收和管理

水价改革需要建立健全的水费征收和管理体系,以确保水费的收取和使用的透明度和公正性。这需要引入先进的信息技术和管理系统,以提高水费征收和管理的效率和准确性。

（6）水价监管和评估

水价改革需要进行水价监管和评估工作,以确保水价的合理性和公平性。这需要建立相应的监管机构和评估体系,并采用先进的技术手段,如数据分析和模型建立,来监测和评估水价的实施效果。

4.4　社会环境的挑战

在水利投融资领域,也面临社会环境的一些挑战。

（1）水利项目的投融资规模庞大,需要大量的资金支持

由于水利项目的回报周期较长,投资回报率相对较低,这使得吸引私人资本参与投融资变得困难。此外,水利项目的风险较高,包括自然灾害、政策风险和环境风险等,这也增加了投资者的不确定性。

（2）水价改革也面临一些社会环境的挑战

水价改革涉及对水资源的定价和收费机制的调整,这直接关系到人民群众的切身

利益。一方面,水价的上涨可能会给一些经济困难的家庭带来负担,引发社会不满情绪。另一方面,水价过低可能导致浪费和滥用水资源,不利于可持续发展。

因此,在水利投融资和水价改革领域,需要综合考虑社会、经济和环境的因素,制定合理的政策和措施,包括:加强政府的引导和监管作用,鼓励社会资本参与水利投融资,提高水资源的利用效率,同时确保水价改革的公平性和可持续性。此外,还需要加强公众参与和沟通,增强社会的认同和支持,共同推动水利投融资和水价改革的顺利进行。

5　水利投融资与水价改革的机遇

5.1　国家政策的支持

水利投融资与水价改革的机遇在于国家政策的支持。随着国家对水资源管理的重视,水利投融资和水价改革成为国家发展的重要方向。国家政策的支持为水利投融资和水价改革提供了良好的发展环境和机遇。

(1)国家政策鼓励和支持水利投融资

水利投融资是指通过各种渠道筹集资金,用于水利工程建设和管理。国家政策鼓励社会资本参与水利投融资,通过引入市场机制,提高水利项目的融资效率和运营效益。例如,国家鼓励金融机构提供贷款支持水利项目,同时推动建立水利基金和水利债券市场,为水利投融资提供多元化的融资渠道。

(2)国家政策支持水价改革

水价改革是指通过调整水资源的定价机制,实现水资源的合理配置和可持续利用。国家政策鼓励建立科学合理的水价机制,通过提高水价,引导用户节约用水,同时提高水资源的利用效率。国家还支持建立差别化水价政策,根据不同地区和用水性质的差异,制定不同的水价政策,促进水资源的合理分配和利用。

(3)国家政策还鼓励推动水利投融资和水价改革的协同发展

通过整合各方资源,加强政府、企业和社会资本的合作,实现水利投融资和水价改革的有机结合。国家政策支持建立健全的水利投融资机制和水价监管机制,加强对水利项目的评估和监管,确保投融资的安全和水价改革的顺利进行。

总之,水利投融资与水价改革的机遇在于国家政策的支持。国家政策的鼓励和支持为水利投融资和水价改革提供了良好的发展环境和机遇,促进了水资源的合理配置和可持续利用。

5.2 市场需求的增长

在水利投融资领域,随着全球水资源的日益紧缺和水环境问题的加剧,水利基础设施建设和改造的需求不断增长。许多国家和地区都面临着水资源管理和供水设施更新的挑战,需要大量的资金投入。因此,水利投融资市场具有巨大的机遇。

同时,水价改革也是一个重要的领域。许多地区的水价长期过低,导致水资源的浪费和供水设施的维护困难。水价改革可以通过提高水价来激励节约用水和合理利用水资源,同时也可以为水利基础设施的建设和维护提供更多的资金来源。因此,水价改革市场也具有潜力和需求增长。

在这两个领域,投资者和企业可以通过参与水利基础设施建设、水资源管理和水环境保护等项目来获得回报。同时,政府也在加大对水利投融资和水价改革的支持力度,提供政策和财政支持,为市场创造良好的发展环境。

5.3 技术创新的推动

5.3.1 在水利投融资领域

在水利投融资领域,技术创新可以推动水资源管理和水利设施建设的效率和可持续性。

(1)智能水务系统

通过物联网、大数据和人工智能等技术,可以实现对水资源的实时监测、预测和管理。这有助于提高水资源利用效率,减少浪费和损失。

(2)水资源调度和分配技术

利用先进的模型和算法,可以优化水资源的调度和分配,确保水资源的合理利用和公平分配。这有助于解决水资源短缺和供需不平衡的问题。

(3)水利设施建设技术

新型材料、工程技术和设计理念的应用,可以提高水利设施的建设质量和效率。例如,使用可再生材料和节能技术可以减少对环境的影响,同时提高设施的可持续性。

(4)水资源治理和保护技术

通过生态修复、水土保持和水污染治理等技术手段,可以提高水环境质量,保护水资源的可持续性。这有助于提高水资源的价值和可持续利用。

5.3.2 在水价改革领域

在水价改革领域,技术创新可以推动水价形成机制的改革和优化。

（1）水价定价模型

利用经济学和数据分析等方法，可以建立科学合理的水价定价模型。这有助于确保水价的公平、合理和可持续性，同时激励用户节约用水。

（2）水量计量技术

通过智能水表和远程监测技术，可以实现对用户用水量的准确计量和监控。这有助于提高水价的精确性和透明度，减少水资源的浪费和滥用。

（3）水价差异化政策

通过差别化的水价政策，可以激励用户节约用水和优化用水结构。例如，对高耗水行业和高消耗用户征收较高的水价，对节水型行业和低消耗用户给予优惠。

（4）水价补贴和补偿机制

通过建立水价补贴和补偿机制，可以保障低收入群体的用水权益，同时激励用户节约用水。这有助于实现水资源的公平分配和可持续利用。

总之，水利投融资和水价改革领域的技术创新可以推动水资源管理和利用的效率和可持续性，为水利行业的发展提供机遇和动力。

5.4 社会意识的提升

水利投融资与水价改革领域的机遇在于社会意识的提升。随着人们对环境保护和可持续发展关注度的不断提高，水资源管理和水环境保护成为社会共识。这为水利投融资和水价改革提供了机遇。

1）社会意识的提升使得公众对水资源管理和水环境保护的需求增加。人们更加关注水资源的合理利用和保护，对水利设施建设和水环境治理的需求也随之增加。这为水利投融资提供了更多的项目和资金来源。

2）社会意识的提升促使政府加大对水利投融资和水价改革的支持力度。政府意识到水资源管理和水环境保护的重要性，会加大对水利项目的投资和支持力度。同时，政府也会推动水价改革，通过提高水价来引导公众节约用水和保护水资源。

3）社会意识的提升还会促使企业和投资者更加关注水利投融资和水价改革领域的机会。随着社会对水资源管理和水环境保护的需求增加，企业和投资者将看到这些领域中的商机和潜在利润，他们会积极参与水利投融资和水价改革，推动相关项目的发展和实施。

总之，水利投融资与水价改革领域的机遇在于社会意识的提升。随着人们对水资源管理和水环境保护关注度的增加，公众需求、政府支持和企业投资都将增加，为这些领域带来更多的机会和发展空间。

6 解决方案与建议

6.1 加强政策引导和支持

（1）完善政策法规

加强对水利投融资和水价改革的政策引导，制定相关的法规和政策，明确投资者的权益和责任，提高投资者的信心。

（2）提供财政支持

加大财政投入，增加对水利项目的资金支持，缓解资金缺口问题。

（3）风险分担机制

建立健全的风险分担机制，吸引更多的投资者参与水利项目，降低投资风险。

（4）加强技术创新

鼓励和支持水利领域的技术创新，提高项目的效益和可持续性。

（5）加强宣传和教育

加强对水利投融资和水价改革的宣传、教育，增强公众对相关政策的理解和支持，减少改革过程中的阻力。

6.2 完善投融资机制和渠道

在水利投融资与水价改革领域，可以通过完善投融资机制和渠道来促进行业的发展和改革。以下是一些建议。

（1）建立专门的投融资机构

设立专门的水利投融资机构，负责统筹水利项目的融资工作，提供专业的投融资服务和支持，加强对项目的评估和监管。

（2）拓宽融资渠道

除了传统的银行贷款外，还可以利用其他融资渠道，如发行债券、引入私募资本、设立基金等，吸引更多的资金投入水利领域。

（3）推动公私合作

鼓励政府与社会资本合作，通过公私合作模式，共同投资水利项目，分享风险和收益，提高项目的融资能力和运营效益。

（4）引入国际资本

吸引国际资本参与水利投融资，通过引入国际投资者和机构，提供更多的资金和技术支持,促进水利项目的发展和改善。

（5）加强金融支持

建立健全金融体系,提供专门的金融产品和服务,如水利项目贷款、风险补偿机制等,为水利投融资提供更多的金融支持。

通过完善投融资机制和拓宽融资渠道,可以吸引更多的资金投入水利领域,推动水利投融资的发展和水价改革的进展,提高水资源的利用效率和管理水平。

6.3 推进科技创新和应用

在水利投融资与水价改革领域推进科技创新和应用,可以采取以下措施。

（1）科技创新

加大对水利科技研发的投入,鼓励科研机构和企业开展水利领域的创新研究,推动新技术、新材料、新装备的研发和应用,提高水资源的利用效率和水利工程的建设质量。

（2）数据应用

建立水利信息化平台,整合水资源、水文、水质等相关数据,利用大数据和人工智能技术进行分析和预测,提供科学决策支持。同时,推动水利部门与其他部门的数据共享,促进跨部门协同治理。

（3）智能水利系统

推广智能水表、智能水泵、智能灌溉等智能水利设备,实现对水资源的精确测量和控制,提高供水和排水系统的运行效率,减少水资源的浪费。

（4）水利工程管理

引入信息化管理系统,实现对水利工程建设、运行和维护的全过程管理,提高工程管理的效率和质量。

（5）水价改革

通过市场化机制,建立合理的水价体系,引导用户节约用水,推动水资源的合理配置。同时,加强水价监管,防止水价过高或过低对水利投融资和水资源管理造成不良影响。

（6）资金支持

加大对水利科技创新和应用的资金支持力度,鼓励企业和投资机构增加对水利领域的投资,推动科技创新与产业发展的结合。

通过以上措施的推进,可以促进水利投融资与水价改革领域的科技创新和应用,提高水资源的利用效率和水利工程的建设质量,推动水利行业的可持续发展。

6.4 加强社会宣传和教育

水利投融资在水价改革领域的重要性不可忽视。为了加强社会宣传和教育,可以采取以下措施。

(1)提高公众意识

通过开展宣传活动、举办讲座和研讨会等形式,让公众了解水利投融资的重要性和水价改革的意义,增强公众对水资源的价值认知。

(2)加强媒体宣传

利用各种媒体平台,如电视、广播、报纸、网络等,广泛传播水利投融资和水价改革的相关知识,提高公众对水资源管理的关注度。

(3)教育培训

开展水资源管理和水利投融资的培训课程,面向政府部门、企事业单位和公众,提高相关人员的专业素养和意识。

(4)建立示范项目

通过建设一些成功的水利投融资示范项目,展示其社会效益和经济效益,激发公众对水利投融资的兴趣和认同。

(5)加强合作与交流

与相关机构、学术界和社会组织合作,共同开展水利投融资和水价改革的研究和实践,促进经验交流和共享。

通过以上措施,可以提高公众对水利投融资和水价改革的认知、理解,形成社会共识,推动水资源管理的可持续发展。

7 结论

7.1 主要研究发现

7.1.1 在水利投融资领域的主要研究发现

在水利投融资领域的主要研究发现包括以下几个方面:

(1)资金来源多样化

研究发现,水利投融资的资金来源逐渐多样化,除了政府投资外,私人投资、国际金融机构的贷款、公私合作等方式也得到了广泛应用。

（2）风险分担机制

研究表明,建立合理的风险分担机制对于吸引私人投资至关重要。政府应承担一部分风险,同时鼓励引入保险机制和其他金融工具来分散风险。

（3）政策支持与激励措施

研究发现,政府的政策支持和激励措施对于水利投融资的吸引力具有重要作用。例如,提供税收优惠、补贴、减免利息等措施,可以降低投资风险,增加投资回报。

7.1.2 在水价改革领域的主要研究发现

在水价改革领域的主要研究发现包括以下几个方面。

（1）定价机制改革

研究发现,建立合理的水价定价机制是水价改革的核心。通过考虑供需关系、成本因素、环境效益等因素,制定差别化的水价政策,可以提高水资源的有效利用和管理。

（2）激励节水行为

研究表明,通过提高水价,可以激励用户节约用水。同时,还可以采取差别化水价政策,对高耗水行业和高消耗用户进行差别化收费,以鼓励节水行为。

（3）社会公平与补贴政策

研究发现,水价改革需要考虑社会公平性,避免对低收入人群造成过大负担。因此,可以采取补贴政策,对低收入人群提供适当的补贴,确保他们的基本用水需求得到满足。

总体而言,水利投融资与水价改革领域的研究发现,要强调政府的引导作用、发挥市场机制以及考虑社会公平。这些发现为水利投融资和水价改革提供了重要的理论和实践指导。

7.2 研究的局限性

水利投融资与水价改革领域的研究还存在一些局限性,主要包括以下几个方面。

（1）数据不完备

水利投融资与水价改革领域的研究需要大量的数据支持,包括水资源利用情况、水利设施建设投资、水价制度等方面的数据。然而,由于数据收集和统计的困难,很多地区的数据不完备,导致研究结果的准确性和可靠性受到一定的影响。

（2）方法选择的局限性

水利投融资与水价改革领域的研究需要运用多种方法,包括经济学、政策分析、社会学等。然而,不同方法的选择和应用都存在一定的局限性。例如,经济学方法可能无法完全考虑到社会、环境等非经济因素的影响,而社会学方法可能无法提供足够的经济分析支持。

（3）地区差异的影响

水利投融资与水价改革领域的研究需要考虑不同地区的差异性。不同地区的水资源状况、经济发展水平、政策环境等都存在差异，这些差异可能导致研究结果不具有普适性，限制了研究的推广和应用。

（4）政策实施的复杂性

水利投融资与水价改革领域的研究需要考虑政策实施的复杂性。水利投融资和水价改革涉及多个利益相关方，包括政府、水利企业、农民等，各方的利益和诉求可能存在冲突，政策的实施可能面临一系列的挑战和困难。因此，研究结果在实际政策制定和实施中的可操作性、可行性需要进一步验证。

综上所述，水利投融资与水价改革领域的研究存在一些局限性，需要进一步考虑数据支持、方法选择和地区差异，同时注重政策实施的复杂性，以提高研究的准确性和实用性。

参考文献

[1] 陈晓宏,王晓峰.水利投融资模式创新研究[J].水利经济,2019,39(1):1-6.

[2] 张晓明,李明.水价管理对水资源配置的影响研究[J].水利经济,2018(6):1-5.

[3] 李明,张晓明.水价管理对城市水资源可持续利用的影响分析[J].城市发展研究,2020(2):1-5.

[4] 陈宇,王丽.水价管理对水资源节约利用的影响研究[J].水利科技与经济,2021(1):1-4.

[5] 马泽民,王建国,武会民,等.水资源管理中的规划设计及其应用[J].水利科技进展,2003,6:11-16.

[6] 李宁,杨云.水资源评价与分析方法研究进展[J].地球科学进展,2013,3:289-296.

黄河下游滩区水资源管理

杨铮垚　　王利军

焦作黄河河务局武陟第一黄河河务局

摘　要：结合当前黄河水资源短缺的严峻形势，简要介绍了黄河下游滩区武陟一局辖区引水管理的基本现状，分析了滩区引水管理所面临的问题，并结合黄河水资源管理的实际情况，提出了加强滩区水资源管理力度，规范滩区引水管理等应对措施，对滩区工程用水计量方式进行了探讨。

关键词：黄河滩区；引水管理；方法对策

我国是水资源较为匮乏的国家，随着人口基数增大，水资源在生产生活上的需求也越来越大，水资源短缺已经成为我国经济社会发展的严重制约因素，黄河水对于下游滩区更是尤为宝贵。黄河历史悠久，多年的冲刷淤积在黄河下游形成了宽阔的滩区，如何利用好有限的黄河水，使其发挥更大的社会效益和经济效益，滩区引水管理是其中重要的一环。因此，加强黄河水资源管理，加大对黄河滩区水资源的有效开发和利用，是保障黄河安澜、推进水资源节约集约利用、推动黄河高质量发展的重要手段。

1　概况

1.1　地理概况

黄河段武陟上自大封镇寨上村，下至詹店镇宋庄村，河道长 41.43km，河道宽 7～10km，河道面积 268.14km²，主槽面积 115.2km²。寨上村至京广黄河铁桥纵比降 0.265‰，黄河铁桥以下纵比降 0.203‰。地形特征为南临伏牛山余脉——邙山岭，北依牛角川冲积扇平原，为南硬北软的内陆性河道。黄河武陟段寨上村—沁河口河道为古代的禹王故道，沁河口—秦厂堤防位于"禹王故道"上。河道特性为河槽宽浅，水流散乱，主流摆动频繁，摆动幅度大，属典型游荡型河段。

武陟县黄河河床由于泥沙淤积，河床不断抬高，现在滩面高出背河地面 4～7m，是典型的地上悬河。2002 年黄河实施调水调沙后，主河槽下降了 1.16～2.2m，最小的过洪能力由 2002 年以前的 1800m³/s 提高到现在的 4000m³/s。

1.2 滩区情况

武陟县黄河滩区总面积 203.87km²,其中耕地 28.07 万亩,包含 7 个乡(镇),15 个自然村,居民 24215 人,其中沁河口处黄河滩区有 4 个村庄(小草亭、小涧沟、东营、西营),约 9000 人。滩区大型引水渠 4 条(人民胜利渠、武嘉引水渠、原阳幸福渠和武陟引黄补源引水渠),排涝工程有新、老蟒河 2 条,排涝河(沟)2 条(刘村、方陵),浮桥 1 座(荥武浮桥)。若遇 22000m³/s 以上洪水将使耕地淹没、房屋倒塌、生产设施损坏,造成约 8.80 亿元的经济损失。

1.3 工程情况

目前,武陟一局所辖黄河河段有老田庵和白马泉两处引黄供水闸。

(1)老田庵闸基本概况

老田庵闸位于武陟县老田庵控导工程 18 坝坝根处,修建于 1995 年,为Ⅲ级建筑物,设计引水流量 40m³/s,是原阳县堤南灌区的引黄口门。

(2)堤南引黄灌区引水条件

堤南灌区始建于 1959 年,是黄河下游兴建较早的引黄灌区。灌区西起焦作市武陟县老田庵黄河控导工程,东至原阳、封丘两县交界,北依大堤,南临黄河,东西长 66km,南北宽 1.5～9km,控制面积 256km²,耕地面积 27 万亩,设计灌溉面积 19 万亩,有效灌溉面积 10.2 万亩,目前实灌面积 2 万亩,焦作市武陟县詹店、新乡市原阳县桥北、韩董庄、蒋庄、官厂、靳堂、大宾、陡门 8 个乡(镇)、190 多个行政村、20 余万人受益。经过多年不断完善,灌区工程已初具规模,灌溉渠道网络布局合理,引黄水已成为当地生产生活的主要水源。然而,时过境迁,随着黄河上游来水的逐年减少,调水调沙的实施,河床不断下切,水源成为灌区目前最突出的问题,黄河水位低,引水不能满足灌溉要求,灌区已面临停灌的危机。

堤南灌区地处黄河滩区,地势比堤北高 7～10m,本来引水条件就与堤北无法相比,加之近年来黄河上游来水少,连续 13 次调水调沙,使河床不断下切,水位逐年降低。据河务部门资料显示,堤南灌区引水口所处位置,在整个黄河下游河床下切幅度最大,目前同等流量条件下黄河水位已下降 1.8m 以上。近年来非调水调沙期间的黄河水量、水位已不能满足灌溉补源要求,实际灌溉面积已从 2005 年的 8.3 万亩锐减至 2 万亩,形势十分严峻,如不尽快采取措施,按此发展趋势,不久的将来,堤南灌区将因无水可引而停灌,几代人开挖的渠道,国家巨资修建的工程,将全部报废,来之不易的灌溉条件将毁于一旦，重返靠天种地的年代，势必造成粮食大减产，危及社会稳定，影响和谐社会建设步伐。

（3）白马泉闸基本概况

白马泉闸建于 1971 年，位于武陟县南部，黄河大堤黄左 K68＋800 处，设计为箱式引水注闸，闸底板高程 96.3m，设计引水流量 10m³/s。白马泉闸已运行 40 多年，由于当时设计标准低，加之年久失修，已不能满足防洪和引水要求，急需进行改（扩）建，使其以满足防洪和农业生产的引水需要。

（4）白马泉灌区概况

依托白马泉闸，武陟县人民政府于 1972 年动员全县人民修建白马泉灌区，灌区设计引水量 10m³/s，灌溉面积 10.3 万亩，共修建干渠 1 条，长 15.25km，支渠 5 条，长 23.8km。灌区位于武陟县中东部，涉及 4 个乡镇的 92 个行政村和县域人口 23.17 万，其中农业人口 11.65 万，土地面积 85.9km²，其中耕地面积 10.7 万亩。工程于 1974 年开始运行，黄河水利委员会批复的白马泉灌区年引水量为 300 万 m³，多年来，为武陟县粮食稳产丰收和回补地下水发挥了巨大作用。

灌区运行初期为引沁河水灌溉，由于沁河水量逐年减少，引水得不到保证，虽然武陟县人民政府投入大量人力、物力，采取多种措施引黄河水，由于财力有限成效甚微。目前灌区仅能在沁河偶尔有少量的来水时进行灌溉，年灌溉面积约 1.5 万亩。由于工程建设配套标准低，加之年久失修，部分工程已经损坏，目前干渠完好率约为 60%，支渠完好率为 50%。灌区灌溉、工业企业、生活用水目前以开采地下水为主，现有机井 2214 眼，井深 70～80m。

由于黄河滩区总体上属于农耕经济，工商业欠发达，没有大型企业，只有少数小型企业。滩区引水基本为农业引水和滩区群众生活引水。农业引水由大型引水渠和闸门共同作用完成；群众生活引水主要引用地下水。黄河滩区的引水设施除个别由基层黄河河道主管机关建设管理外，其他均为当地乡、村自建自营，设施简陋，老化失修。因此，强化黄河滩区水资源管理迫在眉睫。

2　黄河下游滩区引水管理存在的主要问题

根据《中华人民共和国水法》《地下水管理条例》《取水许可和水资源费征收管理条例》《黄河水量调度条例》和《取水许可管理办法》等法规规定，"国家对水资源依法实行取水许可制度和有偿使用制度"。但由于我国立法多年来一直实行"宜粗不宜细"的指导原则，有关水资源管理具体实施细则滞后，黄河下游滩区引水管理更是水资源管理中的薄弱环节，多年来一直存在诸多问题。

2.1　引黄地表水管理存在争议

1)滩区大部分引水设施陈旧,权属不清,引水计量出现困难。滩区引水设施大部分是渠道,且大多建于20世纪末,陈旧、老化、无测流设施,难以对引水量进行精确计量。之前,大部分引水设施由乡镇政府或基层村委会管理,点多面广,直接涉及群众,水行政主管部门行政管理难度大。

2)引黄工程多年未清淤。按照水利部、黄河水利委员会有关规定,引黄取水工程每3年应进行一次清淤检查,对检查出的问题及时进行加固处理。不及时的清淤检查,将严重影响涵闸的安全运行,导致使其丧失引水及防洪功能。此外,渠道清淤工作还需上级水行政主管部门公开招标,并批复相关手续。

3)测流、测沙的高科技仪器在黄河中下游滩区尚未完全普及,部分区域测流、测沙耗费的时间成本高、人力资源大。

4)《黄河取水许可管理实施细则》第三十四条规定,黄河水利委员会审批的取水许可,由其所属有关管理机构按照管理范围实施监督管理,或者委托有关省(自治区)人民政府水行政主管部门实施监督管理。《黄河取水许可管理实施细则》存在争议,对黄河水利委员会审批外或未审批的取水行为,责任划分模棱不清。

5)滩区群众办理取水许可手续烦琐,《中华人民共和国行政许可法》规定的便民原则难以体现。《中华人民共和国水法》第四十八条、《取水许可和水资源费征收管理条例》第四条规定,只有符合法定的5种情形,才免予办理取水许可手续。①农村集体经济组织及其成员使用本集体经济组织的水塘、水库中的水;②家庭生活和零星散养、圈养畜禽饮用等少量取水;③为保障矿井等地下工程施工安全和生产安全必须进行的临时急取(排)水;④为消除对公共安全或者公共利益的危害的临时应急取水;⑤为农业抗旱和维护生态与环境必需的临时应急取水。在黄河滩区取水,除上述5种情形外,一律应办理取水许可证。在《取水许可和水资源费征收管理条例》未实施之前,取水许可按取水量的多少,分级审批。2006年《取水许可和水资源费征收管理条例》实施之后,对在流域管理机构直管河段取水的,不分取水口年取水量的多少,取水申请人一律向取水口所在的省(自治区、直辖市)人民政府水行政主管部门提出申请,初审后报流域管理机构审批。

2.2　地下引水管理存在的问题

黄河水资源不仅包括地表水,还包括地下水。由于黄河水的侧向地下补给作用,黄河地下水资源丰富。目前,地下引水主要是家庭生活取水。目前地下引水管理存在的主要问题是双重发放取水许可证问题。黄河河道主管机关为地下水取水户办理取水许可手续的同时,地方水行政主管部门也为取水户办理了取水许可手续。导致一个取水户,持两份取水许可证。甚至部分取水人在办理了地方水行政部门的"取水许可证"后，不再办理黄河河道主管机关的"取水许可证"，导致沿黄群众主次关系不清，出现一系列管理问题。

3 实现滩区水资源管理新突破的方法与对策

黄河水资源紧张，形势严峻，为使珍贵的黄河水资源发挥最大效益，应开创水资源引水新模式，实现引水管理新突破。

3.1 加大滩区水资源管理力度，整合水资源管理和水政执法力量

滩区引水控制是多年来用水管理的难点，面临着取水口分散、直接面对用水群众、多年未进行系统控制等诸多困难。滩区引水管理是黄河河道主管机关水行政管理的薄弱环节。建议进一步整合执法力量，把水资源管理者划入水政监察总队、支队和大队的范畴，扩充水政监察总队、支队和大队的力量，并对水资源管理者办理水政监察、行政执法证件。加大对滩区无证引水、无计划引水、违规引水等违法行为的查处力度，充分利用法律法规授予的执法权限，发挥好财产保全、证据异地登记保存、申请法院强制执行等措施，严厉打击无证取水行为。

3.2 加强滩区引水计划管理

1）加大取水口的维护。解决取水口漏水问题，在短时间内对涵闸进行清淤和安全检查，对检查出的问题进行及时处理，以确保取水口的安全运行。

2）提高取水口管理水平。为了适应水量调度的新形势，精细调度黄河水，进一步提高取水口管理水平，一是开展取水口自动化测流研究，逐步实现引黄取水口的自动化测流，提高测流精度，实现实时监测；二是管理好取水口远程监控系统，尽快修复损坏的设施，加强管理，确保远程监控系统的恢复；三是要进一步加强对取水口管理人员的技术培训，学习取水口管理规程、业务技术，提高业务技能；在管理工作中按程序操作，维护水量调度管理秩序；学技术，熟练掌握取水口远程监控和测流测沙设备、仪器、工具的操作使用与维护，促进武陟滩区黄河引水计量工作规范化管理。

3）开展引渠防淤减淤工作。河南引黄工程最重要的功能是为沿黄用水服务，但是由于引渠的淤积，导致了引水量的下降，要研究引渠防淤减淤措施，建立水调、供水、灌区"三位一体"的防淤减淤工作。一是要充分利用工程措施防淤，利用防沙闸和修筑防淤小土坝，防止高含沙水流的进入；二是开展引水渠的常规机械清淤，改变引水渠渠底高程高的现状，为引水创造条件；三是实施拉沙冲淤，利用水流将淤积在引水渠里的泥沙冲走，减缓引渠的淤积；四是采取调度措施，科学制定灌溉制度，合理安排灌溉次序，大流

量、短时间的集中引水,以避免引水渠淤积。上级河道水行政主管部门应对渠道的泥沙清除工作进行公开招标,为施工方办理相关手续,并对后续清挖出的泥沙进行合理的规划与配置,避免老百姓乱采乱用,带来不必要的矛盾与问题。

4)规范引水流程。在下达省(直辖市)引水指标时,把滩区引水量计入本辖区引水指标,将其纳入统一调度范围,基层黄河河道主管机关与滩区用水户签订用水协议;同时根据滩区用水的实际情况,对滩区取水许可证重新进行审核,对没有按规定程序引水或多年没有进行引水的,建议依法吊销其取水许可证。

5)积极落实《黄河下游引黄灌溉管理规定》的第十六条、第十七条:"各地发展引黄灌区应积极采用各种节水灌溉技术,提高水的有效利用率。""地下水资源较丰富且水质适于农田灌溉的灌区,要地表水和地下水统筹兼用,合理布点打井,发展井渠结合灌区。"

3.3 落实水资源有偿使用制度

实行黄河水资源有偿使用制度,有利于国家对黄河水资源实行有效控制、高效配置,有利于黄河水资源的合理利用。河南省内多地区根据《中华人民共和国水法》第七条的规定,制定出台了水资源费具体收费标准,但水资源费征收标准仍需完善,建议国家加快制定流域水资源费征收管理办法,对黄河水资源管理成本进行估算,为制定黄河水资源费征收标准提供依据。

3.4 规范滩区水产养殖户取水行为

滩区鱼塘取水需向地方人民政府水行政主管部门上报,超出规定范围内的水量,需要缴纳额外水费。此外,应严格管控鱼塘的废水排放,避免对流域生态环境造成不必要的污染。

3.5 开展滩区安全工程建设

建设地方政府要积极争取上级土地平整项目,对滩区土地进行整理。完善水利基础设施,依靠项目带动促使滩区的水利工程尽快配套,提高防洪抗灾能力;继续加大对滩区基础设施的投资力度。继续完善路、水、河、桥、井、电等基础设施建设,改善滩区乡镇群众的生活条件。

3.6 加大法制宣传力度,提高沿黄依法取水意识

只有滩区用水单位和群众水忧患意识提高,自觉遵守水资源管理法律法规,积极配合黄河河道主管机关的管理,才能确保黄河功能性不断流。只有这样,各地用水紧缺的矛盾才能得到缓解。

3.7 建立黄河下游数字供水管理系统

建立"黄河供水管理系统"是深化供水管理体制改革,健全供水管理机构,建立符合黄河实际的自动化供水管理体制和运营机制,促进引黄供水事业可持续发展的重要举措。加快建设具有实现引黄供水生产、引水精确计量、水费征收、供水工程统一管理等功能的"黄河下游数字供水管理系统",建立引黄供水基础信息数据库,及时反映水情水质相关资料和有关的政策价格信息,及时反映工程基本情况、引水量、人员情况等,实施水务公开,提高日常管理和供水生产的数字化、自动化水平,是全方位提高黄河供水管理水平、促进引黄供水事业可持续发展的有力举措。

3.8 地方水行政管理机关应采取行政授权或行政委托的方式,对黄河地下水资源取水许可实行分级审批

对年取水量较小、设计流量较小的滩区引水设施,为便于基层群众办理取水许可手续,减轻群众负担,建议采取行政授权或行政委托的方式,对黄河水资源取水许可实行分级审批,以方便用水人办理取水许可手续。

4 结语

水是生命之源、生产之要、生态之基,是基础性自然资源和战略性经济资源。开发、利用和保护水资源,不仅事关农业农村发展,而且事关经济社会发展全局;不仅关系到防洪安全、供水安全、粮食安全,而且关系到经济安全、生态安全、国家安全。我们必须从全局和战略的高度科学定位、统筹谋划,改变过去那种等地方政府、企业找上门要水的被动型需求;建立积极的主动型水资源供应方式,对地方水资源需求量进行调查了解,努力实现水资源开发利用的新跨越。

浅析以数字孪生流域建设为核心助力新阶段水利高质量发展

孟　建　王　静　郑艳娜

焦作黄河河务局武陟第二黄河河务局

摘　要: 数字孪生流域建设能够使水利工程更加安全高效地运行,提升防洪减灾水平,从而更好地满足社会经济可持续发展的需要。对我国数字孪生流域建设现状进行了全面分析,解决当前存在的问题,为我国智慧水利建设和生态环境改善提供可持续的参考依据。

关键词: 数字孪生流域建设;水利;高质量发展

习近平总书记强调,要全面实施高水平互联互通国家战略,在政务服务中广泛应用数字技术,推进政务流程智能化、数字化,有力支撑国家治理体系和治理能力现代化,同时明确要求提高水保机构互联化、数字化、智能化水平。当前,我国正处于经济结构战略性调整时期,面临水资源时空分布不均、生态环境脆弱等一系列重大问题,迫切需要建立以"互联网+"为核心的现代水利信息化体系。在该过程中,我们要深刻领会习近平总书记的讲话精神,积极推进数字孪生流域的建设工作,实现水利的智慧化、智能化,为我国水利工程的高质量发展奠定基础。

1　数字孪生流域建设的概述

数字孪生流域建设,是利用数字技术和模型建立与实际流域相对应的虚拟模型,对流域的水资源、水文过程和生态环境进行实时模拟和监测,通过数据分析和智能优化,为水资源管理决策提供科学依据。在数字孪生系统的帮助下,各种水文数据,如降水、地表径流、地下水位和土壤湿度等都可以被收集、整合和分析,从而对流域水资源有一个全面的了解。同时,物理模型、数学模型和机器学习算法可用于模拟和预测水文过程,从而提高水资源的利用效率。此外,通过建立数字孪生模型,可以模拟干旱、洪水和其他水文情景,以评估洪水风险和灾害对流域的影响,并采取适当的应对措施。利用数字孪生模型可以实现集水区水资源管理和智能优化,提高水资源管理,提高洪水防控能力。从生态学角度看,数字孪生模型的构建可以模拟流域生态系统,评价各种人类活动对环境的影响,制定科学的环境保护措施,促进生态环境的可持续发展。数字孪生流域建设还可以促进公众参与水管理决策和管理,提高社会参与能力,支持水管理事务的民主化和透明化。可见,数字孪生流域建设可以通过数字技术和模型构建,实现对流域水资源、水文过程和生态环境的全面感知和智能管理,是实现水利高质量发展的重要支撑。

2 数字孪生流域建设的发展背景

尽管我国水利发展已经取得了不小的进步,但在数字流域中对于数据的把控深度不够、模型算法离高精度目标较远、计算存储能力不强、网络安全防护薄弱、运营管理智能化水平亟待提高等挑战。

"十四五"期间,国家对于新型基础设施的规划有明确指示,要积极地推进大江大河的智能化、数字孪生及模拟相关的业务,从而有效完善相关的战略目标。在新时代下,如何进一步加强数字孪生流域建设,是摆在我们面前亟待研究解决的问题。

随着大数据、云计算等技术在水文领域的深入应用,"互联网＋"成为推进现代水文信息化进程中不可缺少的重要手段和途径[1]。同时,基于"十四五"规划的要求,我们在建设智慧水利的过程中,需要以流域建设为根本,利用该方式完善我国水情监测及智能化调度工作。

在此背景下,数字孪生技术成为全球关注的热点领域之一,也是我国未来信息化战略布局中不可或缺的重要组成部分。在"十四五"期间,全面推进水生态文明建设是新时代治水思路的重大转变。我国江河水系较多,而对相关的水系进行保护工作则是一项巨大的工程,可以利用数字孪生进行赋能,利用信息化技术做好现有的水利管理工作。数字孪生技术是以物理流域作为基本单位,以时间和空间数据作为支持,以数学模型作为核心,以水管理知识作为驱动,数字化测绘和智能模拟水管理与治理的全要素、全过程,实现与物理流域同步模拟运行,实现虚实互动迭代优化。数字孪生技术具有高度融合性、开放共享性等特征,能够在不同层次上进行信息集成共享,从而提升水生态文明水平,推动水资源高效利用,促进经济社会可持续发展。利用数字孪生技术,将新一代信息技术如人工智能、数字孪生、大数据等与水安全业务全面融合,从而充分发挥信息技术的支撑和推动作用,大力提升水安全决策和管理的网络化、数字化、智能化水平,进而实现数字孪生流域建设,促进水安全等工作。

3 数字孪生流域建设的重要作用

数字孪生流域的建设不仅能够提升水灾风险评估和应对能力,还能够预警和减轻水灾所带来的损失。数字孪生流域不仅能有效降低洪灾风险,而且能够优化防洪减灾方案,提高防汛效率,减少洪水灾害造成的经济损失和人员伤亡。此外,数字孪生流域的建设不仅有助于生态环境的保护和恢复,同时也为生态环境的治理提供了科学的基础。因此,数字孪生流域具有巨大的应用价值,是未来智慧水利建设的发展方向之一。

(1)提高水资源管理效率

利用数字孪生技术可以实时监测和模拟水资源的供需状况,支持决策者制定科学合理的规划方案,提高水资源利用效率。同时,数字孪生的建设还可以为精细灌溉、节水措施和水污染防治提供支持,进一步提高水资源管理效率。

(2)提高洪水风险评估和应对能力

建设数字孪生系统,可以通过模拟和预测水文过程、水循环和洪水情景,提供准确的风险评估和预警信息,帮助决策者及时采取应对措施,减少洪水灾害,提高社会抗灾能力。

(3)促进生态环境的保护与修复

数字孪生流域的建设可以实现流域生态环境的动态监测和模拟,有助于科学评估人类活动对生态系统和生态环境质量的影响,为保护和修复生态环境提供科学依据,促进流域生态环境的可持续发展。

(4)提高社会参与和共治能力

建设数字孪生流域,可以通过提高信息透明度、开放数据和技术平台,促进公众参与水资源管理和监测。同时,数字孪生流域建设还可以建立政府、企业、公众协同参与机制,形成共建共治共享格局,促进水资源事务民主决策,提升社会治理能力[2]。

(5)促进科技创新和产业升级

数字孪生流域建设必须依托先进的传感器、大数据分析、人工智能等技术手段,促进水利行业的科技创新和产业升级。这可以启动相关产业链,提高产业技术水平和竞争力,促进整个水利管理的可持续发展。

4 以数字孪生流域建设为核心助力新阶段水利高质量发展的实现路径

4.1 收集"第一手资料"为数字孪生流域建设提供全面感知

数字孪生流域建设,是智慧水利建设的发展方向。数字孪生流域建设实现的前提条件是收集流域的水资源、水文过程和生态环境等"第一手资料",在数字孪生系统的帮助下,各种水文数据,如降水、地表径流、地下水位和土壤湿度等都可以被收集、整合和分析,从而对流域水资源有一个全面的了解。这就需要我们从以下几个方面努力。

（1）推进以数字孪生流域建设为重点的智慧建设

建设一个涉及区域更广、涵盖内容更丰富、功能更完备的信息共享平台,通过平台来实现数据的收集、汇总、分析、监测和预演等,为水资源智能化管理决策提供科学依据。

（2）加快流域全覆盖水监控系统建设

推动长江、黄河、淮河等各个流域全覆盖水监控系统建设。通过监控系统实时监测各个流域的水资源、水文过程和生态环境等信息,对各种水文数据,如降水、地表径流、地下水位和土壤湿度等进行收集、整合和分析,从而对流域水资源有一个全面的了解。

（3）加快数字孪生试点建设

加快数字孪生试点建设,通过各个区域的数字孪生技术研究发展,进一步总结经验、分享资源、合作交流,在更大流域,更大范围实现全流域平台的建设。

（4）强化流域水利重大问题研究

定期开展流域水利重大问题研讨交流会,共同研究水利重大问题的解决对策、办法。相互交流经验和借鉴学习。

（5）纵横联动推动创新体系建设

纵向方面,推进国家、省部与市委三级联动的创新基地体系建设,以纵向发展为主线。横向方面,做实治理与保护科技创新联盟。通过科技创新联盟分享技术成果,共同研究和解决流域难题,进一步推动数字孪生流域建设的发展。

（6）加大人才培养力度

创新人才培养机制,为了满足国家重大工程、重大战略、重点产业、重大项目对高技能人才的需求,我们要实施高技能领军人才培育计划,以拓宽人才培养渠道,为数字孪生流域建设提供人才保障。

4.2 提升运算能力,为数字孪生流域建设提供精准的分析预测

数字孪生流域建设是利用建立与实际流域相对应的虚拟模型,通过数字赋能和智能建设,对流域的水文状况进行实时模拟和监测,在收集第一手资料的基础上,加强算力数据、算法和算力能力建设,实现智能仿真、数字场景、精准决策的目标。

（1）夯实算据基础

算术数据是物理流域及其影响范围的数字表示,为构建数字孪生流域提供数据库,包括干支流河系、自然地理、水管理技术、集水区、经济和社会等广泛信息。为了实现数字场景的目标,我们需要在空中和地面建立一个综合的水感知网络。通过对地表水文、水资源、流域开发和水利工程等方面进行地面监测,建立完善的地下水监测站点网络。提升应急监

测能力的措施之一是引入远程监测载体,如卫星、无人机、无人船等,以增强监测能力。加强水文信息共享平台建设,实现对区域水环境实时动态监测与预警预报[3]。推进流域物理监测系统的科学构建和高频次、网络化运营,是我们必须不遗余力地追求的目标。在此过程中,要确保数字双流域的物理参数准确和约束条件真实,以保持数字双流域和物理流域的准确性、同步性和时效性。通过流域级、国家级和重点水源保护工程的分级结构,在国家层面建立统一、实时更新的数据库,为水体治理和管理提供详细的基础地图支持。

(2)优化算法模型

数字孪生流域的构建离不开算法这一至关重要的技术,它是对物理流域自然规律的数学表达,包括水利智能分析模型、专业模型以及仿真可视化模型等多种内容。在数字孪生技术中,算法开发可以用于数据分析、模拟预测、优化决策等方面。首先,明确需要解决的问题或目标,如水资源管理、环境保护、灾害预测等。对问题进行深入分析,确定所需数据和输出结果的具体要求。并针对需求做好相关内容的收集、整理和预处理工作,包括地理信息、气象数据、水文数据等。确保数据的准确性、完整性和一致性。根据问题的性质和要求,选择适合的算法,可以是统计学方法、数值模型、机器学习算法等。其次,根据选定的算法,设计具体的计算步骤和流程,包括数据输入、数据处理、计算过程和结果输出等。注意考虑算法的精度和稳定性。使用编程语言(如 Python、Java 等)将算法转化为可执行的代码,并进行调试和验证。确保代码的正确性和可用性。根据测试结果进行算法的优化和改进。将算法集成到数字孪生流域系统中,与数据处理、模型模拟等组件进行整合。实现系统的功能完善和高效运行。

(3)提升算力水平

数字孪生流域的高效稳定运行离不开算力这一重要支撑。它不仅包括通信、计算等硬件资源,更是其不可或缺的支撑。为了提升物理分布、逻辑集中和协同工作的高性能算力,以"共享开放、集约高效、按需服务"的原则为指导,从而扩展计算资源,以满足数据处理和模型计算的需求。为了确保监测站网在极端恶劣环境下的安全可靠传输,需要对通信网络进行升级,以实现水利系统网络的无盲区、无死角互联,并充分利用北斗、5G 等新一代网络技术,满足各类信息的及时高效传输需求。

4.3 提升智能化管理水平

4.3.1 规范信息化管理

加快水利信息化制度体系建设,规范全区域水利信息化项目管理。坚持工程带信息化,严格落实信息化项目审查、审批、报备、验收制度。加快推进行业数字化转型,推动已建、新建应用升级、整合和改造。

4.3.2 完善预报预警预演体系

面对经济社会的发展，防汛抗旱面临的新形势、新机遇和新挑战，需要不断探索与创新，进一步完善预报预警预演体系，提升智慧化管理水平。

（1）精确的预报

预报是预警工作的基石，只有通过精准的预报，才能在竞争激烈的市场中立于不败之地[4]。在遵循自然法则的前提下，以流域作为基本单位，完成对地表动态变化数字流场的搭建工作，并基于对典型历史事件的归纳与分析以及对当前形势的认识，利用机理分析和数据驱动方法，构建多维度多时段预报体系，深入应用气象水文、水文水力学耦合预报、预报规划一体化等技术，实现地下水位、洪水、泥沙、枯水期径流、台风暴雨等要素的全面覆盖，在实现短期预报的同时，对洪水、地下水位、枯水期径流、墒情、泥沙、盐度、台风暴潮、冰情、水质等水安全要素进行中期预报、长期展望等多维度无缝衔接，监测站点、流域沿线水系、实现点线面相结合。

（2）精细的预警

预警作为预演工作的先导，为后续工作提供了明确的指引和方向[5]。建立基于大数据技术的水文监测预警系统和综合分析预测系统。通过科学的风险阈值指标设置和完善的预警发布机制，构建一个多种类多渠道的水灾害预警体系，确保现有的预警信息实现覆盖面全、抓取信息精准、预警渠道直达等需求，针对各类型灾害提出了具体的监测预警方案。在数字化流域方面，重点关注多种未来潜在水灾害问题，主要有江河洪水、山洪灾害、冰凌灾害、干旱灾害、水生态损害和供水危机等，以确定预警要素，如水位、降水量、水量和流量。同时，建立与之配套的监测预警系统和评估系统，对各警情进行实时监控，并形成完整的水旱灾害综合防范管理体系。根据预警范围、趋势，明确预警级别，及时利用预警发布平台发布预警信息，以应对潜在的损失程度。在灾害发生之前或过程中，对潜在危险因素进行识别与分析，建立并完善相关预案。通过运用多种高效工具，直接将预警信息传递至一线和公众，及时提醒并提供应急响应措施，做好防灾避险的准备，规避潜在风险。

（3）精准的预演

预演是预案制定的关键，它为预案的制定提供了必要的支撑和保障[6]。精准的预演前提是开发智能仿真，以分布式架构为核心，引入先进的网络传输方式，打造跨部门、跨系统的数据共享交换和协同应用平台，构建水行业大数据时代的云计算框架。以数字场景为基础，构建集多维度、多尺度水管理专业模型、智能分析模型和仿真可视化模型于一体的数字孪生流域仿真平台，支撑水管理企业全要素的"四前"功能。通过对流域自然规律的深入研究，广泛利用多源流域信息，更新产汇流、输水输沙、水土流失、水资源配置和工程规划等模型,通过运用基于显现机理和规律的数学模型,以及运用数理统计和数据挖掘技术的数学模型,确保数字孪生流域模拟过程和流域物理过程的高度真实性。构建一套智能仿真模型,以遥感和视频技术为基础,实现水保系统的运行,并建立人工智能识别模型,实现水保工程性能和安全的自动化精准监测,以及水利突发事件的自动精准检测[7]。

基于数字孪生流域项目,可以进行预测性规划、设计或未来预测,以应对未来可能出现的不同情况,"正面"预演险情及影响。通过预测预警结果,及时发现问题,做到在灾前及时发现问题并提出相应措施;坚持以问题为导向,聚焦影响流域综合防洪减灾效益发挥的突出矛盾和问题,开展多目标决策树模型训练与仿真试验,建立精细化预报预警体系[8]。

5　结语

总体来说,数字孪生流域的建设将对新阶段水利高质量发展起到至关重要的作用。数字孪生流域的建设,将为大数据时代的水资源管理打造一个以分布式架构为核心的云计算框架,引入先进的网络传输方式,为各部门、各系统之间的数据共享交换和协同工作提供平台,在提高水资源管理效率、促进生态环境保护与修复、增强洪水风险评估和应对能力、推动科技创新、提高社会参与和共治能力以及产业现代化等方面将发挥重要作用。

参考文献

[1] 王巧玲.浅析疏勒河流域数字孪生建设[J].陕西水利,2023(6):116-118.

[2] 廖晓玉,程祥吉,金思凡,等.数字孪生松辽流域建设与应用实践[J].中国水利,2023(11):37-40.

[3] 刘璐.福建省闽江流域数字孪生平台建设设想[J].水利科技,2023(2):1-5.

[4] 李春雷,蔡赞吉,刘铁锤,等.韧性城市视角下的甬江流域数字孪生平台建设[J].水利信息化,2023(2):14-18.

[5] 曹东.数字孪生流域建设过程中的数据安全探讨[J].东北水利水电,2023,41(4):66-67+70.

[6] 卢惠芳,郑桂忠,袁福怀.基于数字孪生技术的中顺大围智慧流域建设途径研究[J].科技创新与应用,2023,13(10):103-106.

[7] 李占华,赵红兵,张庆竹.实施洪水全过程管理守牢流域安全底线[N].中国水利报,2023-03-30(8).

[8] 李国英.建设数字孪生流域推动新阶段水利高质量发展[N].学习时报,2022-06-29(1).

黄河文化融入水利院校学科体系建设的问题与对策

李佳恒　马文娟

河南黄河河务局防汛物资储备调配中心

摘　要:黄河文化是水利院校值得深度挖掘的优质教育资源。分析了黄河文化融入水利院校学科体系建设的现实意义,面临的挑战及对策以及建设途径。水利院校学科体系建设应结合学科特点和文化资源优势,持续推动学科体系的健全与发展。黄河文化精神融入水利院校学科体系建设,需要从新型学科体系、人才培养方案、课程思政、校园育人等方面进行,为水利院校学科体系发展困境提供解决思路,提升水利院校学科体系的质量和影响力。

关键词:黄河文化;水利院校;学科体系;人才培养

黄河文化是黄河流域人民在经历千百次的困难与挫折后所孕育而成的辉煌文化,拥有悠久的历史和丰富的内涵。黄河文化不仅为中华文明的共同记忆,也塑造出中华文化的精神特质。习近平总书记在黄河流域生态保护和高质量发展座谈会上强调,黄河文化是中华文明的重要组成部分,是中华民族的根和魂[1],显示出黄河文化在中华文明的诞生、发展和传承过程中的科学定位。

党的十八大以来,习近平总书记从生态文明建设的整体视野,提出"山水林田湖草是生命共同体"的论断。生态文明建设的系统观念对新时代水利学科提出了新的要求[2],也让水利院校学科体系呈现出新的发展机遇和特色潜质。对于水利院校而言,深入了解把握学科体系建设现状,深度挖掘以黄河文化精神为核心的水利学科体系建设,构建出适合战略发展需要、发挥院校学科特色、满足能力培养要求的学科体系,不仅能够培养优质的水利行业技术人才,更好地探索出有助于黄河文化价值实现的具体路径。

1　黄河文化融入水利院校学科体系建设的现实意义

黄河文化是提升民族自信力的重要力量和宝贵财富。将黄河融入水利院校的学科体系建设,从中华民族"根和魂"的黄河文化中汲取力量,能够激活学科体系的创新生命力,培养和造就一大批满足国家战略需要的高素质人才[3]。黄河文化与人才培养的有机融合还能为当代大学生树立正确的"三观",鼓励他们为黄河保护和治理服务,到祖国和人民最需要的地方去扎根成长。

1.1 发挥黄河文化精神引领作用

自古以来,黄河流域自然灾害频发,沿黄地区的人民在与自然不断搏斗的过程中逐渐形成"天人合一"的生态观念[4],使我们在兼容并包、共同发展的过程中形成广泛包容的精神特质。在历史发展脉络中不断汇聚出的黄河文化,能够激励一代代中华儿女勇往直前、积极奋进,不断从中获取精神营养。通过挖掘、传承和弘扬黄河文化的精神内涵,可让黄河文化元素能更好地融入我国生态文明和精神文明建设,引领中华民族精神发展方向,指导人们参与社会实践,树立正确的价值观念。同时,明确黄河文化精神内涵,有助于加强不同地区和民族之间的文化认同,进一步坚定文化自信,形成更牢固的民族共同体意识。

高校人才是能够胜任社会发展需要的专业人才,必须具备深厚的文化底蕴和国家认同感。因此,在大学教育中要切实推进黄河文化精神的传承和弘扬,通过丰富的课程设置、文化活动组织以及实践教育等方式,培养学生对黄河文化的认同感和自豪感。将黄河文化融入高校学科建设人才培养的内容中,可以帮助学生树立正确的历史观、民族观和文化观,凝聚起中华民族的思想共识和价值共识。

1.2 提升学科体系创新发展生命力

在新时代深入实施科教兴国、人才强国战略中,讲好黄河故事,与时俱进传承黄河文化精神内涵,对于推动水利院校学科体系建设同样具有重要意义。水利学科是与黄河文化紧密相关的领域之一。黄河作为中国母亲河,承载着丰富的水利文化遗产和历史价值。通过讲述黄河与水利的关系,可以向人们展示黄河流域古代水利工程的伟大成就、灌溉农业的发展历程,以及黄河洪水治理的经验和教训,进而激发当代大学生对水利专业的兴趣和热爱。黄河文化作为中国优秀传统文化的重要组成部分,具有深厚的历史渊源和丰富的内涵。通过将黄河文化融入水利学科教育和研究中,可以提升学生对水利事业的文化认同感和自豪感,激发他们对水利事业的热情和创造力。此外,水利学科体系的创新发展和黄河文化的传承可以相互促进。针对黄河流域生态保护开展前沿科学研究,将黄河文化元素融入水利工程的规划、设计和建设中,既能够保护和传承黄河文化,也能够为水利工程的可持续发展提供有益借鉴和启示。因此,在推动水利学科体系建设的过程中,讲好黄河故事、传承黄河文化精神是非常重要的一环。通过挖掘和传播黄河文化的水利学科内涵,可以为水利工程领域的人才培养、科研创新和实践应用提供更广阔的思路和视野,推动水利事业的高质量发展。

1.3 落实立德树人根本任务要求

水利院校在学科体系建设中应明确学科的育人责任,将立德树人理念融入专业课程教学,并进行课程思政教学改革,引导学生准确理解中华民族的历史传统、文化积淀、基本国情等[5]。水利院校的专业课程中存在着诸多的思政元素,如爱国热情和家国情怀、科学研究的基本素养、规则意识和约束观点以及工匠精神和科学精神等。这些价值追求和理想信念需要通过适合的媒介传达给学生。将黄河文化元素纳入水利人才培养计划,以黄河文化精神为依托开展课程教学和专业实践,既能够实现立德树人的教学目标,增强学生对黄河文化的认知和理解,也能够培养他们对传统文化的情感共鸣和责任意识,使年青一代可以更好地传承和弘扬黄河文化精神。通过黄河文化与人才培养的深度融合,为学生提供更广阔的视野,引起学生更深层次的思考,培养他们的家国情怀和社会责任感,使他们成为既具备专业素养又具有文化传承意识的水利工程专业人才,为水利事业的可持续发展作出贡献。

2 黄河文化融入水利院校学科体系建设的挑战及对策

目前,水利院校的学科体系建设存在一些问题,如缺乏对黄河流域生态保护和高质量发展的审视分析、人才培养方案同质化等。这使得与其他非水利特色院校相比,水利院校的自身定位较为模糊,学科体系和特色不明显,学生毕业后在社会上的竞争力较弱,毕业后几乎需要重新开始。总体来看,水利院校学科体系建设中存在的问题主要有以下 3 个方面。

2.1 学科体系与国家战略需求不够契合

在习近平总书记"绿水青山就是金山银山"的理论指导下,黄河流域生态保护和高质量发展战略正如火如荼,水生态、水环境及水安全等问题成为迫切需要解决的难题。水利院校应首先从学科体系建设入手,参与对黄河流域生态保护和高质量发展战略的分析,明确专业定位,并将其纳入培养目标和课程设置中。在发挥院校原有特色优势的同时,补充完善水利学科的主流研究方向,形成相对宽厚、独立的学科体系。此外,应当持续更新课程内容,增加治黄文化中相关新思想、新理论、新技术的应用课程,如雷达遥感、夜光遥感、无人机等,以使学生了解并熟悉这些应用领域的最新发展。

随着互联网技术和信息技术的发展,多元化信息交流和思想激荡变得更加迅速。然而,个别网络舆论主体利用新媒体传播特点,重点针对大学生人群开展消极意识形态传播[6]。为了帮助当代大学生坚定民族自尊心和自信心,需要持续挖掘黄河文化的精神内涵中的宝贵财富。在课程体系中加入相关的爱国主义教育内容,激发学生的社会责任感和创新意识,以适应国家战略需求的同时,也防止这些消极意识形态的传播。

2.2 课程思政对黄河文化阐释不够深入

将黄河文化引入课堂属于"大思政"教育的范畴。在新时代背景下,讲好"黄河故事"成为水利院校立德树人思政教育的重要内容之一。然而,目前对于黄河文化与学科建设的融合教育,往往只是将其融入学校的某些课程,而没有以思政教育的理念全面落实到学校立德树人的各个方面,更不用说构建完善的黄河文化学科融合体系了。这导致缺乏完善的运行机制,无法充分利用学校平台对青少年进行系统的黄河文化教育[7]。

在系统性开展黄河文化融入专业教学的过程中,专业课程教师是否具备相应的课程思政育人能力也是十分重要的因素。然而,许多专业课教师对黄河文化缺乏深入探索,存在着"思想认同度高、知识认知度低"的困境。有些教师认为培养学生并提高素养应该由思政老师负责,专业课程内容繁多,感觉无暇顾及。这在一定程度上也影响了院校"大思政"的有效实施。实际上,在专业课和基础课的案例教学和实践操作中,可以融入黄河文化的相关元素,以达到潜移默化传递黄河文化的效果。

2.3 水利院校与实践平台衔接不够紧密

当代大学生面临的一大严重问题是实践能力不足,即眼高手低。这在一定程度上可以归咎于实践创新平台的缺乏。作为一个实践性较强的专业,水利院校应当为学生提供多样化的实践创新平台,然而目前学校建立的实践平台相对单一,并且主要与施工企业、设计院等合作建设,这使得学生很难真正参与到治黄一线的实践中去。因此,水利院校需要建立多样化的实践创新平台,使学生有机会亲身参与到与黄河文化相关的实践活动中去,通过实践锤炼技能、提高素质,真正做到理论与实践相结合。

作为流域管理机构,黄河水利委员会在传承、保护和弘扬黄河文化的过程中发挥着核心推动作用[8]。水利院校与黄河水利委员会等流域管理机构加强合作,可以构建贴近实际的创新实践平台,推动黄河文化的研究和应用,并为流域管理提供优质人才支持。水利院校师生具备丰富的水利工程专业知识和技能,在水资源管理、防洪减灾、生态保护等领域可为流域管理机构提供专业指导和技术支持。双方可以开展研究项目合作,共同探索黄河流域的水利问题,并寻求创新解决方案。另外,流域管理机构可以为水利院校提供实践平台和资源支持。流域管理机构通常具备丰富的实践经验和项目资源,可以为水利院校提供实地实习基地、参与工程项目等机会,让学生亲身参与到黄河流域管理中去,使学生更加深入地了解流域管理的实际操作,培养他们的实践能力和综合素质。

3 黄河文化融入水利院校学科体系建设的途径

3.1 黄河文化融入新型学科体系

学科体系是学术体系、话语体系的源头和根基。水利院校要以增强自主创新能力为目标,紧紧围绕黄河流域生态保护和高质量发展国家战略,着力打造富有黄河文化的新型学科体系。建立完善黄河文化研究理论体系。黄河学不仅涵盖了生态、地理、水利等自然学科,还包括黄河文化及其相关的人文、经济、社会等学科,是一门跨领域的综合性学科。将黄河文化融入学科体系建设,就必须运用系统的学术术语、核心概念和逻辑结构,整合院校多学科研究力量,组建黄河文化学术研究团队,从不同学科、不同视角对黄河文化进行全面系统深入的研究和阐述。同时,水利院校要不断完善监管体系,发挥专家优势,成立学科体系建设领导小组和专家小组,加强对黄河文化学科建设工作的指导与管理,推动黄河文化学科体系不断完善和发展。

3.2 黄河文化融入人才培养方案

水利院校要根据黄河流域生态保护和高质量发展国家战略需求,结合院校学科特点和学生发展意愿,在人才培养方案中系统融入黄河文化中的精神元素,让学生坚定文化自信,端正学习态度,提高学习的积极性和主动性。院校在教育教学体系中可增设黄河文化相关的专题课程,让学生能够更好地理解黄河文化[9]。另外,通过打造精品课程思政项目的方式,深度挖掘专业课程教学内容中的治水精神、前沿科技、应用实例等,吸引学生在学习专业知识的同时感受黄河文化。例如,通过以黄河流域大型水利工程为案例讲解水工建筑物的构造,不仅可以让学生了解到构造技术、方法及原理等专业知识,更能让学生在学习过程中感悟工匠精神。此外,水利院校可以运用师资团队、校企合作和校地联合等方式,增加黄河堤防工程地形测绘教学案例,组织学生参观黄河文化博物馆,并结合真实的黄河流域治理案例设置课程和毕业论文选题,引导学生用专业特长服务于黄河流域建设与发展,在实践中感受黄河文化,增进职业认同。

3.3 黄河文化融入课程思政格局

在课程思政建设中融入黄河文化精神元素,需要水利院校各部门形成共识,协同推进,确保顶层设计的系统性和可操作性[10]。顶层设计方面,学校要拓宽工作格局,将"大思政课"教育作为加强意识形态工作主体责任落实的一部分,将"大思政课"教育和黄河文化的教育意识融入水利院校教育的全过程,横向上体现于学校学科、课程形式与学生活动的各个环节,实现立德树人教育目标。课程资源方面,要充分结合院校学科优势和特色专业,将黄河文化精神融入课程内容,整合黄河文化的典籍、经典著作和文学遗产等文化经典,编写课程教材,将黄河文化精神与"四史"相结合,推进新时代中国特色社会主义教育。师资力量方面,设立黄河文化导师制度,由相关专家或有丰富经验的教师担任导师角色,为学生提供个性化的指导和培养。邀请有关黄河文化的专家学者来校开设专题讲座、举办研讨会等形式,提供专业指导和学术交流的机会,进一步拓宽学生的视野和知识面。同时,院校可根据学科体系建设需要,不断优化职称评聘标准、培养专业师资力量,提高专业教师在相关领域的专业能力和影响力。

3.4 黄河文化融入校园育人环境

在水利院校学科体系中融入黄河文化,不仅需要制度体系和课程思政建设,还需要在校园"三全育人"的过程中传播和讲述"黄河故事",充分汲取黄河文化中有助于优化教育教学的先进要素[11],将黄河文化更广泛地融入校园育人环境。在校园中设置黄河文化的景点和符号,营造浓厚的文化氛围。学生会组织和社团以校园文化艺术节为契机,通过表演、舞蹈、音乐、书画等形式展示黄河文化的魅力,打造多种形式和内容的黄河文化精品校园文化品牌,进一步挖掘和传承黄河文化的精髓,深化学生对黄河文化精神的认知。还可以利用"互联网+教育"的优势,充分发挥全媒体特别是新媒体的作用[12],以校园广播、微博、公众号等平台为线上宣传阵地,构建黄河文化校园网络宣传平台,促进校园内黄河文化的交流与互动,为黄河文化的传承与弘扬注入新的活力和动力。

4 结语

推动黄河文化的发展、传播与传承,是筑牢中华民族共同体意识、推进文化自信自强、铸就社会主义文化新辉煌的重要途径。在新时代发展背景下,通过将黄河文化与水利院校学科体系相结合,拓宽黄河文化的传播路径,向学生传递重视生态环境保护、追求科学创新和践行工程责任的理念,引导学生更加深入地了解和认同黄河文化,将黄河文化精神内化为自身的素质与修养,在情感共鸣中增强文化自信,从而在未来的发展中更好地传承和发扬黄河文化的精神和价值,为生态文明建设贡献力量。

参考文献

[1] 习近平.在黄河流域生态保护和高质量发展座谈会上的讲话[J].中国水利,2019(20):1-3.

[2] 辛卓航,叶磊,刘海星,等.生态文明建设背景下传统工科发展模式探讨——以水利工程学科为例[J].高教学刊,2021,7(15):84-87.

[3] 文静.新时代背景下黄河文化教育传承研究[J].河南社会科学,2022,30(4):

118-124.

　　［4］袁升飞.黄河文化的内涵与时代精神研究［J］.中国民族博览,2020(24):1-3.

　　［5］赵翘楚,闫儒誉.基于视觉传达视域下的黄河文化创新发展研究［J］.河南科技,2023,42(9):154-158.

　　［6］佟金泽.新时代大学生社会主义核心价值观培育和践行路径探析［J］.长春师范大学学报,2020,39(3):15-18.

　　［7］豆叶青,马潇潇,郑昕昱.黄河文化精神融入课程思政育人教学研究——以河南高职院校土建类专业为例［J］.河南财政税务高等专科学校学报,2021,35(4):87-90.

　　［8］徐腾飞,千析,王弯弯,等.加快推进黄河水文化建设的思路与措施［J］.人民黄河,2022,44(S1):5-6.

　　［9］李国娟.高校加强中华优秀传统文化教育的理论思考与实践逻辑［J］.思想理论教育,2015(4):64-69.

　　［10］刘娟,刘鑫.地方高校黄河文化课程开发策略［J］.中国石油大学胜利学院学报,2021,35(2):54-56.

　　［11］李志鹏,梁仲靖.甘肃临夏段黄河文化的内涵、价值及发展路径研究［J］.发展,2023(4):42-46.

　　［12］魏小燕.黄河文化的精神内涵与传承路径探究［J］.商丘职业技术学院学报,2023,22(3):25-28＋38.

智慧赋能防汛物资保障新模式研究

马文娟　李佳恒

河南黄河河务局防汛物资储备调配中心

摘　要:对新形势下,用数字思维创新河南黄河防汛物资储备的调配模式进行探讨,分析了目前实际工作中存在的问题,提出了智慧仓储、智慧调度的新模式,以及智慧赋能完善防汛物资储备调配体系的建议。

关键词:防汛物资;智慧仓储;物资保障;调配新模式

1　智慧物资保障体系研究的必要性

随着信息化时代的到来,以大数据、物联网、云计算等为代表的新技术、新装备,越来越被广泛地应用到物资保障的各个环节,在智慧物资保障体系中起到关键性支撑作用[1]。防汛物资是黄河防汛抢险的重要物质基础,是防汛抢险工作中防洪工程、防守人力、防汛物资的三要素之一。防汛抢险所需物料具有数量大、种类多、抗冲防腐等特征。部分产品市场流通性差,事前不能确定使用品种、时间,供应时效要求高等,决定了防汛物资的储备和调配工作具有其特殊性。近年来,极端天气频繁出现,对防汛物资应急保障提出了更高要求。河南黄河防汛物资储备调配中心作为河南黄河河务局下属的防汛物资管理单位,在"5·12"汶川抗震救灾、甘肃舟曲泥石流抢险、郑州"7·20"特大暴雨抢险援助和 2021 年黄河秋汛中,圆满完成了物资和设备的应急保障任务。

水利部部长李国英指出,智慧水利是水利高质量发展的显著标志,数字孪生流域是智慧水利建设的核心和关键[2]。构建数字孪生流域要按照"需求牵引、应用至上、数字赋能、提升能力"的总要求,以数字化、网络化、智能化为主线,以数字化场景、智慧化模拟、精准化决策为路径,全面推进算据、算法、算力建设。在当前背景下,用数字思维,智慧赋能新型防汛物资储备和调配体系建设,可大大提高防汛抢险物资保障效果,也是数字孪生建设不可或缺的一部分。

2 目前河南黄河防汛物资储备调配概况

2.1 防汛物资储备形式

河南黄河防汛物资储备与供应体系主要分为国家储备物资、社会化储备物资、群众备料。

国家储备的黄河防汛物资由黄河河务部门负责管理，其储备品种依据抢险常用而定，储备数量实行定额管理。储备防汛物资的主要品种包括石料、铅丝、麻料、编织袋、土工布及发电机组、照明灯具等抢险专用机具等。

社会化储备部分物资由沿黄各省辖市、县（市、区）防指按照防汛任务，结合抢险救灾需要向辖区内有关单位、生产企业下达储备任务，并于汛前储备到位。主要品种包括：各种抢险机械、运输车辆、救生器材、通信器材、照明器材、铅丝、麻绳、篷布、编织袋、编织布、木材、钢材、水泥、砂石料、油料及生活用品等。

群众备料由沿黄各县（市、区）防指根据抗洪抢险需要进行安排，并向辖区有关乡（镇）村下达储备任务。主要包括各种抢险设备、工具、运输车辆、树木及柳秸料等。

2.2 防汛物资调配现状

按照"统一领导、分级负责、归口管理"的原则，黄河防汛总指挥部办公室负责黄河防汛物资的计划、调度、管理工作；各省级防汛抗旱指挥部黄河防汛办公室负责省级黄河防汛物资的计划、调度、管理工作；各市（地）、县（市、区）人民政府防汛指挥部黄河防汛办公室负责所辖范围内防汛物资的计划、调度、管理工作；各级黄河防汛物资主管部门负责防汛物资的采购、供应及日常管理工作。

防汛物资库房分布分散，缺乏统一的防汛物资调度信息管理系统。目前，黄河系统内部防汛物资存储采用分级的方式，县级防汛库房绝大多数都建在大堤的河务局或工程点上，集中连片的仓库很少，点多分散，维护管理费用较高，调运与管理难度大，客观上造成物资储备和抢险队伍建设割裂，出现抢险队伍不熟悉储备物资使用的情况[3]。目前共有防汛物资仓库95座，各县（区）河务局（管理处、闸管所）几乎都有分布，集中管理、调度难度较大。根据防汛新形势的发展，需要一个统一的防汛物资调度信息管理系统来支撑科学调度。目前，黄河流域还没有统一的防汛物资调度信息管理系统，每次防汛物资调度都需要人工查询有关数据，然后进行决策调度，影响了防汛抢险供应的效率。

3 智慧赋能防汛物资储备调配新模式

3.1 智慧仓储系统

仓储管理是防汛物资管理的重要环节，防汛物资标准的特殊性、需求的紧迫性要求仓储管理严格执行防汛物资管理的有关法规、制度和标准。传统的仓储管理大多采用人工或简单的管理软件进行,受到场地环境和信息传递等条件的制约,容易出现作业效率低、管理消耗大等问题[4]。开发建设智慧仓储系统可减少人工强度,提高物资管理效率,降低管理成本,对保证防汛物资的数量、质量、运输等具有重要意义。通过该系统的管理,对物资状态和环境条件进行实时监测和分析,及时发现潜在的损耗风险,并采取相应措施,降低物资的损耗率。对物资库存情况、需求预测等数据进行实时监测和分析,可提高物资调配的准确性和速度,满足各类应急决策需求。

智慧仓储系统包含:物资供应商详细信息、存储地点、保管条件、报废期限、入库出库时间、定期盘点设置、管理员信息等。结合一物一码,通过给每个物资上的标签,可追溯物资的详细信息。此外,针对特殊时期防汛物资的需求,该系统同时录入社会化储备信息和应急采购备用厂家信息。

(1)一物一码功能

防汛物资在采购检验合格后,系统录入原材料的来源、加工、相关证书等信息,由系统生成二维码。仓库管理人员在物资入库前对每批物资贴上唯一二维码,以用于后期物资信息的追溯。还可以对批量物资设定批次码,可针对一批物资设定一个码。扫描批次码可以获取该批次物资的数量、余量、入库信息、使用期限等信息。设定仓库码,对一个仓库所有物资设定一个码,扫描该仓库码可以获取该仓库内所存储的所有物资品类、各品类数量、堆放位置等信息。智慧仓储系统运行流程见图1。

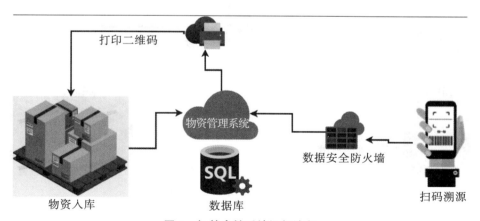

图1 智慧仓储系统运行流程

(2)仓库引导屏

在仓库的关键位置,如入口、出口、主通道等设置电子引导屏,方便人员及时获取物资储备情况、仓库布局、货物存放位置等信息,提高工作效率和准确度。

3.2 智慧消防系统

智慧消防系统是现代化仓储管理必不可少的一部分,通过互联网技术的广泛感知功能,建立完备的智慧消防管理系统可大大提高仓储消防安全管理的技防水平[5],有效降低运营成本,便于消防巡查管理,保障消防安全隐患早发现、早排除、早治理。

该系统部署有烟感、智能监控设备和远程对讲音响等,对储备中心库区、办公区全覆盖,可实现一键巡航、隔空喊话、高空抛物溯源等功能,通过 AI 算法实现危险源识别报警。该功能可根据不同仓储环境,配备不同智能算法,实现包括电动车违规入库、烟雾、火苗等危险源的识别报警。此外,通过移动端查看监控点,实现远程监控,远程对讲。该功能可直接选择实时预览和录像回放;支持收藏监控点、监控画面云台控制(上下左右等 8 个方向控制,支持放大/缩小,对焦、光圈放大/缩小),在恶劣天气实现足不出户远程监控整个库区,发现违规作业行为远程警示、远程调配附近安保人员。智慧消防系统运行流程见图 2。

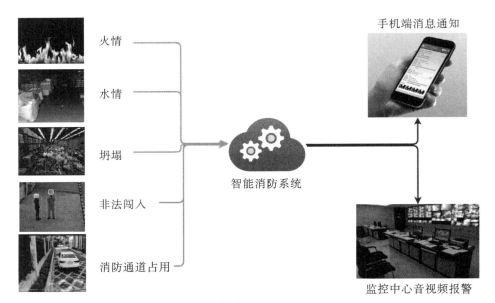

图 2 智慧消防系统运行流程

2023 年,省局防汛物资储备中心安装的智能消防系统已进入调试完善阶段,监控室中间醒目位置的 6 块屏幕显示的是一键巡航功能,6 个全彩摄像头全天候自动巡航库区 6 条干道,防汛库监控图像时时盯防,其余库房全部纳入监控范围轮巡,可识别危险源自动预警、预报。例如,电动车有入库迹象时有弹窗告警、语音提示,并可以记录存储违规作业过程,也可以通过隔空喊话及时制止违规行为。

目前,储备中心亦已成功模拟烟雾测试智能安防系统弹窗预警、语音播报险情,立即通过隔空喊话示意库房管理员及附近巡查人员第一时间赶往现场处理初期险情等功能,能够及时使险情得到控制。针对库区北围墙与都市村庄居民楼相邻的情况,智慧消防系统部署了4个高清抛物摄像头,可实现抛物预警、溯源,火苗识别。

3.3 智慧调配系统

该系统利用物联网、大数据技术,结合智慧仓储系统实现物资调配的智能化,以省局物资储备中心为中心、将各市、县局物资储备库位置信息纳入调配系统,可实现:①优化调配流程和调运路线,提高调配效率,缩短调配时间,提高响应速度。②结合省、市、县物资存量,物资品类,物资临期信息,运力信息等数据。利用大数据技术对各地方数据资源做汇总分析和管理,使用智能算法推荐最优调配方案,优先调配仓库选择,最优路线规划。

针对特殊情况下,全局防汛物资存储量不足的情况,系统会自动推送符合条件的应急采购厂家的物资信息和联系方式,并对物资运送全流程路线监控和追溯。

3.4 智慧运输系统

当今社会,在大数据时代的背景下,智慧物流已经成为一种趋势[6]。2022年,河南黄河河务局防汛物资储备调配中心通过实地勘察和北斗系统实际应用,制作了《河南黄河河务局北斗系统离线导航防汛线路图册》,在无通信信号情况下,扫描二维码可实现离线导航,准确指示路线,保障物资调运人员及车辆设备等能够及时准确抵达抢险现场。河南黄河三级防汛物资管理单位将社会化运输保障车辆信息录入该系统后,系统可根据抢险需求、物资供应信息计算出的最佳调运方案,发出运输需求,保障车辆通过北斗系统,以《河南黄河河务局北斗系统离线导航防汛线路图册》为准,推送最佳路线(图3),第一时间将防汛物资运往抢险现场,全程可实时监控车辆位置和行进速度,精准预测物资到位时间,提前调拨相应装卸机械、物资管理人员及时到位。

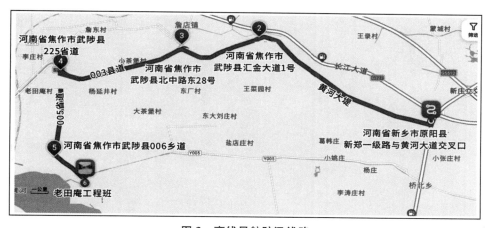

图3 离线导航防汛线路

4 社会效益与经济效益

研发防汛物资智慧管理系统,是打造"横向打通、纵向贯通、协调有力"的防汛物资管理新模式的需要,将防汛物资的种类、进出库、存储、分拣、报废、社会化储备等信息录入系统,可做到横向打通;将省、市、县局防汛物资的存储信息、位置信息、需求信息进行一级管理、多级应用,可实现纵向贯通。通过该平台的智能算法可为每一次抢险任务的物资保障提供最高效、最节约的物资调配方案、调运路线方案以及应急采购方案。该系统的应用可为河南黄河防汛抢险提供更加快捷、高效、科学、安全的物资保障服务。

参考文献

[1] 雷学荣.智慧物流在构建应急物资保障体系中的应用研究[J].中国储运,2022(11):139-140.

[2] 冯钧,朱跃龙,王云峰,等.面向数字孪生流域的知识平台构建关键技术[J].人民长江,2023,54(3):229-235.

[3] 陈森美,张中顺,郑盈盈,等.浙江省水利防汛物资储备管理实践与思考[J].中国水利,2023(6):60-62.

[4] 欧阳雨萍.电商医药发展背景下的智慧仓储优化研究[J].物流科技,2023,46(10):133-135.

[5] 朱立宇丰.综合建筑体智慧消防系统监控平台软件的设计与实现[J].数字技术与应用,2022,40(12):230-232.

[6] 余敏.我国智慧物流与综合交通运输协同发展研究[J].物流工程与管理,2018,40(10):19-20.

浅析黄河文化中的廉洁基因

焦趁趁[1] 晏 洋[2]

1. 郑州黄河河务局中牟黄河河务局 2. 郑州黄河工程公司

摘 要：黄河文化是中国传统优秀文化的组成部分，其廉洁基因一直存在，对黄河文化的发展影响至深。分析了黄河文化与廉洁基因的内涵，叙述挖掘黄河文化中廉洁基因的现实意义，讨论了挖掘黄河文化中廉洁基因的途径。继承、挖掘、发扬黄河文化中的廉洁基因，积极推进具有黄河特色的廉洁文化建设，对进一步推进全面从严治党向纵深发展，努力实现干部清正、政府清廉、政治清明、社会清朗具有一定的参考价值。

关键词：黄河文化；廉洁基因；挖掘途径；廉洁文化建设

党的二十大报告提出"加强新时代廉洁文化建设"这一重大课题。习近平总书记在党的二十届中央纪委二次全会上，再次强调，"要在不想腐上巩固提升，更加注重正本清源、固本培元，加强新时代廉洁文化建设"。深入挖掘和利用黄河文化中蕴含的廉洁基因与红色血脉，积极推进具有黄河特色的廉洁文化建设，是贯彻落实习近平总书记关于治水重要论述精神的重要举措，是推动新阶段黄河流域生态保护和高质量发展的应有之义。

1 黄河文化与廉洁基因

1.1 黄河文化的内涵

作为养育中华亿万儿女的母亲河，黄河自巴颜喀拉山北麓起，自西往东蜿蜒东流，绕过九曲十八弯的河套平原，以万马奔腾之势从壶口瀑布倾泻而出，一路汹涌奔向大海。在全长 5494km、130 多万 km² 的流域内，黄河孕育了文化形态不同、物质精神财富不同的中华文明。从古黄河开始，黄河就与几乎同时出现的人类发生了相互作用、相互感应，黄河与沿黄人民群众就已经把各自的命运交融在一起，黄河文化开始产生[1]。所以历史悠久的黄河文化在整个中华文化体系中一直具有发端和母体地位。

黄河文化作为一种形态多样、深邃博大、涵盖广泛、连绵发展的文化复合体，其内涵非常丰富,可以从以下几个维度理解。

从地理维度来讲,黄河文化覆盖的空间范围非常广。黄河流经青海、甘肃、宁夏、内蒙古、陕西、河南、四川、山西、山东9个省(自治区),人类依偎这条大河和气候、地质、地貌以及自然地理条件生产生活,形成了独具特色的区域文化。历史上黄河多次泛滥和改道也使得黄河文化超越了地理空间限制,并在与周边的长江文化体系的交错影响和相互融会中不断发展壮大,形成同中有异、刚柔相济的文化品格。

从时间维度来讲,黄河纵横时空,在漫长的历史岁月里像一条纽带,串联起华夏大地上不同的民族和文化。炎、黄、尧、舜、禹、夏、商、周、汉、唐、宋、元、明、清,无一不是在黄河这一水系辐射的扇面上化入化出、兴衰枯荣。从蓝田文化、仰韶文化、大汶口文化等伊始,到河套文化、关中文化、三晋文化、中原文化、齐鲁文化等多元文化并立、融合发展,再到当今中外治河思想文化广泛交流,不断赋予黄河文化新的时代价值。

从体制维度来讲,在人类文明发展之初,黄河文化仅仅是一个区域性的文化,但随着政治体制改革和政权更迭,从夏、商、周到汉、唐、宋,中国进入了以"长安—洛阳—开封"为东西轴线的中国大古都的"黄河时代"[2]。源源不断的黄河,绵绵不尽的黄土,生生不息的黄种人,是中华文化的最核心要素,成为中华民族最具代表意义的文化符号,形成了独具中国特色的黄色文明。此后,黄河文化的基本体制不断发展,并与不同历史时期政治制度、意识形态、治理规范、风俗习惯等有机结合,从而成为中华文化最具代表意义的象征。

从属性维度上看,黄河文化中生存秩序的独特性来自黄河水系本身的地理特性。由于黄河的自然资源禀赋孕育产生了农耕文化、草原文化、丝路文化、少数民族文化、海洋文化等。沿黄区域充分发挥独特地理区位和生态旅游等各种资源优势,形成了民俗文化、科技文化、旅游文化、工程文化、非遗文化、红色文化以及民间各种文化等交融并存的黄河文化。

九曲黄河,蜿蜒万余里,把所流经地区的各种样态的文化串通连接在一起,形成了博大精深的黄河文化,成为中华民族的根与魂。

1.2 廉洁基因的内涵

廉洁蕴藏于中华优秀传统文化之中,最早见于战国时期诗人屈原《楚辞·招魂》中谈到的廉洁:"朕幼清以廉洁兮,身服义尔未沫。"东汉王逸将其解释为不受曰廉,不污曰洁。在《周礼·天官·小宰》中将廉洁概括为古代官员"善、能、敬、正、法、辨"即"六廉"政德标准。春秋时期政治家晏婴认为"廉者,政之本也",把廉洁提到政治根本的高度。春秋前期《管子·牧民》中提到国有四维即礼、义、廉、耻,将"廉"从政治品格上升为治国思想。可见,中华传统文化中的廉洁不仅有反对贪污腐化、铺张浪费的要求,也有洁身自好、公正无私的含义。

"廉洁"作为一种价值取向,既是道德品行评判之基,又是治国理政评判之效,始终引领着社会向前发展,并成为一种良性的追求。在《现代汉语词典(第7版)》中,廉洁是指"不损公肥私;不贪污"。在《辞海》中解释为"清廉、清白"。现今,随着社会主义精神文明建设实践的深入推进和社会主义文化建设新高潮的兴起,廉洁作为一种文化基因被纳入中华文化体系中。沈其新教授在《中华廉洁文化与中国共产党先进性建设》中指出:"廉洁文化是关于廉洁的知识、理论、信仰和与之相适应的表现形式、行为准则、价值取向及其相互关系的文化总和,是中华优良传统文化的核心要素,是社会主义先进文化的重要内容。"[2]

廉洁基因作为一种文化发展元素,可从价值、道德、政治、人格、评价5个维度来理解[3]。从其价值维度来讲,是大公无私、乐于奉献的向善理念的一种价值体现。从其道德维度来讲,是个人道德修养的一种行为规范,具有一定的自我约束倾向。从其政治维度而言,是国家治国理政的一种伦理文化,服务于国家、社会和人民群众。从其人格维度来讲,是个人道德品格的一种内在表现。从其评价角度来讲,是廉洁文化的一种外在展示,可用他律和自律来评价。

推动人们不懈追求廉洁政治目标,也为当下推进全面从严治党、建设先进政治文化、营造良好政治生态提供丰富营养。

1.3 挖掘黄河文化中廉洁基因的意义

中华优秀传统文化、革命文化和社会主义先进文化在发展进程中都蕴含着一定的廉洁基因,潜移默化地强化中华民族崇廉尚洁传统,勉励着人们修身律己、廉洁用权的自觉性。在长达3000多年的历史中,黄河流域一直是全国政治、经济、文化中心,黄河文化先后孕育了儒家、道家、法家等众多辉煌的百家学说,并逐步孕育了以朴素典雅、崇尚廉洁、反对贪腐为主要价值取向的廉洁文化。它包含了思想精神、典章制度两个特色鲜明的文化层面,融和价值理念、精神意趣、行为规范等方面内容为一体,是物质与精神的统一,自然与人文的统一,理念与实践的统一。

随着黄河文化孕育而生的廉洁文化主要以价值理念、精神意趣、行为规范等多种廉洁基因映射到黄河文化中,形成了廉洁奉公、廉洁为民、廉洁自守的价值观,凸显了廉洁基因的政治、价值、道德等属性,对黄河文化的传承与发展,起到了政治引领、价值导向和行为规范的效应,和黄河文化形成了圈层互通关系。比如在黄河流域,大禹治水公而忘私、三过家门而不入的传说,成为孕育黄河廉洁文化的源头。黄河流域数千年的农耕文化,养成了安土重迁、敬天法祖、家国同构的思想意识和行为范式,磨砺了中华民族自强不息、坚忍不拔、吃苦耐劳的性格,涵养了廉洁文化的优秀基因。儒家重义轻利、义先于利、重视民利、义利结合、两者兼顾的义利观,道家朴素的唯物辩证法和无为而治的主张,法家人性论和历史论的观点共同构成了中国传统文化中廉洁文化建设的理论基础[4]。在历代治河进程中,一代代黄河建设者也留下了艰苦奋斗、勤俭节约、崇德重廉的优良传统……这些廉洁文化基因就像一个"吸引子"将廉洁文化的时代价值与精神内涵两大圈层吸附在一起,使廉洁文化与黄河文化之间互通有无,达到其在黄河文化中的价值导向、制度保障和同心聚力的功效。

加强新时代廉洁文化建设,需坚持继承和创新相统一,总结提炼黄河优秀传统文化的廉洁基因,不断从黄河优秀传统文化中汲取崇德尚廉、廉为政本、持廉守正等廉洁文化精华,涵养克己奉公、清廉自守的精神境界,厚植新时代廉洁文化建设根基。黄河文化中蕴含的诸多廉洁基因,包括多个维度层次,融合价值理念、行为规范、精神追求为一体,是坚持和完善繁荣社会主义先进文化不可缺少的组成部分,更是推动当前廉洁文化建设"立题破局"的重要保障,能够为我国新时期反腐倡廉工作提供文化支撑,带动社会主义文化领域态势持续向上向善,更好地营造崇廉尚洁的社会氛围,实现廉洁文化建设提档升级,不断增强反腐败的文化自觉、文化自信和文化担当。

2 挖掘黄河文化中廉洁基因的途径

廉洁思想、廉洁制度和廉洁作风等都是廉洁文化基因的具体体现。那我们应该如何系统科学挖掘、传承黄河文化中的廉洁基因呢? 对此,不妨沿着中华五千年文明发展不辍的时代脉络,以黄河保护治理为主线,探寻拾取那散落其间的廉洁文化"遗珠",进而更好地连接历史与现实,找到黄河文化中那些看似缺失的廉洁文化"拼图"。

具体来说,就是按照中华民族的黄河文明历史发展脉络,由虚到实,循序渐进,着力从思想精神、典章制度两个文化层面,打造精神高地,努力将成型的价值理念用规章制度固定下来,并发散于言语、习惯、场馆等物质表征方面,系统性探讨和挖掘其中蕴含的廉洁文化基因,从而更好地展现和发挥其应有的时代价值。

在思想精神文化方面,儒、墨、道、法四家最具有代表性,对后世的廉洁文化发展产生了深远影响,并逐步形成了独具特色的古代廉洁文化思想体系,即以德养廉思想、以法促廉思想、以制保廉思想、以简助廉思想、以爱兴廉思想。

典章制度文化方面主要涉及国家治理、政权建设、官吏选任、清正廉洁等诸多方面,基本贯穿了历朝历代政治活动的各个环节,具体包括预防权力腐败制度、监督监察制度、选才任官制度、廉洁教育制度、廉洁惩戒制度以及有关配套制度。这些都属于我国古代政治制度的精粹。

这些孕育于黄河文化中的廉洁思想精神文化、典章制度文化,不仅为新时期社会主义廉洁文化建设提供了强大的精神原动力,也为当前的反腐败事业提供了现实生动的栩栩案例,并化为缕缕大河清风,润泽千千万万黄河保护治理者的心田。如何进一步推动黄河廉洁文化建设入心入脑、落地见效,值得我们继续深入挖掘、大力弘扬蕴含其中的廉洁基因。

3 黄河文化中的廉洁基因及其时代价值

历代先贤在千百年来的探索实践中,创造了光辉灿烂的黄河文化,其中蕴含的廉洁基因也成为黄河文化建设与发展的有力支撑。

(1)黄河文化中蕴含的清明政风

清正廉洁,关系人心向背,政权巩固,国家兴衰。历代有远见的统治者,都十分重视官吏的廉洁问题,把廉洁问题看作是关系到政权巩固、国家兴衰的根本问题。历代的治河过程有赖于胸怀天下的君主励精图治,古代廉政建设与惩贪措施曾经有效地刹住了腐败现象,推动了生产力的发展,造就了一些青史留名的盛世。但是,当一个王朝走向衰败的时候,管理弊端和官场贪腐总是愈演愈烈,最终导致整个国家的全面战乱和改朝换代,盛世又被乱世所吞噬。在中国数千年的历史长河中,伴随着朝政腐败治乱,封建王朝的兴亡更替在中国大地上反复上演。而今挖掘黄河文化中的廉洁基因,批判继承、借鉴改造和综合创新,并将其融入我国廉洁文化建设中,这不仅是新时期党的廉洁文化建设的时代课题,更是对我国政治文明建设提出的时代使命。

(2)黄河文化中蕴含的清廉河风

"治河如治国"。黄河流域是中国政治、经济、文化的重要发轫地。历史上,为把黄河治理好,有为君主宵衣旰食,河工百姓舍生忘死,留下大禹治水公而忘私、"三过家门而不入";勤政爱民的汉武帝,亲临一线参与"瓠子堵口";王景遵循规律治理黄河;潘季驯四任总理不辞劳苦治理黄河;康熙帝在泥泞中跋涉巡查治河之策;林则徐以戴罪之身堵复开封黄河决口等诸多历史故事。一部治黄史,就是民族的奋斗史、智慧史,也是历史上无数治河官员一心为民、舍生忘死、艰苦奋斗的廉洁史。

(3)黄河文化中蕴含的清朗社风

在几千年的历史传承和演变中,有着德治传统的黄河流域,形成了具有历史传承价值的廉政思想、廉政制度、廉洁作风,留下无数清官廉吏、仁人志士的廉洁故事,孕育发展出黄河流域清政为民的廉洁文化,代表着民族独特的精神标识,成为中国古代政治文化遗产的重要组成部分。从古代清官廉吏所著诗词中,可以看出他们淡泊名利、清心直道、关心民虞、体恤民疾……他们以文自勉、以文警身、以文述害、以文明廉、以文讽贪。如"尔俸尔禄,民脂民膏,下民易虐,上天难欺"的戒石文,"斯是陋室,惟吾德馨"的陋室铭,"先天下之忧而忧,后天下之乐而乐""衙斋卧听萧萧竹,疑是民间疾苦声"的忧民心语。在新的历史时期，随着党风廉政建设和全面从严治党的深入开展，黄河两岸产生了一大批廉洁诗文，形成了大量廉洁格言、警句。这些风靡大河两岸的文人、文脉，以及人格化的风物，成为廉洁文化的象征，千百年来以其清雅淡泊的品质，一直为世人所钟爱。

（4）黄河文化中蕴含的清纯家风

中华民族历来重视家风建设，注重以家风传承育人兴家。黄河文化中蕴含的廉洁家风家训也是廉洁文化的一个重要内容。"君子爱财，取之有道。""公私分明，洁身自好。""勤俭持家，以俭养廉。"在黄河两岸，朱子家训、韩愈家风家训、"留有余"牌匾等故事也广为流传。黄河传统文化之所以亘古绵延，离不开家规家训家风传统文化中的廉洁素养，而素养的形成离不开廉洁自觉、自信和自律能力，这些都是支撑中华民族生生不息、薪火相传的重要精神力量。建设良好的家风也是黄河河务部门的优良传统，黄河建设者重视家庭家教家风建设，推动社会主义核心价值观在家庭落地生根，形成社会主义家庭文明新风尚，成为治河发展、社会和谐的重要基点，而身口相传的家教家风也成为一笔宝贵的治河精神财富。

（5）黄河文化中蕴含的时代新风

蕴含在黄河文化中的廉洁基因、民族精神和高尚美德，对人们的思想和行为产生了深远的影响，并在中国共产党人的身上得到充分体现。近代以来，中国共产党人继承了这一宝贵的历史遗产，无数革命先烈在用他们的生命和鲜血捍卫党的初心和使命的过程中，继续将其发扬光大。无数革命先烈铸就的廉政文化基因源源不断地融入了中国共产党人的血液中。自中国共产党成立之日起，中国共产党人就坚持传承和弘扬黄河文化中的"民本思想"，借鉴"爱民厚生""以民为本"等传统廉洁思想，引导和激励公职人员自觉树立"立党为公、执政为民"的执政理念[4]。而自人民治黄以来，中国共产党统筹谋划、整体布局，在黄河治理、开发、保护、发展等方面取得了显著成绩，书写了黄河安澜的伟大奇迹。在中国共产党的领导下，黄河建设者不忘初心，牢记使命，在长期的黄河保护治理进程中，不断汲取黄河文化滋养，发展具有黄河特色的廉洁文化，形成了"团结、务实、开拓、拼搏、奉献"的黄河精神和一代代黄河建设者公而忘私、甘于奉献的高尚品格，形成了以焦裕禄为代表的中国共产党人廉洁品格，以"新愚公"精神为代表的自我革命勇气。可以说，黄河文化中的优秀廉洁基因，构成了中国共产党不断前进的精神源泉。

4　结语

在新的历史时期，作为黄河建设者，需准确把握黄河文化中的廉洁基因时代价值，把加强具有黄河特色的廉洁文化建设作为一项系统工程、长期任务，全方位发力、多维度推动，培育清正廉洁的价值理念，营造风清气正的政治生态，不断推进全面从严治党向纵深发展，努力实现干部清正、政府清廉、政治清明、社会清朗。

参考文献

［1］沈其新. 和谐之魂——中华廉洁文化与中国共产党先进性建设［M］. 长沙：湖南大学出版社，2007.

［2］刘乐乐. 侯仁之：什么是黄河文化？［EB/OL］. 界面新闻. Https：// www. jiemian. com/article/4534318. html. 2020. 6. 16.

［3］王鑫 安宝凤 刘禹含. 廉洁元素在红色革命文化中的价值定位探析［J］. 辽宁师专学报（社会科学版），2023（2）.

［4］张继红. 大力弘扬黄河文化中的廉政文化［EB/OL］. 河南省纪委监委网站，2021-01-05.

新时期水土保持示范园建设高质量发展探讨

——以辛店沟水土保持示范园为例

高健健[1,2] 郭 星[1,2] 高璐媛[1,2] 张拜霞[1,2] 尤雪静[1,2]

1. 黄河水土保持绥德治理监督局

2. 黄土高原水土保持与生态修复国家林业局重点实验室

摘 要：以辛店沟水土保持示范园为例，基于园区概况和建设条件，深入分析总结园区建设发展中的具体实践与思考，提出调整建设思路与规划内容，明确园区定位、科学合理划分功能分区，以水土保持综合治理向山水林田湖草沙综合治理转变为目标，坚持高标准治理、增强示范引领作用，强化信息化管理、推动科技示范园智慧化建设等建议，以实现生态修复带动产业转型、水土保持促进乡村振兴的发展目标，可为新时期水土保持科技示范园的可持续高质量建设发展提供参考与借鉴。

关键词：水土保持示范园；新时期；建设发展；辛店沟

水土保持研究是防止水土流失，保护、改良和合理利用水土资源，充分发挥水土资源生态效益、社会效益和经济效益，建立良好生态环境的综合科学技术[1]。水土保持科技示范园是社会发展对水土保持的新要求，是水土保持工作自身的新发展[2]。近年来，我国水土保持科技示范园建设工作蓬勃发展，成效显著。为了进一步加强水土保持意义的宣传教育和提高水土保持工作的科技水平，水利部于2004年在全国范围内启动了水土保持科技示范园区的创建活动[3,4]。截至2022年，全国共建成国家水土保持科技示范园157个，分布在全国29个省（自治区、直辖市）。新时期，如何坚持实践"绿水青山就是金山银山"发展理念，更好地发挥水土保持科技示范园理念引领、科技创新的作用，成为示范园实现高质量发展的核心问题。辛店沟水土保持示范园始建立于1952年，示范园建设深入贯彻落实习近平生态文明思想，充分发挥区域、技术及历史优势，主动探索"水土保持＋绿色发展"的融合发展新路子，成功创建"国家水土保持科技示范园"和"全国水土保持科普教育基地"。辛店沟生态绿化典型经验在黄土高原地区得到了大面积的示范推广，为陕西绿色版图向北推进400km和榆林市成功创建"国家森林城市"作出了突出贡献。本文以该园区为例，分析其建设条件和建设思路、园区的具体实践等，以期为黄土高原山水林田湖草生态治理提供模式示范,创新推动区域高质量发展的新途径,为促进黄土高原生态文明建设提供科学指导和对策。

1 园区概况

辛店沟水土保持示范园位于黄河一级支流无定河中游左岸,园区总面积约1.44km²,属独立自主产权的国有土地。园区内海拔840～1040m,以梁峁坡地貌为主,梁峁起伏,沟壑纵横,沟壑密度7.26km/km²,属于典型黄土丘陵沟壑区第一副区。以小流域为单元,从峁顶至沟谷底部有明显的垂直分布规律,根据峁边线将小流域地貌分为沟间地和沟谷地两类。土壤类型为黄绵土(约占65%以上)。园区气候为大陆性温带半干旱季风气候,四季分明,日照充足,温差较大,降雨年际分配不均。年均气温9.7℃,年均降雨量475.1mm,70%以上集中于6—9月,且多以暴雨形式出现。

截至目前,林草植被覆盖度由70年前的5%提高到目前的75%以上,昔日空山秃岭已变成林草茂密的花果山,水土流失治理度达86%,拦沙率高达98%。通过70年的小流域综合治理试验研究,园区形成了工程措施与植物措施、水保耕作措施相结合,治沟与治坡相结合的"三道防线"综合治理模式。采用"由上而下的防冲治理与自下而上的沟壑控制"治理方略,提出"梁峁坡地修(梯)田造(果)园,沟谷坡地植灌乔草,沟谷坝内建(设)淤地坝系"的综合治理方略和经验。该模式可以巩固沟床、拦蓄径流,变荒沟为良田,形成从峁顶到沟底、层层设防、节节拦蓄的水土保持综合防治工程体系,其做法在陕西、山西、内蒙古等多个省(自治区)100多条小流域治理中得到普遍推广和应用,并取得显著成效。辛店沟生态的巨变,离不开久久为功的水土流失治理。它是一个样本,也是一个缩影;是习近平生态文明思想的生动实践。通过70年的试验研究和综合治理,园区已经建成为黄土高原的水土保持治理典型。

2 建设条件

(1)建园支撑条件成熟

园区自然基础条件较好,地形地貌类型多样,同时区位优势明显,交通便利,宣传示范辐射范围广,受众面广,科普潜力大,土地使用手续完备、合法,产权明确。园区建设是在水土保持综合治理的基础上进行功能提升与完善,将水土保持科普宣传与生态旅游和文化展示相融合,有利于落实"两山理论",推进生态文明建设,助力黄土高原高质量发展。

(2)园区典型代表性强

园区地处黄土高原,属黄土丘陵沟壑区第一副区,其地形地貌与水土流失类型、特点在该区具有很好的代表性。70年来,持续开展水土保持综合治理措施、水土保持林草措施、水土流失规律、水土保持效益等试验研究和示范推广工作,并被广泛推广应用,极大推动了黄土高原地区乃至全国的水土保持和生态建设实践。两次被国务院水土保持委员会树立为"全国水土保持先进典型",享誉国内外。多年来,辛店沟水土保持示范园在水土保持实践方面积累了丰富的经验,取得了明显的成效。通过总结提炼,在园区集成反映,对周边地区的生态文明建设有着很好的典型示范与推广作用。

（3）园区基础设施较完备

1）园区内交通道路设施完备、布局合理,所有功能区连通,生态景观优美。地处210、307两条国道的交会点,距陕西绥德县城东1.5km,园区内围绕生产、科研、监测、试验建成示范道路12.66km,便于来访者考察学习。

2）园区建有辛店沟科研交流中心,是满足不同行业、不同层次、不同年龄入园者多种功能需求的综合性平台,是党性教育、科研交流、会议洽谈、集中办公及拓展培训的理想场所,以功能划分为客房部、餐饮部和拓展基地。

3）园区临近郝家桥革命历史纪念室、绥德革命历史纪念馆、米脂杨家沟革命历史纪念馆、路遥纪念馆、延安革命纪念馆和梁家河红色教育基地等,便于宾客就近参观学习。

4）园区垃圾处理设施完善,实行分类收集处理,保证了场区内环境整洁。

3 建设规划

（1）科学部署、编制规划

2017年,面对挑战和机遇,园区进一步解放思想,转变观念,不等不靠,紧跟生态文明建设新思路,依托辛店沟70多年来水土保持试验研究、小流域综合治理技术、示范推广等工作,充分把握自身优势,积极拓宽投资渠道,多元化融资建设示范园。示范园区根据当地水土流失和生态环境现状,结合当地经济社会发展和小康社会建设,制定示范园区建设规划。以山水田林路草统一规划,工程措施和非工程措施合理配置,治理与开发相结合,突出新的科研成果应用,推广先进技术,立足实情,科学谋划,依托水土流失规律观测和效益研究,统一规划、分步实施。

以陕西省省级水利发展资金水土保持项目作为跨越发展的重要契机,2018—2021年4年共编制5期实施方案,落实资金1875万元。实施方案分析了园区建设的必要性和园区现状,以国家相关法律法规、规章制度及相关规划为依据,设定了园区建设的目标任务、功能定位、分区布局和保障措施,并具体明确了各区建设方案、内容、投资等,为开展园区建设提供宏观指导与具体支撑。

（2）科学分区、合理布局

示范园建设以落实生态文明理念,突出水土保持科研特色,坚持以园养园、可持续发展原则,立足实情,科学谋划,统一规划,分步实施。主要分为"水土流失观测试验区、坝系集雨节灌区、科普交流示范区、高效水保植物展示区、农业高效利用区和生态自然修复区"等6个一级功能区,每个一级功能区由若干水保设施及功能设施组成,功能齐全,特色鲜明。

4 园区建设的具体实践

(1)以"生态治理"为本,创新引领打造绿色发展新样板

黄河水土保持绥德治理监督局积极贯彻习近平总书记生态文明思想,将科技引领、技术创新、示范推广相结合,采用"1+N模式",围绕高质量发展"1个目标",创建了"科学试验、水保示范、绿色发展、科普教育、休闲观光"等多元型且具有黄土高原特色的绿色园区,发挥着典型引领带动和示范辐射作用。

遵循生态优先、绿色发展原则,按照"层层设防、节节拦蓄"的"三道防线"综合治理模式,积极实施韭园沟、辛店沟小流域综合治理,高标准恢复生态环境,丰富景观多样性,构筑黄土高原绿色生态屏障。形成了梁峁防护林、沟道防护林、山坡防护林、沟底防冲林和沟头防护林等"五位一体"的防护新格局,其中经济林119亩、水保林879亩、人工草地160亩、生态修复246亩。因地制宜、适地适树,推动高效植物示范推广。引进葡萄170多个品种,苹果20多个品种,示范推广了果树上山,大扁杏丰产栽培、沙棘育苗技术,利用抗旱药物提高造林的成活率和保存率;开展150多种适生牧草的引种、选育、栽培,选育出沙打旺、草木樨和小冠花等优良品种,改良天然牧场。

辛店沟、韭园沟的成功治理经验先后在陕西、山西、内蒙古等多个省(自治区)100多条小流域8000多km²治理中得到普遍推广和应用,引导带动了米脂高西沟、清涧红旗沟等一批治理典型因地制宜地发展起来,把生态建设与区域经济紧密结合,取得显著成效。韭园沟被列为"全国农业十大样板"之一,《人民日报》头版头条刊登了《韭园沟不再向黄河送泥沙》,报道了韭园沟的治理经验和成效。"辛店沟示范园因地制宜,走出了一条水保科技与生态建设、乡村振兴、美丽乡村建设和休闲观光融合发展的新路子",2020年8月,陈祖煜、王光谦等8位院士及80多位专家考察辛店沟后由衷称赞道。

(2)以"绿水青山"为要,奋楫争先创建生态绿化新园区

紧紧围绕"山水林田湖草沙"综合治理理念,突出"水保+生态"特色,打造生态廊道、生态湿地和山地公园等绿化示范点,开启黄土高原生态绿化建设高质量发展新模式。

1)科学规划,合理配置,引进新优植物,打造多样化绿色景观苗圃。引进北美海棠、碧桃、暴马丁香、黄刺玫、连翘等23.1亩,栽培苗木8种共3.8万株。引进绿洲一号、巨菌草等4种菌草共6亩,栽植油用牡丹100亩共4.2万株。

2）发展地域特色，因地制宜，推动高效植物示范推广。与水利部植物中心共建"黄土高原高效水保植物示范园"，面积 42 亩，栽植了文冠果、长柄扁桃、大果沙棘等，成功在黄土高原地区示范推广高效水保植物 3000 多亩。

3）发掘引种科研价值，提升综合效益。利用苗木温室引进栽植冬枣和龙珠 1 号等 4 个品种 1000 余株，开展新品种试验示范研究，累计在区域农业生态园推广新品种苗木 1000 多亩。

4）围绕辛店沟示范园道路两侧，打造 7.8km 金色大道和绿色长廊，形成融合自然的生态绿化空间，为城乡园林建设增添一道亮丽的风景线。

5）利用田埂、院角等重要节点，种植美国红栌、挪威槭、樱花、香花槐、金银花等 11 个品种 2400 余株，栽植五角枫 2000 株，形成了"春有花、夏有荫、秋有果、冬有青"的全年盛景。

辛店沟现有乔灌树种 100 多种、草种 30 多种，昔日空山秃岭已变成林草茂密的花果山，植被覆盖度由原来的 5% 提高到 75%，水土流失治理度达 86%，拦沙率高达 98%，素有"天然氧吧"之称。分别与陕西省林科院、黄河水利委员会共同创建了"黄土高原水土保持与生态修复国家林业和草原局重点实验室""水利部黄土高原水土流失过程与控制重点实验室"。辛店沟被当地政府列为黄土高原生态文明建设水土保持示范区，致力于打造黄河流域生态保护和高质量发展先行区，成为科研院所、高等院校、中小学生等社会各界开展生态建设实践、生态环境教育和产学研重要基地。

（3）以"守正创新"为帆，同心致远推进绿色文化新发展

黄河水土保持绥德治理监督局先后与水利部、黄河水利委员会、黄河上中游管理局以及榆林市等系统内外 21 个党支部创新开展"支部共建"与"植树造林"活动，每年参与人数达 500 人次；与清华大学、北京师范大学和中科院水保所等 15 所科研院校建立野外实践教学基地，联合开展水保技术创新与生态示范推广，每年参与人数达 1000 余人次，实现优势互补、联动互赢。注重宣传，积极倡导绿色发展理念，每年均多次组织大型植树活动。大力开展"不忘初心、绿化家园"和"栽下一棵幸福树，收获一片新希望"等主题活动，打造了"职工林"和"廉政林"等主题示范点。同时，成立"青年志愿服务队"，定期参与树木修剪、防火宣传以及垃圾清理等活动，提高职工"植绿、爱绿、护绿"的生态意识，践行习近平生态文明思想、打造绿色高原。

将工程文化和生态文化有机结合，建成水土保持文化展厅，内容丰富，形式多样，配备 7 级导视系统，总长度 7.2km。将黄河文化与生态园林景观相结合，建设了水土保持科普长廊，打造了水土保持、生态、美丽园区、产学研基地等多主题文化展示墙，增添了文化类灯旗牌、口号牌、休憩座椅与温馨标识，起到了生态文化科普与推广双重并进。

近年来,分别在高等院校及科研院所、中小学等多尺度开展水土保持科普活动,并作为主办方承接国家、省、市等各级水土保持类比赛,年均科普人数为 5000 余人次。《人民日报》、新华社、《光明日报》、《中国日报》、《中国水利报》、黄河网等多家国内知名媒体相继对辛店沟示范园开展多角度采访报道 100 余次,水利部、黄河水利委员会、省(直辖市)领导数次考察和调研,各级领导给予了高度评价,得到了社会各界的广泛关注。

(4)以"守土有责"为任,踔厉奋发汇聚高效绿化新动能

我们始终将生态文明建设作为一项重要政治任务,高度重视国土绿化工作,坚持规划先行,研究制定中长期植树绿化规划和日常管护计划,科学编制国土绿化工作规划,并被当地政府纳入本级水土保持规划中。坚持以抓铁有痕、踏石留印的精神有力推进精细化管理,培养了一支高素质专业队伍,形成了一套科学有效的管理制度和措施,做到绿化工作组织到位、人员到位、经费到位,近 5 年累计保障经费约 3000 万元,确保生态绿化建设工作落到实处,取得实效。

同时,辛店沟生态治理典型模式和经验得到了地方各级政府的高度认可,并将其纳入本级水土保持规划中。先后被评为"省级水土保持示范园""国家水土保持科技示范园"和"全国水土保持科普教育基地",被列为黄土高原生态文明建设水土保持示范区,并纳入陕西省龙湾森林公园范围。

5 建设展望

持续建设水土保持示范园是贯彻落实"习近平总书记黄河流域生态保护和高质量发展"和"绿水青山就是金山银山"的具体实践,是人与自然和谐发展的重要载体。我们将积极践行习近平总书记生态文明建设的新理念、新思想、新战略,秉持"绿水青山既是自然财富又是经济财富"的发展思路,继续以"推动和规划水土保持工作,发挥典型带动和示范辐射作用,普及提高全区水土保持意识"为总体要求,优化配置,完善提高,滚动发展,增加水土保持元素,建设集"水保示范、监测试验、成果展示、科普教育、休闲观光"为一体的综合园区。

面对新形势,抓住新机遇,谋划新发展,继续深入贯彻习近平生态文明思想,精准对标"黄河流域生态保护和高质量发展"要求,立足园区资源优势,进一步强化水土保持基础研究、科学试验、综合治理、科普教育、示范推广,重点推进淤地坝及旱作梯田高质量、新材料、新技术等试验示范,完善观测指标体系,提升观测技术手段,走好绿色、可持续的高质量发展之路,努力打造黄土高原生态治理高质量发展样板。

参考文献

[1] 潘晨.浅谈水土保持工作的重要性[J].资源节约与环保,2016(5):179-180.

[2] 乔殿新.水土保持科技示范园发展探析[J].中国水土保持,2016(1):34-37.

[3] 王永喜,叶枫,夏兵,等.深圳水土保持科技示范园建设的理念与实践[J].中国水土保持科学,2013,11(4):67-71.

[4] 许国平.水土保持科技示范园建设应当注重的几个问题[J].山西水土保持科技,2010,23(2):23-24.

新形势下黄河流域基层水资源管理工作探讨

刘立峰[1,2]　曹　勇[1,2]　马　剑[1,2]　马小真[1,2]

1. 黄河水利委员会绥德水土保持科学试验站
2. 黄土高原水土保持与生态修复国家林草局重点实验室

摘　要:黄河流域涉及青海、四川、甘肃、宁夏、内蒙古、山西、陕西、河南、山东9个省(自治区),黄河流域与区域水资源管理模式突出鲜明。2023年4月1日,《中华人民共和国黄河保护法》正式实施,新形势下,对流域基层水资源管理工作有了新的要求。通过多年水资源管理工作实践,分析总结黄河流域基层水资源管理状况和存在问题,得出解决问题的对策与建议,提出新形势下黄河流域基层水资源管理要求和下一步工作措施。

关键词:新形势;黄河流域;基层;水资源管理

1　基本情况

黄河发源于青藏高原巴颜喀拉山北麓,流经青海、四川、甘肃、宁夏、内蒙古、山西、陕西、河南、山东等9个省(自治区),最后于山东省东营市垦利区注入渤海。黄河干流全长5464 km,是中国第二长河,仅次于长江,也是世界第五长河流,流域面积79.5万 km²,是中华民族最主要的发源地,中国人称其为"母亲河"。黄河水资源量占全国水资源量的2%,供给全国12%的人口,供给15%的耕地,GDP贡献达14%。目前,黄河流域及下游引黄灌溉面积发展到1.26亿亩,是新中国成立初期的10多倍,成为国家重要的粮棉生产基地。黄河还为60多座大中城市、340个县(市、旗),以及晋陕宁蒙地区能源基地、中原和胜利油田等提供水源保障,解决了8400多万农村人口饮水问题。黄河向外流域供水多,占黄河供水量的1/3。天津、河北、白洋淀、胶东半岛,特别是黄河下游供水区的管理涉及海河、淮河流域,又与南水北调中线、东线供水区有部分重合,对水资源管理带来困难。粮食安全、生态安全、能源安全都离不开供水安全,说明黄河水资源具有重要意义。

黄河流域与区域水资源管理模式特色鲜明。水利部黄河水利委员会(以下简称"黄委")为水利部派出的流域管理机构,代表水利部在黄河流域和新疆、青海、甘肃、内蒙古内陆河区域内依法行使水行政管理职责。黄委在黄河上中游流域实行限额审批管理,地方水行政主管部门负责黄委管辖范围外的取水许可管理工作，在黄河下游实行全额管理。黄河水土保持绥德治理监督局（以下简称"绥德局"）为黄委所属三级基层单位，水资源管理职责为负责黄委批复晋陕两省取水建设项目和发放取水许可证项目水资源日常监督管理工作。截至2023年7月底，绥德局日常监管山西和陕西两省黄委审批取水建设项目59项，黄委发放取水许可证项目38项。

2　目前管理内容

（1）黄委审批取水建设项目日常监管

绥德局对黄委审批取水建设项目开展日常监管工作，一是建立黄委审批取水建设项目统计台账，登记取水建设项目基本情况，按月实施动态管理，明确管理对象；二是开展年度水资源管理监督检查，对建设项目进行事前、事中、事后全周期检查，项目建设前期，检查取水建设项目是否按要求通过取水许可审批，前期手续是否齐全；建设期间，检查项目取水权人、取水水源、地点、用途及取水量是否与审批一致，新建取用水工程是否按照水资源论证批复的情况和建设要求进行建设，节水设施、废污水处理设施是否按照规定建设与运行等；建成投运后，检查取水建设项目建成并试运行期后是否按照有关规定申请核发取水许可证；对检查发现的问题项目，下发整改意见书或者进行约谈，提出整改要求，限期进行整改。达到取水许可核验条件的取水建设项目，绥德局配合上级进行取水许可现场核验，取水许可现场核验通过后，由黄委颁发取水许可证。

（2）黄委发放取水许可证项目日常监管

绥德局对黄委审批取水建设项目开展日常监管工作，一是建立取水许可证登记簿，将取水许可证基本情况、基本属性和复印件汇编成册，按年度实施动态管理，明确管理对象；二是实行取水月报制度，持证单位按月上报取水月报表，绥德局汇总取水月报表报上级单位；三是开展季度水量核查工作，对持证单位取水量进行准确性核查，对计量设施运行情况和取用水原始统计台账真实性进行现场检查；四是开展年度水资源管理监督检查，对取水许可审批事项落实情况、计划用水执行情况、取水计量设施建设及运行情况、节约用水实施情况、取用水管理情况等进行监督检查，对存在问题的项目下发整改意见书或者进行约谈，限期进行整改；五是开展年度取水情况总结考核，对取用水量统计情况、计划用水执行情况、节水工程及节水措施落实情况、计量设施安装及运行管理情况、废污水处理及水质监测情况、水务管理情况、存在的主要问题进行考核通报，并编制总结报告报上级单位。

3　管理存在问题

通过水资源日常管理和监督检查主要发现以下问题。

（1）取水建设项目违规现象

主要存在的问题有未通过取水许可审批；取水权人、取水水源、地点、用途及取水量与审批不一致；建成并试运行期期满后未按照有关规定申请核发取水许可证；计量设施安装不齐全或未安装计量设施；取用水原始统计台账不健全等。

（2）发证取水口违规取水和取用水管理不规范现象

主要存在的问题有未经批准擅自取水、未按批准的取水许可规定条件取水、未取得取水申请批准文件擅自建设取水工程或设施、未安装计量设施、计量设施不合格或者运行不正常、未建立取用水原始统计台账、取用水原始统计台账不健全、未按规定报送取水报表等。

4 对策与建议

1）发现的问题。大部分为建设项目建成投产未办理取水许可证，因此加强建成并试运行期期满后的取水建设项目监管，对于有条件核验发证的项目，督促尽快进行核验，发放取水许可证，纳入正常取水日常监管；对于有问题不能及时核验的项目，积极理顺问题，采用必要的行政手段来解决，尽快纳入正常管理。

2）严格黄委发证取水口的日常监管，对于长期不能整改的问题项目，建立问题台账，厘清问题存在根源，要求限期进行整改，配合上级单位进行挂牌督办，及时解决问题，必要时上报河长制平台，积极推动联合监督检查，形成监管合力，提高监管成效。对于新发现问题，特别是新发证项目存在的问题，多进行指导沟通，及时消除问题。

5 新形势下管理要求

2023 年 4 月 1 日，《中华人民共和国黄河保护法》（以下简称《黄河保护法》）正式实施。新形势下，黄河流域基层水资源管理发生重大变化，法律赋予黄河流域基层水资源管理更多权利与义务，对水资源管理提出更高要求。

（1）《黄河保护法》将流域机构黄河干流取水许可限额管理变为全额管理

《黄河保护法》第五十条规定，在黄河流域取用水资源，应当依法取得取水许可。黄河干流取水，以及跨省重要支流指定河段限额以上取水，由黄河流域管理机构负责审批取水申请，审批时应当研究取水口所在地的省级人民政府水行政主管部门的意见；其他取水由黄河流域县级以上地方人民政府水行政主管部门负责审批取水申请。指定河段和限额标准由国务院水行政主管部门确定公布、适时调整。

（2）《黄河保护法》增加对国家工作人员的行政处分规定

《黄河保护法》第一百零八条规定，国务院有关部门、黄河流域县级以上地方人民政府及其有关部门、黄河流域管理机构及其所属管理机构、黄河流域生态环境监督管理机构违反本法规定,有下列行为之一的,对直接负责的主管人员和其他直接责任人员依法给予警告、记过、记大过或者降级处分;造成严重后果的,给予撤职或者开除处分,其主要负责人应当引咎辞职:①不符合行政许可条件准予行政许可;②依法应当作出责令停业、关闭等决定而未作出;③发现违法行为或者接到举报不依法查处;④有其他玩忽职守、滥用职权、徇私舞弊行为。

(3)《黄河保护法》赋予黄河流域管理机构及其所属管理机构水资源管理处罚权利

《黄河保护法》第一百一十三条规定,未经批准擅自取水,或者未依照批准的取水许可规定条件取水的,由县级以上地方人民政府水行政主管部门或者黄河流域管理机构及其所属管理机构责令停止违法行为,限期采取补救措施,处5万元以上50万元以下罚款;情节严重的,吊销取水许可证。

《黄河保护法》第一百一十四条规定,黄河流域以及黄河流经省、自治区其他黄河供水区相关县级行政区域的用水单位用水超过强制性用水定额,未按照规定期限实施节水技术改造的,由县级以上地方人民政府水行政主管部门或者黄河流域管理机构及其所属管理机构责令限期整改,可以处10万元以下罚款;情节严重的,处10万元以上50万元以下罚款,吊销取水许可证。

《黄河保护法》第一百一十五条规定,黄河流域以及黄河流经省、自治区其他黄河供水区相关县级行政区域取水量达到取水规模以上的单位未安装在线计量设施的,由县级以上地方人民政府水行政主管部门或者黄河流域管理机构及其所属管理机构责令限期安装,并按照日最大取水能力计算的取水量计征相关费用,处2万元以上10万元以下罚款;情节严重的,处10万元以上50万元以下罚款,吊销取水许可证。在线计量设施不合格或者运行不正常的,由县级以上地方人民政府水行政主管部门或者黄河流域管理机构及其所属管理机构责令限期更换或者修复;逾期不更换或者不修复的,按照日最大取水能力计算的取水量计征相关费用,处5万元以下罚款;情节严重的,吊销取水许可证。

6 下一步工作措施

(1)加强《黄河保护法》学习与宣传

基层水资源管理部门要学习贯彻《黄河保护法》,严格履行《黄河保护法》规定的各项职责,依法做好防洪保安全、优质水资源、健康水生态、宜居水环境、先进水文化等相关工作;要逐项梳理《黄河保护法》条款,结合工作实际抓紧建立配套法规制度,同步做好现行制度文件的立改废,保证《黄河保护法》各项制度落地生根、有效实施。同时,要加大保障、监督、处罚力度，加大违规取水等违法行为打击力度，让违法者承担相应的法律责任，切实维护《黄河保护法》的权威性；要将《黄河保护法》宣贯工作列入"八五"普法工作重要内容，迅速掀起学习宣传热潮，采用多种方式推动《黄河保护法》进机关、进乡村、进社区、进学校、进企业、进单位，形成大河上下、系统内外共同关注和广泛参与黄河保护治理的良好氛围。

（2）把水资源作为最大的刚性约束

把水资源作为最大的刚性约束，全方位贯彻以水定城、以水定地、以水定人、以水定产。《黄河保护法》第四章水资源节约集约利用首条就明确了黄河流域水资源利用的要求是"节水优先统筹兼顾集约使用精打细算"，短短 16 个字，高度概括了今后黄河流域水资源利用的核心内涵，那就是"节约"。围绕水资源节约集约利用，《黄河保护法》用 16 条条款从配置、调度、总量控制指标、取水许可、定额管理、项目准入、计量、节水改造、水价和污水资源化利用等方面作了全方位的规定，为今后水资源节约集约利用和管理提供了强有力的法律保障和方法指导。

（3）应用好协作机制，保障黄河流域高质量发展

应用好流域与区域相结合的管理模式。黄河流域水资源管理实行流域与区域相结合的管理模式，作为流域机构，要充分带动地方水行政主管部门的履职积极性，要及时征求地方水行政主管部门的意见，充分考虑产生问题的多面性和复杂性，更稳妥地解决问题。应用好河湖长制平台。对目前执法过程中，尚不能解决的问题，依靠河湖长制完善的机构平台，通过多部门协调，针对卡脖子的关键方面，对应相关部门及时进行协调解决，有效解决发现的顽固问题。应用好水利＋司法执法机制。对于一般行政手段不能解决的问题，近期，水利部和最高检联合组织开展黄河水资源保护专项行动，通过黄河水资源保护专项行动，将问题整理为问题台账，要求限期进行整改，到整改期限拒不整改或整改不力的项目，将问题移送至司法机关，进行立案查处。应用好联合执法机制。

（4）加快辖区智慧化水资源管理建设

没有网络安全就没有国家安全，没有信息化就没有现代化。近几年，迅猛发展的互联网、大数据、人工智能等技术，已经迅速融入经济社会和国家治理中。数字化逐步成为推进国家治理体系和治理能力现代化建设的必然趋势。加快构建辖区智慧化水资源管理模式，建立智慧化水资源管理中心＋智慧化水务管理项目，对黄委发证取水项目建立智慧水务管理系统，实现水量实时监控、电子取用水统计台账生成及自动上报、取用水计划管理、定额管理、用水考核指标自动计算、水平衡动态测试与分析、数据管理、数据可视化分析、智能报警功能、计量器具数字化管理等，水资源管理机构

作为上层管理者，针对管理内容，应实现取水项目监管档案目录、水量实时监控、电子取用水统计台账自动汇总、取用水计划管理、定额管理、数据管理、数据可视化分析、智能报警功能等。

7　结束语

新形势下，绥德局水资源管理将进一步深入学习贯彻习近平新时代中国特色社会主义思想和宣传贯彻《黄河保护法》，不忘初心、牢记使命，认真履职尽责，争做守法用法的"践行者"，保障《黄河保护法》的落实落地，构建起《黄河保护法》的坚定屏障，以法治守护母亲河安澜，为黄河流域生态保护和高质量发展提供有力保障。

基于水利高质量发展的黄河内蒙古段防洪工程建设实践

田海龙[1,3]　刘晓旭[1,2,3]　赵海洋[1,3]　余　淼[1,3]　刘晓民[2]

1. 内蒙古水务投资集团有限公司　2. 内蒙古农业大学

3. 内蒙古自治区水权收储转让中心有限公司

摘　要:黄河内蒙古段近期和二期防洪工程是造福沿黄两岸各族人民的重大民生工程,对保障民生和区域经济社会稳定持续发展具有重要作用。工程建设始终坚持以人为本、生态优先的原则,通过规范的建设程序、统一的制度体系、创新的管理模式、高效的资金管理和优秀的工程质量,有效提高了黄河内蒙古段防洪标准。工程险情、隐患明显得到了消除,安全运行条件和区域生态环境得到了进一步改善。工程建设经验对工程建设管理和防洪减灾工作具有广泛借鉴和参考意义。

关键词:黄河;防洪防凌;工程建设;生态保护;高质量发展

黄河内蒙古段洪水灾害频繁、凌汛灾害严重,历史上该河段的洪、凌灾害造成了巨大的经济损失和社会影响,严重制约了区域经济社会的发展,1986 年以来,先后发生 6 次凌汛堤防决口和 1 次洪汛堤防决口。2000 年以来,又发生了 2008 年凌汛决口和 2012 年、2018 年汛期持续时间较长的大洪水,防汛抢险与后期建设投入了大量的人力、物力。2000 年后,黄河内蒙古段以堤防工程为主、河道整治工程相配套、其他工程措施为辅的防洪工程体系得到了逐步完善,对减轻内蒙古河段洪水和凌汛灾害起到了重要作用。然而,治理河段长且工程建设基础较差,河段洪水持续时间长且凌汛频繁发生,河道泥沙淤积,再加上投资有限等原因,黄河防洪保障能力仍存在不足[1]。

2019 年,习近平总书记在甘肃省考察时就作出治理黄河的重要指示[2],同年在郑州主持召开黄河流域生态保护和高质量发展座谈会时强调,黄河流域生态保护和高质量发展是重大国家战略,保护黄河是事关中华民族伟大复兴和永续发展的千秋大计;要求抓紧开展顶层设计,编制规划纲要,加强重大问题研究,共同抓好大保护、协同推进大治

基金项目:感谢国家自然科学基金项目 51969021 和 52169016,内蒙古自治区科技重大专项 2021ZD0008,内蒙古自治区自然基金 2021MS05042 的资助。

理,让黄河成为造福人民的幸福河[3]。2020年习近平总书记在参加十三届全国人大三次会议内蒙古代表团审议时强调要着力抓好黄河流域生态环境综合治理,持续打好蓝天、碧水、净土保卫战,把祖国北疆这道万里长城构筑得更加牢固[4],同年在陕西省、山西省和宁夏回族自治区考察时均对黄河流域生态保护和高质量发展作出重要指示[5-7]。

内蒙古沿黄区域战略地位重要,未来的防洪防凌安全和减灾能力,将直接影响到两岸人民生命财产安全和经济社会稳定持续发展,关系到西部大开发战略实施的进程和边疆繁荣稳定的大局,同时也影响到华北地区乃至国家的能源和战略资源的安全。在现状防洪工程的基础上,2010年起连续建设了黄河内蒙古河段近期防洪工程和二期防洪工程,以解决存在的各项突出问题,逐步完善该河段防洪体系。本文总结了黄河内蒙古河段近期和二期防洪工程的建设经验,并就黄河流域高质量发展提出建议,为防洪治理及工程建设管理提供参考和依据。

1 工程背景

黄河内蒙古段位于黄河流域最北端,从宁蒙界都思兔河入黄河口处入境,于准格尔旗马栅乡出境。内蒙古自治区境内黄河干流长843.5km,约占黄河全长的1/7;流域面积15.19万km²,约占黄河流域面积的1/5。内蒙古是黄河上游流经长度最长、流域面积最大的省(自治区),也是建设我国北方重要生态安全屏障和祖国北疆安全稳定屏障的重要组成,在整个流域生态保护与建设中具有重要地位。内蒙古自治区黄河流域资源能源富集,城镇产业集中,国土面积、常住人口、经济总量分别占全区的44%、50%和69%,贡献全区75%的工业增加值、71%的财政收入和66%的社会消费品零售总额,是内蒙古重要的工业重点承载区、粮食主产区、文化遗产富集区和经济主要增长极。经济社会迅速发展、人口增长、城市规模扩大和基础设施增多,对防洪保安全提出的要求也越来越高。然而,受特殊的地理位置和气候条件影响,内蒙古黄河流域的防汛防凌抗旱任务十分艰巨,水旱灾害防御工作还存在不少薄弱环节。同时,黄河流域生态环境脆弱,支流上游涵养功能低,部分支流水污染严重。内蒙古自治区在现有工程的基础上,通过堤防加固、险工险段治理、控导及防护工程建设等措施,建设黄河内蒙古段近期和二期防洪工程,以进一步提高黄河内蒙古段防洪防凌能力。黄河内蒙古段近期和二期防洪工程共投资59亿元,分别于2011年11月和2015年10月开工建设,于2014年9月和2018年11月工程基本完工,涉及沿黄6盟市17个旗(县、区)。堤防工程明显提高了抵御洪水能力,工程建成后黄河内蒙古段治理河段共有各类堤防长1043.336km,干流堤防全部达到了2025规划年设计标准,堤顶不同程度实施了硬化,有河道整治工程116处,工程长度296.807km。

2 经验与做法

（1）保证质量，助推内蒙古经济社会高质量发展

黄河内蒙古段近期和二期防洪工程建成后，黄河内蒙古段防洪标准大大提高，各项技术指标基本达到了设计要求，工程险情、隐患明显得到了消除，安全运行条件和区域生态环境得到进一步改善[8-9]，三盛公水利枢纽以上不足 20 年一遇洪水标准的堤防提高到 20 年堤防一遇标准；三盛公水利枢纽以下左岸不足 50 年一遇洪水标准的堤防提高到 50 年一遇标准，右岸不足 30 年一遇洪水标准的堤防提高到 30 年一遇标准。全线堤顶路面实行了硬化，大大地提高了黄河防凌防汛运输通行保障能力。它对保护区内国家重要粮食生产基地、交通干线、重要能源和新材料产业基地提供了保障，对优化黄河水资源配置、保护黄河水生态及周边地区的生态安全提供了保障，为自治区实现区域经济社会可持续发展提供了保障。

作为国家 172 项重大水利工程项目之一，同时也是自治区 12 项重点水利工程，工程在建设期就发挥了巨大的社会效益。黄河内蒙古段近期防洪工程在运行初期，经历了 2012—2014 年黄河洪汛和凌汛的考验，特别是 2012 年夏季发生的黄河内蒙古段 1981 年以来最大洪水。黄河内蒙古段二期防洪工程建设的最后一年（2018 年），黄河流域降水较常年偏多，黄河上游连续发生编号洪水过程。7 月 8 日，黄河防汛抗旱指挥部办公室发出《关于启动黄河上游防Ⅳ级应急响应的通知》；9 月 3 日，内蒙古防汛抗旱指挥部发出《关于启动黄河内蒙古段防汛Ⅲ级应急响应的通知》。7 月 11 日开始，流量相继大于 2000m³/s，8 月中旬至 10 月中旬流量维持在 2000～3000m³/s。大于 2000m³/s 流量过程维持 135 天，大于 2500m³/s 流量过程持续 57 天，大于 3000m³/s 流量过程持续 26 天。巴彦高勒最大流量 3020m³/s，相应水位 1052.87m；三湖河口最大流量 3060m³/s，相应最高水位 1020.34m，为 1985 年以来最大流量（最高水位）。接着工程又通过过硬的工程质量经受住了黄河 2019 年、2020 年长时间、大流量的考验，有力地保护了两岸人民群众生命财产安全，节省了大量人力、物力，发挥了巨大的社会效益。

（2）落实责任，为工程建设提供坚实保障

自治区党委、政府及沿黄各盟市各级党委、政府落实责任，对工程建设给予高度重视。分管领导多次亲临建设工地视察指导工作，召开现场会议，及时协调解决工程建设中的社会矛盾及重大问题。各有关部门都全力支持、各负其责、通力协作，形成了强大的工作合力，为确保建设任务完成创造了良好的条件。

在各部门的助力下，工程项目法人（内蒙古黄河防洪工程建设管理局）瞄准目标全力推进开工进度。内蒙古黄河防洪工程建设管理局以水利部、水利厅制定的工作目标

为准绳,制定报告及要件编制、审查、批复的时间节点,积极协调沟通相关报告及要件出具和审批部门,严格按照制定的目标执行。同时,为确保高效完成项目工作,实行前期工作绩效管理,将责任落实到人,完成情况与个人绩效挂钩。内蒙古黄河防洪工程建设管理局介入后,通过一年的时间,于2010年取得了黄河内蒙古段近期防洪工程可研批复,用了仅半年的时间,于2011年8月获自治区发改委对项目初设报告的批复,保障了工程顺利开工建设。黄河内蒙古段二期防洪工程可研从编制到批复历时2年2个月,初设从编制到批复历时10个月。

工程开工后,内蒙古黄河防洪工程建设管理局落实法人职责保障工程建设有序进行。工程数据统计涉及单位较多,包括6个盟市、2个直属的建管机构及83个参建施工单位和24个监理单位。此外,统计队伍的差距也较大,统计员兼职多专职少,且变动频繁,许多统计人员的专业能力和实际工作要求相差甚远,实际工作中,往往不能按制度要求准确收集、加工和汇总数据,造成统计数据的错误。针对这些问题,内蒙古黄河防洪工程建设管理局统一了报表格式,并组织对统计人员进行专业培训,将统计数据与资金支付、工程结算挂钩,分析研判统计数据,为工程建设管理提供坚实保障。

（3）两级模式,推进建管工作高效高质开展

黄河内蒙古段近期及二期防洪工程属于典型的线长面广性水利工程,一个项目法人在建设管理中需对接41家堤防管理单位。各单位管理水平和建设标准均不一致,且对接人员多为兼职,工作效率参差不齐。为保障工作高质有序开展,工程项目采用"项目法人负总责,授权盟市建设管理"的两级管理模式,项目法人（内蒙古黄河防洪工程建设管理局）组成一级管理机构,和6个盟市二级管理单位和厅属的2个二级单位组成二级建管机构。两级管理极大地调动了各盟市参与建设的积极性、主动性,不仅解决了工程建设过程中推诿扯皮现象,同时也形成了制约机制,使二期防洪工程在批复工期内保质保量完成,在172项水利工程中属于排名靠前完成项目。

一级管理机构分别与二级建管机构签订授权合同书,明确各自任务和职责分工。

一级管理机构负责项目前期、项目管理等宏观工作。具体包括:①组织项目前期支撑性文件及报告编制、审核、申报等前期工作的办理。②项目质量安全生产监督及工程报建等有关手续的办理。③与盟市人民政府签订移民安置协议。④项目勘察、设计、监理、质量和环境检测等工作的组织招标及合同签订。⑤组织编制并上报项目年度建设计划,严格按照概算控制工程投资,并用好管好建设资金。⑥负责各种统计报表的汇总及上报。

二级建管机构负责现场实施管理。具体包括:①协调解决好工程建设外部条件及建设中的社会矛盾。②协助地方政府做好征地、拆迁、移民等工作。③受一级管理机构委托对项目组织招标、签订合同,授权项目招标方案应报一级管理机构,并由一级管理

机构统一申请报批后通过呼和浩特公共资源交易中心进行,并接受自治区水利厅的监督。④履行重大事项申报和备案程序。及时并定期向一级管理机构反馈工作,按要求提交书面总结报告。⑤向工程运管单位办理实施项目的移交手续等现场管理工作。

（4）完善制度,统一标准的管理体系

为进一步规范建设管理,工程项目建立了制度体系,形成了标准统一、步调一致的管理体系。由一级管理机构统一制定了《工程建设管理办法》《工程建设管理实施细则》《财务管理办法》《质量安全管理办法》《档案管理办法》等多项制度。各二级建管机构在工程建设中严格执行基本建设程序,认真落实项目法人责任制、建设监理制、招标投标制和合同管理制,并按照项目制度统一实施。制度体系的建立,在保障工程质量安全的前提下,加快了建设进度,优化了投资效率,保障工程设计功能充分发挥。

（5）合理规划,统筹高效控制投资流转

黄河内蒙古段近期和二期防洪工程总投资分别为 13.81 亿元和 44.95 亿元,投资来源于中央、自治区和各盟市。其中,中央资金分别为 9.66 亿元和 28.18 亿元,自治区配套资金分别为 2.77 亿元和 8.38 亿元,盟市配套资金分别为 1.38 亿元和 8.38 亿元。工程资金采用静态控制、动态管理的运转模式,提高了资金使用效率,解决了资金被挤压挪用的风险,实现了少花钱多办事的投资控制良好局面,结余资金用于新增工程。

国家和自治区投资由一级管理机构管理,采取自治区财政厅授权支付的办法,一级管理机构将由监理单位、盟市建管机构确认后的工程价款,直接支付到参建单位。盟市配套资金由盟市财政直接拨付到盟市二级建管机构,并通过专户存储。按照规定的支付签证程序支付到有关单位。工程施工合同采用单价合同。施工单位每月根据工程完成情况,向监理单位提出工程量完成清单和价款结算清单,经监理单位现场确认—盟市现场建管机构审核—盟市建管机构确认——一级管理机构(内蒙古黄河防洪工程建设管理局)审核的流程拨付工程进度款。

（6）生态优先,工程建设与生态环境和谐统一

工程建设始终坚持生态优先,通过一系列做法实现了工程建设与生态环境的和谐统一。比如对 6 个国家级及自治区级的湿地公园、地质公园和自然保护区实行不扰动原则;在土料场取土后及时植树种草恢复植被,部分石料场按环保要求重新选择;采取增殖放流保证黄河鱼类繁殖;水保环保实行环境监理、监测等。

（7）以人为本,助力民生条件和乡村振兴

工程建设始终本着以人为本、治河为民的理念,将工程建设与社会主义新农村建设有机结合。三盛公以下堤顶道路全线贯通并全部采用沥青路面,为方便农牧民出行,工程增设 612 处上堤坡道,并与村村通公路衔接,有条件的地方将堤顶路与附近公路干道

连接起来。昭君坟险工根据河势变化通过工程治理,解决了二狗湾村村民生计问题。通过堤防垂直防渗处理,解决了恩格贝镇两个自然村村民长期生活在潮湿环境的问题。堤防所通过新建改建,解决了一线水利职工生活和仓储条件。

（8）调研学习,借鉴区内外先进技术经验

建管机构通过区内外调研和交流学习的方式,借鉴先进技术和经验,提升建设管理和技术水平,先后赴宁夏回族自治区水利厅、黄委会、淮河水利委员会参观工程现场,学习计划管理、工程资金管理、计量管控、水保环保措施等方面的经验,聘请水利专家对参建人员进行培训,并在区内沿黄 6 个盟市互相参观及交流经验。工程建设期间部分标段在河道整治过程中,由于河势变化需要裁弯取直,而原来的施工技术不能满足水中进占要求。工程采用了"吨包"进占技术,解决了水中进占速度与抗冲刷难题。

3 黄河流域生态保护和高质量发展展望

内蒙古段是黄河流域的主要产沙区之一,其中十大孔兑最为严重。黄河沙患同样影响内蒙古,海勃湾水利枢纽运行了仅 5 年,淤积泥沙就占了总库容的 1/3（1.5 亿 m³）,且有长达 240km 的"悬河"。下一步要围绕减少泥沙入河、加强地下水管控、推进重要河湖治理,实施好各项保护和治理措施。

1）继续加强水土保持治理,抓好淤地坝建设管护,推进黄河十大孔兑治理及黄河多沙粗沙区集中来源区治理,实施一批拦沙换水工程、河湖连通工程,配合有关部门推进水污染防治,努力使黄河水更清。

2）要加强水生态保护,加强地下水生态治理保护,落实地下水"五控"管控措施,加快推动流域 20 个地下水超采区治理,年底前全部达到治理目标,暂停超采区建设项目的新增取水审批。

3）推进乌梁素海、岱海、居延海、哈素海等重点湖泊湿地治理。加大对乌梁素海补水力度,加快岱海生态应急补水工程建设进度,统筹利用分凌、分洪和灌溉间隙期补水,努力发挥重点湖泊生态功能。

4 结论

黄河内蒙古段近期和二期防洪工程是造福沿黄两岸各族人民的重大民生工程,建设过程中压实责任、科学组织、精心施工,坚持以人为本、生态优先的原则,通过规范的建设程序、统一的制度体系、创新的管理模式、高效的资金管理,以优秀的工程质量圆满完成了建设任务,向黄河两岸人民交出一张满意的答卷。这是深入践行习近平总书记"节水优先、空间均衡、系统治理、两手发力"新时代治水思路、贯彻总书记黄河流域生态保护和高质量发展重要讲话精神的具体实践,将"绿水青山就是金山银山"化为生动的现实。工程建设经验对工程建设管理和防洪减灾工作具有广泛借鉴和参考意义。

参考文献

[1] 黄河勘测规划设计有限公司,内蒙古自治区水利水电勘测设计院.黄河内蒙古段二期防洪工程初步设计报告[R].郑州:黄河勘测规划设计有限公司,2015.

[2] 新华社.习近平在甘肃考察时强调 坚定信心开拓创新真抓实干 团结一心开创富民兴陇新局面[EB/OL].https://www.gov.cn/xinwen/2019-08/22/content_5423551.htm.

[3] 新华社.习近平在河南主持召开黄河流域生态保护和高质量发展座谈会[EB/OL].https://www.gov.cn/xinwen/2019-09/19/content_5431299.htm.

[4] 新华社.习近平参加内蒙古代表团审议[EB/OL].https://www.gov.cn/xinwen/2020-05/22/content_5513968.htm.

[5] 新华网.习近平在陕西考察时强调 扎实做好"六稳"工作 落实"六保"任务 奋力谱写陕西新时代追赶超越新篇章[EB/OL].http://www.xinhuanet.com//politics/2020-04/23/c_1125896472.htm.

[6] 学习强国.习近平在山西考察时强调 全面建成小康社会 乘势而上书写新时代中国特色社会主义新篇章[EB/OL].https://www.xuexi.cn/lgpage/detail/index.html?id=4192648965045528747.

[7] 新华社.习近平在宁夏考察[EB/OL].https://www.gov.cn/xinwen/2020-06/10/content_5518467.htm.

[8] 黄河内蒙古段近期防洪工程竣工验收委员会.黄河内蒙古段近期防洪工程竣工验收鉴定书[Z].郑州:黄河水利委员会,2015.

[9] 黄河内蒙古段二期防洪工程竣工验收委员会.内蒙古段二期防洪工程竣工验收鉴定书[Z].郑州:黄河水利委员会,2009.

尼尔基水利枢纽工程资金状况预测及解决对策分析

张海涛　周　辉　张久富

嫩江尼尔基水利水电有限责任公司

摘　要:尼尔基水利枢纽自 2006 年 7 月投产运行以来,尼尔基水利水电有限责任公司由于收入来源单一,主要依赖发电收入,"靠天吃饭",加之银行贷款还本付息压力大,枢纽维修养护成本逐年增加,资金紧张的问题始终存在,多次出现资金流断裂。近些年来,公司始终坚持不懈地探寻各种手段化解资金断裂风险,大力推进贷款展期和贷款工置换作,储备流动贷款、融资租赁贷款等融资渠道,利用新增银行长期贷款解决重大项目融资问题,减少短期资金压力,防范化解了资金流断裂风险,为公司可持续健康发展提供保障。

关键词:尼尔基水利枢纽;资金状况预测;解决对策

1　尼尔基水利枢纽基本情况

1.1　工程地理位置

尼尔基水利枢纽位于黑龙江省与内蒙古自治区交界的嫩江干流上,坝址右岸为内蒙古自治区莫力达瓦达斡尔族自治旗尼尔基镇,左岸为黑龙江省讷河市二克浅镇,距下游工业重镇齐齐哈尔市约 189km。嫩江发源于大兴安岭伊勒呼里山,由北向南流经黑龙江、内蒙古、吉林 3 个省(自治区),在黑龙江省肇源县三岔河汇入松花江,干流全长 1370km,流域面积 29.7 万 km²。尼尔基水利枢纽坝址地处嫩江干流的最后一个峡谷,扼嫩江由山区、丘陵地带流入广阔的松嫩平原的咽喉。枢纽坝址以上控制流域面积 6.64 万 km²,占嫩江流域总面积的 22.4%,多年平均径流量 104.7 亿 m³,占嫩江流域的 45.7%。

1.2　工程任务和规模

尼尔基水利枢纽是以防洪、城镇生活和工农业供水为主,结合发电,兼有改善下游航运和水环境,并为松辽地区水资源的优化配置创造条件的大型控制性工程。尼尔基水利枢纽工程正常蓄水位216.00 m,校核洪水位219.90 m,设计洪水位218.15 m,防洪高水位218.15 m,汛期限制水位213.37 m,死水位195.00 m,水库总库容86.1亿 m³,其中防洪库容23.68亿 m³,兴利库容59.68亿 m³,总装机容量为25万 kW,多年平均发电量6.144亿 kW·h。

1.3 综合效益

(1)防洪效益突出

自枢纽建成以来,流域内多次发生洪水,其中2009年、2013年、2018年、2019年、2020年、2021年洪水过程显著,尤其是2013年汛期,嫩江上游发生超50年一遇大洪水,经尼尔基水库调洪削峰,将嫩江中下游河段洪水削减至20年一遇,松花江干流洪水削减至10~20年一遇,极大减轻了下游沿江两岸防洪压力,获得"黑龙江省抗洪救灾先进集体"称号。

(2)供水效益显著

有效保障了枢纽下游工业、农业和城乡生活用水需求,提高了用水保证率,极大缓解了2007年、2008年等特枯年份流域内特大旱情。

(3)有效改善下游河道航运及水生态环境

自尼尔基水库调节放流以来,下游河道生态环保流量及通航水位得到保证,扎龙湿地生态条件和生物多样性逐步得到恢复。

(4)发电效益明显

自尼尔基水利枢纽首台机组于2006年7月并网发电至2022年底,已累计实现发电量99.16亿 kW·h,为东北电网提供大量的清洁能源,在电网调峰等方面发挥了重要作用。

2 尼尔基公司基本情况

嫩江尼尔基水利水电有限责任公司(以下简称"公司")是由水利部和黑龙江省、内蒙古自治区人民政府三方共同出资组建的国有企业。公司成立于2001年,注册资金5000万元。目前,公司股东分别为吉林松辽水资源开发有限责任公司、黑龙江省水利投资集团有限公司和内蒙古水务投资集团有限公司,出资比例为4∶3∶3。公司注册地为黑龙江省齐齐哈尔市,公司总部基地位于齐齐哈尔市龙沙区,枢纽现场办公基地位于内蒙古自治区莫力达瓦达斡尔族自治旗。公司主要承担尼尔基水利枢纽工程建设和管理运营,实现国有资产保值增值,同时兼营库区资源开发利用、水利风景区旅游等多项业务。

截至2022年底,公司下设办公室(董事会办公室)、经营管理与发展规划处、财务资产处、人事处、党群工作处、纪检审计处、安全生产管理与保卫处、枢纽管理与工程技术处、水库调度处、行政处、发电厂 11 个内部管理机构，以及齐齐哈尔松江水利水电工程有限责任公司、内蒙古纳文湖绿色发展有限责任公司 2 个全资子公司。公司现有正式员工 150 人，其中，本科及以上学历 129 人，占比 86.2%。公司拥有资产总额 57.42 亿元，净资产 51.13 亿元。公司资金来源主要为发电收入，近 10 年年均结算电量 6.06 亿 kW·h，年均实现发电收入 2.01 亿元，年均上缴税费 0.41 亿元。现有建设期贷款 5.48 亿元，资产负债率 10.93%。

3 公司资金状况预测分析

枢纽自 2006 年 7 月投产运行以来，由于银行贷款还本付息压力大，枢纽维修养护成本逐年增加，公司资金紧张的问题始终存在，多次出现资金流断裂问题。2018—2021 年，由于水库来水情况较好，公司发电收入大幅提升，公司资金紧张情况得到了一定缓解。但从中长期来看，公司发电收入"靠天吃饭"现状无法改变，随着枢纽维修养护成本不断上升，还本付息压力大，公司中长期资金链断裂风险仍然存在。下面将从短期、中期、长期 3 个阶段，对公司未来资金收支情况进行测算和分析。

3.1 短期资金状况预测

短期资金状况预测时间到 2023 年末。截至 2023 年 7 月 31 日，公司当年累计结算电量为 2.3 亿 kW·h，实现发电收入 0.79 亿元。根据目前来水情况，预计 2023 年结算电量 4 亿 kW·h，实现发电收入 1.5 亿元，预计各项成本费用支出金额为 2 亿元，2023 年公司的新增收入不能满足当年支出的需要，公司需用以积累的资金弥补 2023 年资金缺口 5000 万元。

3.2 中期资金状况预测

尼尔基枢纽上游 1998 年以来历年来水量情况见图 1。

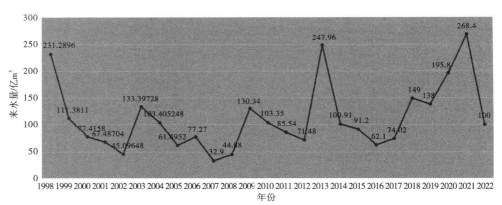

图 1 尼尔基枢纽上游 1998 年以来历年来水量

2024—2026 年，尼尔基水库遇枯水期可能性较大，乐观估计 2023—2025 年年平均结算电量最高在 4.5 亿～5 亿 kW·h，年均发电收入在 1.44 亿～1.6 亿元，保守估计 2024—2026 年年平均结算电量最高在 4.0 亿～4.5 亿 kW·h，年均发电收入在 1.28 亿～1.44 亿元。测算公司 3 年平均成本费用支出约为 1.6 亿元（没有还贷本金支出，项目经费支出压缩在 3500 万元、未考虑偿还欠缴 2018—2021 年水资源税费 1352 万元、数字孪生投资、标准化达标投资）。如 3 年平均结算电量在 4 亿 kW·h，预计 2026 年末资金余额约为 0.5 亿元，公司资金链将在 2026 年出现断链风险。如 3 年平均结算电量在 4.5 亿 kW·h，年均发电收入约为 1 亿元，年均成本费用支出约为 1.6 亿元，公司资金链将在 2026 年下半年出现断链风险。由此可见，年均结算电量在 5 亿 kW·h 以下，公司如不采取积极的资金应对政策，公司在 2026 年左右出现资金链断裂风险可能性极大，需引起高度关注。

值得一提的是，公司近年借着此次丰水期发电收入大幅增长，提前偿还了贷款和转换 LPR 利率，为公司累计节约财务费用约 5000 万元，如果没有采取此项财务运作，公司资金流断裂的风险还将提前 1 年。

3.3　长期资金状况预测

长期资金状况预测时间到 2031 年。在压缩项目经费、人员经费基本不增长和不考虑物价上涨的情况下，按照保守成本和公司年均发电量 6 亿 kW·h 测算，收支基本平衡；按照年度结算电量 5.5 亿 kW·h 测算，收支出现赤字，2030 年出现资金链断裂。考虑 2023 年发电收入已经进入偏枯季节，发电收入减少，以及随着枢纽运行时间增长维修费用不断增加、物价上涨等因素，未来 9 年平均结算电量 6 亿 kW·h 较难，长期资金流断裂是必然的。

4　资金断裂带来的影响

从短期、中期、长期 3 个时间维度对公司资金进行预测，可以清晰看出，如公司在 2024—2026 年遇枯水期，公司资金链将会在 2026—2027 年出现资金断裂风险。资金断裂会出现的问题有：银行账户将被银行冻结，资金无法支出；枢纽运行维护正常支出不能够得到有效保障；职工工资长期停发或降薪，影响队伍稳定；因资金问题影响职工工资和社保，以及运维费用无法落实，工程标准化将无法达标；因还款违约，银行冻结账户；因欠缴税款被税务公示催缴（如长时间拖欠税款，将被税务局列入非正常户，税务机关将采取强制措施，如冻结银行账户、查封企业财产，以此抵交所欠税款），影响公司信誉和信用等级，并在工商备案；如资金链断裂时间较长，很可能出现调整资本结构和收购兼并风险，等等。

尼尔基工程在 2008 年和 2013 年曾经两度出现现金流断裂，银行控制公司账户，资金支出全面受控;员工停发工资(4 个月),影响了职工队伍的稳定;2017 年末和 2018 年初又出现资金紧张情况,公司不得不从融资租赁公司短期融资高息资金 3000 万元(年化利息率 7.8%),以解燃眉之急,否则现金流将再次出现断裂。

5 影响资金紧张主要因素

(1)核定电价与可研电价相比较低

尼尔基公司主要收入来源是发电收入,占公司收入的 99% 以上,收入要承担 13.39 亿元贷款的偿还和枢纽工程的运行维修养护费用。2007 年 9 月,国家发改委以发改价格〔2007〕2542 号文件,核定尼尔基水电站上网电价为 0.357 元/(kW·h)(含税)。2009 年 11 月,国家发改委以发改价格〔2009〕2920 号文件,批复尼尔基水电站上网电价提高 0.03 元/(kW·h),即上网还贷电价为 0.387 元/(kW·h)(含税)。2019 年 8 月,由于发电增值税率下调,尼尔基水电站上网电价降至 0.374 元/(kW·h)(含税)。然而尼尔基水电站可行性研究阶段测算含税价 0.503 元/(kW·h),现行上网电价比项目可研阶段测算上网电价低 25.65%。按年均发电量 6 亿 kW·h 计算,每年收入减少 6850 万元,这是造成公司资金困难的重要原因之一。

(2)实际供水收入与可研供水收入相差甚远

尼尔基水库主要供水方式分为经河道补偿供水和直接供水。在河道补偿供水方面,从 2006 年水库下闸蓄水以来,公司已多次不计发电经济效益损失为水库下游生态、环境、灌区进行补偿性供水,但苦于水价没有得到核定和批准,补偿性供水费收缴一直无法实现。直接供水对象是内蒙古莫旗灌区和黑龙江讷河灌区,由于水价未核定,只能暂按可研估算的农业供水价格 0.02 元/m³ 收取,水费价格较低,每年水费收入仅 80 万元左右,远低于初设确定水费收缴目标(约 9000 万元/a)。公司无法正常实现供水收入,也是造成公司资金链紧张的重要原因之一。

(3)承担公益职能的特大防汛费、水利工程维修养护费等公益性支出未得到补偿

尼尔基水利枢纽为准公益性项目,枢纽自 2006 年 7 月下闸蓄水发电以来,在防汛抗旱、补偿供水等公益性职能和发电等经济效益方面都发挥了重要作用,综合效益显著。由于尼尔基水利枢纽已运行了将近 20 年,维修、更新和改造的任务越来越重,应急维修经费较前几年大幅增加,每年枢纽防汛费、水利工程维修养护费等在 3000 万元以上,公司资金存在较大缺口,给公司运营带来极大压力。

(4)库区基金申请使用渠道受阻,无法获得资金支持

按照《财政部关于黑龙江省大中型库区基金征收使用管理实施细则的批复》文件规定,自 2010 年 4 月起,尼尔基公司缴纳跨省际大中型水库库区基金,征收标准为

0.008元/(kW·h),尼尔基水库上缴的大中型水库库区基金全部缴入中央国库,由中央财政按照63.4%和36.6%的比例,根据资金入库情况按季度拨付给黑龙江省和内蒙古自治区,并纳入黑龙江省和内蒙古自治区大中型库区基金统筹安排使用。截至2022年底,公司累计缴纳库区基金6882万元。水库库区基金主要用于支持库区防护工程设施维护,帮助解决水库遗留问题。由于库区基金转入地方统筹使用,公司申请使用渠道不通,无法获取库区基金的扶持资金,导致符合库区基金使用范围的库区维修养护项目无法获得资金补偿,加重公司资金压力。

6 公司解决资金困难有关举措

（1）以资金管理为中心,防范化解资金风险,提高资金使用效益

近年来,公司一直为资金所困,公司始终坚持不懈地探寻各种手段化解公司资金断裂风险,大力推进贷款展期和贷款工置换作,储备流动贷款、融资租赁贷款等融资渠道,必要时利用银行汇票或商业汇票支付工程款,利用新增银行长期贷款解决重大项目融资问题,减少短期资金压力,防范化解资金流断裂风险,为公司可持续健康发展提供保障。利用银行长期贷款解决左副坝下游浸没处理项目（贷款金额3700万元）和数字孪生项目（贷款金额3200万元）融资问题,为了减少中短期现金流资金压力,公司计划对标准化达标项目打捆申报长期项目贷款,减少短期资金压力。

公司2019—2022年累计提前偿还银行贷款本金3.76亿元,为公司减少财务费用累计近2500万元。公司及时抓住国家利率市场化调整时机,2020年6月组织完成了LPR市场利率转换工作,降低贷款利率15个基点,2020—2022年为公司累计减少财务费用300万元。为解决公司中长期资金紧张的问题,2023年3月,财务处积极努力,拓展思路,与齐齐哈尔市建设银行进行了艰苦卓绝的协商博弈,建设银行已同意贷款年利率由原来的5年期LPR+10BP（4.40%）下降至LPR-75BP（3.55%）。经测算,利息调整后2023—2025年每年可为公司节约利息约450万元,累计可节约利息费用约3200万元。

提高闲置资金效益,2018—2020年通过利用闲置资金购买银行理财产品,获得投资收益近700万元。2021—2022年投资理财市场环境发生一定变化,风险有所提高,公司及时调整理财投资方向,暂停结构性存款、银行理财产品等投资,转换成协定存款,确保公司现金资产在安全的情况下获得最大投资收益,2021—2022年累计取得现金资产管理收益近600万元,确保了国有资产保值增值。

（2）大力推进水价核定工作,提高公司收入增长点

公司将按照《水利工程供水价格管理办法》（国家发展改革委令第54号）、《水利工程供水定价成本监审办法》（国家发展改革委令第55号）政策要求,开展水价成本测算,积极推进水价核定工作,争取枢纽水价早日获得国家发展改革委批准,进一步促进直供灌

区和补偿性供水水费收缴,提高公司收入增长点,缓解公司资金困难现状,促使公司尽早步入良性发展轨道。

（3）进一步加强预算、项目、合同管理,提升规范化管理

强化预算管控,在公司全体职工中大力宣传"过紧日子"的思想和意识,应树立"在确保枢纽安全运行的情况下,为公司省钱就是作贡献"的思想,为公司可持续发展贡献力量。要求各业务处室加强项目申报前审核,筛选出紧迫性强、必要性强的项目进行申报,把有限的资金用在刀刃上,降本增效。公司制定项目预算控制指标数,新增项目原则上不能超过预算控制数。不断加强对预算项目审核力度,绖织召开预算项目评审会,对投资项目必要性、紧迫性不强、投资金额不合理的项目坚决予以退回,确保公司资金用在刀刃上。

强化项目全过程管理,严格年度项目预算控制,合理安排项目投资规模;制定《项目管理办法》《项目采购管理规定》,进一步提高项目管理效率,优化管理程序;严把决策审批、项目采购、投资控制、质量监督、完工验收等关口,切实把资金花在刀刃上。加强财务核算监督,严格日常报销审核、经营分析等,不断规范所属子公司财务管理。持续优化管理手段,严格资产各环节管理,切实落实资产管理责任,提高资产管理使用效率。充分发挥审计监督作用,聚焦采购市场询价、直接采购价格商谈、项目竞争性磋商、招投标管理、资产处置等重点环节,推进监督全覆盖。

进一步加强合同法务风险管理,要求律师对每个合同法律风险进行审核。严格执行《公司合同管理办法》,不断加大合同审核审查力度,重点对合同主旨及条款的合规性进行审查,对合同工程量进行复核,对合同价款进行审核,确保合同管理工作严谨有序,合规合法,竭力维护公司利益。

（4）加强内部管理,管理出效益

创新财务会计管理体制机制和模式研究,采用财务集约化管理。2016年撤销尼尔基公司发电厂财务部,将发电厂财务管理职能划归公司财务处。2018年将所属2个全资子公司财务上收到公司财务处集中管理,实现了财务集约化管理。不断强化公司成本管控和核算管理,对公司降本增效、加强财务监督力度和充分调配资源等起到重要作用,全面提升了公司运行效率和经营效益。

大力推广业财融合理念,提高管理效率,充分发挥财务在业务管理中的作用。制定《尼尔基公司项目管理办法》《尼尔基公司合同管理管理办法》《尼尔基公司项目采购管理暂行规定》等制度,将日常项目的实施审批、合同验收职责划到财务处管理机制,使业财融合走实走深,在提高项目管理效率,节约项目成本方面起到积极作用。创新管理模式,在公司建立财务联络员制度,加强财务部门与业务部门沟通协调和信息传递,加强会计核算监督,有力促进了业财融合,提高了管理效率。

基于建设管理视角的水利投资企业典型问题研究
——以某省级水利投资集团为例

刘佳龄　李懿文

重庆交通开发投资集团有限公司

摘　要:在分析调查部分省级水利投资企业近年业务数据的基础上,选取 B 水利投资集团作为典型案例,深入分析当前水利投资企业的经营现状、发挥的作用及存在的突出问题。探讨产生问题的主要原因,并提出对策建议。

关键词:水利投资;企业现状;突出问题;主要原因;对策建议

1 水利投资发展现状

近年来,国家加大对流域防洪、重大水资源配置、水生态保护治理、农业农村水利等重点建设领域的投资力度。

从投资方向来看,2022 年国家水利建设投资达 10893 亿元,主要聚焦水利基础设施联网、补网、强链,重点在以下 4 个领域:①加快流域防洪工程体系建设,完成投资 2964亿元;②大力实施国家水网重大工程,完成投资 4179 亿元;③围绕复苏河湖生态环境,加强水生态修复保护,完成投资 2132 亿元;④推进水文基础设施、数字孪生流域、三峡后续工程等项目建设,完成投资 810 亿元(图 1)。

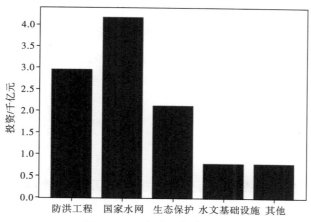

图 1　2022 年水利投资分布

从资金来源构成来看,当前水利建设资金主要来源于中央政府投资、地方政府投资、国内贷款、利用外资、企业和私人投资、债券和其他投资(图 2)。政府投资占比在75%～80%。

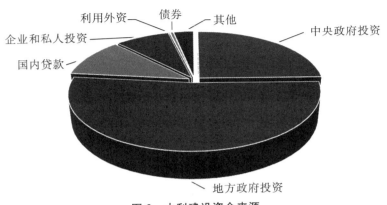

图 2　水利建设资金来源

随着各地政府积极拓宽水利投融资渠道、更多利用市场化融资手段,政府投资比重总体有所降低[1],2022 年落实水利建设投资 11564 亿元,比 2021 年增长 44%,其中地方政府专项债券 2036 亿元、金融信贷和社会资本 3204 亿元。基于水利项目的基础性、公益性和战略性特点,依然需要得到政府投资的大力支持。但政府投资资金的投入方式正在从过去以投资补助为主的模式向资本金注入方式转变[2]。

从实施主体来看,水利投资企业,作为承担地方水利基础设施建设的重要载体,获得了有力的政策和资金支持。但政府投资的承接和管理使用主体由传统水利行业事业单位转变为由建立了完善公司治理结构的国有企业承担。而与之匹配的市场主体提供标准化、物业化、专业化水利工程服务将更加普遍。清晰界定产权、经营权和收益权,才能确保实现市场化管理、提高管理效率[3]。

分析部分省级国有控股水利投资企业的公开资料发现,虽然面临着水利行业向好的投资发展机遇,但企业亦存在较大的经营管理风险。本文重点选取 B 水利投资集团全方位研究。该集团在水利投资行业具有一定的典型性,管中窥豹,可见一斑。

2　典型水利投资企业现状

2.1　现状及特点

B 水利投资集团主要负责省级有关大中型水源工程、供水项目的投资和经营,实施中小水电站项目开发、投资,主要业务为供水、自来水销售、原水销售、发电、管网安装、勘察设计、建筑服务、信息技术服务等。

B 水利投资集团对所属的建设项目分为两类管理,对于经营性项目和市场化投资项目由集团直接管理;对公益性和准公益性项目实行"六定一管"的建设模式,即定建设任务、定工程投资、定建设工期、定工程质量、定安全责任、定考核奖惩,一管为财务管理体制。B 水利投资集团主要负责筹集、拨付资金,对所属项目法人进行考核和监督,不直接负责工程建设管理,由集团下属项目公司在区县政府指挥部领导下履行项目管理职能,该类项目由于各方法律关系交织、权责不明,存在较多管理不规范问题。新开工项目实行区县政府"三自主两包干"模式。即区县自主决策项目建设、自主决策出资人代表和项目法人、自主决策建后管理和维修养护方式,补助投资和征地移民安置任务"两包干"。近 5 年 B 水利投资集团实施大中型水库 33 座,计划建成总库容 6 亿 m³,年调配水 10 亿 m³,批复概算总投资 509.65 亿元。

B 水利投资集团合并报表反映,2022 年资产总额 771.80 亿元,负债总额 367.68 亿元,营业收入 32.57 亿元,营业利润 1.93 亿元,净利润 4593.43 万元。经分析调查,B 水利投资集团营业利润主要来源是股票分红、理财及信托产品收益等,扣除上述利润来源,3 年合并经营利润实际为亏损,主营业务盈利能力弱。

2.2 企业的监管由以管企业为主向以管资本为主转变

党的十九届四中全会要求"形成以管资本为主的国有资产监管体制",要求形成以管资本为主的国有资产监管体系,强调监管职能从"管人、管事与管资产"模式,加速转向以管资本为主的模式。

3 企业发挥的作用及意义

B 水利投资集团成立以来,充分利用国家对水利行业政策支持,建设了一大批重点水利工程,使全省水资源保障能力显著提升。①多渠道筹措水利建设资金,保障了全省大中型水库建设资金需求。B 水利投资集团作为省级水利投融资平台,通过项目融资、土地储备、收益权质押、发行票据、公司债、股权投资等方式,多渠道筹集工程建设资金,满足了全省大中型水利项目建设的资金需求。②按照"规划一批、储备一批、开工一批"的原则,推进重点水利项目前期工作。B 水利投资集团积极跟踪国家和省水利发展规划,加大前期工作经费投入,积极筹集水库等项目前期工作经费,推动区域一体化水资源配置工程等重大水利项目前期工作,积极推动抽水蓄能工程上马,为全省水利行业长远发展奠定了坚实的基础。③补齐民生水利建设短板,进一步增强民生保障能力。B 水利投资集团与区(县)人民政府共同推进建设重点水源工程。先后开工建设了 2 座大型水库和 7 座中型水库,提升了水安全保障能力。

但调查也发现,B 水利投资集团在统筹推动全省水利工程建设项目前期立项、规划勘察设计、招标投标、设计变更、结算决算、竣工验收和建设资金筹集和管理使用等方面还存在一些问题与不足,需在工作中加以改进。

4 企业存在的问题及风险

4.1 部分储备项目和规划项目推进滞后

(1)大中型水利储备项目前期工作推进缓慢,开工未达预期目标

B水利投资集团有大中型水利储备项目8个,由于前期工作推进缓慢,截至2022年底,除1个水库工程具备开工条件外,其他长江干流防洪工程等7个项目仍处于可行性研究、初设等阶段,均不具备开工条件,无法及时开工形成实物量。

(2)部分"十三五"规划项目推进缓慢

计划2020年底建成运营的2座大型水库实际未完成;中型水利工程规划建成13座,实际建成9座。

4.2 部分项目决策不当造成重大亏损或损失风险,未及时研究处置有关事项

4.2.1 部分项目决策论证不充分,未达到预期效果或存在损失风险

(1)决策论证不充分,建设的5个水电站未达到预期目标

5个水电站可行性研究的决策投资额239674万元,实际投资额599783万元,实际投资额为可行性研究决策投资额的2.5倍。5个电站投资主要通过融资举债投入,营业收入基本不能覆盖财务费用,融资规模超过项目承受能力,例如:2020年财务费用为24352万元,年营业收入21388万元;2021年虽然引入央企战略投资化解了部分债务,但按企业营业收入、运行成本和折旧进行测算,5个电站在50年设计使用年限内仍难以收回全部投资成本。

(2)收购5个梯级水电站决策把关不严,造成投资损失和经营亏损

收购5个梯级水电站时未对项目可行性进行复核论证即开工,3年后经财务评估不可行,1~4级电站暂停开发,挂牌出让1年无人摘牌,前期投入29719万元已形成损失。第5级水电站前期已投资8184万元,2018年决定续建,再投入9251万元完成剩余工程。截至2022年,已投入13409万元,预计还需投入6719万元,比续建决策时增加2693万元,电站建成后效益难及预期。

4.2.2 未及时研究处置27座停运水厂闲置资产事宜

B水利投资集团所属的水厂由于规模过小、规划调整等原因已关停27座,其中2座

水厂已关停 14 年。10 座水厂及相关设备无账面价值记录,17 座水厂及相关设备等资产账面净值 6332.99 万元,现均处于闲置状态。B 水利投资集团对闲置资产未研究出台处理措施。

4.2.3 未及时研究处置投资形成的损失风险

2004 年 3 月,为实施 F 县水库工程,B 水利投资集团投入 13966 万元(占股 98.23%),与 F 县共同出资成立 Z 水利水电开发有限公司,但长期未参与该公司经营管理。自 2016 年起,因 F 县水电有限公司实际代管了 Z 奉公司,并以其名义对外经营,B 水利投资集团已不能实际控制 Z 奉公司,股权投资存在流失风险,未履行大股东的职责,及时研究制定有效措施降低投资损失风险。

4.3 建设资金及资产使用管理不到位

4.3.1 资金统筹和使用不够规范

(1)长时间使用个别高利率融资,增大财务成本

B 水利投资集团向招银金融租赁有限公司融资 10 亿元用于集团资金统筹,实际年利率 6.5%;向金融租赁股份有限公司融资 6 亿元,实际年利率 7.93%。两笔融资期限均长达 8 年,且远高于同期 5 年以上基准贷款利率 4.9%。

(2)融资借款 1.4 亿元未按约定用途使用

经 B 水利投资集团董事会审议通过向浙银租赁申请不超过 4 亿元流动资金贷款,子公司以水库大坝枢纽等资产作为租赁抵押物,融资 1.4 亿元,收到融资款后借给母公司统筹使用,未用于约定的水库建设用途。

(3)违规代区(县)人民政府垫付利息 976.2 万元

B 水利投资集团未按与区(县)人民政府签订的《中国农发重点建设基金投资协议》约定,向区(县)人民政府收取投资收益 976.2 万元,此项收益实为 B 水利投资集团垫付的资金利息。

(4)未有效督促区县配套及业主自筹资金到位

B 水利投资集团和有关区(县)共同出资建设的 40 个项目中有 23 个水利项目区(县)及业主自筹资金 8.99 亿元未到位。

4.3.2 水资源配置工程专项资金被占用

子公司水资源开发有限公司申报建设的 4 个项目未获得国家发展改革委和水利部核准纳入水资源配置工程,但占用水资源配置工程建设资金共计 6.22 亿元,截至 2022 年 12 月,仍有 2.48 亿元未归垫到位。

4.3.3　违规将 3 个水厂营运收益让渡给合资公司

B 水利投资集团将 3 个供水项目共计 11.05 亿元资产交由下属单位管理使用,运营收益归其所有。但 3 个供水项目的折旧费和土地摊销费 0.35 亿元则分别由 B 水利投资集团及子公司承担,均未收取资产使用费。

4.3.4　未及时收回出借资金本息

通过某水库项目合作,B 水利投资集团累计借款给某公司 2.86 亿元用于征地移民安置,并约定还款条件及利息。区(县)人民政府要求 B 水利投资集团退出该项目由其独立开发,2021 年省人民政府同意由区(县)人民政府回购该项目,至今双方未就回购事宜达成一致,B 水利投资集团未能及时收回该笔资金及利息 3.26 亿元。

4.4　对下属公司财务管理不规范监管不力

4.4.1　资金支付不合规

1)3 家子公司违反征地移民安置双包干协议约定的包干金额,向当地区(县)人民政府多支付移民安置补偿款 9428.31 万元。

2)子公司违规支付国开基金 6700 万元。区政府与 B 水利投资集团签订水利工程国开基金使用、偿还及土地合作协议,约定区政府将约 1388 亩地块交由 B 水利投资集团储备,土地出让收益用于偿还实质应由区人民政府承担的国开基金 3 亿元本息。截至 2022 年 12 月,上述储备土地仍未完成调规,目前资金成本全部由 B 水利投资集团支付。区人民政府实际未履行协议,子公司在未将实际情况向 B 水利投资集团请示的情况下,擅自向区水利工程建设指挥部办公室拨付国开基金 6700 万元。

3)7 家子公司 11 个项目标段违反合同约定无依据或提前支付工程款等 15073.83 万元。例如:某水库将可调价部分纳入工程进度款提前支付 2368 万元,某水库大坝工程实际未达验收条件,以不实验收资料提前支付工程款 2725.48 万元;水利工程未按合同约定提前支付工程款 1987.88 万元。

4.4.2　未严格按合同管理使用农民工工资保证金

子公司水利工程项目在已发生欠付农民工工资情况下,未审核农民工工资是否结清就退付农民工工资保证金 636.59 万元;用农民工工资保证金代支施工单位农民工工资 279.75 万元后,未及时按约扣回。

4.4.3　劳务费成本列支不实

下属企业水利咨询有限公司实行内部劳务费总价包干,除工资奖金外,包括餐费等经营费用主要以"劳务费"发票报销,5年来以个人劳务费报销 2007.03 万元,劳务费成本列支不实。

4.4.4 规避法院执行令,被强制扣款 400 万元存在损失风险

子公司未按照法院协助执行要求,冻结被执行人 A 公司应收工程款 400 万元(冻结期限 3 年),将剩余工程款支付到被执行人指定的其他账户。2022 年 10 月,法院将子公司银行账户资金强制划走 400 万元。此外,A 公司债务缠身,被划走资金难以追回,造成国有资产损失风险。

4.5 建设项目管理不规范

5 年来,由 B 水利投资集团实施的 33 个水库项目中,由于建设资金缺口、工程质量缺陷整改、征地移民问题等因素导致 30 个项目超批复工期,其中:8 个项目超批复工期 5 年以上,4 个项目超批复工期 10 年以上。灌溉渠系工程中干渠支渠长度由初设的 727.59km 变更调减为 333.64km,实际修建长度 168.76km。建设管理存在的主要问题如下:

(1)17 座已投入运营的水库城镇供水和发电指标未达到初设目标

①17 座水库城镇供水未达初设指标。17 座水库设计城镇供水 4.3 亿 m³,截至 2021 年 12 月底,8 座水库实际供水 0.88 亿 m³,为初设目标的 20.47%;9 座水库未供水,如某水库设计城镇供水,投资 6.5 亿元建成后因规划调整无供区而闲置。②规划配套 4 座电站装机容量 3.02 万 kW,实际建成 3 座电站装机容量 0.56 万 kW。

(2)15 座水库未办理竣工验收

①3 座水库主要因质量问题至今无法竣工验收。某水库坝体结构性裂缝和渗漏、某水库引水隧洞裂缝、某长江提水工程隧洞混凝土标号未达标的质量问题整改不到位无法完工验收。其中,某水库于施工中发现若干坝段有对称性贯穿裂缝;下闸蓄水后发现库区渗漏以来未完成封堵,长期无法正常蓄水,该项目裂缝和渗漏问题均未得到有效处理。

②10 座水库超概严重,未完善调概审批手续影响竣工验收。2 座大型水库和 8 座中型水库共超概 36.2 亿元(征地移民超概 21.02 亿元,工程超概 15.18 亿元),如 6 座水库征地移民和工程均超概,超概金额 28.33 亿元(征地移民超概 14.27 亿元,工程超概 14.06 亿元)。上述工程因未完善调概手续,未能竣工验收。

③2 座水库追加概算后,部分渠系工程仍缺资金未实施,无法竣工。2 座水库经调概增加概算金额 4.71 亿元已到位且全部使用,但概算批复包含的部分干支渠未实施。某

水库 2005 年 12 月开工，超批复工期 14 年未完成竣工验收。

（3）招投标管理不规范，部分项目存在违规行为

①某取水工程中标人投标书存在重大差错，应废标未废标。B 水利投资集团违反"政府投资项目应在初步设计审批完成后进行工程总承包项目发包"的规定，批复同意在可研报告批复后，开展主体工程 EPC 总承包招标工作。招标时第一中标候选人总报价 7921 万元，分项报价之和 2135.98 万元，总报价比分项报价之和多 5785.02 万元；建筑安装工程费 327.74 万元远低于成本价等重大偏差；中标公示期内有异议提出，经项目公司复核，第一中标候选人投标存在"联合体单位设计业绩类型不符；建筑安装工程费远低于成本价；未单列安全生产费；主要设备品牌未选用《投标函及投标函附录》品牌"等问题。项目公司请示恳请集团公司加大协调力度，劝解第一中标候选人主动放弃中标，立即重新开展招标工作。项目公司向 A 省公共资源交易监督管理局上报《关于投诉取水工程 EPC 总承包招投标相关事宜的请示》申请认定。公管局初审后回复"已超限"，拒收文件。项目公司向第一中标候选人发出了《取水工程 EPC 总承包中标通知书》。期间进行合同谈判，未就合同价格达成一致。B 水利投资集团召开专题会议议定应认可中标人的投标总报价 7921 万元，双方应按投标总价 7921 万元签订合同。现该工程通过三机联动实验，目前未开展竣工验收，实际工期较合同约定工期滞后 604 天。

②违规出具澄清说明，影响招标结果。子公司在某水库输水工程评标过程中出具澄清说明，将评标委员会发现中标人在内的 4 家投标人投标存在重大偏差的否决投标处理，更改为细微偏差不做否决投标处理。

③B 水利投资集团未发现招投标过程中违规泄露未公开发布材料单价的行为。某供水项目在招标过程中未公开发布未计价材料限价单价，抽查发现，中标单位的投标资料中 18 项未计价材料（含非标设备）单价与对应的招标限价单价呈规律性差异，二者比率均为 99.99%。

（4）水库项目设计变更管理不规范

抽查水库项目 33 个，涉及变更 1349 项，变更金额 63574 万元。

①B 水利投资集团 9 个直管项目变更 172 项，未严格履行《工程建设管理办法》有关变更的管理规定，涉及变更金额 1559 万元，153 项变更申请无变更金额。

②项目法人公司管理项目发生变更 1177 项，变更金额 62015 万元。未按规定建立变更管理台账，对变更未分类管理，对变更申报程序、报审规定及附属资料无制度予以规范。有的项目批量向区县水利局申报，大多数变更仅申报变更事项未进行经济分析，有的变更未经审核程序事后直接纳入结算，有的变更投资控制不严，实际变更金额超批复金额。例如：以工程报告单代替变更审签程序；超批复变更金额 1486.09 万元，超批复

金额 3.8 倍。

(5)部分项目合同签订不规范,执行不严格

①某供水工程施工合同中,计价条款包括"固定单价承包"和"固定总价"两种方式,相互矛盾,将导致结算纠纷,投资控制风险较大。

②某输水工程业主将工程价款支付方式由招标时约定的节点支付,改变为根据实际完成工程量按月支付方式签订合同。该项目已支付进度款 5152.25 万元,按照招标文件要求只应支付 477.81 万元。

③项目公司在法院调解时,未严格遵照合同约定的计价条款和调价原则与施工单位进行协商谈判争取自身权益,直接签订补充协议全面改变合同约定的计价方式,对应由承包人承担的费用和风险调整为业主承担,增大投资 3647 万元,为原合同金额的2.3 倍。

④某供水工程结算时违反合同约定,无依据调增材料和工程设备价款 203.05 万元。

⑤在结算时违反合同约定,对 70 项设备价格调增 199.43 万元。

⑥某干渠工程以补充协议、会议纪要和报告单形式,将不符合约定的地质缺陷变更和未达到合同规定限额 100 万元以下的设计变更纳入结算增加费用 835.98 万元。

⑦某水库工程业主不严格执行合同,超合同支付 4619.83 万元。违规以事后补办料场变更的方式,在指定料场未发生改变、废弃料处置费用已包含清单单价中的情况下,在进度款中支付弃废料处置费 3225 万元;违规通过先实施后申报变更的方式,将已包含投标报价中施工交通包干费用,以料场临时道路费用的名义在进度款中支付 1344.87 万元;违反合同约定增加临时交通支洞费用 49.96 万元。

(6)部分项目结算管理不到位,增大投资 2188.78 万元

①违反合同约定对原清单单价进行调整,增加结算 1487.26 万元。通过变更,将应由施工单位承担的大坝混凝土浇筑方式费用在合同价款外增加 1061.26 万元;某水库大坝枢纽工程因管理房位置变化等原因调整,对原清单项石方开挖以新增机械凿打的名义变更,变更的开挖方式实为投标时包含的施工方法之一,已包含在原清单综合单价中。该项变更未按规定报批,涉及增加结算金额 426 万元。

②某水库等 4 项工程违规将应由施工单位承担的质量缺陷修复费用和措施费包干项目增加结算 701.52 万元。其中,2 个水库工程违规支付应由施工单位自身承担的大坝混凝土面板裂缝修复费用 444 万元和 115.36 万元。

(7)部分项目安全监督管理不到位

部分下属公司实施的项目出现安全事故。

1)某水库工程安全防范措施和隐患排查不到位,现场安全管理人员不具备履职资

格。在地勘单位已明确建议要对隧洞内气体物质鉴定,实时监测预报浓度,确保安全的前提下方可施工的情况下,业主单位未及时深入排查隐患,调整施工安全方案,导致发生瓦斯爆炸事故造成 2 死 2 伤,直接经济损失 800 万元。

2)由于施工单位、业主和监理单位安全意识淡薄,某水库导流洞技术交底及安全管理不到位,发生一起一般物体打击伤害事故,致 1 人死亡,直接损失 137 万元。

3)某水库泵站土建工程施工过程中,未按规定编制危大工程清单及专项施工方案,未开展危大工程全过程管理,导致发生脚手架垮塌事故,4 名作业人员坠落,其中 1 人重伤。

(8)部分项目工程质量管控不到位

1)个别工程混凝土未达设计强度或未完工验收投入使用,出现质量问题。

①长江提水工程隧洞衬砌混凝土强度仅达到 C20 强度值,不满足 C30 设计强度标准。

②某水库隧洞未验收违规投入使用,导致隧洞出现裂缝。某隧洞施工开挖后衬砌前未进行验收,以及超挖回填灌浆在仅完成 60%的工程量未进行验收的情况下,业主单位为完成当地政府目标开闸通水。在巡检时发现有 300m 长隧洞段出现裂缝,后进行局部裂缝处理费用 74 万元,至今未完工。以上 2 个项目公司未按规定上报备案,未按质量问题进行调查处理,未核算事故损失,未对监理单位未正确履行质量抽检责任予以追究。

2)某取水工程部分输水钢管壁厚不符合设计要求。沿江跨河段 40.17m 进场钢管厚度经监理现场抽查检测壁厚为 10.8mm,不符合管壁厚 12mm 的设计要求。

3)对个别项目质量问题未按规定调查处理。某水库大坝验收投用时间不足 5 年,不断出现坝体、坝基、坝肩严重渗漏的病险情况。B 水利投资集团和项目公司未按规定对存在的质量问题进行原因分析,确认病险的性质、责任单位,也未及追究责任。后续除险加固工程已增加投资 3590 万元。

5　产生问题的主要原因

产生上述问题的原因主要有以下三个方面。

(1)未有效履行出资人的责任

B 水利投资集团作为水利项目省级及以上投入的财政资金的出资人代表,项目子公司是 B 水利投资集团全资或控股子公司,B 水利投资集团认为公益性和准公益性项这类"六定一管"项目建设管理责任在区(县)人民政府,忽视公司法、国有资产法等明确的出资人责任,未能从参与经营管理、重大决策等方面加强对子公司的监管来有效履行出资人责任,也未能从出资人责任角度健全完善子公司治理结构和内控管理制度,部分制度缺乏可操作性,难以执行到位,如工程建设管理办法;部分制度未明确监管责任,如招标投标、设计变更管理办法等。

(2)"六定一管"建设模式未能夯实各方主体责任

该模式看似各方职责明确,实则权责不清,未夯实各方责任。B水利投资集团作为省级及以上资金出资人代表,未明确资金使用效益的责任,不直接负责建设管理,又未按"六定一管"的政策要求加强对下属项目公司的监督和考核,对项目公司监管不力,未有效发挥出资人监管作用。作为临时机构的区(县)指挥部全面领导建设管理,却由水投集团控股公司承担项目法人责任,双方未能全面履行法定建设管理职责。这种管理模式出资人不参与管理,不利于资金有效控制;管理者不筹钱,缺乏控制成本的内在动力,形成权责不对等的格局。

(3)B水利投资集团和项目公司履行建设管理责任不到位

部分项目立项论证不充分,存在重城镇供水和电站建设,轻农业灌溉及农村人畜饮水渠系工程建设,渠系工程初设预期与实际需求脱节;部分项目前期规划投资控制意识不强,项目前期工作概算编制质量不高,初设阶段重方案可行性,轻经济性,因勘察设计深度不够产生大量设计变更。招投标和合同管理工作重视不够,法治意识不强,未严格执行招投标法律法规,且对下属子公司、招标代理及限价编审单位等招标工作中存在的疏漏、错误等未能有效监管;部分签订合同条款不严谨,执行不严格;未严格执行变更管理制度。工程现场监督管理弱化,对现场设计、施工、监理等参建单位监管不力,对下属公司项目质量安全监督管理弱化,事故隐患频发。

6 对策建议

(1)高度重视历史遗留问题的有效解决,优化水利工程建设管理体制机制

高度重视研究解决"六定一管"项目超概超期严重和质量安全隐患等遗留问题,积极发挥出资人作用,加强与区(县)人民政府沟通协作,督促区(县)落实建设资金,厘清夯实各方责任,切实推动项目建成,充分发挥财政资金效益。同时深入总结水库建设管理经验教训,积极研究向省人民政府提出进一步优化全省水利工程建设模式建议,凝聚力量共同推进省水利事业高质量发展。

(2)狠抓前期工作质量,做好科学立项决策

狠抓规划勘察设计和估算概算限价编审等前期工作质量,深入研究审慎评审项目技术经济可行性,确保项目立项决策科学性,把好项目立项质量关,切实提高水利投资绩效。

（3）加强招投标合同管理，提升项目管理水平

高度重视招投标工作，加强对招标工作的组织领导，加强对下属公司和招标代理单位的监管，加强对招标文件、限价、评标、定标、中标公示、招标投诉、合同签订和补充合同协议等关键环节审核把关，确保招标和合同管理合法合规。

（4）加强现场管理，确保质量安全

严格执行水利工程基本建设程序，加强工程现场管理。加强对设计、监理和施工等参建单位的监督管理，严格执行设计变更管理办法，加强投资控制。严格执行水利工程质量安全规程规范和安全生产相关规定，保障水利工程的质量安全。

（5）加紧竣工验收和结决算办理，做好移交和运营管理

应尽快督促下属项目公司对符合条件的工程开展竣工结算决算和竣工验收工作，尽快办理工程移交和固定资产转固手续，规范工程移交和后期的运营管理。

（6）规范筹融资管理，加强建设资金管理

严格执行筹融资内控制度，科学合理地制定融资计划、编制融资方案，严格执行融资的决策程序，合理调度资金保障建设资金需求，提高资金使用效益。加强对建设资金使用的管理，监督下属单位合规申报并按规定使用资金，纠正挤占、挪用等违规行为。

参考文献

［1］罗琳,庞靖鹏,陈希卓."十三五"时期水利投融资进展及形势研判[J]. 中国水利,2019(16):52-55.

［2］童玫,佘昭霖. 关于重大水利工程投融资模式创新的思考[J]. 中国投资,2022(3).

［3］李发鹏,韩丽,杨彦明,等. 推进水利工程管理现代化的思考[J]. 水利发展研究,2022(11).

江汉平原河网区典型小流域综合治理模式探索

李　杰[1]　郑珉姣[1]　徐　昕[1]　杨　雪[1]　高宝林[1]　朱正武[2]　郑文锦[2]　丁　超[2]

1. 湖北省水利水电规划勘测设计院有限公司

2. 洪湖市水利与湖泊局

摘　要: 推进小流域综合治理是湖北省深入学习贯彻党的二十大精神,统筹推进"五位一体"总体布局,推动湖北经济社会高质量发展的重要举措。以江汉平原河网地区典型小流域——洪湖市螺山双电河小流域为例,分析了小流域面临的突出问题,探索了具有区域特点的"两区一网一带"功能分区、综合治理思路及产业发展路径,结合"三个坚持",实施"六项工程",实现"七个目标",守住"四大底线",形成可复制、可推广的江汉平原河网地区"生态清洁+绿色产业"型小流域综合治理模式。

关键词: 江汉平原河网区;小流域;综合治理;统筹发展

2023年1月,湖北省出台《湖北省流域综合治理和统筹发展规划纲要》,提出以流域综合治理为基础推进四化同步发展,守住四大安全底线,在水安全、水资源、水环境、水生态、水景观、水文化等治理目标之间寻求流域最优解,坚持系统观念,推动统筹发展,构建现代化流域综合治理体系。推进小流域综合治理是湖北省深入学习贯彻党的二十大精神,统筹推进"五位一体"总体布局,落实习近平总书记对湖北工作的重要指示精神,推动湖北经济社会高质量发展的重要举措,也是推进《湖北省流域综合治理和统筹发展规划纲要》落实落地的重要抓手,对加强社会治理体系和治理能力现代化,巩固拓展脱贫攻坚成果与乡村振兴有效衔接,满足人民日益增长的美好生活需要,努力实现"生态美、产业兴、百姓富"的目标具有十分重要的意义。

1　江汉平原河网地区典型小流域概况

江汉平原由长江与汉江冲积而成,因其地跨长江和汉江而得名,是我国三大平原之一的长江中下游平原的重要组成部分。江汉平原是我国海拔最低的平原之一,平均高程27m左右。区域内河渠纵横交错,湖泊星罗棋布。江汉平原自然面积7.08万km²,占湖北全省的38%。2021年总人口占全省总人口的61%,地区生产总值占全省的

76%，粮食总产量占全省的 64%。行政区划上包括荆州市、武汉市、天门市、潜江市、仙桃市、黄石市等区域。江汉平原是湖北省经济社会的核心区，文化底蕴深厚，物产丰富，是我国九大重要商品粮基地之一和驰名中外的"鱼米之乡"，是湖北省的亮丽名片[1]。

洪湖市隶属荆州市，地处湖北省中南部，江汉平原东南端，全市属长江中游内荆河水系，位于四湖流域最下游，南临长江，北依东荆河，西靠洪湖大湖。境内沟渠纵横，河网密布，现有市级河流 30 条，市镇级骨干沟渠 357 条，镇村级支沟渠 999 条；千亩以上的湖泊 4 个（洪湖大湖、沙套湖、红旗湖、里湖），其中洪湖为湖北省第一大湖，全国水域面积排名第七的淡水湖。全境地势自西北向东南呈缓倾斜，形成南北高、中间低、广阔而平坦的地貌，海拔大多在 23～28m。洪湖市是全国著名的"水产之都"和"鱼米之乡"，是国家重要的商品粮生产基地和淡水产品主产区。2021 年水产品产量 40.7 万 t，淡水产品总量居全国县（市）第 1 位。

典型小流域——洪湖市螺山双电河小流域位于四级流域洪湖片区、五级流域螺山—双电河片区，南靠长江新螺段白鱀豚国家级自然保护区，北滨洪湖国家级自然保护区，是保障区域生态安全的关键节点。流域面积 33.67km²，高程 26～27m。有花园村、铁牛村、双红村、中原村、界牌村 5 个行政村，共 3416 户 15621 人。片区内有夏家沟、侯李沟、盛家沟等 13 条南北向主干沟渠，与东西向的双电河、截流河、公路河交汇。长 10.57km 的双电河自东向西穿流而过，与洪湖大湖交汇。小流域内已完成改厕 904 户、占比 26.5%，农村生活污水治理率 28%。农村生活垃圾处理实现清运一体化。耕地面积 13.53km²（含基本农田 12.73km²）、水面面积 15.93km²。2021 年农业总产值 11670 万元，其中渔业占比 75%，以稻虾连作、稻蟹共生两种模式为主，水产品年产 3600t。此外，"界牌黄豆"是国家地理标志农产品。现有农村合作社 7 个、共享菜园 2 个、电商直播基地 1 个。武监高速、国道 G351 穿境而过，村庄大多沿国道 G351 呈带状分布，农用生产道路硬化率达 60%，村民生活用水（自来水）普及率达 100%，花园村、中原村完成共同缔造试点，是省级美丽乡村建设示范村；中原村被评为全国生态宜居村。区域内 5 个村集体收入共 117.2 万元，农村人均可支配收入 22470 万元。

2 现状存在的问题

2.1 小流域水安全及水环境压力大

小流域片区紧邻长江及洪湖，坐落于两个国家级自然保护区之间，小流域生态地位高。目前，区域内垸防洪排涝标准达到 10 年一遇，洪湖围堤防洪标准达到 30 年一遇，长江干堤防御 1954 年型洪水标准，片区内水安全底线要求已基本达标。但片区地势低洼，沟渠纵横,且土壤松散、土质较软,边坡易垮塌,流土较易随田间排水流入沟渠中形成堵塞,造成片区内水系不通畅,水安全压力依然长期存在。

此外,由于洪湖大湖水质改善不明显,而片区内入水和出水均源于洪湖大湖,加之小流域内淡水养殖面积大,多数养殖污染物仍为直排,片区水环境压力大。

2.2 多重污染交织,污染源头亟须解决

小流域片区内污染以农业面源污染为主,包括养殖尾水面源污染、农田耕作面源污染、农村生活污水及固废排放等点源污染。

片区内稻虾连作、渔业养殖等淡水养殖面积 12.10 km²,占总面积的 36%,且仍以小农养殖为主,自主投资治污积极性低,分散养殖集中治理难度大、投资高,直排的养殖污染物影响流域水质、水体富营养化,养殖污染约占流域污染总量的 60%。

农田耕作造成面源污染以及沟渠边坡垮塌造成水土流失,导致农田农药化肥流失、水土流失颗粒物携带的污染约占污染总量的 20%。花园村、铁牛村、双红村、中原村等 4 村污水管网未全覆盖。界牌村尚未进行污水管网建设,污水直排进入沟渠塘堰造成污染,且生活垃圾收集不及时不全面。农村生活污水及固废造成的污染约占污染总量的 20%。

2.3 基础设施不健全,制约发展

小流域片区内通村通组公路全覆盖,但存在未硬化、断头路情况,有待加密、提质、增效。当前农村公路等级偏低,急需改造扩宽硬化,以免影响日常出行和农产品对外销售。

改善空气质量,推进能源结构调整,农村能源清洁转型是治理农村污染的重要一环。流域内农村燃气管道设施未全覆盖,部分农民仍然使用柴火和煤炭,影响了当地的人居环境。

此外,流域内 4G 网络覆盖率 100%,但中原村 4G 网络信号偏弱,5G 网络整体覆盖率较低,仅为 20%,在目前农业现代化、大数据智能化的时代,影响了小流域农业电子商务化、产业现代化的发展脚步。

2.4 产业发展单一,产出效益不高

小流域片区内以农业为主导,产业结构单一,在产业发展方面仍处于起步阶段,且农业现代化程度不高。虾、蟹等淡水养殖占比高达 75%,农产品产量不低,但农产品精深加工发展不足,农产品附加值低,没有形成知名的水产品特色品牌,以农户为单元的小农养殖模式,管理水平落后、生产力低下,接受技术培训少、科技养殖意识不强,在经营上都是采用自销自营的方式,没有形成规模效应、品牌效应,市场发生变化时难以在变

化中生存发展,农产品利润较低,产出效益不高。

特色农村产业不足,现有的特色品牌塑造仍需加强,如"界牌黄豆"早在2015年就已成为国家地理标志农产品,但优质不优价,缺乏系统性的包装策划,未能在市场上打出知名度,种植规模上也难以提供有效的产量支撑。

此外,农村人才结构有待优化,缺少专业化人才。片区内已有"青年返乡创业者"的电商创业典型案例,但未能借助好现有的创业人才作为农创客导师,培育出一批农村创业人才,带动当地农民增收致富。

3 江汉平原河网地区小流域治理模式探索

3.1 "两区一网一带"功能分区划分

按照"坚持系统观念,加强统筹协调"的总体要求,以"协同推进污染治理和产业发展"为中心,以水系连通、洁水净水为突破口,以水系、居民点、农田、湖滨带为重点,将小流域作为一个"社会—经济—环境"的复合生态系统[2]。根据小流域内自然地理条件、社会经济情况、现状用地情况、交通发展及产业建设现状,点线面结合,全面覆盖,构筑"两区一网一带"的防治体系(人居环境治理区、农田生态保护区、沟渠生态修复网及湖滨生态缓冲带),综合应用多种治理措施进行生态环境建设,统筹小流域水环境提升与生态产业发展,打造江汉平原"生态清洁＋特色产业"型综合治理示范小流域。

(1)人居环境治理区

人居环境治理区主要包括5个村庄(花园村、铁牛村、双红村、界牌村、中原村)。该区主要以居民生活、生产活动、服务业为主,居民活动频繁,主要问题有:居民生活、服务业(主要为餐饮)的生活、生产污水排放,雨污同流,垃圾堆置,点源、面源污染严重;雨洪利用不足,部分区域排水不畅;生产建设活动造成人为水土流失;部分区域厕所为旱厕,卫生厕所未普及;存在空闲地、废弃建设用地[3]。

该区注重人居环境生态治理,主要措施有:村庄美化工程、生活垃圾处置、改厕工程、生活污水处理工程等。

(2)农田生态保护区

农田生态保护区的土地类型主要包括耕地、设施农用地等。

该区主要以农业生产活动为主,人类活动干扰较大,主要问题有:农药、化肥施用量大,农业面源污染问题突出;农业耕作引起的水土流失较大;农田排水系统不完善;田间交通设施需提升。

该区注重农田生态保护,主要措施有:测土施肥、减肥增效,生态护坡,农村道路提升等工程。

（3）沟渠生态修复网

沟渠水系生态修复的土地利用类型主要有：3 条东西向河流、14 条南北向干渠及其他支（斗、农）渠、坑塘、滩涂、水工建筑物用地等。

该功能分区以水流为载体相互连通呈网状，是维护平原区生态环境的重要纽带[3]，养殖扰动较大，既是养殖面源污染，也承纳面源污染排放，水体水质直接反映平原区生态环境状况。主要问题有：养殖面源污染；水体富营养化；污水滞留河道，自然净化能力差，水体水质下降；生活垃圾滞留河道、沟渠、坑塘；河道坍塌与冲刷等。

该区注重养殖尾水处理、沟渠水系生态修复，主要措施有：沟渠水系连通、生态沟渠整治、生态浮岛、生态滤带等。

（4）湖滨生态缓冲带

湖滨生态缓冲带主要为洪湖围堤侧湖滨生态带，构建了 80m 缓冲带。

该区的主要问题有沿湖排污口排污；水体富营养化；水体水质下降；湖岸垮塌与边坡冲刷等。

该区注重湖岸生态带建设，净化和缓冲周边农业种植和水产养殖带来的农业面源污染，为湖泊动植物提供栖身场所，构建生物廊道。

3.2 综合治理及产业发展

3.2.1 综合治理思路

该小流域的治理思路：①坚持控源截污，开展环境污染综合整治，河渠清淤疏浚率95％，村生活污水治理覆盖率100％，实施垃圾分类的自然村占比80％，使片区养殖尾水达到排放标准，夏家沟断面水质达标率达80％；②坚持"缓冲带建设"，落实排污口整治、滨湖绿带等建设，打造洪湖环湖生态缓冲带，有力保障洪湖水生态安全；③坚持产业发展与洪湖保护良性互动相结合，拓展生态产品价值实现路径，助力经济社会发展高质量转型升级（图 1）。结合洪湖水乡特色，巩固和提升现有稻虾连作、稻蟹共生养殖模式，利用地理及交通优势，建设生态水产品标准化供货基地；按照"公司＋合作社＋基地＋农户"经营模式发展村级主导产业，实施"农创客"培养工程，探索网络销售拓展发展渠道，助推农村产业发展；在现有地理标志农产品的基础上做好界牌黄豆的包装和宣传，打造优质又优价的知名品牌，以双电河小流域为起点，带动整个螺山镇黄豆产业发展；利用小流域内现有条件，发掘各村优势及潜力，以点带线，探索建设田园综合体片区，融合三产，走农渔文旅融合发展之路；深化美好环境与幸福生活共同缔造活动，建设"一村一品"工程，实现共建共治共享。到 2024 年，水产品年产量达 4000t，村集体收入均超过 30 万元,农民人均可支配收入达 28000 元。

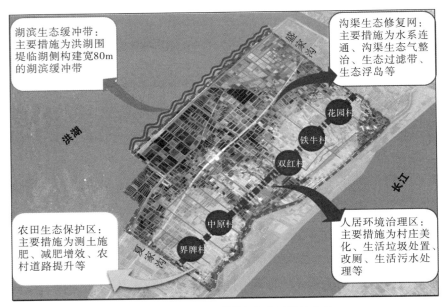

图1 "两区一网一带"综合治理总体布局

按照"两区一网一带"的防治体系(人居环境治理区、农田生态保护区、沟渠生态修复网及湖滨生态缓冲带),结合"三个坚持"的治理思路,实施"六项工程",实现"七个目标",守住"四大底线",形成可复制、可推广、具有洪湖特色的"生态清洁＋绿色产业"型小流域综合治理模式。小流域主要依托湖北长江流域洪湖区域铁牛片区生态环境系统整治项目、洪湖国家级自然保护区(洪湖南片区)生态修复项目、洪湖市万亩集中连片池塘标准化改造和养殖尾水治理项目、洪湖市螺山镇退耕还湿项目(直接补偿项目)、洪湖市螺山双电河小流域村庄环境整治项目、小流域广电网络改造项目及洪湖市螺山镇花园村 2023 年省级和美乡村建设项目等 13 个项目,按水系连通工程、面源污染治理工程、生态修复工程、基础提升工程、产业发展工程及和美乡村治理工程等六大工程进行综合治理,以水系为脉络,以污染源头治理为导向,统筹水环境提升与生态产业发展。

拟对片区 17 条长 36.335km 的干支渠进行疏挖清淤及生态护坡,洪湖围堤临水侧建设亲水生态岸线,湖滨带治理长 9.60km,建设生态滤带 8.0km,生态浮岛 3.5 万 m^3,曝气复氧机 178 台,生活污水收集管网铺设 18477m,污水处理站 4 座,改厕 1221 户,更新改造生活垃圾处理设备 5 处,硬化改造农村道路 16 条 11.015km,新建网络基站 2 座,建设花园村示范段环境提升绿化工程、铁牛村文化小游园绿化工程(图2、图3)。守住水安全底线、水环境安全底线,确保试点区域内垸防洪排涝标准达到 10 年一遇,洪湖围堤防洪标准达到 30 年一遇,长江干堤防御 1954 年型洪水标准。片区养殖尾水达到排放标准,夏家沟断面水质达标率达 80%。确保耕地及基本农田保护目标,严格管控 49.39hm² 的生态保护红线。项目总投资 19750 万元,计划工期 2 年。

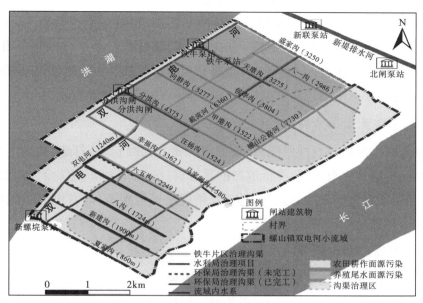

图 2 小流域沟渠生态修复网规划

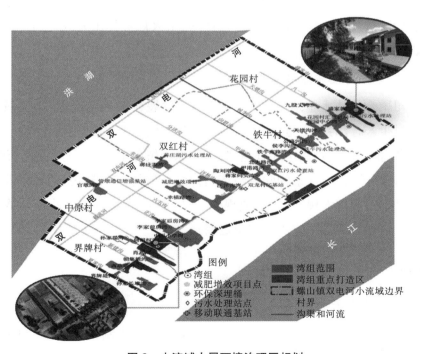

图 3 小流域人居环境治理区规划

3.2.2 产业发展思路

（1）建设标准化供货基地

利用洪湖"后花园"、武汉城市圈一小时通勤圈优势，围绕预制菜企业及武汉、荆州、洪湖等周边城市供货需求，巩固和提升现有稻虾连作、稻蟹共生养殖模式，发挥小流域内水系连通工程及生态修复工程成果，引进先进养殖技术并通过村镇联合组织合作社学习，以生态循环养殖示范区为标准，打造高品质水产供货基地。此外，在稻虾连作基础上，结合洪湖特产——洪湖野鸭尝试构建"稻—鸭—虾"新型种养模式。

（2）打造界牌黄豆知名品牌

结合双电河小流域试点推广优势，做好界牌黄豆商品包装，打造"历史品牌 天然黄豆"品牌效应，推出质优粒大、营养价值高的界牌黄豆。在各村田园综合体内设置实体推广销售点，利用网络发展农产品直播带货，开拓网络销售渠道，以双电河小流域为起点，带动整个螺山镇黄豆产量及销量。

（3）探索田园综合体片带

发挥小流域地理、交通优势，发展城郊休闲农业。利用小流域内现有条件，发掘各村优势及潜力，扶持 1 个电商直播基地（界牌村）、1 个湖滨农庄（中原村）、1 家渔文化农家乐（双红村）、1 个休闲网红打卡点（铁牛村）、1 处休闲田园（花园村），以点带面，发展各点附近休闲农家及民宿经济，探索徒步、露营、烧烤、柴火灶等休闲方式，融合三产，增加当地农民收入。

（4）推广新型农村集体经济发展模式

按照"公司＋合作社＋基地＋农户"经营模式发展村级主导产业，小流域范围内扶持 2～3 家农村生产合作社，主打水乡特色农产品及水产品，引进先进生产技术，采购优质稻种、虾蟹苗，推广农作物测土配方施肥，以生态种植养殖模式，利用现代农业机械，联系优质企业签订产销合同，探索物联网经济，打通农产品生产、销售、运输以及农业生产经营相关技术服务，实现农民互助，形成规模经济（图 4）。让双电河小流域农产品进入供应链及产业链，让当地居民收入得到稳定增长。

3.3 体制机制建设

（1）建立健全管理长效机制

建立"工作领导小组＋工作专班＋办公室"工作推进机制，负责管理和协调小流域综合治理项目，成立各工程项目法人机构，对施工进行全过程"资金、质量、进度、安全"四控等，落实领导目标责任制，县、镇各级均制定和落实领导目标责任制，将小流域综合治理工作纳入干部政绩考核。开展"共同缔造"活动,组织群众、发动群众,建立良好的共谋、共建、共管、共评、共享机制。健全水生态环境信息公开制度。

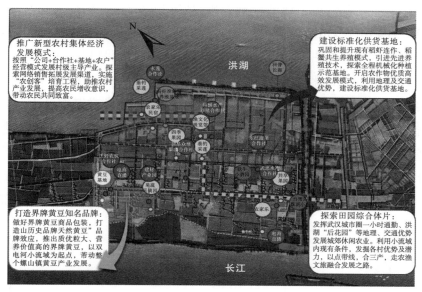

图4　小流域产业发展规划

（2）加强治理宣传推广培训

充分利用市域媒体加强小流域综合治理试点宣传力度,各部门、乡镇要根据职责分工,进农村、进社区、进合作社、进餐馆,宣传相关政策和法律法规。重点推广农村厨余垃圾静态堆肥、生态过滤带、小型水体生态修复、测土配方施肥、生态养殖方式、农业网络经济等实用技术。通过对小流域治理技术人员、施工人员、农民的培训,达到管理人员规范使用资金、按基本建设程序管理项目,设计及施工人员理解设计理念、掌握设计规范和关键技术,农民具备参与项目设计、建设、管理基本能力的目标。

（3）做好后期管护规范建档

项目建成后,建设单位将项目产权移交至项目所在乡镇政府、村庄、个人,明晰管护责任,并制定村规民约,提高干部群众的环境保护意识和法制观念,自觉地保护好小流域治理成果。质保期内由施工单位负责工程的管护,质保期满后,由产权所有方负责工程的管护工作,发现工程设施损坏时及时上报和维修。加大监督执法力度,把实施的小流域综合治理项目列为日常监督执法的重点之一,加强巡查力度,杜绝人为破坏工程设施。为规范档案管理,将招投标、设计、施工、监理、竣工验收等各类材料整理成册,专人负责。

3.4 保障措施

为保障小流域综合治理工作的顺利实施,成立以市委、市政府主要领导任组长,市政府分管领导任副组长,市政府办公室、市发改局、市财政局、市城投公司、市交通运输局、市住建局、市水利和湖泊局、市农业农村局、市城管局、市自然资源和规划局、市生态环境分局、市科技经信局、螺山镇等单位主要负责人为成员的小流域综合治理试点建设领导小组,组建工作专班,统筹项目建设、产业发展等工作,形成工作合力。聘请专业机构编制小流域综合治理试点规划实施方案,强化规划统筹和统筹规划,统筹兼顾做好规划、建设、管理各项工作,坚持一张蓝图干到底。整合中央、省预算内项目资金、专项资金与社会资本,发动群众投工投劳参与共同缔造,共建美好家园。坚持工作项目化、项目清单化、清单责任化,通过月检查、季通报、年中评、年终总评等方式,督促有关部门优先保障重点项目建设。

4 结论及建议

脱贫攻坚取得胜利后,"三农"工作重心已历史性地转向全面推进乡村振兴。湖北作为农业大省、生态大省,要以小流域综合治理为抓手,统筹生产、生活、生态,推进山水林田湖草以及路和村庄的系统性综合治理。江汉平原河网地区是湖北省经济社会的典型区域,做好小流域综合治理,可有效促进江汉平原地区可持续发展。小流域综合治理具有长期性、系统性、复杂性等特点,随着社会经济的发展,即使在当下,其建设过程中还存在较多需要完善和提升的空间[4],如小流域综合治理评价指标体系与评价标准的制定,长效管理机制的建立以及产业发展思路的拓展等。

参考文献

[1] 李瑞清.江汉平原水安全战略研究[J].中国水利,2016(5):12-13.

[2] 北京市水土保持工作总站.构筑水土保持三道防线建设生态清洁型小流域[J].北京水利,2004(4):49-51.

[3] 原翠萍,李淑芹,杨培岭.北京市平原区生态清洁小流域功能区划分研究[C]//生态清洁小流域与美丽乡村建设国际研讨会论文集.北京:北京水土保持学会,北京市水土保持工作总站,2014.

[4] 尹强华,王良杰,等.江苏省平原区生态清洁小流域发展模式探索[J].中国水土保持,2019,9:15-18.

试论向家坝灌区工程高质量发展内涵实质和实施路径

唐 军

四川省向家坝灌区建设开发有限责任公司

摘 要:向家坝灌区工程属于国家重大水利工程,是四川省水利厅直管的第一个跨市州水利项目,是四川南部水利史上第一个跨流域的大型水利工程。深入分析新时期向家坝工程高质量发展的意义、内涵实质以及战略定位,研究提出强化向家坝灌区工程规范施工(质量安全)、巩固协调推进机制、深化投融资创新模式、大兴智慧水利建设(信息化)、实施政企供水合作、完善管理体制机制等八项实施路径,为今后一个时期向家坝灌区高质量发展提供可能的参考和借鉴。

关键词:向家坝灌区;高质量发展;内涵实质;实施路径

2022 年 6 月,习近平总书记来到长江起点——宜宾市三江口视察,嘱托筑牢长江上游生态屏障,守护好一江清水。同月,水利部部长李国英赴长江上游金沙江段检查工作时强调,以"系统、统筹、科学、安全"为原则掌握水情、应对需求,精心精准精细调度运用水资源。作为长江上游水利设施重要组成一环,向家坝灌区运行遵循习近平总书记的嘱托及李国英部长的指示,重视金沙江水源保护的同时,更加守护好、利用好金沙江水资源。在新发展阶段,梳理、提炼向家坝灌区工程高质量发展思路和实施路径,将为向家坝灌区高效运行、科学发展提供一些借鉴和参考。

1 新时期向家坝灌区工程高质量发展的重要意义

向家坝灌区工程是四川省当前在建工程中投资规模最大、涉及范围最广的大型准公益性骨干水利工程之一。在《中华人民共和国国民经济和社会发展第十四个五年规划和 2035 年远景目标纲要》第十一章第四节"加强水利基础设施建设中",向家坝灌区工程被写入专栏[1]。在新时代新形势下,推动向家坝灌区工程高质量发展具有重要意义。

(1)优化水资源配置

向家坝灌区位于四川盆地东南部的长江两岸,该区域是四川省粮食主产区,机械、电力、化工、食品饮料等工业发达,是四川省多点多极支撑发展战略中的重要一极,但由于当地水资源相对贫乏,水利基础设施薄弱,干旱频繁,严重制约着经济社会的发展。加强农业基础设施建设,增强农业发展后劲,抗御自然灾害,改善灌区人民生产生活条件,是实现人与水、人与自然和谐发展的重要条件,可实现金沙江水资源优化配置,实现川南区域经济高质量发展[2]。

（2）践行新发展理念

向家坝灌区工程属于国家水网控制性工程,在新时期新阶段下,坚持系统思维,树立"绿水青山就是金山银山"的发展理念,强化安全生产,保障工程质量,把向家坝灌区工程建设成为经得起历史检验、风险检验、人民检验的优质工程。不断推进灌区基础设施,运用好国家及省市资金,加大建设力度,提升灌区工程开发率,为建成现代化灌区打下基础。配合地方推进区域田间工程建设,补齐农业基础设施短板,从而保障粮食生产安全。

（3）保障社会民生

民生工程离老百姓最近,同老百姓生活最密切。践行以人民为中心的发展思想,在建设期,全面做好征地移民工作,确保人民合理诉求、正当权益得到保障,把灌区工程建设成为人民拥护、广泛支持、各方支援的幸福工程;在投产期,推进管理机制改革,适应市场需求,满足人民需要,合理制定市场水价,完善水费收缴制度,既不增加当地人民过多负担,又能实现可持续发展,尽全力保障民生福祉。

（4）推进现代化建设

加快信息化、智慧化灌区建设,是实现企业高质量发展的需要。向家坝灌区一期一步工程正大力实施,即将进入到后期冲刺阶段,一期二步工程建设正蓄势待发,施工招标工作稳步开展,在当前阶段,需要更好思考、统筹向家坝灌区工程,搭建文明、高效施工管理平台,构建科学、智慧运维体系,从总体上提升向家坝灌区工程建设及运营的现代化、信息化管理能力,达到降本增收、提速增效的目的,从根本上推动技术创新、管理革新。

2 新时期向家坝灌区工程高质量发展的内涵实质

结合新时代国家发展理念,按照高质量发展要求,结合向家坝灌区工程发展战略定位和功能作用,向家坝灌区工程高质量发展的主要要义,拟概括为:弘扬"忠诚、干净、担当,科学、求实、创新"的新时代水利精神,以水利基础设施建设为依托,以水资源开发为核心,统筹建设和运营两个方面,推进向家坝灌区工程接续建设、安全可靠、高效开发、民生保障、互联智能、制度完善的发展,实现向家坝灌区工程定位更清晰、目标更明确、发展更有力、管理更科学。

(1)定位更清晰

在工程综合定位上,需要上级部门的定义、统筹,突出项目职能,充分理解公益性项目的总体定位;在适应市场、满足当地人民生产生活中,更需打开思路,勇于开拓,挖掘水产业链,延长供水合作空间,尽最大可能发挥向家坝灌区工程综合效益,满足市场多元需求,整体上提高灌区工程对接市场的质量和水准。

(2)目标更明确

总体的目标是全力推进向家坝灌区工程,一期工程(包含一期一步和一期二步工程)、二期工程(包含原规划的南总干渠)连续上马,一棒接着一棒传,一茬接着一茬干,总计用约 15 年时间,即在我国基本实现社会主义现代化之时全面完成向家坝灌区工程的建设,四川"当代都江堰"顺利建成。同时,提早谋划一期一步工程供水业务,尽早与受水地区衔接、洽谈,尽可能地发挥向家坝灌区初期效益。

(3)发展更有力

新时期,全面、深入贯彻习近平新时代中国特色社会主义思想主题教育,将党建工作与工程建设、生产经营相结合,充分发挥党支部战斗堡垒作用、党员先锋模范作用,"要锤炼'敢想敢干敢成'的精神,增强'善想善干善成'的本领,追求卓越、做到极致"[3],凝聚起灌区蓬勃发展的强劲力量,更加激励干部担当作为,聚焦工程建设及生产经营中的重点和难点,全面带动公司全体干部职工及参建各方人员奋力拼搏、创优争先。

(4)管理更科学

采用先进的管理体制和有效的激励约束机制,运用现代管理方式,优化人、财、物等各种资源配置,优化生产组织运行,推动生产效率和经济效益提升,全面实现各项管理目标。基本思想是运用先进技术、完善管理制度、发挥人的潜能、提高劳动效率,不断统筹兼顾、科学优化,以促进企业生产管理标准化、人员效能最大化、生产组织最优化。

3　新时期向家坝灌区工程高质量发展的实施路径

以加快推进向家坝灌区工程为主要任务,以尽快发挥工程效益为目标,统筹建设与安全,兼顾项目推进与运营管理,以打造优质工程、推进标准化建设、践行为民服务理念、用好协调机制、创新融资模式、信息化引领、谋划运营管理、重视宣传工作、培养干部队伍为九大实施路径,推动向家坝灌区工程高质量发展。

3.1　打造优质工程不停步,高标准建设向家坝灌区

2022 年 6 月 17 日,向家坝灌区北总干渠一期全线重难点控制性工程——猫儿沱江

底隧洞顺利贯通,这是四川省水利建设史上首次使用盾构技术穿越大江大河,也是目前全国水利行业采用的最大直径盾构机;同年 11 月 25 日,向家坝灌区北总干渠一期先行开工建设项目——龙洞岩隧洞衬砌混凝土浇筑全面完工,比计划工期提前半个月。2023 年 1 月 12 日、5 月 25 日,向家坝灌区北总干渠一期全线重难点渡槽工程——瓦房头渡槽使用造槽机施工,顺利实现了第一跨和第二跨渡槽混凝土浇筑,其中第二跨属于目前国内单跨最大简支梁预应力渡槽。

向家坝灌区工程已刷新水利行业多个第一,工程推进速度与成效取得了社会各界的高度认可,各类施工新技艺、新手段层出不穷,各种设计施工方案充分论证,各项管理举措有效落实,为打造向家坝灌区优质工程提供了深厚基础。

3.2 推进标准化建设新进程,灌区工程管理更加科学、规范

1)实施标准化建设。紧紧围绕项目施工,聚焦建设优质工程,通过安全管理标准化、制度执行标准化、现场管理标准化、过程控制标准化、文化建设标准化等,实现"安全、质量、投资、进度、形象"五位一体的工程建设目标。

2)高度重视质量安全。每年开展质量安全月活动、质量安全知识培训及警示教育、现场质量安全检查等,全方位提高工程质量安全管理水平,切实将安全工作部署到班组、部署到人头上,落实安全生产的"最后一公里"。

3)持续推进制度化建设,继续完善、修订各项规章制度,涉及党群人力、综合管理、投资计划、经营发展、质量安全、工程建设、设计变更、项目档案等各类制度,不断夯实管理基础,不断优化制度设计,不断提升治理能力,全面完善公司科学治理体系。

3.3 践行"以人民为中心"理念,牢记项目初心、使命

1)打造"文明工地"。建立各项文明施工管理制度,在建好工程的基础上,强化服务群众举措,尽量减少工程动土作业对周边人居环境和基础设施的影响,为周边群众铺设便道等,力所能及地满足群众所需,切实把为人民群众的利益放第一位。

2)落实国家"以工代赈"政策,帮助项目所在地区解决就业,非重要专业性岗位尽量招录本地人员,为众多村民提供工作机会,在增加收入的同时提升自身技能。

3)持续做好征地移民工作,向家坝灌区工程的建设离不开人民群众的长期支持,公司在积极开展建设用地手续报批的同时,会同地方政府深入、细致开展征地移民工作,确保人民群众利益不受损害,确保建设用地及时交移给各施工单位,为项目推进创造有利条件。

3.4 用好沟通协调机制,有效解决施工难题

依靠与地方相关部门及区(县)人民政府共建的向家坝灌区指挥部,加强沟通协调,

积极协调权属单位尽力处理好工程与电力、燃气管道、公路、铁路的交叉部位施工问题；并与地方政府一起做好移民拆迁政策宣传，处理好当地村民的阻工、炮损、水损等疑难事件，做好安抚、解释工作，努力为工程建设推进创造良好环境。

3.5　创新投融资模式，破解水利项目融资难点

利用多元化筹资手段，夯实资金要素保障，为项目建设提供充足的资金来源，是实现向家坝灌区工程高质量发展的必由之路。

（1）探索投融资模式

积极争取地方资金，在重大水利工程"1+3"四方合作机制的指引下，利用地方政府专项债可作为项目资本金的利好政策，通过申报专项债有效解决地方配套资金，一期一步工程四市地方政府共计申报专项债券 18.6 亿元。地方专项债的成功发行，可有效解决地方配套资金难问题，缓解地方财政压力。

（2）引入市场化融资，破解融资难题

积极组织开展市场调研、加强分析研判，高标准包装项目，开展多轮磋商，提高议价能力，一期一步工程以贷款利率 3.1%、期限 30 年取得了银行 22 亿元的贷款额度，贷款利率较初设报告批复的基准利率下浮 36.7%，为一步工程在项目建设期和运营期节约了大量建设资金。探索市场化融资方式，实现融资成本的新突破，不断破解重大水利工程融资难、融资贵、融资慢等老大难问题。

3.6　信息化引领智慧灌区，科技支撑高效管理

根据水利部"智慧水利"和"数字孪生"的相关要求，结合工程实际，公司拟通过云计算、大数据、BIM+GIS、5G、AI、物联网等新一代信息技术，将数字孪生技术与水利业务深度融合，构建向家坝灌区信息系统平台，达到提升水资源的合理配置和优化调度能力，深化配水，强化节水，为公司实现全面感知、安全运行、精准调控、协同管理，便捷服务的目标提供技术保障。

1）建立多元测控感知层。在灌区工程各部位部署各类传感器，时时采集灌区内的水流、水量、雨晴、闸门启闭、温度、建筑物变形情况等重要数据。

2）建立各类子系统。拟建立闸门监控、泵站监控、水量自动监测、综合监测、周界防护、出入口控制等系统，实现对灌区各类设施设备的监控和监测，确保各类设备正常、高效运转。

3）建立灌区传输网络。实时的传输传感网络、数据控制网络、安全监控网络数据。

4）搭建灌区信息化平台。创建虚拟的数字孪生模型，精确模拟灌区建筑物、水流、水

位、闸门启闭、泵站运行、地理、水文气象条件等。

5）实现数据分析和决策支持，利用大数据分析和人工智能技术，对灌区的历史数据和实时数据进行分析，提取有价值的信息，提供决策支持工具，帮助决策者做出科学合理的决策。

3.7 积极谋划运营管理，广泛拓展涉水业务

以科学长远发展为目标，以实现国有资产保值增值为准绳，围绕原水延长水业务链，全面盘活自身资产、优化资源配置，实现投产增效。

（1）科学谋划业务发展

立足工程实际，不断做强做优做大国有资本，全面提升企业竞争力、创新力、影响力及抗风险能力，积极谋划业务布局。

（2）掌握行业市场全貌

随着国家战略——成渝双城经济圈的实施，川南经济呈现一体化发展态势，向家坝灌区北总干渠一期工程已经成为川南"推进基础设施互联互通"中的重要一环，战略地位更为凸显。目前，川南经济区一体化发展在基础设施、公共服务、生态环保等领域成果显著[4]。宜宾近年经济发展向好，产业强势崛起。自贡、内江，成渝腹地，受制于水污染困扰。在四川南部城市、产业发展的日新月异中，向家坝灌区"水文章"将大有可为、大有作为。

（3）探索多样化合作模式

根据当地经济发展需要，结合工程天然属性，不断解放思想、实事求是，积极探索多元化业务拓展模式，如原水供应与合资建厂，管道自建与渠道共建，供排水一体化与管网整治等，理顺内部业务边界，理清业务拓展责任主体，以更好开拓市场、衔接业务。

3.8 重视宣传服务项目，向时代传播灌区之声

把握好舆论宣传导向，及时准确宣传报道向家坝灌区工程建设新进度、新技术、新举措，及时反映落实习近平新时代以"人民为中心"的发展理念和贯彻省水利厅"3226"工作思路的生动实践，立足工程实际，牢牢把握正确的舆论方向。

1）配齐配强宣传力量，从负责宣传稿件的撰写、照片视频的拍摄、联系协调媒体发布等各方面，强化专业力量，提高宣传质量、效果，提升工程的知名度和名誉度，展示公司员工风采和公司的良好形象。

2）利用多媒体发声持续提升宣传广度和深度，拓展传播效率。依托传统主流媒体，更好地在中央、省、市媒体中传递向家坝公司的声音，逐渐形成了中央、省、市级媒体时时

关注向家坝灌区工程的良好局面;同时,提高公司网站和微信公众号采编的专业程度,提升官网模板制作与视觉更新的速度,为工程建设和公司健康发展营造和谐稳定的社会氛围。继续发挥好各类宣传阵地的作用,大力组织开展战役性、专题性报道,不断提高企业品牌影响力和美誉度。

参考文献

　　[1] 宜宾广播电视台新闻中心. 向家坝灌区工程纳入国家"十四五规划"和 2035 年远景目标纲要[Z]. 宜宾:宜宾市人民政府门户网,2021(3).

　　[2] 覃绍一,陈光洪. 向家坝水电站灌区工程建设的必要性[J]. 四川水利,2007(6).

　　[3] 四川水利. 郭亨孝:敢想敢干敢成 善想善干善成 追求卓越 做到极致 扎实推进"3226"工作思路落地落实[Z]. 搜狐门户网,2021(7).

　　[4] 内江日报. 内江加快推进川南经济区一体化发展[Z]. 内江新闻网,2020(10).

绿色发展理念下长江流域水生态环境保护成效及挑战

张曼雪

四川省都江堰水利发展中心

摘 要: 长江流域是中华民族的重要起源地,是我国发展潜力巨大的经济带,是引领我国绿色发展的关键区域。阐述了"生态优先、绿色发展"理念提出以来长江流域水生态环境现状与保护成效:区域水资源总量显著增加,河湖水环境质量明显改善,流域水生态系统逐步稳定。分析了长江流域水生态环境保护面临的问题与挑战:长江上游保护区鱼类栖息地亟待修复,长江上中游坡耕地水土流失问题仍然严重,长江中下游湖泊蓝藻水华问题未根本解决。提出了长江流域水生态环境的治理对策与建议:以系统思维推进流域各区域重难点治理工作,加强流域水生态环境科技创新和科技成果转化,完善流域水生态环境保护法规制度和管理体系,以期推动长江流域水生态环境保护与修复治理工作,提升长江流域水生态系统质量与稳定性,促进长江流域水生态高质量可持续发展。

关键词: 长江流域;水生态现状;问题挑战;治理对策

长江流域是中华文明的重要发源地,是中华民族发展的重要支撑。长江横跨我国西部、中部、东部三大经济区,贡献了全国 35.4% 的国内生产总值,长江流域总面积 180 万 km²,流域内生物资源丰富,水资源量占全国的 1/3,具有独特的资源、生态和文化价值。然而,随着流域资源的开发利用,生态环境问题日益突出,成为制约长江经济带发展的重要因素[1-2]。从全球范围来看,城市化、工业化和现代化学农业给大河流域带来的生态环境问题是世界各国共同面临的挑战,如英国的泰晤士河、美国的密西西比河、欧洲的莱茵河等都曾饱受生态环境污染之痛[3-5]。

由于长江流域在我国经济社会发展中的重要地位和意义,长江流域生态环境问题一直受到各方关注。尤其是党的十八大以来,党和国家高度重视长江流域发展。2016—2020 年期间,习近平总书记先后在重庆、武汉、南京主持召开推动长江经济带发展座谈会,对长江经济带"生态优先、绿色发展"作出重要指示,强调推动长江经济带发展必须从中华民族长远利益考虑,把修复长江生态环境摆在压倒性位置,共抓大保护、不搞大开发。本文借助沿江主要省份水资源公报、生态环境公报以及文献资料,客观评价 2016 年以来长江流域水生态环境状况及保护成效,分析长江流域水生态环境面临的问题和挑战,并结合长江流域水生态环境特点,提出长江流域水生态环境保护、治理和修复等方面的对策,以期为长江流域水生态环境保护与修复治理工作的推进提供参考。

1 长江流域生态环境状况与保护成效

1.1 长江流域生态环境状况

长江干流全长约 6300km,流经青海、西藏、四川、云南、重庆、湖北、湖南、江西、安徽、江苏、上海 11 个省(自治区、直辖市),是亚洲第一长河。长江流域可以分为上游流域、中游流域和下游流域,分别以宜昌、湖口作为上中游和中下游的分界线。长江流域各区域生态环境状况差异明显,却又相互影响。本文分别选取上中下游的四川区域、湖北区域和江苏区域为典型研究对象,分析水生态环境状况。

(1)长江上游流域

位于长江上游流域的四川省有"千河之省"之称,省内 97%的水系属于长江流域,主要包括长江干流(四川段)及其支流岷江、沱江和嘉陵江[6]。自 2016 年来,长江流域四川区域国控断面水质逐年好转。截至 2022 年,长江干流(四川段)水质优良率(Ⅰ~Ⅲ类)为 98%;长江支流岷江、沱江和嘉陵江水质优良率(Ⅰ~Ⅲ类)为 100%,污染指标为高锰酸盐指数。尽管仍有少数断面水质有待提高,但在城市工业排放严格监管、城镇生活污水收集处理、水体水生态修复等一系列措施开展下,总体上长江流域四川区域水生态环境质量得到提升,四川地区的供水安全得到了有效保障。

(2)长江中游流域

湖北省位于长江中游流域,省内江河纵横,湖泊密布,省内长江干流流经 7 市,流程为 1061km,流域面积 18.47 万 km^2,占长江流域总面积的 10.2%[7]。自 2016 年以来,长江流域湖北片区水环境质量整体表现为稳中有升,但部分河流、湖泊水质仍存在不同程度的污染。截至 2022 年,湖北省内长江干流总体水质为优,20 个国控断面水质均为Ⅱ类;省内长江支流总体水质为优,水质为Ⅰ~Ⅲ类的断面占 96.5%,Ⅳ类断面占 2.3%,Ⅴ类断面占 1.2%;省控湖泊的 29 个水域中,2 个水域为中营养,27 个水域为富营养。总体上,长江流域湖北区域水生态环境质量有所提升,但由于城镇生活污染负荷大、工业废水排放量多、城市管网建设滞后等,湖北区域水环境生态质量有待进一步改善。

(3)长江下游流域

江苏省位于长江下游流域,省内水网密布,水系连通,区域内长江流域主要包括长江干流和太湖两大水系,其中长江干流约为 1.91 万 km²,太湖水系江苏境内面积为 1.94 万 km²。自 2016 年以来,长江流域江苏区域水质总体上表现为稳中向好,但主要湖泊仍存在总氮和总磷超标、藻类水华频发、水体缺氧发臭等问题。截至 2022 年,长江干流江苏段各断面水质均为 Ⅱ 类;主要支流断面水质均为 Ⅲ 类以上。太湖总体水质为 Ⅳ 类,处于轻度富营养状态,存在蓝藻水华聚集现象。卫星遥感监测显示,2022 年 3—10 月,太湖发生蓝藻水华聚集现象 100 余次,平均聚集面积 105 km²/次,发生次数、面积均为 2016 年以来第二低值。

1.2 长江流域保护成效

党的十八大以来,以习近平总书记为核心的党中央高度重视长江流域生态环境保护。习近平总书记先后 3 次主持召开推动长江经济带发展座谈会,对长江经济带发展做出重要指示。在长江生态环境保护工作的大力推进和持续开展下,长江流域水生态环境问题治理成效显著,流域区域水资源短缺问题得到缓解,流域主要河流、湖泊水质得到明显改善,流域生态系统健康状况逐步恢复,流域整体水生态环境状况整体明显向好。

(1)区域水资源总量显著增加

长江中上游湖泊和水库型集中式饮用水水源地增加,可利用淡水资源明显增加,水质性缺水问题得到改善,流域水安全保障不断提高。四川省水资源总量由 2016 年的 2340.85 亿 m³ 增加至 2021 年的 2924.50 亿 m³,大中型水库及其年末蓄水量分别从 2016 年的 234 座和 500.33 亿 m³ 增加至 2021 年的 288 座和 556.73 亿 m³,市级集中式饮用水水源地取水总量达标率由 2016 年的 99.2% 增加至 2021 年的 100%。湖北省大中型水库及其年末蓄水量分别从 2016 年的 349 座和 409.1 亿 m³ 增加至 2021 年的 356 座和 506.19 亿 m³,13 个典型湖泊年末蓄水总量从 2016 年的 22.08 亿 m³ 增加至 2022 年的 25.59 亿 m³,地级以上城市集中式饮用水水源地年水质达标率由 2016 年的 99.8% 增加至 2021 年的 100%。

(2)河湖水环境质量明显改善

在持续开展系列专项整治行动下,一方面,长江干流水质总体保持稳定,支流水质明显改善,劣 Ⅴ 类国控断面全部完成消劣;2016—2022 年期间,四川省境内长江支流嘉陵江、岷江和沱江水系监测断面中,Ⅰ～Ⅲ 类断面比例分别上升了 14.6、38.5、88.9 个百分点;湖北省境内长江支流监测断面中,Ⅰ～Ⅲ 类断面占比上升了 16.5 个百分点;江苏省境内长江支流监测断面中,Ⅰ～Ⅲ 类断面占比上升了 43.2 个百分点。另一方面,重点治理的长江中下游湖泊富营养化趋势得到明显遏制;2016—2022 年期间,太湖水体水质污染指标总氮、总磷、氨氮、高锰酸盐指数年均值呈现明显下降趋势;巢湖水体水质污染指标总磷、总氮、高锰酸盐年均值呈现下降趋势;鄱阳湖水体水质污染指标总磷年均值有所下降。总体来说,在流域河湖治理遵循"系统治理"的正确方针下,统筹上下游、干支流、左右岸,流域水质状况整体呈现向好态势,治理与保护成效显著。

（3）流域水生态系统逐步稳定

2016 年以来,长江流域生态环境质量以稳定变化为主,中下游流域生态质量总体高于上游流域。嘉陵江流域东南部、岷沱江东南部、洞庭湖流域西北部生态环境质量呈现上升趋势,植被覆盖率稳定变化,水土保持效果较好,生态承载力较强;大型通江湖泊鄱阳湖湿地越冬水鸟总数量和生物多样性呈现显著增加趋势,长江江豚数量增加明显;天目湖流域生态缓冲区环境逐渐改善,生态空间得到优化,生态产品价值和生态服务功能显著提升。

2 长江流域水生态环境治理面临的问题与挑战

尽管长江流域水生态环境保护取得明显成效,但长江流域水生态环境问题呈现明显的区域分异,不同区域仍面临不同的治理问题和挑战。长江上游流域主要存在由于水电开发、大坝修建导致的鱼类栖息地破坏、生物多样性丧失等问题;长江流域上中游存在因为山高坡陡、季节性暴雨引起的坡面径流造成严重的水土流失与山洪灾害问题;而在中下游流域主要存在湖泊富营养化和蓝藻水华的问题,外源污染的输入和气候变暖叠加引起的蓝藻水华频发暴发严重威胁湖泊饮用水安全。

2.1 长江上游保护区鱼类栖息地亟待修复

长江上游是全流域以及全国水电开发最为集中的地区之一,水库、大坝、引水工程的修建在带来供水、发电、灌溉、航运等经济效益的同时,也引发河道连通性破碎、鱼类栖息地损坏、生物多样性丧失等一系列生态环境问题。由于横跨第一、二阶梯,长江上游流域具有独特、多样、立体的地理环境和气候特征,流域内动植物资源十分丰富,是我国重要的生物和物种资源宝库、基因库。目前,长江上游流域共有不同类型的水生生物保护区 130 个,国家级自然保护区数量在流域各级别水生生物自然保护区中占 9.8%,主要保护鱼类对象共 64 种,包括白鲟(*Psephurus gladius*)、达氏鲟(*Acipenserdabryanus*)、胭脂鱼(*Myxocyprinus asiaticus*)等珍稀特有鱼类。然而,由于水电开发梯级电站修建、蓄水,其原有生境遭到破坏,鱼类群落结构特征发生改变,生物多样性明显减少[8]。截至 2019 年,长江上游流域金沙江、雅砻江、大渡河主要河流共规划梯级电站 127 座[9]。据报道,已建成小水电站的河流出现不同程度的断流,鱼类适宜栖息地严重缩减,受胁鱼类濒危程度加剧,流水性鱼类资源持续减少,产漂流性卵鱼类繁殖规模急剧下降[10-11]。尽管实施了禁捕政策,但由于水电开发导致的水文情势的改变和鱼类适宜生境的损坏,长江上游保护区鱼类资源衰退的趋势并未根本缓解,保护区保护功能尚未充分发挥。

2.2 长江上中游水土流失问题尚未解决

水土流失导致水土资源破坏,造成泥沙淤积,加剧面源污染,威胁生态安全,是生态环境退化的集中表现。长江上游流域是长江流域乃至全国水土流失最严重的区域之一,在生态文明建设背景下,长江上游流域水土流失治理从无到逐步加强,取得了一定成效[12]。然而,治理效果仍未达到新时代生态文明建设要求,尤其是金沙江、雅砻江、大渡河下游以及重庆三峡库区(重庆段)水土流失严重,生态压力较大,生态质量不容乐观。2008—2018 年,金沙江下游水土流失重点区域投资 7.32 亿元,共治理水土流失面积1894.56 km²,然而年均治理面积只有 189 km²,截至 2021 年,金沙江下游重点治理区水土流失面积仍有 3.04 万 km²,是长江上游水土流失最严重的地区[13]。据统计,2018 年重庆全市水土流失面积 2.58 万 km²,其中轻度侵蚀面积、中度侵蚀面积、强烈及以上侵蚀面积分别占水土流失总面积的 71%、14.1%、14.9%,三峡库区及主要支流、坡耕地集中区域以及石漠化区域为水土流失重点区域[14]。

2.3 长江中下游湖泊富营养化和蓝藻水华问题仍然存在

湖泊富营养化是我国湖泊当前面临的最大环境挑战,由富营养化导致的蓝藻水华频发、水体透明度下降、水体缺氧发臭、水生植被退化等现象严重威胁着湖泊的饮用水安全和生态环境健康[15-16]。长江中下游地区是我国淡水湖泊资源最为集中的区域,尽管治理投入巨大,长江中下游湖泊仍然普遍存在总氮、总磷超标等问题,并且在富营养化和全球气候变化的双重影响下,湖泊季节性蓝藻水华问题依然严重[17]。例如,太湖、巢湖等湖泊富营养化治理已近 40 年,然而湖泊磷的控制仍未达到预期的治理规划目标,叶绿素、总磷、蓝藻水华面积和强度等指标的改善效果仍不理想[18-19]。相比长江干流水质断面污染指标的降低,湖泊水质指标一直难以达标,其原因可能为湖泊作为流域污染物汇,换水周期更长、内源污染负荷更大,对陆地污染响应时间明显滞后,因此治理难度更大。湖泊蓝藻水华问题长期难以解决,一方面是由于外源氮磷输入和内源营养盐的释放,为蓝藻水华生长提供养分;另一方面是在全球气候变暖的影响下,蓝藻相对于其他藻类更适宜生存,导致蓝藻水华暴发强度更大、持续时间更长,同时气候变暖导致长江中下游区域近地面风速下降,低风速更有利于蓝藻在水面漂浮聚集,使得蓝藻水华堆积面积更广。

3 长江流域水生态环境保护对策

3.1 系统思维推进流域各区域重难点治理工作

从流域水环境生态整体性出发,坚持山水林田湖草沙系统治理,统筹水资源、水生态、水环境要素,坚持控源截污—清淤疏浚—生态修复治理策略,对重点区域流域开展生态调查评估,聚集水生态环境保护难点,协调生态环境保护和经济发展的关系,推动长江经济带高质量绿色发展。具体做法为:①要筑牢长江上游生态安全屏障,加强各级保护区建设和管理,实施鱼类栖息地、控水控沙、重点林业等生态修复工程;②加强长江上中游水土保持工程实施,完善蓄引排坡面径流调控体系,种植经济果林营造水土保持林,促进水土流失综合治理与推动乡村振兴深度融合;③严防长江沿岸航运、化工等环境风险隐患,加强饮用水水源地周边石油化工、医药、采矿等环境风险的生产储运规范化、标准化管理,构建河湖缓冲带等措施防控面源污染,减少污染物输入,加大乡村环境基础设施建设,提高乡镇污水收集处理效率[20];④强化长江中下游重要湖泊、水库富营养化治理及湿地生态修复,综合运用水文调控和食物链调控等技术,改善湖库生境条件,修复流域生态功能。

3.2 加强流域水生态环境科技创新和科技成果转化

科学研究是开展治理工作的基础,我国在流域水生态环境治理与修复科技方面与发达国家还存在一定差距,流域水生态治理保护科技力量有待进一步加强。①重点关注长江上游水电开发对鱼类生境影响,长江上中游水土保持防治与山洪灾害预警,长江中下游湖泊富营养化和蓝藻水华暴发治理与监测预警等研究,加强基础科学研究,为长江流域生态环境治理解决科学难题。②针对长江流域水生态环境治理工作总体上创新能力不足、关键技术缺乏和环境监测设备落后等问题,创新开展技术应用和成果转化,通过原始创新或引进消化再吸收等创新方式推进长江流域水生态环境治理工作,加快长江流域生态环境信息平台建设与数据共享,统筹水文水资源、水环境、水生态等多指标建立长江流域水生态环境治理指标体系,研发智能化、自动化、立体化环境监测设备,充分利用现代化监测手段为流域水生态环境治理提供科学依据。

3.3 完善流域水生态环境保护法规制度和管理体系

流域水生态环境保护工作需要各相关职能部门协同推进,完善的法规制度和管理体系有利于更科学、更高效地开展工作,国际上河湖水环境生态治理实践也均以专项立法为先导[21-22]。

（1）严格执行现有法规并完善生态环境相关法规

我国已先后颁布《中华人民共和国水污染防治法》《中华人民共和国水法》《中华人民共和国环境保护法》《中华人民共和国水土保持法》等相关法规,覆盖了水资源、水环境等各方面[23]。为加强长江流域生态环境保护和修复,贯彻落实长江流域经济带绿色发展理念,2021年3月1日起,《中华人民共和国长江保护法》正式实施,应按照法规要求严格实行,做到依法治水,在实际执行中对法规不断补充修订完善。

（2）完善相关标准制度并健全管理体系

建立健全长江流域水资源节约集约利用、水污染防控、水生态环境修复、水生生物多样性保护等标准体系,建立有效的生态补偿机制[24],平衡上下游生态资产配置,吸引社会资金进入流域水生态环境治理工作,建立完善生态评价体系和分类管理体系,协调跨行政区域合作,加强水利、环保、农业多部门协同合作,调动社会各阶层、各年龄段群众参与的积极性,加强流域生态环境保护宣传教育,提升公众生态意识和责任感。

参考文献

[1] 刘录三,黄国鲜,王璠,等. 长江流域水生态环境安全主要问题,形势与对策[J]. 环境科学研究,2021(5):1081-1090.

[2] 李云生,王浩,王昕竑,等. 长江流域生态环境治理的瓶颈及对策分析[J]. 环境科学研究,2020,33(5):6.

[3] Lenders H J R. Fish and fisheries in the Lower Rhine 1550-1950:A historical-ecological perspective. [J]. J Environ Manage,2017.

[4] Pierce K V,Mccain B B,Wellings S R. Pathology of hepatomas and other liver abnormalities in English sole(Parophrys vetulus)from the Duwamish River estuary,Seattle,Washington[J]. Journal of the National Cancer Institute,1978,60(6):1445.

[5] 陈兴茹. 国内外河流生态修复相关研究进展[J]. 水生态学杂志,2011(5):125-131.

[6] 董妍兰,孙德智,邱斌. 长江流域四川区域城市水生态环境问题解析及治理对策[J]. 环境工程技术学报,2023,13(1):9.

[7] 张妍妍,王峥,邱斌,等. 长江流域湖北片区典型城市水生态环境问题解析及整治对策[J]. 环境工程技术学报,2023,13(1):9.

[8] 杨丽虎,陈进,黄薇,等. 长江上游梯级水电开发情况及对生态环境的影响初探[J]. 中国农村水利水电,2007(3):3.

[9] 林鹏程,王春伶,刘飞,等. 水电开发背景下长江上游流域鱼类保护现状与规

划[J]. 水生生物学报，2019,43(S01):14.

［10］ Zhi，Yang，Huiyuan，et al. The effect of cascaded huge dams on the downstream movement of Coreius guichenoti（Sauvage & Dabry de Thiersant，1874）in the upper Yangtze River［J］. Environmental Biology of Fishes，2017，100（11）：1507-1516.

［11］唐会元,杨志,高少波,等.金沙江中游圆口铜鱼早期资源现状[J].四川动物,2012,31(3):7.

［12］万彩兵,程冬兵,李昊.水土保持法修订实施十年来长江流域水土流失治理成效[J].中国水土保持,2021(6).

［13］张小林,张安田.对长江上游水土流失重点治理的回顾与思考[J].中国水土保持,2021(8):5.

［14］谭彦,熊奎,郭宏忠.重庆市水土保持成效与新时代发展方略[J].中国水土保持,2020(1):4.

［15］张运林,秦伯强,朱广伟,等.论湖泊重要性及我国湖泊面临的主要生态环境问题[J].科学通报,2022,67(30):17.

［16］张甘霖,谷孝鸿,赵涛,等.中国湖泊生态环境变化与保护对策[J].中国科学院院刊,2023,38(3):7.

［17］张运林,张毅博,周永强,等.生态文明建设以来长江中下游湖泊水生态环境变化[J].人民长江,2023,54(1):14-23.

［18］朱广伟,秦伯强,许海,等.三十年来长江中下游湖泊富营养化状况变迁及其影响因素[J].湖泊科学,2019,31(6):15.

［19］朱广伟,秦伯强,张运林,等.近70年来太湖水体磷浓度变化特征及未来控制策略[J].湖泊科学,2021,33(4):17.

［20］朱延忠,周娟,赵艳民,等.长江流域生态环境保护的成效与建议[J].环境保护,2022,50(17):24-26.

［21］Standards for ecologically successful river restoration[J]. Journal of Applied Ecology,2005,42.

［22］Mcgrath A. Land of the free-flowing rivers:administration of the 1968 Wild and Scenic Rivers Act on designated rivers in Oregon and Washington State[J]. 2014.

［23］何艳梅．我国流域水管理法律体制的演变与发展[J].水利经济,2020(6):25-30＋36＋82.

［24］郑江丽,杨川,张康,等.上下游区域间环境保护与生态补偿的博弈研究[J].水利经济,2023(1):84-88＋106.

大中型水利水电工程建设征地移民专项验收工作的重难点解析与对策研究

姜　琼

四川省水利水电工程移民中心

摘　要： "十四五"期间，四川省水电开发进入收尾阶段，大中型水利水电工程建设征地移民重点工作从安置转向验收。移民专项验收是工程验收的前置条件，当前移民专项验收工作普遍滞后，成为制约工程竣工验收的重要因素。基于当前大中型水利水电工程建设征地移民专项验收中存在的问题，分析了验收的重点和难点问题，并探讨其应对策略。

关键词： 大中型水利水电工程；建设征地移民专项验收；难点与对策

四川素有"千河之省"的美誉，也是国家重要的水电基地，新中国成立以来修建了大量的水利水电工程、灌区工程。从"八五"计划开始，大型水电站作为国家重要能源设施开始建设，"十五"至"十四五"期间四川省水电站建设进入高峰期。截至 2022 年底，四川省有大中型水利水电工程 518 座，其中正在进行移民安置的水利水电工程有 82 座，尚未开工的水利水电工程 46 座，392 座水利水电工程已进入后期扶持阶段，纳入后期扶持政策的农村移民达 118 万人，涉及 21 个市（州）180 个县（市、区）12879 个村（社区）。

四川省水电工程分布在三洲三区，民族问题、移民问题相互交织，水库移民安置问题成为困扰库区移民和工程建设的一个重要问题。随着时间的推移，移民安置问题逐一破解，工程蓄水发电进入试运行阶段，一些 2000 年以前建设的电站已进入试运行阶段超过 20 年，依然没有竣工验收，移民专项验收成为制约工程竣工验收的重要因素，因此研究解决移民专项验收问题具有重要的现实意义。

1　移民专项验收存在的问题

移民安置工作从规划阶段到实施阶段再到后期扶持阶段，涉及各个环节和程序（图 1），移民验收主要从实施阶段开始。移民专项验收分为阶段性验收和竣工验收，在实施阶段各个环节都面临着移民专项验收工作，因此移民安置实施阶段在进行移民安置搬迁、移民工程建设的同时，还有一项重要任务就是移民专项验收工作。从多年水利